올림
포스

언어와 매체

KB190392

정답과 해설은 EBS*i* 사이트(www.ebs*i*.co.kr)에서 다운로드 받으실 수 있습니다.
EBS*i* 사이트에서 본 교재의 문항별 해설 강의 검색 서비스를 제공하고 있습니다.

| 교재
내용
문의 | 교재 및 강의 내용 문의는 EBS*i* 사이트
(www.ebs*i*.co.kr)의 학습 Q&A 서비스를
활용하시기 바랍니다. | 교재
정오표
공지 | 발행 이후 발견된 정오 사항을 EBS*i* 사이트
정오표 코너에서 알려 드립니다.
교재 ▶ 교재 자료실 ▶ 교재 정오표 | 교재
정정
신청 | 공지된 정오 내용 외에 발견된 정오 사항이
있다면 EBS*i* 사이트를 통해 알려 주세요.
교재 ▶ 교재 정정 신청 |

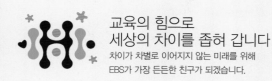

교육의 힘으로
세상의 차이를 좁혀 갑니다
차이가 차별로 이어지지 않는 미래를 위해
EBS가 가장 든든한 친구가 되겠습니다.

기획 및 개발

이미애
김경남
김희민
허 림
이혜진(프리랜서)

집필 및 검토

이민희(세화여고)
이지은(숭문고)
최두호(서울오산고)
하성욱(서울오산고)

검토

김수학(중동고)
민송기(대구능인고)
박의용(계성고)
송소라(현대고)
한세나(도선고)

편집 검토

김지은
김태현
류근호

본 교재의 강의는 TV와 모바일, EBS*i* 사이트(www.ebs*i*.co.kr)에서 무료로 제공됩니다.

발행일 2020. 3. 1. **6쇄 인쇄일** 2022. 10. 25. **신고번호** 제2017-000193호 **펴낸곳** 한국교육방송공사 경기도 고양시 일산동구 한류월드로 281
표지디자인 디자인싹 **편집디자인** 신흥이앤비 **편집** 신흥이앤비 **인쇄** ㈜교학사
인쇄 과정 중 잘못된 교재는 구입하신 곳에서 교환하여 드립니다.

올림포스

언어와 매체

이 책의 차례

혼자 공부해도
어렵지 않게!

교과서의 기본 개념들을 예문을 통해 쉽게 이해하고 다양한 유형의 문제들을 해결해 봄으로써 내신 평가와 대수능을 동시에 대비할 수 있도록 준비하였습니다.

나도 모르게
실력이 쑥쑥!

편하게 읽고 쉽게 풀다 보면 자신도 모르는 사이에 국어 교과의 언어와 매체 영역에 대해 자신감을 갖게 됩니다.

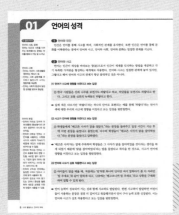

단원 이해
개념의 구슬을 꿰자!

교육과정과 교과서의 주요 개념을 바탕으로 해당 단원에서 꼭 알아 두어야 할 학습 내용을 체계적으로 정리하고 다양한 예와 개념 체크 문항을 함께 제시하여 알기 쉽게 설명하였습니다.

내신 기본 UP 문제
내신 잡고 실력 UP!

문항을 통해 학습 내용을 이해·적용하여 내신 공부의 기본을 다질 수 있도록 교과서의 주요 개념과 관련한 필수 유형의 문항을 개발하여 수록하였습니다.

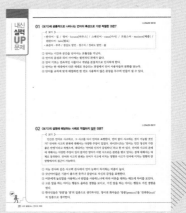

내신 실력 UP 문제
복습은 내 비밀 병기!

대단원 학습 내용을 다시 한번 점검하여 실력을 탄탄히 다져 내신 단원 평가에 효과적으로 대비할 수 있도록 하였습니다. 다양한 유형의 핵심 문항들을 실전 문제 형태로 제시하였습니다.

● EBS*i* 홈페이지(www.ebsi.co.kr)로 들어오셔서 회원으로 등록하세요.
● 본 교재의 방송 내용은 EBS*i* 홈페이지를 통해 다시 보실 수 있습니다. (인터넷 동영상 무료 서비스 실시)

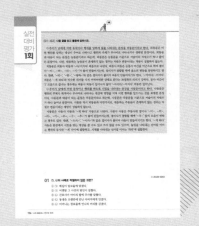

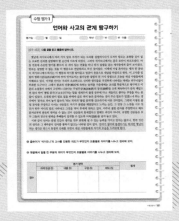

실전 대비 평가
수능도 나의 것!

　언어와 매체 영역 수능 대비 연습 코너입니다. 총 3회의 평가를 통해 수능을 위한 기본 실력을 탄탄하게 키울 수 있도록 하였습니다.

수행 평가
수행 평가 어렵지 않아!

　언어와 매체의 수행 평가 유형의 예시를 제시하여 수행 평가도 효과적으로 대비할 수 있도록 구성했습니다.

정답과 해설
내 손 안의 정답!

　문제의 정답과 함께 스스로 학습할 수 있도록 정답에 대해 설명하였으며, 다른 선택지가 오답인 이유를 알 수 있도록 정리하였습니다. 이외에, 시크릿 부록으로 언어(문법) 기출문제도 수록했으니, 꼭 풀어 보시기 바랍니다.

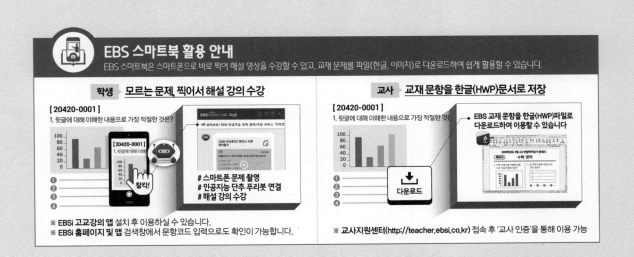

제 **1** 부

I. 언어와 국어

01 언어의 성격

1 언어와 인간

인간은 언어를 통해 사고를 하며, 사회적인 관계를 유지한다. 또한 인간은 언어를 통해 문화를 이룩한다는 점에서 언어와 사고, 언어와 사회, 언어와 문화는 밀접한 관계를 지닌다.

2 언어와 사고

언어는 인간이 세상을 바라보는 창(窓)으로서 인간이 세계를 인식하는 방법을 제공하고 각기 독특한 가치관을 형성하는 매개체로 작용한다. 언어와 사고는 밀접한 관계에 놓여 있지만, 그렇다고 해서 언어와 사고의 관계가 항상 절대적인 것은 아니다.

(1) 언어가 사고에 영향을 미친다고 보는 입장

> 예 한국 사람들은 산과 나무를 보면서도 파랗다고 하고, 바닷물을 보면서도 파랗다고 한다. 그리고 교통 신호의 녹색등도 파랗다고 한다.

➡ 실제 색은 다르지만 '파랗다'라는 하나의 단어로 표현되는 예를 통해 '파랗다'라는 언어가 색에 대한 우리의 사고에 영향을 미친다고 보는 입장을 뒷받침한다.

(2) 사고가 언어에 영향을 미친다고 보는 입장

> 예 학생들에게 "배고픈 사자가 닭을 잡았다."라는 문장을 들려주고 일정 시간이 지난 후에 어떤 문장을 들었냐고 물었는데, 다수의 학생들이 "배고픈 사자가 닭을 잡아먹었다."라는 문장을 들었다고 답하였다.

➡ '배고픈 사자'라는 말에 주목하여 학생들은 그 사자가 닭을 잡아먹었을 것이라는 생각을 하게 되었기 때문에 '닭을 잡아먹었다'라는 말을 들었다고 착각을 한 것으로, 사고가 언어에 영향을 미친다고 보는 입장을 뒷받침한다.

(3) 언어와 사고가 상호 작용한다고 보는 입장

> 예 아이들이 말을 배울 때, 처음에는 '밥'처럼 하나의 단어만 써서 말하다가 좀 더 자라면 '밥 주세요.'와 같이 말하게 되고, 나중에는 '배고프니까 밥 주세요.'라고 상황을 구체화하여 말할 수 있게 된다.

➡ 언어 능력이 성숙되어 가는 것과 함께 사고력도 발달된다. 한편 사고력이 발달하면 어린이들이 사용하는 문장은 점점 더 길어지고 복잡해지면서 언어 구사 능력 또한 신장된다. 이는 언어와 사고가 상호 작용한다고 보는 입장을 뒷받침한다.

3 언어와 사회

(1) 언어는 지역에 따라 사용하는 양상이 다르게 나타나기도 한다.

> ⓔ 표준어 '팽이'는 지역에 따라 '패이'(강원), '핑갱이'(경북), '팽데기'(경남), '도로기'(제주), '뺑도리'(전북), '팽구래미'(충북), '세루'(평북), '뽀애'(함남) 등으로 다양하게 불린다.

➡ 동일한 대상을 지칭하는 말이지만 그 대상을 지칭하는 말이 지역에 따라 다르게 쓰임을 알 수 있다.

(2) 같은 지역에 살더라도 시대, 나이, 성별, 계층, 직업 등에 따라 사용하는 언어의 양상이 다르게 나타나기도 한다.

> ⓔ 의사가 그의 병명이 '엘포 – 파이브 – 에스원* 사이 디스크 에이치엔피*'라고 하였는데, 그는 그게 무슨 말인지 전혀 알아듣지 못했다.
> * 엘포 – 파이브 – 에스원(L4 – 5 – S1) 4, 5번 허리뼈와 1번 엉치뼈.
> * 에이치엔피(HNP) 추간판이 돌출되어 요통 및 신경 증상을 유발하는 질환.

➡ '엘포 – 파이브 – 에스원', '에이치엔피'라는 말은 의학 분야에서 사용되는 전문어로, 직업에 따라 언어의 양상이 다르게 나타나기도 함을 보여 주는 예이다.

4 언어와 문화

(1) 언어는 인간의 생활을 지탱해 주는 근간이 되며, 언어에는 그 나라 사람들의 삶의 모습이나 생활 양식, 즉 문화가 반영되어 있다.

> ⓔ 우리말의 경우, '따비, 괭이, 삽, 가래, 호미, 낫, 고무래, 도리깨, 쟁기, 멍에' 등과 같은 농사 관련 용어들이 매우 발달되어 있다.

➡ 우리말에 농경 문화와 관련된 용어들이 발달한 것은 우리의 전통문화가 농경 문화를 기반으로 한 생활 양식을 가지고 있었기 때문이다.

(2) 언어는 인류의 문화와 가치관을 전수하는 주요한 수단으로서 인류 문화의 계승과 창조적 발전을 가능하게 하는 요체가 된다.

> ⓔ 『삼국유사(三國遺事)』에는 삼국 시대 우리 민족의 역사와 문화가 담겨 있고, 조선 시대에 창작된 여러 문학 작품 속에는 당시 우리 민족의 삶과 문화의 흔적이 고스란히 담겨 있다.

➡ 오늘날 우리 민족의 문화가 계승될 수 있는 것은 민족의 삶과 문화가 이러한 '언어'라는 저장 매체를 통해 보전되어 왔기 때문이다.

개념 체크

01 〈보기〉를 통해 알 수 있는 '언어와 사고'의 관계를 쓰시오.

> ─〈 보기 〉─
> "언어는 우리의 행동과 사고의 양식을 주조한다." ─ 워프

02 다음 ㄱ, ㄴ의 예를 통해 설명할 수 있는 것은?

> ㄱ. 눈이 많이 오는 지역에 사는 이누이트의 언어에는 눈에 관한 단어가 많다.
> ㄴ. 바다로 둘러싸인 호주 원주민의 말에는 다양한 모래 명칭이 발달해 있다.

① 언어는 시대에 따라 변하며 발전을 거듭한다.
② 언어에는 사람들의 삶의 모습이 반영되어 있다.
③ 언어에는 성별이나 계층에 따른 차별도 존재한다.
④ 언어는 직업에 따라 양상이 다르게 나타나기도 한다.
⑤ 다른 대상을 지칭하는 말도 지역에 따라 같게 쓰인다.

03 다음 설명이 맞으면 ○표, 틀리면 ×표를 하시오.

① 언어는 인류의 문화와 가치관을 전수하는 주요 수단이 되기도 한다. (○, ×)
② '고운 말을 쓰면 마음도 고와진다.'라는 말은 사고가 언어에 영향을 미친다는 생각이 담긴 표현이다. (○, ×)

04 〈보기〉의 빈칸에 들어갈 적절한 말을 4음절로 쓰시오.

> ─〈 보기 〉─
> 언어는 인간의 생활을 지탱해 주는 근간이 되며, 언어에는 (   ), 즉 문화가 반영되어 있다.

정답 01 언어가 (인간의) 사고에 영향을 미친다. **02** ②
03 ① ○, ② × **04** 생활 양식

[01~04] 다음 글을 읽고 물음에 답하시오.

사피어–워프 가설은 모국어의 사용 습관에 따라 사고의 틀이 정해진다는 이론이다. 이에 따르면 ㉠언어는 그 언어를 쓰는 사람들의 사고방식에 영향을 미친다. 가령, 에스키모어에는 눈에 관한 낱말이 많다. 에스키모어는 영어로는 한 단어인 '눈(snow)'을 네 가지 다른 단어, 즉 '땅 위의 눈(aput)', '내리는 눈(quana)', '바람에 날리는 눈(piqsirpoq)', '바람에 날려 쌓이는 눈(quiumqsuq)'으로 표현한다. 그런가 하면, 북아프리카 사막의 유목민들은 낙타에 관해 10개 이상의 단어를 가지고 있다.

그렇다면 언어와 사고, 언어와 문화의 관계는 어떠한가? 일단 우리는 언어와 정신 활동이 상호 의존성을 갖는다고 말할 수 있을 것이다. 하지만 그들 간의 관계가 어느 것이 어느 것을 지배하고 있는지를 잘 식별할 수 없는 정도의 것으로 인식이 되고 나면, 그 사람의 생각은 언어 우위 쪽으로 기울게 마련이다. 왜냐하면 정신은 물과 같은 것이고 언어는 그릇과 같은 것이어서 물그릇에 따라 물의 모양이 달라지듯이 언어의 형태에 따라 정신의 모양이 달라지는 것이라고 생각하는 쪽이 그 반대로 생각하는 것보다 훨씬 더 쉽기 때문이다. 그런 점에서 사피어와 워프는 언어가 사고에 영향을 미친다고 보는 언어 우위론적 입장을 취하고 있다고 할 수 있다.

언어의 습득 과정은 사회화·문화화 과정 그 자체라 해도 별 무리가 없어 보인다. 아이가 최초로 습득하는 단어 중 절반 이상이 명사라는 사실은 주목할 필요가 있다. 문화적인 의미나 개념을 가장 직접적으로 나타내고 있는 것이 명사이기 때문이다. 때로는 그 자체가 문화 항목의 이름인 경우도 있다. 예를 들어 미국 어린이들은 네 살 때쯤이면 '핼러윈' 같은 단어를 알겠지만, 우리 어린이들은 '추석' 같은 단어를 알게 될 것이다.

언어는 결국 문화의 일부이다. 언어 안에는 그 언어를 사용하는 이들의 문화가 반영되어 있다. 바로 이런 이유로 말미암아 언어가 수행하는 기능 가운데 그 사회의 문화를 보전하고 전수하는 기능도 들어가 있게 되는 것이다.

> **제재 탐구**
> 언어 우위론적 입장에 입각하여 언어는 그 언어를 쓰는 사람들의 사고방식에 영향을 미침을 알기 쉽게 설명하고 있는 글이다. 특히 언어와 사고, 언어와 문화의 관계에 대해 구체적인 사례를 들어 검토하고 있다.

01 **윗글에 대한 설명으로 적절하지 않은 것은?**

① 비유적 표현을 활용하여 독자의 이해를 돕고 있다.
② 구체적 사례를 근거로 들어 설명을 뒷받침하고 있다.
③ 특정 학설의 개념을 밝히면서 내용을 전개하고 있다.
④ 권위자의 말을 인용해 통념의 오류를 지적하고 있다.
⑤ 자문자답의 방식을 통해 독자의 관심을 유발하고 있다.

◎ 20420-0001

> **Tip**
> **통념** 일반적으로 널리 통하는 개념을 일컫는 말이다.

02 윗글의 내용과 일치하지 <u>않는</u> 것은?

20420-0002

Tip

① 언어와 정신 활동은 서로 상호 의존성을 가진다고 볼 수 있다.
② 언어 우위론적 입장에서는 언어가 사고에 영향을 미친다고 본다.
③ 언어의 습득 과정은 사회화·문화화 과정 그 자체라고 할 수 있다.
④ 명사는 문화적 의미나 개념을 가장 직접적으로 드러내고 있는 품사이다.
⑤ 사피어-워프 가설은 사고의 틀에 따라 모국어의 사용 습관이 결정된다고 본다.

03 ㉠을 뒷받침할 수 있는 사례만을 〈보기〉에서 있는 대로 골라 묶은 것은?

20420-0003

〈 보기 〉

ㄱ. '국외내', '저것이것'과 같은 표현보다 '국내외', '이것저것'과 같은 표현을 사람들은 더 자연스러워한다.
ㄴ. '애완견'을 '반려견'으로 바꾸어 부르게 했더니 강아지를 평생 함께할 가족으로 생각하는 사람들이 더욱 많아졌다.
ㄷ. 물감의 특정 색을 '살색'이라고 하였다가 이 명칭이 황색 인종에 대한 차별적 인식을 확대할 수 있다는 이유로 '살구색'으로 바꾸었다.

① ㄱ ② ㄴ ③ ㄱ, ㄴ
④ ㄴ, ㄷ ⑤ ㄱ, ㄴ, ㄷ

〖서술형〗
04 〈보기〉에 제시된 선생님의 질문에 대한 답을 윗글에서 근거를 찾아 50자 내외로 서술하시오.

20420-0004

〈 보기 〉

선생님: 일제는 조선어 말살 정책을 펼치며 우리의 언어를 통제하였습니다. 조선어 교육을 폐지하였고, 한글로 발간되는 신문이나 잡지를 전면 폐간시켰지요. 또한 창씨개명(創氏改名)까지도 강요하였습니다. 일제가 이렇게 조선어 말살 정책을 펼친 이유는 무엇일까요?

조선어 말살 정책 일제는 1938년 3차 조선 교육령을 통해 '조선어 및 한문' 과목을 선택 과목으로 전락시키고 1년 뒤에는 각급 학교에서 조선어 수업을 사실상 폐지하였다. 그리고 1943년 4월 공포된 4차 조선 교육령을 통해 조선어 과목을 완전히 삭제하였다.

[05~08] 다음 글을 읽고 물음에 답하시오.

영어의 '라이스(rice)'는 꽤 불친절한 단어이다. 때로는 '벼', 때로는 '쌀', 때로는 '밥'을 뜻한다.

갈무리* 해 놓은 낟알 중에 실한 놈을 잘 말려 겨울을 난 후 싹을 틔워 못자리에 붓는다. 적당한 길이만큼 자라면 모를 찧어 모내기한다. 애벌, 두벌, 세 벌의 김을 매며 잘 키우면 그것이 벼다. 가을이 되어 알곡이 누렇게 익고 이삭이 고개를 숙일 때쯤 베어 낟알을 떨어내면 그것도 벼다. 방앗간에서 왕겨*를 벗겨 내면 현미가 되고, 다시 몇 차례 등겨*를 벗겨 내면 백미가 되는데 이것을 쌀이라 부른다. 쌀을 안쳐 불을 때다가 뜸*을 들이면 비로소 밥이 된다.

이처럼 ㉠우리말에서는 모, 벼, 쌀, 밥 등으로 세세히 분화되어 있는데 영어에서는 그저 라이스일 뿐이다. 삼시 세끼 밥을 먹지 않는 사람들이 사용하는 영어를 탓할 것이 아니라 밥에 대한 우리의 애착을 다시 볼 일이다.

'요리를 하다'와 마찬가지로 '밥을 하다'라는 말을 쓰기도 하지만 '밥을 ⓐ짓다'가 제격이다. 음식은 그저 '만들다'라는 동사를 쓰면 되지만 밥만은 '만들다'를 쓰지 못하고 '짓다'를 쓴다. '짓다'는 집, 옷, 짝, 농사, 매듭, 이름, 죄 등을 목적어로 삼아 '만들다'보다 좁은 영역에서 쓰이지만, 훨씬 더 중요한 대상에 대해서 쓴다. 밥도 '짓다'를 쓰니 밥이 우리의 삶에서 얼마나 중요한지 가늠할 수 있다. '뜸'은 밥을 지을 때만 활용하게 되는 독특한 조리법인데, 그 뜸이 일상에서 '뜸을 들이다'라는 말로 쓰이고 있으니 이 역시 밥의 중요성을 일깨워 준다. 이래저래 밥이 얼마나 큰 비중을 가진 말인지 확인할 수 있다.

제재 탐구

영어의 '라이스(rice)'와 달리 '모, 벼, 쌀, 밥' 등으로 세세히 분화되어 있는 우리말에 대해 설명하고 있는 글이다. 언어에 삶의 모습이나 생활 양식, 즉 문화가 반영되어 있음을 구체적 예를 통해 상술하고 있다.

* **갈무리** 물건 따위를 잘 정리하거나 간수함.
* **왕겨** 벼의 겉껍질.
* **등겨** 벗겨 놓은 벼의 껍질.
* **뜸** 음식을 찌거나 삶아 익힐 때에, 흠씬 열을 가한 뒤 한동안 뚜껑을 열지 않고 그대로 두어 속속들이 잘 익도록 하는 일.

05 윗글에 반영되어 있는 '언어에 대한 생각'으로 가장 적절한 것은?

20420-0005

① 시대에 따라 다각적으로 변화하는 양상을 드러낸다.
② 인간의 사고에 영향을 주고받는 불가분의 관계를 나타낸다.
③ 인간이 사물의 공통성을 추출하는 추상화 능력을 발전시킨다.
④ 전통을 비판하며 문화적 산물을 다음 세대에 전승하는 매개체이다.
⑤ 인간의 생활 양식과 깊은 관련을 맺으며 어휘가 분화하는 양상을 보인다.

Tip
매개체 둘 사이에서 어떤 일을 맺어 주는 것을 일컫는 말이다.

06 윗글에 대한 이해로 적절하지 <u>않은</u> 것은?

20420-0006

① 우리말의 '모, 벼, 쌀, 밥'이 영어에서는 '라이스(rice)'로 통칭된다.
② '밥'의 경우 '만들다'라는 말은 쓰이지 않고 '하다'나 '짓다'로 쓰인다.
③ '밥'은 우리의 생활에 큰 비중을 차지하며 중요하게 여겨지는 대상이다.
④ '모'를 알곡이 누렇게 익을 때까지 키우고 낟알을 떨어내면 '쌀'이 된다.
⑤ '현미'와 '백미'는 껍질을 여러 번 벗겨 냈는지의 여부에 따라 구분한다.

07 ᄀ의 이유를 추론한 것으로 가장 적절한 것은?

○ 20420-0007

① 영어권 문화 사람들은 우리나라 사람들과 달리 언어 공동체를 형성하고 있지 않기 때문이다.

② 우리나라의 농작 방식은 영어권 문화의 농작 방식보다 더욱 복잡하고 체계화되어 있기 때문이다.

③ 영어권 문화 사람들은 우리나라 사람들과 달리 농작을 하지 않아 세분화할 필요가 없기 때문이다.

④ 우리나라 사람들은 영어권 문화 사람들과 달리 밥을 주식으로 하는 문화를 기반으로 하고 있기 때문이다.

⑤ 우리말 '모, 벼, 쌀, 밥'은 영어 '라이스(rice)'에 비해 우리말을 사용하는 사람들이 중요하게 여기는 말이 아니기 때문이다.

08 문맥상 의미가 ⓐ와 가장 가까운 것은?

○ 20420-0008

① 우리는 아침을 <u>지어</u> 먹었다.

② 나는 죄를 <u>짓고</u> 살기는 싫다.

③ 요즘에 그는 소설을 <u>짓고</u> 있다.

④ 형은 하루 종일 미소를 <u>짓고</u> 다닌다.

⑤ 그는 나와 짝을 <u>지어</u> 경기에 출전했다.

◀서술형▶

09 〈보기〉의 사례에서 알 수 있는 '언어와 사회'의 관계를 20자 내외로 서술하시오.

○ 20420-0009

┌─── 《 보기 》 ───

　　방언 지도에 따르면 표준어 '옥수수'는 '강능써울'(평북), '강낭수꾸'(경북), '옥수깽이'(충남), '수꾸'(함북), '옥수꾸'(경기, 경상, 충청) 등 다양하게 불린다.

방언 지도 방언 조사를 바탕으로 방언의 지리적 분포 상태를 표시한 지도이다.

02 국어의 특질

더 알아 두기

인도·유럽 어족
역사 시대 이래 인도에서 유럽에 걸친 지역에서 쓰는 어족(語族). 현대 유럽의 거의 모든 언어가 이에 속함. 영어, 독일어, 프랑스어, 러시아어, 에스파냐어, 이탈리아어 따위가 있음.

울림소리와 안울림소리
• 울림소리: 발음을 할 때에 목청이 떨려 울리는 소리. 모든 모음과 자음 중 비음과 유음이 속함.
• 안울림소리: 발음을 할 때에 목청이 떨리지 않고 나는 소리. 파열음, 파찰음, 마찰음이 속함.

마찰음
입안이나 목청 따위의 조음 기관이 좁혀진 사이로 공기가 비집고 나오면서 마찰하여 나는 소리. 'ㅅ', 'ㅆ', 'ㅎ' 따위가 있음.

1 국어 음운의 특징

(1) 국어는 예사소리, 된소리, 거센소리가 대립되는 자음 체계를 가지고 있다. 영어를 비롯한 인도·유럽 어족에 속하는 언어들이 울림소리(유성음)와 안울림소리(무성음)가 대립되는 자음 체계를 보이는 것과 구별된다.

> 예 ㄱ, ㄲ, ㅋ / ㄷ, ㄸ, ㅌ / ㅂ, ㅃ, ㅍ / ㅈ, ㅉ, ㅊ

(2) 다른 언어에 비해 국어는 마찰음의 개수가 많지 않다. 다른 언어의 마찰음 [f], [v], [θ], [ð]를 표기할 수 있는 국어의 마찰음이 없다.
(3) 국어 음절의 첫소리에 올 수 있는 자음의 개수는 최대 한 개이다. 영어의 'spring'처럼 두 개 이상의 자음이 어두에 올 수 없다.
(4) 국어에는 양성 모음은 양성 모음끼리, 음성 모음은 음성 모음끼리 어울리는 모음 조화 현상이 나타난다.

> 예 팔랑팔랑, 펄렁펄렁 / 도란도란, 두런두런

2 국어 어휘의 특징

(1) 국어의 어휘는 어종에 따라 고유어, 한자어, 외래어로 분류된다. 한자어는 고조선 시기부터 우리말에 들어오기 시작했으며 현대 국어 어휘의 약 60% 이상을 차지한다. 최근에는 서양의 여러 언어에서 들어오는 외래어가 많다. 한자어와 외래어는 전문적인 지식이나 새로운 개념을 표현하는 데 사용되는 경우가 많다.
(2) 국어의 고유어 계열에는 의성어, 의태어 등 소리나 모양, 동작 따위를 흉내 내는 상징어가 발달해 있다.
(3) 국어는 가족 관계를 나타내는 어휘와 성별, 연령, 상하 관계 등에 따라 호칭어와 지칭어가 섬세하게 발달해 있다.
(4) 국어는 색채와 관련된 표현이 발달해 있어 미묘하게 다른 표현 효과를 줄 수 있다.

> 예 발갛다, 벌겋다, 빨갛다, 뻘겋다, 새빨갛다, 시뻘겋다, 붉다, 불긋불긋하다, 불그스름하다, 불그스레하다, ……

3 국어 문장과 담화의 특징

(1) 국어 문장은 주로 '주어 – 목적어 – 서술어'의 어순으로 나타난다. 영어나 중국어가 '주어 – 서술어 – 목적어'의 어순을 보이는 것과 차이가 있다.

예 한국어: 내가 너를 사랑한다.

　　영어: I love you.

　　중국어: 我爱你。(我:나, 爱: 사랑하다, 你: 너)

(2) 국어는 조사와 어미가 발달한 교착어이다. 대부분의 문법적 기능을 조사와 어미가 실현하기 때문에 어순을 바꾸어도 문장의 의미가 크게 변하지 않는다.

예 나는 동생과 과자를 먹었다. / 나는 과자를 동생과 먹었다.

(3) 국어의 문장에서는 수식어가 피수식어 앞에 오는 경우가 대부분이다. 영어의 경우 수식의 내용이 길어지면 피수식어 뒤에 놓이는 경우가 많다.

예 얼굴에 미소를 띤 아이 / a child with a smile on his face

(4) 주체 높임법, 객체 높임법, 상대 높임법 등의 높임 표현이 발달해 있는 것도 국어 문법의 특징이다. 선어말 어미, 어말 어미, 특수 어휘 등을 사용하여 높임의 의미를 복잡하게 실현한다.

예 선어말 어미: -(으)시-

　　어말 어미: -습니다, -오, ……

　　특수 어휘: 드리다, 모시다, 진지, 댁, ……

(5) 국어는 일정한 담화 맥락에서 문장 성분의 생략이 가능하다는 특성이 있다.

(6) 한국 사회는 친소 관계, 상하 관계, 예의범절 등을 중시하는 문화적 맥락이 있어, 이러한 요소를 고려하지 않고 의사소통에 임하면 문제가 생길 수 있다.

4 국어의 세계적 위상

(1) 전 세계에 현존하는 언어의 수는 대략 7,000여 개인데, 이 중 한국어는 사용자 수를 기준으로 세계 13위(2018년 기준)에 해당하는 것으로 집계되었다. 전체 언어의 수를 고려할 때 세계적으로 높은 위상을 지닌 언어에 해당한다.

(2) 세계적으로 한국어를 배우고자 하는 수요가 많아 한국어 교육이 곳곳에서 활발하게 이루어지고 있다. 재외 교포와 외국인을 대상으로 한국어를 교육하는 세종학당의 경우 2019년 기준 60개국에 179개소가 개설되어 있다.

개념 체크

01 다음 빈칸에 들어갈 적절한 말을 3음절로 쓰시오.

〈 보기 〉

영어에서 'f'나 'v'가 포함된 외래어들은 국어로 적을 때 정확하게 적기가 어렵다. 이는 국어의 음운에 (　　)의 개수가 많지 않기 때문이다.

02 다음 설명이 맞으면 ○표, 틀리면 ×표를 하시오.

① 국어는 울림소리와 안울림소리가 대립되는 음운 체계를 지니고 있다. (○, ×)

② 현대 국어에서 음절의 첫소리에는 최대 2개의 음운이 놓일 수 있다. (○, ×)

③ 국어의 고유어에는 의성어, 의태어, 색채어가 발달해 있다. (○, ×)

④ 국어의 문장은 주로 '주어 - 목적어 - 서술어'의 어순으로 나타난다. (○, ×)

03 〈보기〉의 내용을 통해 설명할 수 있는 국어의 특성을 쓰시오.

〈 보기 〉

• 나는 동생에게 과자를 주었다.
• 나는 과자를 동생에게 주었다.

정답 **01** 마찰음 **02** ① ×, ② ×, ③ ○, ④ ○ **03** 국어는 조사가 발달하여 어순을 바꾸어도 문장의 의미가 크게 변하지 않는다.

01 〈보기〉의 사례를 통해 알 수 있는 국어의 음운적 특질로 가장 적절한 것은?

● 20420-0010

> **《 보기 》**
>
> • 'fighting'를 '파이팅'으로 적는 것이 외래어 표기법에 맞지만, '화이팅'이라고 적는 사람도 많다.
> • 외래어 표기법에서는 영어의 [b]도 'ㅂ'으로 표기하고, [v]도 'ㅂ'으로 표기하도록 하고 있다.
> • 셰익스피어의 희곡 'Macbeth[mǽkbéθ]'는 '맥베스'로 적는다.

① 모음 조화 현상이 나타난다.
② 영어에 비해 마찰음의 개수가 많지 않다.
③ 단어의 음절의 첫소리에 여러 개의 자음이 올 수 있다.
④ 예사소리, 된소리, 거센소리가 대립하는 자음 체계를 갖추고 있다.
⑤ 울림소리와 안울림소리가 음운을 변별하는 데 중요한 역할을 한다.

02 〈보기〉를 바탕으로 국어의 특질을 탐구한 내용으로 적절하지 <u>않은</u> 것은?

● 20420-0011

> **《 보기 》**
>
> ㉠ 그곳에서부터만은 걸어야 한다.
> ㉡ 미국의 태평양에서의 일본과의 전쟁
> ㉢ 밥이 많이 먹히시었겠어요.
> ㉣ 복스럽다, 사람답다, 향기롭다, 기름지다, 행복하다

① ㉠~㉣을 보니, 국어에는 문법적 기능을 하는 조사, 어미, 접미사가 발달해 있군.
② ㉠을 보니, 격 조사와 보조사는 함께 어울려 사용될 수 있군.
③ ㉡을 보니, 동일한 격 조사를 지니는 말 여럿이 나열되는 것이 가능하군.
④ ㉢을 보니, 접미사와 어미는 함께 쓰일 수 있지만, 어미와 조사는 함께 쓰일 수 없군.
⑤ ㉣을 보니, 접미사는 어근의 품사를 바꾸는 역할을 하기도 하는군.

◀서술형▶

03 〈보기〉에 드러나는 국어 어휘의 특징을 서술하시오.

● 20420-0012

> **《 보기 》**
>
> 까맣다, 꺼멓다, 검다, 깜다, 새까맣다, 시꺼멓다, 거무튀튀하다, 거무스레하다, 거무스름하다, 까무잡잡하다, 까무스름하다, 까뭇하다, ……

Tip

모음 조화 두 음절 이상의 단어에서, 뒤의 모음이 앞 모음의 영향으로 그와 가깝거나 같은 소리로 되는 언어 현상. 'ㅏ', 'ㅗ' 따위의 양성 모음은 양성 모음끼리, 'ㅓ', 'ㅜ' 따위의 음성 모음은 음성 모음끼리 어울리는 현상이다. '깎아', '숨어', '알록달록', '얼룩덜룩', '갈쌍갈쌍', '글썽글썽', '졸졸', '줄줄' 따위가 있다.

격 조사 체언이나 체언 구실을 하는 말 뒤에 붙어 앞말이 다른 말에 대하여 갖는 일정한 자격을 나타내는 조사. 주격 조사, 서술격 조사, 목적격 조사, 보격 조사, 관형격 조사, 부사격 조사, 호격 조사 따위가 있다.

보조사 체언, 부사, 활용 어미 따위에 붙어서 어떤 특별한 의미를 더해 주는 조사. '은', '는', '도', '만', '까지', '마저', '조차', '부터' 따위가 있다.

04 〈보기〉의 자료를 분석한 내용으로 적절하지 **않은** 것은?

◉ 20420-0013

《 보기 》

영어	한국어
I like you.	내가 너를 좋아해. 너를 내가 좋아해. 너를 좋아해. 나 너 좋아해.

① 한국어는 주어의 생략이 가능하다.
② 한국어는 서술어가 문장의 끝에 놓인다.
③ 한국어는 어순의 변화가 자유로운 편이다.
④ 한국어는 격을 나타내는 문법 요소를 생략할 수 있다.
⑤ 한국어는 단어가 형태를 바꾸어 문장 성분을 결정한다.

05 〈보기〉의 ㉠에 들어갈 내용으로 적절하지 **않은** 것은?

◉ 20420-0014

《 보기 》

선생님: 한국어는 높임 표현이 굉장히 체계적으로 발달해 있는데요. 세계의 수많은 언어 중에서 체계적인 높임 표현이 발달한 언어는 일본어, 자바어 등 소수라고 합니다. 한국어의 높임 표현이 체계적으로 드러나는 사례를 들어 볼까요?

학생: [㉠]

① '이 선생, 이 선생님, 이 여사, 이○○ 씨, ○○아' 등 동일한 사람이라도 관계에 따라 호칭하고 지칭하는 말이 다양하게 존재하는 것을 예로 들 수 있습니다.
② '나 – 저', '우리 – 저희', '당신 – 자네 – 너 – 어르신' 등 대명사가 층위적으로 발달해 있는 것을 예로 들 수 있습니다.
③ '밥 – 진지', '집 – 댁', '나이 – 연세', '이름 – 성함' 등 일상생활에 쓰이는 명사의 높임 표현이 발달해 있는 것을 예로 들 수 있습니다.
④ 주체 높임을 실현하는 종결 표현이 문장의 형태에 따라 다양하게 발달해 있는 것을 예로 들 수 있습니다.
⑤ '자다 – 주무시다', '먹다 – 잡수시다', '보다 – 뵙다', '데리다 – 모시다', '묻다 – 여쭈다' 등 높임을 표현하는 동사가 존재하는 것을 예로 들 수 있습니다.

[06~07] 다음 글을 읽고 물음에 답하시오.

국어는 타동사문의 구조로 보았을 때 주어(subject) 다음에 목적어(object)가 오고 서술어(verb)가 문장 끝에 오는 SOV 언어에 속한다. 대부분의 언어는 주어, 목적어, 서술어로 조합 가능한 여섯 가지 중 지배적인 세 가지 유형(SOV, SVO, VSO) 중의 하나에 속하는데, 한국어나 일본어, 터키어, 몽고어, 힌디어 등은 SOV 언어이고 영어를 비롯한 대부분의 서구의 언어들과 중국어는 SVO 언어이다. 이 양자의 두드러진 차이는 서술어가 문장 끝에 오느냐 아니냐에 있지만, 다른 한편으로는 SOV 언어는 대체로 후치사* 언어이고 SVO 언어는 대체로 전치사 언어라는 점이다. 국어는 물론 후치적 특성을 가지는데, 국어의 후치사에 해당하는 조사뿐만 아니라 어미, 보조 동사 등도 각각 어간, 본동사 뒤에 위치한다.

국어는 첨가어로서 조사와 같은 부속 형식들이 문장 성분을 드러내 주기 때문에 어순이 비교적 자유롭다. 그래서 흔히 이를 두고 자유 어순이라 부르기도 한다. 그런데 서술어만은 그렇지 못하다. 서술어는 원칙적으로 문말에 붙박혀 있어야 한다. 물론 절대적으로 서술어 뒤에 다른 성분이 올 수 없는 것은 아니다.

서술어의 어순뿐만 아니라 수식어의 어순도 고정되어 있다. 서술어 문말 어순이 때로는 일탈을 허용하는 데 반해 '수식어 – 피수식어' 어순은 그렇지 않다. '수식어 – 피수식어'의 어순은 확고부동하게 고정되어 있는 것이다. 이는 수식어가 피수식어 뒤에 오기도 하는 인구어(印歐語)*와 구별되는 점이다.

제재 탐구
어순을 기준으로 하여 언어를 분류하였을 때 국어가 어떤 유형에 속하는지를 설명하고, 어순과 관련된 국어의 특질을 설명하고 있다. 국어의 첨가어적 성격과 이에 따른 어순 변화의 자유로움, 서술어와 수식어의 어순 등에 대해 밝히고 있다.

*후치사 체언 따위의 실질 형태소를 포함하는 단어의 뒤에 놓여, 그 단어가 다른 단어와 맺는 관계를 표시하여 주는 말.
*인구어 인도에서 유럽에 걸친 지역에서 쓰이는 언어.

06 윗글을 바탕으로 〈보기〉를 분석한 내용으로 적절하지 <u>않은</u> 것은? ◉ 20420-0015

〈 보기 〉
㉠ 삼촌이 나에게 선물을 주었다.
㉡ 너는 문구점에서 샀어, 무엇을?
㉢ 아주 마음이 여렸던 그 아이는 상심해 버렸다.

① ㉠에서 '삼촌이 나에게 주었다, 선물을.'과 같이 목적어와 서술어의 어순을 바꾸면 문장이 성립하지 않는다.
② ㉠에서 '나에게'와 '선물을'의 어순을 바꾸어도 문장의 의미가 달라지지 않는 것은 국어의 후치적 특성 때문이다.
③ ㉡에서 '무엇'이 미지칭의 의미를 가질 때는 '무엇을'이 서술어 뒤에 놓이는 것이 매우 어색하다.
④ ㉢의 '아주 마음이 여렸던 그 아이'를 보면 수식하는 말들이 모두 피수식어 앞에 놓이는 모습을 보인다.
⑤ ㉢에서 보조 용언 '버렸다'가 본용언 '상심해' 뒤에 놓이는 것은 국어의 후치적 특성을 보여 주는 것이다.

Tip
미지칭 모르는 사물이나 사람을 가리키는 대명사. '누구', '어디', '무엇' 따위가 있다.

● 20420-0016

07 윗글을 읽고, 갖게 된 의문으로 적절하지 <u>않은</u> 것은?

① VSO 구조를 지닌 언어에는 어떠한 것들이 있을까?
② 타동사문의 구조를 바탕으로 어순을 분류하는 이유가 무엇일까?
③ SOV 구조를 지니는 언어의 경우 왜 문장 성분의 생략이 자유로울까?
④ 수식어의 어순이 고정되어 있는 것은 서술어의 어순과 어떤 관련이 있을까?
⑤ 주어, 목적어, 서술어로 조합 가능한 6가지 이외의 구조를 지니는 언어는 없을까?

● 20420-0017

08 〈보기〉의 자료를 분석한 내용으로 적절하지 <u>않은</u> 것은?

《 보기 》

화·청자에 따른 한국인의 요청 표현 양상

청자＼화자		10대	20대	30~40대
상위자	친밀한 관계	부탁 좀 드려도 될까요? / 부탁이 있는데 들어주실 수 있으세요?	부탁 좀 드려도 될까요? / 부탁 좀 들어주세요. / 부탁드립니다.	부탁 좀 드려도 될까요?/부탁드립니다.
	소원한 관계	저기 부탁이 있는데요. / 부탁 하나 드려도 돼요?	내 부탁 좀 들어주심 안 될까요? / 부탁드려도 될까요?	부탁드립니다.
동등자	친밀한 관계	야, 나 부탁 좀 들어주라. / 부탁 들어줘. / 부탁 하나만 할게.	부탁 좀. / 해 주세요.	
	소원한 관계	내 부탁 좀 들어주면 안 될까? / 부탁 들어줄 수 있어?/저기 나 부탁이 있는데	해 주실래요?	
하위자	친밀한 관계	나 부탁 하나만 들어주라./-해.	해 줘.	도와줘.
	소원한 관계	있잖아~ 나 부탁 좀 들어줘. / 부탁 들어줄 수 있어?/-해 줘라.		

① 청자에게 부탁할 때 '좀'이라는 용어를 추가하여 공손성을 더하려는 경향이 있다.
② 청자에게 부탁할 때 긍정형 의문형 문장보다는 부정형 의문형 문장을 사용하는 경향이 있다.
③ 소원한 관계의 청자에게 요청을 할 때, 의문문의 형식을 사용하여 간접적으로 표현하는 경향이 있다.
④ 청자가 동등자나 하위자이면서 친밀한 관계인 경우에는 직접적인 명령 표현을 사용하여 요청을 표현하는 경우도 많다.
⑤ 청자에게 요청을 할 때, '저기', '있잖아'와 같은 표현을 통해 조심스러운 태도를 표현하는 경향이 있다.

Tip
타동사 동작의 대상인 목적어를 필요로 하는 동사. '밥을 먹다'의 '먹다', '노래를 부르다'의 '부르다' 따위이다.

01 〈보기〉에 공통적으로 나타나는 언어의 특성으로 가장 적절한 것은?

○ 20420-0018

《 보기 》

- 한국어 – 집 / 영어 – house[하우스] / 스페인어 – casa[카사] / 프랑스어 – maison[메종] / 핀란드어 – talo[탈로]
- 표준어 – 부추 / 경상도 방언 – 정구지 / 전라도 방언 – 솔

① 언어는 시간과 공간을 넘어서는 초월성을 지닌다.

② 언어의 음성과 의미 사이에는 필연적인 관계가 없다.

③ 언어 기호는 연속적인 사물이나 개념을 분절적으로 인식하게 한다.

④ 언어는 한 세대에서 다른 세대로 전승되는 과정에서 언어 사용자들의 문화를 담는다.

⑤ 단어를 규칙에 맞게 배열하면 한 번도 사용하지 않은 문장을 무수히 만들어 낼 수 있다.

02 〈보기〉의 설명에 해당하는 사례로 적절하지 <u>않은</u> 것은?

○ 20420-0019

《 보기 》

　인간은 언어로 사고하고, 그 사고를 다시 언어로 표현한다. 언어 없이 사고하는 것이 가능할 것인가? 언어와 사고의 관계에 대해서는 다양한 주장이 있었다. 라이프니츠는 '언어는 인간 정신의 가장 좋은 반영'이라고 하였으며, 래내커는 '언어와 인지가 동일하다.'라고 한 바 있다. 언어와 사고의 관계에 대해서는 다양한 주장이 있어 왔지만 양자가 어떤 식으로든 관련을 맺고 있다는 점에 대해서는 대체로 동의한다. 언어와 사고의 관계는 언어가 사고에 미치는 영향과 사고가 언어에 미치는 영향의 양 방향에서의 접근이 가능하다.

① 지능 검사와 같은 사고력 검사에서 언어 능력이 차지하는 비중이 높다.

② 갓난아이들은 기분이 좋으면 웃거나 옹알이로 자신의 감정을 표현한다.

③ 어른에게 높임말을 사용하느냐 반말을 사용하느냐에 따라 어른을 대하는 태도에 차이를 보인다.

④ 고운 말을 하는 아이는 행동도 올바른 경향을 보이고, 거친 말을 하는 아이는 행동도 거친 경향을 띤다.

⑤ 한국인들은 '땅콩'을 '콩'의 일종으로 생각하지만, 영어권 화자들은 '땅콩(peanut)'을 '견과류(nut)'의 일종으로 생각한다.

◉ 20420-0020

03 〈보기〉의 ㉠, ㉡에 들어갈 말이 바르게 짝지어진 것은?

──〈 보기 〉──

　　언어 기호의 내용과 형식이 자의적으로 결합되었다고 해서, 누구나 그 관계를 마음대로 고치거나 없애거나 새로 만들 수 있는 것은 아니다. 한 언어 사회에서 어떠한 말소리에 어떠한 의미가 맞붙어서 그것이 그 언어 사회의 구성원들에게 인정을 받고 관습적으로 그 사회에 통용되어 있으면 그 사회의 모든 사람은 이에 따르지 않을 수 없는데, 이를 언어 기호의 ┌─㉠─┐이라고 한다. 한편, 언어 기호는 시간의 흐름에 따라 변화하기도 하는데, 이를 언어 기호의 ┌─㉡─┐이라고 한다. '어리다'가 '어리석다'에서 '나이가 적다'로 의미가 바뀐 것은 이러한 언어 기호의 특성을 보여 준다.

	㉠	㉡
①	자의성	분절성
②	사회성	역사성
③	추상성	자의성
④	분절성	사회성
⑤	역사성	추상성

◉ 20420-0021

04 〈보기〉의 ⓐ~ⓔ를 분석한 내용으로 적절하지 <u>않은</u> 것은?

──〈 보기 〉──

　ⓐ: 이곳저곳, 이리저리, 여기저기
　ⓑ: 엊그제, 오늘내일, 내일모레
　ⓒ: 장단(長短), 고저(高低), 심천(深淺), 원근(遠近)
　ⓓ: 부모, 남녀, 신랑신부, 소년소녀, 형제자매
　ⓔ: 자타, 안팎, 국내외, 남북 회담

① ⓐ: 지시어에서 화자와 가까운 곳을 우선적으로 언급하는 경향성이 드러난다.
② ⓑ: 시간 표현에서 시간적 선후 관계에 따라 단어를 배열하는 경향성이 드러난다.
③ ⓒ: 공간적 감각을 표현하는 말에서 현저하게 드러나는 요소를 먼저 언급하는 경향성이 드러난다.
④ ⓓ: 성별에 관한 합성어에서 여성보다 남성을 먼저 언급하는 경향성이 드러난다.
⑤ ⓔ: 심리적 거리를 표현하는 말에서 화자와 관련된 표현을 먼저 언급하는 경향성이 드러난다.

[05~06] 다음 글을 읽고 물음에 답하시오.

국어의 주요한 어휘적 특질에는 다음과 같은 것들이 있다.

첫째, 국어의 어휘는 고유어, 한자어, 외래어, 그리고 그 혼합 형태로 구성되어 있다. 전통적으로 한자어의 비중이 우세하여 고유어가 위축되어 왔으며, 최근에는 외래어가 증가되고 있다. 그 결과 고유어와 한자어, 외래어 간에는 유의어의 위상적 대립이 형성되어 있다.

둘째, ㉠고유어의 조어 과정에서는 '배의성(motivation)*'에 의지하는 경향이 현저하다. 이것은 기본어의 복합에 의한 합성이나 파생의 이차적인 조어법이 발달된 것을 가리킨다. 예를 들어 '손'과 '목'이 합하여 '손목'이라는 단어가 형성되며, '눈'과 '물'이 합하여 '눈물'이 된다. 대조적으로 영어의 경우에는 '손목'을 'hand-neck', '눈물'을 'eye-water'라고 하지 않고 각각 'wrist', 'tear'라는 별개의 단어를 사용한다. 또한 붉은 계열의 색채어에 대해 중국어에서는 '赤, 紅, 朱, 丹'과 같이 별개의 단어가 사용되는 반면, 국어에서는 '붉다'라는 기본어를 중심으로 '불그스레하다, 불그스름하다, 불그죽죽하다, 발갛다, 빨갛다, 검붉다' 등의 말이 형성된다.

셋째, 고유어에는 상징어가 발달되어 있다. 상징어의 음성 상징은 양성 모음과 음성 모음 간에 대립적 가치를 갖는데, 양성 모음은 가볍고, 밝고, 작고, 빠른 느낌과 긍정적 의미 가치를 지니는 경우가 많고, 음성 모음은 무겁고, 어둡고, 흐리고, 크고, 느린 느낌과 부정적 의미 가치를 지니는 경우가 많다. 음성 상징은 모음뿐만 아니라 자음에도 나타난다. 일반적으로 된소리나 거센소리가 예사소리에 비해서 강한 느낌을 자아낸다.

*배의성 기본적인 어휘나 형태소가 본래의 의미를 가진 채, 다른 형태와 결합하여 새로운 합성어나 파생어를 만들어 나가는 성질.

● 20420-0022

05 윗글의 내용을 바탕으로 단어 간의 관계를 분석한 내용으로 적절하지 <u>않은</u> 것은?

① '기름 – 지방'은 고유어와 한자어가 유의 관계를 형성한 사례이다.
② '가운데 – 센터'는 고유어, 외래어가 유의 관계를 형성한 사례이다.
③ '소금 – 염화 나트륨'은 한자어와 외래어가 유의 관계를 형성한 사례이다.
④ '졸졸', '쫄쫄', '촐촐'은 자음의 차이가 어감의 차이를 형성하는 사례이다.
⑤ '아장아장'과 '어정어정'은 모음의 종류에 따라 의미 가치가 달라진 사례이다.

● 20420-0023

06 ㉠의 사례를 분석한 내용으로 적절하지 <u>않은</u> 것은?

	단어	단어의 종류	결합한 요소
①	돌다리	합성어	돌+다리
②	밤낮	합성어	밤+낮
③	날고기	파생어	날-+고기
④	샛노랗다	파생어	샛-+노랗다
⑤	발그레하다	파생어	밝-+-으레하다

● 20420-0024

07 〈보기〉를 바탕으로 영어와 한국어의 특징을 비교한 내용으로 적절하지 <u>않은</u> 것은?

《 보기 》

ㄱ. 영어: their / 한국어: 그들의

ㄴ. 영어: Luke is in the classroom. → Is Luke in the classroom?
　한국어: 정우가 교실에 있다. → 정우가 교실에 있니?

ㄷ. 영어: Luke loves Ella. ≠ Ella loves Luke.
　한국어: 정우가 지아를 사랑한다. ≒ 지아를 정우가 사랑한다.

① ㄱ을 보니, 영어에서는 'their'라는 한 단어가 3인칭, 복수, 관형격의 의미를 모두 드러내는 반면, 한국어에서는 '그'는 3인칭, '-들'은 복수, '의'는 관형격의 의미를 각각 드러내는구나.
② ㄴ을 보니, 평서문을 의문문으로 바꿀 때 영어와 달리 한국어는 어순의 변화가 없구나.
③ ㄴ을 보니, 평서문을 의문문으로 바꿀 때 영어와 달리 한국어는 형태소의 변화가 생기는구나.
④ ㄷ을 보니, 한국어와 영어는 모두 단어에 격 조사가 결합하여 문장 성분이 결정되는구나.
⑤ ㄷ을 보니, 영어와 달리 한국어는 주어와 목적어의 위치를 바꾸어도 문장의 의미가 통하는구나.

● 20420-0025

08 〈보기〉의 [A]에 들어갈 내용으로 적절하지 <u>않은</u> 것은?

《 보기 》

선생님: 국어의 주요한 음운적 특질에는 다음과 같은 것들이 있습니다. 각각의 특징에 해당하는 예를 들어 볼 수 있을까요?

㉠ 국어의 자음은 예사소리, 된소리, 거센소리의 삼중 체계로 이루어져 있다.
㉡ 국어에는 다른 언어에 비해 마찰음이 많지 않다.
㉢ 국어는 첫소리의 자음에 제약이 있다.
㉣ 국어의 자음들은 음절 끝 위치에서 완전히 파열되지 않는다.
㉤ 국어에는 모음 조화 현상이 있다.

학생: [A]

① ㉠에는 '불, 뿔, 풀'에서 자음이 'ㅂ, ㅃ, ㅍ'으로 달라지면 의미가 달라지는 것을 예로 들 수 있습니다.
② ㉡에는 영어의 'f, v, θ, ð'에 해당하는 마찰음이 국어에 없다는 점을 예로 들 수 있습니다.
③ ㉢에는 국어 단어의 첫소리에는 여러 개의 자음이 올 수 없으며, 'ㄹ'이 'ㄴ'으로 바뀌거나, 'ㄴ'이 탈락하는 것을 예로 들 수 있습니다.
④ ㉣에는 '흙'이 [흑]으로, '값'이 [갑]으로 발음되는 것을 예로 들 수 있습니다.
⑤ ㉤에는 '앉아', '엎어' 등을 예로 들 수 있습니다.

제1부

Ⅱ. 국어의 구조

01 음운

1 음성과 음운

말소리는 물리적인 소리인 '음성'과 추상적인 소리인 '음운'으로 구분될 수 있다. 특히 음운은 한 언어에서 말의 뜻을 구별하여 주는 소리의 가장 작은 단위를 의미하는데, 소리마디의 경계가 그어지는 여부에 따라 '분절 음운'과 '비분절 음운'으로 다시 구분되기도 한다.

(1) 분절 음운: 모음, 자음과 같이 소리마디의 경계가 그어진다.

(2) 비분절 음운: 소리마디의 경계가 그어지지 않고 분절 음운에 얹혀서 실현된다.

2 분절 음운 ①: 모음

말소리를 낼 때 공기의 흐름이 발음 기관에서 장애를 받지 않고 나오는 소리를 모음이라고 한다. 모음은 소리를 내는 도중에 입술 모양이나 혀의 위치가 고정되어 달라지지 않는 '단모음', 소리를 내는 도중에 입술 모양이나 혀의 위치가 달라지는 '이중 모음'으로 구분된다.

(1) 단모음: 혀의 위치, 입술 모양, 혀의 높이에 따라 분류될 수 있다.

혀의 위치 입술 모양 혀의 높이	전설 모음		후설 모음	
	평순 모음	원순 모음	평순 모음	원순 모음
고모음	ㅣ	ㅟ	ㅡ	ㅜ
중모음	ㅔ	ㅚ	ㅓ	ㅗ
저모음	ㅐ		ㅏ	

- **'혀의 위치'에 따른 분류:** 혀의 최고점이 앞쪽에 있을 때 발음되는 모음인 '전설 모음'과 혀의 최고점이 뒤쪽에 있을 때 발음되는 모음인 '후설 모음'으로 구분된다.
- **'입술 모양'에 따른 분류:** 입술을 둥글게 오므리지 않고 발음하는 모음인 '평순 모음'과 입술을 둥글게 오므려 발음하는 모음인 '원순 모음'으로 구분된다.
- **'혀의 높이'에 따른 분류:** 발음할 때 입이 조금 열려서 혀의 위치가 높은 모음인 '고모음', 그보다는 입이 더 열려서 혀의 위치가 중간인 모음인 '중모음', 입이 크게 열려서 혀의 위치가 낮은 모음인 '저모음'으로 구분된다.

(2) 이중 모음: 'ㅑ, ㅕ, ㅛ, ㅠ, ㅒ, ㅖ, ㅢ, ㅘ, ㅝ, ㅙ, ㅞ' 등이 있다.

③ 분절 음운 ②: 자음

자음은 목청을 통과한 공기의 흐름이 막히거나 통로가 좁혀져서 공기의 흐름이 장애를 입게 되어 만들어지는 소리로, '조음 위치', '조음 방법'에 따라 분류될 수 있다.

개념

더 알아 두기

조음 방법 \ 조음 위치		입술소리	잇몸소리	센입천장소리	여린입천장소리	목청소리
파열음	예사소리	ㅂ	ㄷ		ㄱ	
	된소리	ㅃ	ㄸ		ㄲ	
	거센소리	ㅍ	ㅌ		ㅋ	
파찰음	예사소리			ㅈ		
	된소리			ㅉ		
	거센소리			ㅊ		
마찰음	예사소리		ㅅ			ㅎ
	된소리		ㅆ			
비음		ㅁ	ㄴ		ㅇ	
유음			ㄹ			

(1) '조음 위치'에 따른 자음 분류
- 입술소리: 두 입술에서 나는 소리
- 잇몸소리: 혀끝이 윗잇몸에 닿아서 나는 소리
- 센입천장소리: 혓바닥과 센입천장 사이에서 나는 소리
- 여린입천장소리: 혀의 뒷부분과 여린입천장 사이에서 나는 소리
- 목청소리: 목청 사이에서 나는 소리

(2) '조음 방법'에 따른 자음 분류
- 파열음: 허파에서 나오는 공기의 흐름을 일단 막았다가 그 막은 자리를 터뜨리면서 내는 소리
- 파찰음: 허파에서 나오는 공기를 막았다가 터뜨리면서 마찰을 일으켜 내는 소리
- 마찰음: 입안이나 목청 사이의 통로를 좁히고 공기를 그 틈 사이로 내보내어 마찰을 일으키면서 내는 소리
- 비음: 여린입천장과 목젖을 내려 입안의 통로를 막고 코로 공기를 내보내면서 내는 소리
- 유음: 혀끝을 잇몸에 가볍게 대었다가 떼거나 혀끝을 잇몸에 댄 채 공기를 그 양옆으로 흘러 내보내면서 내는 소리
- 예사소리: 구강 내부의 기압 및 발음 기관의 긴장도가 낮아 약하게 파열되는 소리
- 된소리: 후두 근육을 긴장하면서 기식이 거의 없이 내는 소리
- 거센소리: 숨이 거세게 나오는 소리

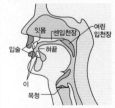

발음 기관 단면도

자음이 실제 소리 나는 위치는 발음 기관 단면도에서 확인할 수 있음.

기식(氣息)
숨을 쉼. 또는 그런 기운.
거센소리
거센소리는 청각적으로 격한 느낌을 주며, 발음할 때 입 밖으로 나오는 기류(공기의 흐름)의 양이 된소리에 비해 매우 많음.

4 비분절 음운

비분절 음운에는 음장(소리의 길이), 억양(소리의 높이) 등이 있다.

(1) 음장: 소리의 길이를 통해 말의 뜻을 구별하는 경우

(2) 억양: 소리의 높낮이를 통해 말하는 이의 감정이나 태도, 문장의 종류 등을 구별하는 경우

동화
비음화, 유음화, 구개음화가 일어나면 그 결과 특정 음운이 인접한 음운의 성격과 비슷해짐. 이처럼 주위의 음과 같거나 비슷해지는 현상을 '동화'라고도 함.

5 음운 변동의 유형

음운 변동은 음운이 환경에 따라 다르게 바뀌는 현상을 일컫는다. 음운이 어떻게 변동되는 지를 기준으로 크게 '교체', '탈락', '첨가', '축약'의 네 가지로 구분된다.

(1) 교체: 한 음운이 수적인 변화 없이 다른 음운으로 바뀌는 음운 현상

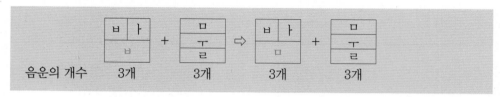

• **음절의 끝소리 규칙:** 음절의 끝에서 'ㄱ, ㄴ, ㄷ, ㄹ, ㅁ, ㅂ, ㅇ' 이외의 자음이 이 일곱 자음 중 하나로 바뀌는 현상

> 예 밖 → [박], 바깥 → [바깓], 잎 → [입]

• **비음화:** 'ㄱ, ㄷ, ㅂ'이 비음 앞에서 비음으로 바뀌는 현상

> 예 국민 → [궁민], 듣는 → [든는], 밥만 → [밤만]

• **유음화:** 'ㄹ'에 인접한 'ㄴ'이 'ㄹ'로 바뀌는 현상

> 예 칼날 → [칼랄], 물놀이 → [물로리], 천리 → [철리]

연음
연음은 앞 음절의 끝 자음이 모음으로 시작되는 뒤 음절의 초성으로 이어져 나는 현상을 의미하는 것으로, 음운 변동에 해당하지 않음.
예 꽃이[꼬치], 밭에[바테]

• **된소리되기:** 예사소리가 된소리로 바뀌는 현상

> 예 닫지 → [닫찌], 신지 → [신:찌], 잡고 → [잡꼬]

• **구개음화:** 끝소리가 'ㄷ, ㅌ'인 형태소가 모음 'ㅣ'나 반모음 'ㅣ'[j]로 시작하는 문법 형태소와 만날 때 구개음인 'ㅈ, ㅊ'으로 바뀌는 현상

> 예 굳이 → [구지], 같이 → [가치], 밭이 → [바치]

(2) 탈락: 한 음운이 단순히 없어지는 음운 현상

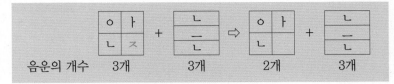

| 음운의 개수 | 3개 | 3개 | 2개 | 3개 |

- **자음군 단순화:** 음절의 끝에 두 개의 자음이 올 때, 이 중에서 한 자음이 탈락하는 현상

예) 닭 → [닥], 넓고 → [널꼬], 읊는 → [음:는]

- **'ㅎ' 탈락:** 주로 모음과 모음 사이에서 혹은 비음이나 유음과 모음 사이에서 'ㅎ'이 탈락하는 현상

예) 넣어 → [너어], 좋은 → [조:은], 쌓이다 → [싸이다]

(3) 첨가: 없던 음운이 새로 생기는 음운 현상

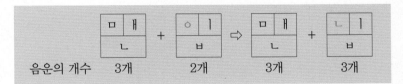

| 음운의 개수 | 3개 | 2개 | 3개 | 3개 |

- **'ㄴ' 첨가:** 앞말이 자음으로 끝나고 뒷말이 'ㅣ'나 반모음 'ㅣ'[j]로 시작할 때 'ㄴ'이 첨가되는 현상

예) 논일 → [논닐], 옷 입다 → [온닙따], 콩엿 → [콩녇]

(4) 축약: 인접한 두 음운이 합쳐져서 제3의 음운으로 바뀌는 음운 현상

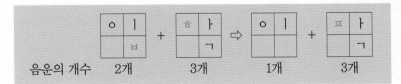

| 음운의 개수 | 2개 | 3개 | 1개 | 3개 |

- **거센소리되기:** 'ㅎ'과 'ㅂ, ㄷ, ㄱ, ㅈ'이 만나 'ㅍ, ㅌ, ㅋ, ㅊ'이 되는 현상

예) 잡히다 → [자피다], 좋다 → [조:타], 낳고 → [나:코], 놓지 → [노치]

개념 체크

01 〈보기〉의 빈칸에 들어갈 적절한 말을 각각 2음절로 쓰시오.

〈 보기 〉

모음, 자음과 같은 분절 음운을 (　　), 음장, 억양과 같은 비분절 음운을 (　　)(이)라고 하며, 이 둘을 아울러 음운이라 한다.

02 '음운'에 대한 설명 중 적절하지 않은 것은?

① 마찰음에는 거센소리가 존재하지 않는다.
② 자음은 조음 위치와 조음 방법에 따라 구분된다.
③ 분절 음운은 소리마디의 경계가 그어지는 음운이다.
④ 이중 모음은 반모음과 반모음이 결합하여 이루어진다.
⑤ 자음에서 입술소리는 두 입술에서 나는 소리를 말한다.

03 다음 설명이 맞으면 ○표, 틀리면 ×표를 하시오.

① '전설 모음', '평순 모음', '저모음'의 조건을 모두 충족하는 모음은 'ㅐ'이다.
(○, ×)
② '잇몸소리', '마찰음', '예사소리'의 조건을 모두 충족하는 자음은 'ㄸ'이다. (○, ×)

04 〈보기〉의 '선생님'의 질문에 대한 답을 쓰시오.

〈 보기 〉

선생님: '새벽일'은 발음할 때, 교체, 탈락, 첨가, 축약 중 어떤 음운 변동이 몇 번씩 일어날까요?

정답 01 음소, 운소 02 ④ 03 ① ○, ② × 04 '첨가', '교체'가 각각 한 번씩 일어납니다.

제재 탐구

음성과 음운의 개념과 특성을 구체적 사례를 활용하여 설명하고 있다. 음성은 인간이 내는 구체적이며 물리적인 소리이고, 음운은 사람들이 같은 음이라고 여기는 추상적이며 심리적인 소리이다. 말의 뜻을 구별해 주는 가장 작은 소리의 단위인 음운은 음성을 통해 실현된다.

[01~03] 다음 글을 읽고 물음에 답하시오.

국어에서 '굴, 꿀, 둘, 물, 불, 뿔, 술, 줄'은 각각 첫소리 'ㄱ, ㄲ, ㄷ, ㅁ, ㅂ, ㅃ, ㅅ, ㅈ'에 의해서 서로 뜻이 다른 단어가 되고, '발, 벌, 볼, 불'은 가운뎃소리 'ㅏ, ㅓ, ㅗ, ㅜ'에 의해 뜻이 다른 단어가 된다. 이처럼 말의 뜻을 구별해 주는 기능을 하는 가장 작은 소리의 단위를 '음운(音韻)'이라고 한다.

'고기'는 'ㄱ, ㅗ, ㄱ, ㅣ'의 네 음운이 모여서 이루어진 단어이다. 그런데 두 'ㄱ'이 발음되는 모습을 살펴보면, 혀와 입천장을 이용하여 공기의 흐름을 막았다가 터뜨려 낸다는 공통점이 있지만, 첫 'ㄱ'과는 달리 두 번째 'ㄱ'은 목청을 떨어 울려 낸다는 차이점이 있다. 이처럼 음운이 구체적인 소리로 구현된 것을 '음성(音聲)'이라고 한다. 따라서 이때의 두 'ㄱ'은 다른 음성이다. 그러나 이들은 뜻을 구별 짓는 일을 하지 못한다. '물, 불'의 끝소리 'ㄹ'과 '바람'에서 모음 사이에 놓인 'ㄹ'은 각각 다른 음성이다. 앞의 'ㄹ'은 혀가 윗잇몸 쪽으로 올라갈 때에 양옆으로 공기가 흘러가면서 만들어지는 소리[l]이고, 뒤의 'ㄹ'은 혀끝이 윗잇몸에 가볍게 닿았다가 떨어지면서 나는 소리[r]이다. 앞에서 예를 든 두 'ㄱ'이 그렇듯이, 두 'ㄹ' 역시 뜻을 구별하는 일은 하지 못한다. 이와 같이 어떤 음성들이 서로 다른 자리에 나타나 발음상 차이가 있기는 하지만 뜻을 구별 짓는 일을 하지 못할 때, 그들 음성을 가리켜 한 음운의 '변이음(變異音)'이라고 한다.

---

01 윗글에 대한 이해로 적절하지 않은 것은?

◉ 20420-0026

① 음성은 음운이 구체적 소리로 구현된 것이다.
② '물'의 'ㄹ'과 '바람'의 'ㄹ'은 뜻을 구별하는 기능을 하지 못한다.
③ '고기'를 소리 낼 때 뒤 음절의 'ㄱ'은 목청을 떨어 울리지 않는다.
④ 'ㄱ'은 혀와 입천장을 이용해 공기의 흐름을 막았다가 터뜨려 내는 소리이다.
⑤ 음운은 말의 뜻을 구별해 주는 기능을 하는 가장 작은 소리의 단위를 말한다.

---

02 윗글을 참고할 때, 〈보기〉의 질문에 대해 답한 내용으로 가장 적절한 것은?

◉ 20420-0027

〈 보기 〉

'잠실'과 '미로'의 경우, 종성의 'ㄹ'과 초성의 'ㄹ'은 같은 음운인가? 그리고 같은 음성인가?

① 같은 음운이면서 같은 음성이다.
② 같은 음운이지만 같은 음성은 아니다.
③ 같은 음운은 아니지만 같은 음성이다.
④ 같은 음운도 아니고 같은 음성도 아니다.
⑤ 같은 음운인지 음성인지 판단할 수 없다.

Tip

변이음 같은 음소에 포괄되는 몇 개의 구체적인 음이 서로 구별되는 음의 특징을 지니고 있을 때의 음이다. 예를 들어, '고기'의 두 'ㄱ' 소리는 같은 문자로 표기하나 실제로는 앞의 ㄱ은 [k], 뒤의 것은 [g]와 같이 서로 다른 음가를 가지는데, 한 음운으로 묶인 서로 다른 둘 이상의 음성을 그 음운에 상대하여 이른다.

◀서술형▶

03 윗글을 근거로 하여 〈보기〉의 빈칸에 들어갈 내용을 간략하게 서술하시오.

🔵 20420-0028

❴ 보기 ❵

[의문] 한국 사람들은 초성의 'ㄹ'과 종성의 'ㄹ'을 각각 다르게 발음하면서도 두 소리의 차이를 구별하지 못한다. 그 이유는 무엇일까?

[탐구 자료] '보리[pori]'의 'ㄹ'[r], '달[tal]'의 'ㄹ'[l]

[탐구 결과]

🔵 20420-0029

04 〈보기〉의 밑줄 친 사례에 해당하는 단어의 짝으로 가장 적절한 것은?

❴ 보기 ❵

우리말에는 재미있는 짝들이 꽤 있습니다. 가령 '낡다-늙다'를 보아도 그렇습니다. 뜻이 꽤 비슷하지요. 그러면서도 생김새도 꽤 비슷한 모습을 하고 있습니다. 겨우 'ㅏ'를 'ㅡ'로 바꾸었을 뿐입니다. 이렇게 모음 하나만 살짝 바꾸어 서로 연관이 있는 새 단어를 탄생시킨 것입니다. 말하자면 짝꿍을 만들어 낸 것이지요.

① 숨다 – 심다   ② 벗다 – 빗다   ③ 작다 – 적다

④ 물다 – 불다   ⑤ 굽다 – 곱다

🔵 20420-0030

05 〈보기〉의 ㄱ과 ㄴ을 종합하여 내릴 수 있는 결론으로 가장 적절한 것은?

❴ 보기 ❵

ㄱ. "잘한다!"라는 말은 억양에 따라 칭찬하는 말로 들릴 수도 있고 비꼬는 말로 들릴 수도 있다.

ㄴ. '눈'을 길게 발음하면 하늘에서 내리는 '눈'을 나타내지만, 짧게 발음하면 신체 기관 중 하나인 '눈'을 나타낸다.

① 억양이나 음장이 의미 변별의 기능을 할 수 있다.

② 의미 변별의 여부에 따라 분절 음운과 비분절 음운이 구분된다.

③ 억양은 음장과 달리 소리마디의 경계가 분명히 그어지지 않는다.

④ 변이음은 억양이나 음장에 따라 달라지는 음운을 일컫는 말이다.

⑤ 음장은 억양과 달리 추상적이고 관념적인 소리의 단위에 포함된다.

《 제재 탐구 》
조음 말소리의 산출에 관여하는 발음 기관, 즉 성대, 목젖, 혀, 이, 입술 따위의 움직임을 통틀어 이르는 말.

[06~08] 다음 표를 참고하여 물음에 답하시오.

㉮ 단모음 체계

혀의 높이 ＼ 혀의 위치 / 입술 모양	전설 모음		후설 모음	
	평순 모음	원순 모음	평순 모음	원순 모음
고모음	ㅣ	ㅟ	ㅡ	ㅜ
중모음	ㅔ	ㅚ	ㅓ	ㅗ
저모음	ㅐ		ㅏ	

㉯ 자음 체계

조음 방법		입술소리	잇몸소리	센입천장소리	여린입천장소리	목청소리
파열음	예사소리	ㅂ	ㄷ		ㄱ	
	된소리	ㅃ	ㄸ		ㄲ	
	거센소리	ㅍ	ㅌ		ㅋ	
파찰음	예사소리			ㅈ		
	된소리			ㅉ		
	거센소리			ㅊ		
마찰음	예사소리		ㅅ			ㅎ
	된소리		ㅆ			
비음		ㅁ	ㄴ		ㅇ	
유음			ㄹ			

○ 20420-0031

06 **(가)와 (나)에 대한 이해로 적절하지 <u>않은</u> 것은?**

① (가)를 통해 볼 때, 'ㅔ'와 'ㅚ'의 발음은 입술의 모양이 평순이냐 원순이냐에 따라 구분된다.

② (가)를 통해 볼 때, 혀의 뒤쪽에서 소리가 나며 발음할 때 입술의 모양이 둥글어지는 모음은 'ㅗ', 'ㅜ'이다.

③ (나)를 통해 볼 때, '파열음, 마찰음, 비음, 유음'은 센입천장에서 나는 소리가 존재하지 않는다.

④ (나)를 통해 볼 때, 'ㅂ, ㅁ'은 같은 조음 위치에서 발음되지만 조음 방법이 다른 음운이다.

⑤ (나)를 통해 볼 때, '비음, 유음'은 '파열음, 파찰음, 마찰음'과 달리 소리의 세기에 따라 '예사소리-된소리-거센소리'로 구분되지 않는다.

Tip
'ㅚ'와 'ㅟ'의 발음 'ㅚ'와 'ㅟ'는 단모음으로 발음하는 것이 원칙이지만, 이중 모음으로 발음하는 것도 허용한다.

07 (가)와 (나)를 참고할 때, 다음 제시된 조건을 모두 충족하는 단어로 적절한 것은?

20420-0032

《 보기 》

조건		예	아니요
자음	된소리가 포함되어 있습니까?		V
	마찰음이 포함되어 있습니까?	V	
모음	평순 모음이 포함되어 있습니까?		V
	전설 모음이 포함되어 있습니까?		V
	중모음이 포함되어 있습니까?	V	

① 차   ② 소   ③ 비   ④ 쪼   ⑤ 수

《 서술형 》

08 (나)를 참고하여 'ㅂ'과 'ㄱ'의 공통점과 차이점을 서술하시오.

20420-0033

09 〈보기〉의 ㄱ과 ㄴ에 들어갈 말을 바르게 짝지은 것은?

20420-0034

《 보기 》

[탐구 과제] 예사소리, 된소리, 거센소리는 어떤 면에서 차이가 있을까?

[탐구 자료]

• 불: 물질이 산소와 화합하여 높은 온도로 빛과 열을 내면서 타는 것. • 뿔: 소, 염소, 사슴 따위의 머리에 솟은 단단하고 뾰족한 구조. • 풀: 쌀이나 밀가루 따위의 전분질에서 빼낸 끈끈한 물질.	• 살살: 배가 조금씩 쓰리며 아픈 모양. • 쌀쌀: 배가 조금씩 쓰리며 아픈 모양. '살살'보다 센 느낌을 준다.

[탐구 결과] '불', '뿔', '풀'은 각각의 자음에 의해 (ㄱ)의 차이를 보이는 단어이고, '살살', '쌀쌀'은 각각의 자음에 의해 (ㄴ)의 차이를 보이는 단어이다.

	ㄱ	ㄴ			ㄱ	ㄴ
①	의미	품사		②	의미	어감
③	어감	품사		④	어감	의미
⑤	품사	어감				

Tip

삼지적 상관속 예사소리, 된소리, 거센소리처럼 세 항목으로 이루어진 상관속을 삼지적 상관속이라고도 한다. 'ㅂ, ㅍ, ㅃ', 'ㄷ, ㅌ, ㄸ', 'ㅈ, ㅊ, ㅉ', 'ㄱ, ㅋ, ㄲ' 따위이다.

[10~13] 다음 글을 읽고 물음에 답하시오.

음운 변동이란 어떤 음운이 일정한 환경에서 변하는 현상을 말한다. 한 음운이 다른 음운으로 바뀌는 ㉠교체, 한 음운이 단순히 없어지는 ㉡탈락은 모두 음운 변동에 해당한다. 교체와 달리 탈락이 일어나면 음운 개수의 변화가 나타난다.

교체의 대표적 예로 음절의 끝소리 규칙, 비음화, 유음화, 구개음화를 들 수 있다. 우선 음절의 끝소리 규칙은 음절의 끝에서 'ㄱ, ㄴ, ㄷ, ㄹ, ㅁ, ㅂ, ㅇ' 이외의 자음이 일곱 자음 중 하나로 바뀌는 현상이다. '밖'의 'ㄲ'이 'ㄱ'으로 교체되어 [박]으로 발음되는 것을 들 수 있다. 그리고 비음화는 'ㄱ, ㄷ, ㅂ'이 비음 앞에서 비음으로 바뀌는 현상이다. 예를 들어 '국민'이 [궁민]으로 발음되는 것은 비음화에 해당한다. 유음화는 'ㄹ'에 인접한 'ㄴ'이 'ㄹ'로 바뀌는 현상이다. 유음화의 예로는 '칼날[칼랄]'이 있다. 비음화와 유음화는 그 결과로 인접한 두 음운의 조음 방식이 같아진다. 구개음화는 끝소리가 'ㄷ, ㅌ'인 형태소가 모음 'ㅣ'나 반모음 'ㅣ'[j]로 시작하는 문법 형태소와 만날 때 구개음인 'ㅈ, ㅊ'으로 바뀌는 현상이다. 가령 ㉰'해돋이'가 [해도지]로 발음되는 것이 이에 해당한다. 이는 교체의 결과 조음 위치와 조음 방식이 모두 바뀌는 현상이다.

한편 탈락에는 자음군 단순화와 'ㅎ' 탈락 등이 있다. 자음군 단순화는 음절의 끝에 두 개의 자음이 올 때, 이 중에서 한 자음이 탈락하는 현상이다. 예를 들어 '닭'을 발음할 때 받침 'ㄺ' 중 'ㄹ'이 탈락하여 'ㄱ'만 발음되는 것을 들 수 있다. 'ㅎ' 탈락은 주로 모음과 모음 사이에서 혹은 비음이나 유음과 모음 사이에서 'ㅎ'이 탈락하는 현상을 말한다. '넣어'를 발음할 때 'ㅎ'이 탈락하여 [너어]로 발음되는 것이 그 예이다.

◁ 제재 탐구 ▷
음운 변동 현상 중 교체와 탈락에 대해 설명하고 있다. 한 음운이 다른 음운으로 바뀌는 교체가 일어나는 음절의 끝소리 규칙, 비음화, 유음화, 구개음화, 한 음운이 단순히 없어지는 탈락이 일어나는 자음군 단순화와 'ㅎ' 탈락에 대해 예를 들어 이해를 돕고 있다.

20420-0035

10 윗글의 내용에 대한 이해로 적절하지 않은 것은?

① 음절의 끝소리 규칙이나 자음군 단순화는 모두 음절의 끝에 오는 음운과 관련된 음운 변동이다.

② 비음화, 유음화, 구개음화는 모두 교체의 결과로 조음 위치, 조음 방식이 모두 바뀌는 현상이다.

③ 비음화는 비음이 아닌 음운이 비음으로, 유음화는 유음이 아닌 음운이 유음으로 교체되는 현상이다.

④ 끝소리 'ㄷ, ㅌ'이 모음 'ㅣ'로 시작되는 조사나 접미사 앞에서 'ㅈ, ㅊ'으로 바뀌었다면 구개음화가 일어난 것이다.

⑤ 발음을 할 때 한 음운이 다른 음운으로 바뀌는 것이나 한 음운이 단순히 없어지는 것은 모두 음운 변동에 해당한다.

Tip
조사, 접사 조사는 체언이나 부사, 어미 따위에 붙어 그 말과 다른 말과의 문법적 관계를 표시하거나 그 말의 뜻을 도와주는 말이다. 한편 접사는 단독으로 쓰이지 아니하고 항상 다른 어근(語根)이나 단어에 붙어 새로운 단어를 구성하는 말이다. 조사와 접사는 모두 문법 형태소에 해당한다.

11 밑줄 친 말을 발음할 때, ㉠과 ㉡이 모두 일어나는 단어로 적절한 것은?

● 20420-0036

① 사과를 <u>깎는</u> 칼을 사다. ② 항구에 <u>닿은</u> 배로 가다.
③ 신발이 <u>닳는</u> 줄 모르다. ④ 아침을 <u>먹는</u> 딸이 웃다.
⑤ 식견이 <u>넓은</u> 형을 보다.

음운 변동 음운 변동으로 조음 위치나 조음 방식이 바뀌면 발음의 경제성이 높아진다.

12 〈보기〉의 자료를 참고하여 ㉯의 이유에 대해 설명한 내용으로 적절한 것은?

● 20420-0037

〈 보기 〉

다음 그림을 보면 '해돋이'가 [해도디]가 아닌 [해도지]로 소리 나는 이유를 알 수 있다. [1]과 [2]에서 보듯이, 'ㄷ'과 'ㅣ'를 발음할 때의 혀의 위치가 달라 '디'를 발음할 때는 혀가 잇몸에서 입천장 쪽으로 많이 움직여야 한다. 그러나 [2]와 [3]을 보면, 'ㅈ'과 'ㅣ'를 발음할 때의 혀의 위치가 비슷하기 때문에 '지'를 발음할 때는 혀를 거의 움직이지 않아도 된다.

[1] 'ㄷ, ㅌ' 발음　　[2] 'ㅣ' 발음　　[3] 'ㅈ, ㅊ' 발음

① 성격이 비슷한 소리가 연속되면 그 소리를 발음할 때 힘이 덜 들게 되기 때문이다.
② 조음 위치와 조음 방식이 변함으로 인해 발음해야 할 음운의 개수가 적어지기 때문이다.
③ 혀의 위치가 잇몸으로 고정되면서 혀를 움직이지 않아도 되어 발음의 경제성이 높아지기 때문이다.
④ 구개음화가 일어나면 원래 잇몸에서 나는 소리인 'ㄷ'을 입천장에서 소리 낼 수 있게 되기 때문이다.
⑤ 발음에 방해가 되는 음운을 탈락시키면 원래 단어를 발음하는 것보다 발음을 쉽게 할 수 있기 때문이다.

◀서술형▶

13 〈보기〉의 '값만'을 발음할 때 일어나는 음운 변동에 대해 서술하시오.

● 20420-0038

〈 보기 〉

값만 [_____ → _____]: 탈락과 교체가 일어나는 단어이다.

❨ 제재 탐구 ❩
음운 변동 현상 중 첨가와 축약에 대해 설명하고 있다. 'ㄴ' 첨가, 거센소리되기를 예로 들어 첨가와 축약이 일어나는 음운 변동에 대한 이해를 돕고 있다.

[14~18] 다음 글을 읽고 물음에 답하시오.

음운 변동 중에는 없던 음운이 새로 생기는 첨가, 인접한 두 음운이 합쳐져서 제3의 음운으로 바뀌는 축약이 있다. 첨가와 축약은 모두 음운 변동 후 음운의 개수가 바뀌는 음운 변동이다. 우선 첨가의 대표적인 예로는 'ㄴ' 첨가가 있다. 국어에서 일어나는 'ㄴ' 첨가를 살펴보면, 앞말이 자음으로 끝나고 뒷말이 'ㅣ'나 반모음 'ㅣ'[j]로 시작할 때 'ㄴ'이 첨가되며 음운의 개수가 늘어난다. 예를 들면 '논일'은 [논닐]로, '옷 입다'는 [온닙따]로, '생엿'은 [생녇]으로 'ㄴ'이 첨가되어 발음된다.

한편 음운의 변동 중 '축약'에는 'ㅎ'과 'ㅂ, ㄷ, ㄱ, ㅈ'이 만나 'ㅍ, ㅌ, ㅋ, ㅊ'이 되는 현상인 거센소리되기가 있다. 거센소리되기는 두 음운이 하나의 음운이 되는 현상이기 때문에 음운 변동 후 음운의 개수가 줄어들게 된다.

◉ 20420-0039

14 윗글의 내용에 대한 이해로 적절하지 <u>않은</u> 것은?

① 'ㅎ'이 'ㅂ, ㄷ, ㄱ, ㅈ'이 아닌 다른 자음을 만나면 거센소리되기가 일어나지 않는다.
② '논일', '쌓다', '생엿'은 모두 없던 음운이 새로 생기는 첨가가 일어난 예에 해당한다.
③ 첨가는 음운 변동 후 음운의 개수가 늘어나고, 축약은 음운 변동 후 음운의 개수가 줄어든다.
④ 앞말이 자음으로 끝나더라도 뒷말이 'ㅣ'나 반모음 'ㅣ'[j]로 시작하지 않으면 'ㄴ' 첨가가 일어나지 않는다.
⑤ 없던 음운이 새로 생기는 '첨가'나 인접한 두 음운이 합쳐져서 제3의 음운으로 바뀌는 '축약'은 모두 음운 변동에 해당한다.

Tip
반모음 반모음은 모음과 같이 발음하지만 음절을 이루지 못하는 아주 짧은 모음을 일컫는다. 'ㅑ', 'ㅒ', 'ㅕ', 'ㅖ', 'ㅘ', 'ㅙ', 'ㅛ', 'ㅝ', 'ㅞ', 'ㅠ' 등의 이중 모음에서 나는 'ㅣ'[j], 'ㅗ/ㅜ'[w] 따위이다.

◀서술형▶
◉ 20420-0040

15 '눈요기'와 '집합'에서 일어나는 음운 변동에 대해 각각 서술하시오.

● 20420-0041

16 윗글을 근거로 〈보기〉의 ㉠~㉣에서 일어나는 음운 변동을 '첨가'와 '축약'으로 바르게 구분한 것은?

〈 보기 〉

㉠ 집안일[지반닐]   ㉡ 접히다[저피다]   ㉢ 쌓지[싸치]   ㉣ 식용유[시굥뉴]

	첨가	축약
①	㉠	㉡, ㉢, ㉣
②	㉡	㉠, ㉢, ㉣
③	㉡, ㉢	㉠, ㉣
④	㉠, ㉣	㉡, ㉢
⑤	㉠, ㉢, ㉣	㉡

● 20420-0042

17 〈보기〉에서 음운 변동 후 음운의 개수가 줄어드는 단어만을 골라 바르게 묶은 것은?

〈 보기 〉

ⓐ 국화 → [구콰]   ⓑ 법학 → [버팍]

ⓒ 맨입 → [맨닙]   ⓓ 좁히다 → [조피다]

ⓔ 구급약 → [구ː금냑]

① ⓐ, ⓑ, ⓓ   ② ⓐ, ⓒ, ⓔ   ③ ⓐ, ⓓ, ⓔ

④ ⓑ, ⓒ, ⓓ   ⑤ ⓑ, ⓒ, ⓔ

● 20420-0043

18 윗글을 참고할 때, 〈보기〉에 제시된 '선생님'의 질문에 대한 답으로 적절한 것은?

〈 보기 〉

선생님: 지난 시간에는 음운 변동 현상인 교체, 탈락, 축약, 첨가에 대해서 배웠습니다. 오늘은 음운 변동이 두 가지 이상 나타나는 단어를 통해 지난 시간에 배운 내용을 적용해 보겠습니다. 다음 중 축약과 첨가가 함께 일어나는 단어는 무엇인가요?

고등학교 ㉮<u>입학</u> 후 중학교 친구들을 만났다. 눈에 띄게 모습이 변한 친구들도 있었다. 우리들은 오랜만에 ㉯<u>이렇게</u> 만나니 정말 ㉰<u>좋다며</u> 반갑게 인사를 나눴다. 시간이 늦어 많은 시간 이야기를 나누지 못했지만 ㉱<u>한여름</u>에 만나기를 기약하며 ㉲<u>급행열차</u>를 타고 헤어졌다.

① ㉮   ② ㉯   ③ ㉰   ④ ㉱   ⑤ ㉲

음운 변동에 따른 음운 개수의 변화 음운 변동이 일어나면 전체 음운의 개수가 변화하는 경우가 생기기도 한다. 교체의 경우 음운의 개수에 변동이 없지만, 축약이나 탈락의 경우 음운의 개수가 줄어든다. 한편 첨가의 경우 음운의 개수가 늘어난다.

02 단어

더 알아 두기

형태소, 단어에 따른 구분
- 우리/는/빵/을/먹/었/다(형태소에 따른 구분)
- 우리/는/빵/을/먹었다(단어에 따른 구분)

어근과 어간의 구분
어근은 단어의 형성 과정에서 사용하는 말이고, 어간은 용언의 활용에서 사용하는 말임.
- '먹-'에 접사 '-이'가 결합하여 '먹이'라는 단어가 만들어졌다고 할 때, '먹-'은 어근임.
- '먹-'에 어미 '-다', '-어', '-지' 등이 결합하여 다양하게 활용된다고 할 때, '먹-'은 어간임.

단어의 분석
- 맨발: '발'이라는 어근에 '맨-'이라는 접두사가 붙어 만들어진 단어임.
- 슬픔: '슬프-'라는 어근에 '-ㅁ'이라는 접미사가 붙어 만들어진 단어임.
- 논밭: '논'이라는 어근과 '밭'이라는 어근이 결합하여 만들어진 단어임.

1 단어와 형태소

(1) 단어: 문장에서 자립적으로 쓰일 수 있는 최소 단위

> • **조사를 단어로 인정하는 이유:** 조사는 자립할 수 없는 말이지만 자립할 수 있는 형태소에 붙어서 쉽게 분리될 수 있는 말이기 때문에 단어로 인정함.

(2) 형태소
① **형태소의 뜻:** 일정한 뜻을 가진 가장 작은 말의 단위
② **형태소의 구분:** 자립성의 유무에 따라 자립 형태소와 의존 형태소로 구분함. 실질적 의미의 유무에 따라 실질 형태소와 형식 형태소(문법 형태소)로 구분함.

> 예 '먹다'는 '먹-'과 '-다'로 이루어졌는데, '먹-'은 의존 형태소이자 실질 형태소이며, '-다'는 의존 형태소이자 형식 형태소임.

➡ 문장에서 단독으로 쓰일 수 있으면 자립 형태소, 단독으로 쓰일 수 없으면 의존 형태소이다. 형태소가 가진 의미가 실질적 뜻을 나타내면 실질 형태소, 문법적 역할을 나타내면 형식 형태소(문법 형태소)이다.

2 단어의 형성

(1) 어근과 접사
① **어근:** 단어를 형성할 때, 실질적인 의미를 나타내는 중심 부분
② **접사:** 어근에 붙어 그 뜻을 제한하는 주변 부분

(2) 단일어와 복합어
① **단일어:** 하나의 어근으로 이루어진 단어
② **복합어:** 둘 이상의 어근이나, 어근과 접사로 이루어진 단어

(3) 합성어와 파생어
① **합성어:** 어근과 어근이 직접 합쳐져서 만들어진 단어
② **파생어:** 어근의 앞이나 뒤에 파생 접사가 붙어서 만들어진 단어

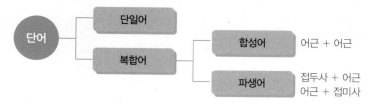

③ 합성어와 파생어의 구분:

• 합성어의 구분

– '형식적 결합 방식'에 따른 합성어의 구분

종류	설명
통사적 합성어	합성어 구성 성분들의 배열 방식이 국어의 정상적인 단어 배열법과 같은 합성어 예 새해(관형어+명사), 힘들다(주어+서술어)
비통사적 합성어	국어의 일반적인 통사적 구성 방법에서 어긋난 방법으로 형성된 합성어 예 접칼(관형사형 어미 생략), 척척박사(부사+명사)

– '의미적 결합 방식'에 따른 합성어의 구분

종류	설명
대등 합성어	두 어근이 대등한 의미 관계로 결합 예 논밭, 여닫다
종속 합성어	한 어근이 다른 어근에 의미적으로 매여서 결합 예 돌다리, 갈아입다
융합 합성어	두 어근이 결합하여 전혀 다른 새로운 의미가 탄생 예 입방아(수다), 돌아가다(죽다)

• 파생어의 구분

종류	설명
접두사 파생	• 파생 접사가 어근 앞에 결합되어 단어를 형성함. • 대체적으로 어근의 품사에 영향을 미치지 않음. 예 군-: 군말, 군침 　풋-: 풋사랑, 풋나물
접미사 파생	• 파생 접사가 어근 뒤에 결합되어 단어를 형성함. • 다양한 어근에 결합하고, 어근의 품사에 영향을 주기도 함. 예 -ㅁ: 슬픔, 잠 　-히-: 좁히다

3 새말의 형성

(1) 새말의 의미: 사회가 발전함에 따라 새로운 사물이나 개념이 등장하게 되면서 새롭게 만들어진 어휘를 '새말'이라고 한다.

(2) 새말을 만드는 방법

① 기존의 단어들이 만들어지는 방식과 같이 파생과 합성을 통해 새로운 말을 만든다.

예 인공위성: '인공'과 '위성'이라는 말을 합성하여 새롭게 만들어진 단어

② 길게 나열된 말을 줄이는 방식으로 새로운 말을 만든다.

예 인강: '인터넷'과 '강의'라는 말이 합성되면서 줄어들어 새롭게 만들어진 단어

더 알아 두기

접미사의 기능

• 동사나 형용사에 붙어 새로운 어간을 형성함.

　예 '녹다'의 어근 '녹-'에 접미사 '-이-'가 결합하면 새로운 어간 '녹이-'가 형성됨.

• 동사나 형용사의 어근에 붙어 품사를 바꾸기도 함.

　예 형용사 어근 '넓-'에 접미사 '-이'가 결합하면 '넓이'라는 명사가 만들어짐.

• 동사나 형용사에 붙어 사동과 피동의 의미를 더하기도 함.

　예 '먹다'의 어근 '먹-'에 접미사 '-이-'가 결합하여 만들어진 '먹이-'는 사동의 의미를 가짐.

　예 '잡다'의 어근 '잡-'에 접미사 '-히-'가 결합하여 만들어진 '잡히-'는 피동의 의미를 가짐.

단어의 구조에서 직접 구성 성분

어떤 언어 단위를 층위를 두고 분석할 때 일차적으로 분석되어 나오는 성분

단어	직접 구성 성분 분석	단어의 품사
큰집	큰(형용사)+집(명사)	명사
본받다	본(명사)+받다(동사)	동사

02 단어

더 알아 두기

의존 명사
명사이지만 의미가 형식적
이어서 다른 말에 의존하여
쓰이는 명사. 주로 관형어에
의존하며, 앞말과 띄어 씀.
⑩ 나는 할 <u>수</u> 있다.

대명사
• 지시 대명사: 여기, 거기,
  저기, 이것, 그것, 저것
• 인칭 대명사
  – 1인칭 대명사: 나, 저,
    우리, 저희, 소인
  – 2인칭 대명사: 너, 자네,
    그대, 너희, 여러분
  – 3인칭 대명사: 그, 이분,
    그분, 저분, 이이, 그이,
    저이

격 조사
• 주격 조사: 이/가
• 목적격 조사: 을/를
• 관형격 조사: 의
• 보격 조사: 이/가
• 부사격 조사: 에, 에서, 에게
• 호격 조사: 아/야
• 서술격 조사: 이(다)

관형사
• 성상 관형사: 성질이나 상
  태를 나타냄. ⑩ 새 구두
• 지시 관형사: 지시성을 나
  타냄. ⑩ 그 노래
• 수 관형사: 수를 나타냄.
  ⑩ 세 마리

형용사와 관형사의 구분
형용사는 활용을 하기 때문
에 형태가 달라지고, 관형사
는 형태가 달라지지 않음.
⑩ '새로운'은 '새롭다'가 활
  용한 것이므로 형용사이
  며, '새 구두'의 '새'는 형
  태가 변화하지 않으므로
  관형사임.

4 품사의 개념과 품사의 구분

(1) 품사의 개념: 성질이 공통된 단어들끼리 모아 갈래를 지어 놓은 것

(2) 품사의 구분 기준: 형태, 기능, 의미에 따라 품사를 구분한다.
  • **형태:** 단어의 형태가 변하느냐 변하지 않느냐에 따라 구분한다.
  • **기능:** 문장에서 단어가 담당하는 기능에 따라 구분한다.
  • **의미:** 단어가 어떤 의미를 지니는지에 따라 구분한다.

* 조사는 관계언으로 불변어에 속하는데 서술격 조사 '이다'는 조사 중 유일하게 가변어에 속한다.

5 품사의 특성

(1) 체언: 문장에서 주로 주어, 목적어, 보어 등으로 쓰이며, 뒤에 조사가 올 수 있다. ➡ 명사, 대명사, 수사

명사	대상의 이름을 나타내는 단어 ⑩ 꽃, 이순신, 바
대명사	명사를 대신하여 대상을 가리키는 단어 ⑩ 나, 여기, 누구
수사	사물의 수량이나 순서를 가리키는 단어 ⑩ 하나, 일, 첫째

(2) 관계언: 주로 체언 뒤에 붙어서 다양한 문법적 관계를 나타내거나 의미를 추가하며, 의존 형태소에 해당하지만 하나의 단어로 인정한다. ➡ 조사

격 조사	앞에 오는 체언이 문장 안에서 일정한 자격을 가지도록 해 주는 조사 ⑩ 이/가, 을/를, 에서, 이(다)
접속 조사	두 단어를 같은 자격으로 이어 주는 구실을 하는 조사 ⑩ 와/과, (이)랑
보조사	앞말에 특별한 뜻을 더하여 주는 조사 ⑩ 은/는, 만, 도

(3) 용언: 문장의 주어를 서술하는 기능을 가진다. ➡ 동사, 형용사

동사	주어의 어떤 움직임이나 작용을 나타내는 단어 예 뛰다, 먹다
형용사	주어의 성질이나 상태를 나타내는 단어 예 아름답다, 이러하다

① **용언의 활용:** 어간에 여러 어미가 번갈아 결합하는 현상을 말한다.

- **용언의 어간과 어미:** 용언이 문장에서 쓰일 때, 고정되어 변화하지 않는 부분을 '어간'이라 하고, 그 뒤에 붙어 변화하는 부분을 '어미'라고 한다.
- **어미의 종류**
  - 어말 어미

종결 어미	평서형, 감탄형, 의문형, 명령형, 청유형
연결 어미	대등적, 종속적, 보조적
전성 어미	관형사형, 명사형, 부사형

  - 선어말 어미

② **용언의 규칙 활용과 불규칙 활용:** 용언이 활용할 때 어간과 어미의 형태가 변하지 않거나 변하더라도 규칙으로 설명할 수 있는 경우를 '규칙 활용'이라고 하고, 용언이 활용할 때 어간과 어미의 형태가 달라지는 경우를 '불규칙 활용'이라고 한다.
- **용언의 불규칙 활용 예시**

변화 대상	구분	예
어간	'ㅅ' 불규칙, 'ㄷ' 불규칙 등	• 짓-+-어→지어 • 걷-+-어→걸어
어미	'여' 불규칙, '러' 불규칙 등	• 하-+-어→하여 • 푸르-+-어→푸르러
어간+어미	'ㅎ' 불규칙	• 하양-+-아→하얘

(4) 수식언: 다른 말을 수식하는 기능을 한다. ➡ 관형사, 부사

관형사	체언 앞에 놓여서 체언(주로 명사)을 꾸며 주는 단어 예 그, 새, 세
부사	용언이나 문장, 다른 부사 등을 수식하는 단어 예 빨리, 잘, 너무

(5) 독립언: 다른 성분들에 비해 비교적 독립성이 있다. ➡ 감탄사

감탄사	놀람, 느낌, 부름이나 대답을 나타내는 단어 예 아, 아이고, 글쎄

개념 체크

01 다음 문장을 분석하여 이 문장이 몇 개의 단어로 이루어졌는지 쓰시오.

> 나는 어제 도서관에서 책을 빌려 왔다.

02 다음의 단어에서 품사가 같은 것끼리 묶인 것은?

ㄱ. 빨리	ㄴ. 읽다
ㄷ. 외롭다	ㄹ. 당신
ㅁ. 하늘	ㅂ. 이것

① ㄱ, ㄴ ② ㄱ, ㄷ ③ ㄴ, ㄷ
④ ㄹ, ㅁ ⑤ ㄹ, ㅂ

03 다음 빈칸에 들어갈 적절한 말을 쓰시오.

> '낮추다'의 어근은 '(   )'이며, 어간은 '(   )'이다.

04 단어의 구조를 분석한 것이 맞으면 ○표, 틀리면 ×표를 하시오.
① '지우개'는 어근에 접미사가 결합하여 만들어진 파생어이다. (○, ×)
② '새해'는 접두사와 어근이 결합하여 만들어진 파생어이다. (○, ×)
③ '덮밥'은 어근과 어근이 결합하여 만들어진 합성어이다. (○, ×)

정답 **01** '나/는/어제/도서관/에서/책/을/빌려/왔다'로 분석하여 9개의 단어로 이루어짐. **02** ⑤ **03** 낮-, 낮추-
04 ① ○, ② ×, ③ ○

내신 기본 **UP** 문제

01 〈보기〉의 단어 중 단일어를 모두 고른 것은?

● 20420-0044

《 보기 》

풀, 마음, 손발, 구름, 맨몸, 벌써, 잘못

① 풀, 잘못, 벌써
② 풀, 마음, 구름, 벌써
③ 풀, 구름, 맨몸, 잘못
④ 마음, 손발, 잘못, 맨몸
⑤ 풀, 마음, 구름, 벌써, 손발

02 〈보기〉의 탐구 활동을 수행한 내용으로 올바른 것은?

● 20420-0045

《 보기 》

※ 다음 문장의 형태소를 분석하여 자립 형태소와 실질 형태소를 찾아보자.
"오늘은 날씨가 맑고 따뜻하다."

	자립 형태소	실질 형태소
①	오늘, 날씨	오늘, 날씨
②	날씨, 따뜻-	오늘, 따뜻-
③	날씨, 따뜻-	오늘, 날씨, 맑-
④	오늘, 날씨	오늘, 날씨, 맑-, 따뜻-
⑤	오늘, 날씨, 따뜻-	오늘, 날씨, 맑-, 따뜻-

03 관형사에 대해 이해한 내용으로 적절하지 **않은** 것은?

● 20420-0046

① '무슨 일이야?'와 같이 관형사는 의문을 의미하는 경우도 있다.
② '그 이야기'와 같이 관형사는 뒤에 오는 체언을 꾸미는 역할을 한다.
③ '맨 구석자리'와 같이 관형사는 사물의 성질이나 상태를 나타내 준다.
④ '저 새 건물'과 같이 관형사는 뒤에 오는 다른 관형사를 꾸미기도 한다.
⑤ '온갖의 물건'이 성립하지 않는 것과 같이 관형사는 조사와 결합하지 않는다.

Tip

'용언의 어간'의 형태소 구분
용언의 어간은 어미와 결합하여야 하기 때문에 자립성을 가지지 못하므로 의존 형태소이다. 하지만 용언의 어간은 실질적 의미를 지니고 있어 실질 형태소에 해당한다.
용언의 어간 → 의존 형태소, 실질 형태소

04 〈보기〉의 ⓐ~ⓓ에 대해 이해한 내용으로 적절하지 <u>않은</u> 것은? ● 20420-0047

《 보기 》

ⓐ 그가 오늘 왔다.

ⓑ 오늘부터 열심히 공부할 것이다.

ⓒ 야구를 좋아하는 다섯 사람이 모였어요.

ⓓ 야구를 좋아하는 사람 다섯이 모였어요.

① ⓐ와 ⓑ에 쓰인 '오늘'은 둘 다, '지금 지나가고 있는 이날.'이라는 의미를 지니고 있음을 알 수 있다.

② ⓐ와 ⓒ에서 관형사는 조사와 결합하지 않는다는 사실을 알 수 있다.

③ ⓑ와 ⓓ에서 체언에는 조사가 결합할 수 있다는 사실을 알 수 있다.

④ ⓒ와 ⓓ에 쓰인 '다섯'은 둘 다, '5'라는 수 개념을 가지고 있음을 알 수 있다.

⑤ ⓐ~ⓓ를 통해 동일한 형태의 단어들이 각기 다른 품사로 쓰일 수 있음을 알 수 있다.

> **Tip**
>
> **품사의 통용** 한 단어가 문법적 환경에 따라 서로 다른 품사로 사용되는 경우가 있는데, 이를 '품사의 통용'이라고 한다. 예를 들어 '참을 만큼 참았다.'에서 '만큼'은 의존 명사이지만 '너만큼은 할 수 있다.'에서 '만큼'은 조사이다.

◀서술형▶

05 〈보기〉를 바탕으로 하여, ⓐ~ⓔ 중 감탄사를 모두 고르시오. ● 20420-0048

《 보기 》

감탄사는 말하는 이의 본능적인 놀람이나 느낌, 부름, 응답 따위를 나타내는 말로서, 조사가 결합한 명사나 독립적으로 제시된 명사와 구분된다. 대화체에서 상대방의 이름을 부르는 경우, '고유 명사+호격 조사'의 결합에 의한 독립어가 나타나지만 이것을 감탄사로 보기는 어렵다. 또한 문장의 첫머리에 독립적으로 제시어나 표제어가 놓이는 경우에도 독립어가 맞지만 감탄사로 분류하지는 않는다.

ⓐ <u>야</u>, 밥이나 먹자.

ⓑ <u>인생</u>, 난 이것을 모른다.

ⓒ <u>철수야</u>, 얼른 일어나야지.

ⓓ <u>여보</u>, 이제 가 봐야겠어요.

ⓔ <u>아이고</u>, 세월이 참 빠르구나.

06 〈보기 1〉을 바탕으로 〈보기 2〉의 용언을 구분한 것으로 가장 적절한 것은?

○ 20420-0049

《 보기 1 》

　용언이 활용할 때, 어간과 어미의 형태가 유지되거나, 형태가 변하더라도 규칙으로 설명되는 경우를 ㉠'규칙 활용'이라하고, 어간이나 어미의 기본 형태가 달라지는 경우를 ㉡'불규칙 활용'이라고 한다.

《 보기 2 》

(집을) 짓다　　(발을) 밟다　　(밥을) 먹다　　(얼굴이) 하얗다

	㉠	㉡
①	짓다, 밟다	먹다, 하얗다
②	짓다, 하얗다	밟다, 먹다
③	밟다, 먹다	짓다, 하얗다
④	밟다, 하얗다	짓다, 먹다
⑤	먹다, 하얗다	짓다, 밟다

Tip 탐구

불규칙 활용

• 'ㅅ' 불규칙 활용: 어간이 'ㅅ'으로 끝나고 그 뒤에 모음으로 시작하는 어미가 결합할 때 어간의 'ㅅ'이 탈락함으로써 어간의 형태가 변함.
  예 긋다. 붓다. 잇다.

• 'ㅎ' 불규칙 활용: 형용사 가운데 어간이 'ㅎ'으로 끝나고 그 뒤에 모음으로 시작하는 어미가 결합할 때 어간의 'ㅎ'이 탈락하고 어간의 모음과 어미가 '-애/얘'로 합쳐짐. 어간과 어미가 모두 변하는 경우에 해당함.

07 밑줄 친 단어가 〈보기〉에서 설명하고 있는 부사격 조사에 해당하지 않는 것은?

○ 20420-0050

《 보기 》

　부사격 조사는 앞의 체언이 문장 속에서 부사어로서의 자격을 가지도록 해 주는 조사로, '에, 에게, 에서, 보다, 라고, 로' 등이 있다. 부사격 조사는 격 조사 중 가장 다양한 형태를 가지고 있다는 것이 특징이다.

① 이것은 그것보다 크다.
② 그는 "가지마."라고 말했다.
③ 그녀는 자습실에서 공부를 한다.
④ 학생으로서 해야 할 일이 무엇일까?
⑤ 이 작은 마을에서 장관까지 나오다니.

◀ 서술형 ▶

08 〈보기〉의 밑줄 친 '이'의 품사가 무엇인지 각각 쓰고, 문장에서의 역할에 대해 서술하시오.

⊙ 20420-0051

《 보기 》

ㄱ. <u>이</u>는 우리가 생각하던 바입니다.
ㄴ. <u>이</u> 나무는 모양새가 아주 좋군요.

09 〈보기〉를 바탕으로 ⓐ~ⓔ에 대해 설명한 내용으로 적절한 것은?

⊙ 20420-0052

《 보기 》

어떤 언어 단위를 층위를 두고 분석할 때 일차적으로 분석되어 나오는 성분을 '직접 구성 성분'이라고 한다. 예를 들어 '민물고기'에서는 '민물'과 '고기'가 직접 구성 성분이 된다.

ⓐ 먹이생물	ⓑ 검붉다	ⓒ 뒤따르다	ⓓ 덧붙이다	ⓔ 지우개

① ⓐ는 그 직접 구성 성분 중 하나가 합성어인 합성어이다.
② ⓑ는 그 직접 구성 성분 중 하나가 파생어인 합성어이다.
③ ⓒ는 그 직접 구성 성분 중 하나가 합성어인 파생어이다.
④ ⓓ는 그 직접 구성 성분 중 하나가 파생어인 파생어이다.
⑤ ⓔ는 그 직접 구성 성분 중 하나가 합성어인 파생어이다.

10 다음 중 합성어이면서 형용사인 것은?

⊙ 20420-0053

① 입히다　　　　② 굳세다　　　　③ 짓누르다
④ 새파랗다　　　⑤ 팔랑거리다

[11~12] 다음 글을 읽고 물음에 답하시오.

국어에는 ㉠의존 명사가 매우 발달해 있다. 다음 예를 보자.

  (1) ㄱ. 철수가 가져온 것은 책이다.
    ㄴ. 고향을 떠난 지가 벌써 오래되었다.
    ㄷ. 오로지 최선을 다할 따름이다.
    ㄹ. 모자를 쓴 채로 들어오지 마라.

  (2) 사과 두 개, 구두 한 켤레

위의 예에서 보인 '것, 지, 따름, 채'와 '개, 켤레' 등은 앞에 관형어가 오고 뒤에 조사가 올 수 있다는 점에서 명사로서의 특성을 가지고 있다.
　의존 명사는 (1)과 같은 형식적 의존 명사와 (2)와 같은 단위성 의존 명사로 나눌 수 있다. 형식적 의존 명사는 실질적 의미가 다소 불분명한 것으로 앞의 관형어와 어울릴 때에만 그 의미가 분명해지는 것을 말한다. 이는 다시 그 특성에 따라 몇 가지 하위 유형으로 나눌 수 있다. ㄱ의 '것'은 '것이, 것을, 것이다' 등과 같이 다양한 조사들이 결합될 수 있는데, 이러한 특성을 보이는 '것, 분, 이, 데, 바' 등을 '보편성 의존 명사'라고 부른다. ㄴ의 '지'는 시간이나 기간을 드러내는 의존 명사인데, 주격 조사와만 결합하고 목적격 조사나 부사격 조사와는 결합하지 않는다. 이러한 특성을 보이는 '지, 수, 리' 등을 '주어성 의존 명사'라고 부른다. ㄷ의 '따름'은 서술격 조사와 결합하는데, 이러한 특성을 보이는 '따름, 뿐, 터' 등을 '서술성 의존 명사'라고 부른다. ㄹ의 '채'는 부사격 조사와 결합하여 주로 부사어로 쓰이는데, 이러한 특성을 보이는 '채, 듯, 줄' 등을 '부사성 의존 명사'라고 부른다. '단위성 의존 명사'는 수량 단위라는 실질적 의미를 가지고 있는 것으로 다른 의존 명사와 기능적인 측면에서 동일하지만, 의미적으로 '대상이나 사물의 셈 단위'라는 의미를 제한적으로 갖는다.

제재 탐구
의존 명사에 대해 설명하고 있는 글이다. 의존 명사는 관형어가 앞에 오고 뒤에 조사가 올 수 있다는 점에서 명사로서의 특성을 가지고 있지만 홀로 쓰일 수 없다는 점이 특징적이다. 이 글에서는 의존 명사를 형식적 의존 명사와 단위성 의존 명사로 나누어 설명하고, 형식적 의존 명사는 어떤 조사와 결합하는지에 따라 세부적으로 구분하여 제시하고 있다.

11 밑줄 친 단어 중 ㉠으로 볼 수 <u>없는</u> 것은?

　◯ 20420-0054

① 아이도 그 일은 할 <u>수</u>가 있다.
② 일을 할 수 있는 <u>만큼</u>만 해라.
③ 나는 생선회를 먹을 <u>줄</u>을 모른다.
④ 그는 계획은 세우는<u>데</u> 지키지를 못한다.
⑤ 갑자기 비가 오는 <u>바람</u>에 옷이 다 젖었다.

Tip
의존 명사의 특징 의존 명사는 대체로 관형어에 의존하기 때문에 앞에 관형어가 온다. 또한 뒤에 조사가 붙을 수 있다.

◉ 20420-0055

12 윗글을 바탕으로 〈보기〉의 ㄱ~ㅁ을 탐구한 것으로 적절하지 <u>않은</u> 것은?

⎯⎯⎯⎯⎯⎯⎯⎯ ◀ 보기 ▶ ⎯⎯⎯⎯⎯⎯⎯⎯

ㄱ. 그야 두말할 <u>나위</u>가 있나?

ㄴ. 밥을 있는 <u>대로</u> 다 가져오너라.

ㄷ. 그는 창밖을 바라만 보고 있을 <u>뿐</u>이다.

ㄹ. 아이는 엄마에게 천 <u>원</u>만 달라고 졸랐다.

ㅁ. 그것은 내가 밥을 먹어야 했기 <u>때문</u>이었다.

① ㄱ의 '나위'는 주격 조사와 결합하고 있으니 '주어성 의존 명사'이군.

② ㄴ의 '대로'는 부사어의 역할을 하고 있으니 '부사성 의존 명사'이군.

③ ㄷ의 '뿐'은 서술격 조사와 결합하여 쓰이고 있으니 '서술성 의존 명사'이군.

④ ㄹ의 '원'은 대상을 세는 단위의 의미를 지니고 있으니 '단위성 의존 명사'이군.

⑤ ㅁ의 '때문'은 문장의 의미를 분명하게 해 주고 있으니 '보편성 의존 명사'이군.

> **Tip**
>
> **단위성 의존 명사** 단위성 의존 명사 앞에는 수량을 나타내는 수 관형사가 반드시 놓인다.
>
> ⓓ 장미 다섯 송이, 학생 열 명

⚝★ ◀서술형▶

◉ 20420-0056

13 〈보기 1〉을 바탕으로 〈보기 2〉의 빈칸에 들어갈 내용을 서술하시오.

⎯⎯⎯⎯⎯⎯⎯⎯ ◀ 보기 1 ▶ ⎯⎯⎯⎯⎯⎯⎯⎯

합성어	구성 성분 분석	품사
뜬소문	뜬(용언의 관형사형)+소문(명사)	명사
낯익다	낯(명사)+익다(형용사)	형용사
그만두다	그만(부사)+두다(동사)	동사

⎯⎯⎯⎯⎯⎯⎯⎯ ◀ 보기 2 ▶ ⎯⎯⎯⎯⎯⎯⎯⎯

질문: 합성어는 어근과 어근이 결합하여 만들어지는 단어이다. 그렇다면 합성어의 품사는 어떻게 결정될까?

답: '뜬소문', '낯익다', '그만두다' 등의 합성어를 살펴보면, 합성어의 품사는 (   ) (으)로 결정된다는 것을 알 수 있어요.

> **합성 명사의 구성** 합성 명사는 명사와 명사가 결합하여 만들어지는 것이 일반적이지만 '건널목, 노림수, 섞어찌개' 처럼 용언의 활용형이 명사와 결합하여 만들어지는 경우도 있다. 또한 '새색시'처럼 명사를 꾸며 주는 관형사와 명사가 결합하여 만들어지는 경우도 있다.

[14~16] 다음 글을 읽고 물음에 답하시오.

제재 탐구

단어의 형성과 관련하여 단일어, 복합어의 개념을 제시하고, 복합어의 파생어와 합성어에 대해 구체적으로 설명하고 있는 글이다. 어근과 접사가 결합하여 만들어지는 파생어에서 접두사와 접미사의 기능적 차이에 대해 설명하고, 단어 배열법에 따른 합성어의 구분과 의미적 결합 방식에 따른 합성어의 구분에 대해서도 다루고 있다.

단어는 그 짜임새가 단일할 수도 있고 복합적일 수도 있다. '산', '하늘'처럼 하나의 형태소로 이루어진 단어를 단일어라고 하고, ㉠'덮밥', ㉡'풋사랑', ㉢'웃음'처럼 둘 이상의 형태소가 결합하여 이루어진 단어를 복합어라고 한다. 복합어에서 어근의 앞이나 뒤에 접사가 결합하여 이루어지는 단어는 파생어라고 하고, 어근끼리의 결합으로만 이루어지는 단어는 합성어라고 한다.

[A] ┌ 파생어는 어근의 앞이나 뒤에 접사가 결합하여 만들어진다. 어근과 결합하는 자리에 따라 어근의 앞에 위치하는 접사를 접두사, 어근의 뒤에 위치하는 접사를 접미사라고 한다. 접두사는 어근의 품사를 바꾸지 않는 경우가 대부분이며, 접미사는 어근의 품사를 바꾸는 경우가 많다. 예를 들어 '맏–'이라는 접두사는 '딸, 며느리, 사위, 아들' 등 주로 사람을 나타내는 어근과 결합하여 '첫째'라는 의미를 부여하고 어근의 품사를 바꾸지는 않는다. 반면 '–이'라는 접미사는 '길–, 높–, 같–' 등의 어근과 결합하여 형용사를 부사로 만드는 역할을 수행한다.

합성어는 단어 형성의 절차가 국어의 정상적인 단어 배열법을 따르고 있는지 그렇지 않은지에 따라 통사적 합성어와 비통사적 합성어로 나누어진다. 예를 들어 '명사+명사'의 구조로 이루어진 '산나물', '용언의 관형사형+명사'의 구조로 이루어진 '큰집', '용언의 연결형+용언의 어간'의 구조로 이루어진 '들어가다'와 같은 합성어들은 국어 문장 구성에서 흔히 나타나는 단어 배열법을 보이므로 통사적 합성어로 볼 수 있다. 그러나 '용언의 어간+명사'의 구조로 이루어진 '늦더위', '용언의 어간+용언의 어간'의 구조로 이루어진 '높푸르다', '부사+명사'의 구조로 이루어진 '척척박사' 등은 국어의 문장 구성에 없는 단어 배열법을 보이고 있으므로 비통사적 합성어에 해당한다. 또, 합성어는 어근과 어근의 의미적 결합 방식에 따라서도 구분해 볼 수 있는데, 이에 따라 대등 합성어와 종속 합성어, 융합 합성어로 나누어진다. 대등 합성어는 결합되는 두 어근이 대등한 의미 관계로 결합되는 합성어로 '논밭'이 이에 해당한다. 종속 합성어는 한 어근이 다른 어근에 의미적으로 매여서 결합되는데, '돌다리' 등의 예가 이에 해당한다. 융합 합성어는 어근끼리의 결합 과정에서 새로운 의미가 생겨나는 경우를 말하는데, '입방아' 등이 이에 해당한다.

● 20420-0057

14 [A]를 참고하여 〈보기〉에 제시된 단어를 설명한 것으로 적절하지 <u>않은</u> 것은?

《 보기 》

짓밟다, 정성껏, 구경꾼, 새롭다, 메마르다

① '짓밟다'는 동사인 '밟다'에 접두사 '짓-'이 결합한 것으로, '짓-'이 품사를 바꾸는 기능을 하지는 않았다.

② '정성껏'은 명사인 '정성'에 접미사 '-껏'이 결합한 것으로, '-껏'은 품사를 바꾸는 기능을 하였다.

③ '구경꾼'은 명사인 '구경'에 접미사 '-꾼'이 결합한 것으로, '-꾼'이 품사를 바꾸는 기능을 하지는 않았다.

④ '새롭다'는 관형사인 '새'에 접미사 '-롭다'가 결합한 것으로, '-롭다'가 품사를 바꾸는 기능을 하지는 않았다.

⑤ '메마르다'는 동사인 '마르다'에 접두사 '메-'가 결합한 것으로, '메-'는 품사를 바꾸는 기능을 하였다.

● 20420-0058

15 윗글을 바탕으로 할 때, ⓐ, ⓑ에 들어갈 말로 가장 적절한 것은?

통사적 합성어		비통사적 합성어	
구성	예	구성	예
명사+명사	손발	용언의 어간+명사	ⓑ
용언의 관형사형+명사	늙은이	용언의 어간+용언의 어간	검붉다
용언의 연결형+용언의 어간	ⓐ	부사+명사	산들바람

	ⓐ	ⓑ		ⓐ	ⓑ
①	힘들다	새해	②	날아가다	접칼
③	좋아하다	밤비	④	공부하다	꺾쇠
⑤	오르내리다	나아가다			

Tip

용언의 어간 용언이 문장에서 쓰일 때, 고정되어 변화하지 않는 부분을 '어간'이라 하는데, 용언의 어간에는 반드시 '어미'가 결합해야 한다. 용언의 어간에 어미가 결합하지 않는 경우는 국어의 정상적인 단어 배열법에 맞지 않는다.

《서술형》

● 20420-0059

16 윗글을 바탕으로 하여 ㉠, ㉡, ㉢을 다음의 예시와 같이 분석하시오.

논밭: '논'이라는 어근과 '밭'이라는 어근이 결합하여 만들어진 합성어이다.

03 문장과 문법 요소

더 알아 두기

품사와 문장 성분
품사는 '단어'를, 문장 성분은 '어절 이상의 단위'를 대상으로 하는 개념임. 품사는 단어의 부류를 나타내는 것이고, 문장 성분은 문장 내에서의 기능을 나타낸다는 차이가 있음.

문장 성분과 격 조사
격 조사는 체언이나 체언 역할을 하는 구나 절에 결합하여 문장 성분을 이룸.

주격 조사	이/가
서술격 조사	이다
목적격 조사	을/를
보격 조사	이/가
관형격 조사	의
부사격 조사	에, 에서, 으로…
호격 조사	아/야…

관형어의 형성 방법
① 관형사가 그대로 관형어가 됨.
② '체언+관형격 조사'가 관형어가 됨.
③ 체언이 관형어의 역할을 하는 경우도 있음.
④ 용언의 어간에 관형사형 어미가 결합하여 관형어가 됨.

---

1 문장 성분

문장 성분이란 문장 안에서 문장을 구성하면서 일정한 문법적 역할을 하는 각 부분을 말한다. 문장 성분에는 주성분, 부속 성분, 독립 성분이 있다.

(1) 주성분: 문장 형성에 필수적으로 참여하는 성분으로 주어, 서술어, 목적어, 보어가 있다. 주성분을 생략하면 문장이 성립되지 않거나 어색해진다.

주어	문장에서 동작이나 상태, 어떤 성질의 주체를 나타내는 문장 성분 예 아기가 잠을 잔다.
서술어	문장에서 주어의 행위나 상태, 속성을 설명하는 역할을 하는 문장 성분. '어찌하다, 어떠하다, 무엇이다'에 해당하는 말임. 예 상우가 운동장을 달린다. / 하늘이 파랗다. / 고래는 포유류이다.
목적어	서술어의 동작이나 행동의 대상이 되는 문장 성분 예 아이가 공을 찬다.
보어	용언 '되다, 아니다'가 필요로 하는 성분 중 주어가 아닌 문장 성분 예 그는 고등학생이 되었다.

(2) 부속 성분: 문장 구성에 부속적인 성분으로, 주성분을 꾸며 주는 역할을 하며 관형어, 부사어가 있다.

관형어	문장에서 체언을 꾸며 주는 역할을 하는 문장 성분 예 • 예쁜 꽃이 가득 피었다. • 친구가 새 운동화를 신고 왔다.
부사어	문장에서 용언, 관형어나 다른 부사어, 문장 전체를 꾸며 주는 문장 성분 예 • 치타는 정말 빨리 달린다. • 학교가 끝나자마자 집으로 달려갔다. • 나는 엄마랑 닮았다.

(3) 독립 성분: 문장 내에서 다른 성분들과 직접적인 관계를 맺지 않는 성분으로 독립어가 있다.

독립어	문장 내의 다른 성분들과 문법적 관련이 없는 문장 성분. 놓이는 위치가 자유로우며 단독으로 생각이나 감정을 전달할 수 있음. 예 • 와! 할 일이 정말 많군요. • 서우야, 조금만 더 힘내자.

2 문장의 짜임

(1) 홑문장: 하나의 문장 내에서 주어와 서술어의 관계가 한 번 이루어지는 것을 '홑문장'이라고 한다.

> 예 <u>은민이가</u> 도서관에서 공부를 <u>한다</u>.

(2) 겹문장: 하나의 문장 내에서 주어와 서술어의 관계가 두 번 이상 이루어지는 것을 '겹문장'이라고 한다. 겹문장은 '이어진문장'과 '안은문장'으로 구분된다.

① 이어진문장: 두 개의 절이 나란히 결합하여 하나로 이어진 문장이다. 앞 절과 뒤 절의 관계에 따라 '대등하게 이어진문장'과 '종속적으로 이어진문장'이라고 한다.

대등하게 이어진문장	앞 절과 뒤 절이 동등한 자격으로 이어진 문장 예 • 하늘은 파랗고, 구름은 하얗다. • 하늘이 흐리지만, 비가 오지는 않는다.
종속적으로 이어진문장	앞 절과 뒤 절의 의미가 독립적이지 못하고, 한 절이 다른 절과 종속적인 관계로 이어진 문장 예 • 봄이 오니, 날이 따뜻하다. • 도서관에 가려고 집을 나섰다.

② 안은문장: 하나의 절이 다른 문장 속에서 하나의 문장 성분 역할을 할 때, 이 안긴 절을 '안긴문장'이라고 하고, '안긴문장'을 포함하고 있는 문장을 '안은문장'이라고 한다. '안긴문장'에는 명사절, 관형절, 부사절, 서술절, 인용절이 있다.

명사절을 안은문장	명사절은 명사형 어미 '-(으)ㅁ', '-기'가 결합하여 이루어지며, 문장 내에서 주어, 목적어, 부사어 등의 역할을 함. 예 • 그가 옳았음이 밝혀졌다. • 농부들은 비가 오기를 기다린다.
관형절을 안은문장	관형절은 관형사형 어미 '-(으)ㄴ, -는, -(으)ㄹ, -던'이 결합하여 이루어지며 문장 내에서 관형어 역할을 함. 예 • 이것은 내가 {본, 보는, 볼, 보던} 프로그램이다. • 그가 학생회장이 되었다는 소식을 들었다.
부사절을 안은문장	부사절은 '-게, -도록, -아(어)서' 등이 결합하여 이루어지며 문장 내에서 부사어 역할을 함. 예 • 꽃이 예쁘게 피었다. • 내년에 합격할 수 있도록 나는 열심히 공부할 것이다.
서술절을 안은문장	서술절은 절 표지가 따로 없이 하나의 절 전체가 서술어의 역할을 함. 예 • 서울은 인구가 많다. • 코끼리는 코가 길다.
인용절을 안은문장	남의 말이나 글, 자기 혹은 타인의 생각 등을 따오듯이 표현하는 방식으로 상위문에 안긴 절을 인용절이라고 함. 인용절은 인용의 조사 '라고, 고'가 결합하여 이루어짐. 예 • 선생님께서 "내일까지 과제를 제출해라."라고 말씀하셨다. • 선생님께서 내일까지 과제를 제출하라고 말씀하셨다.

더 알아 두기

대등하게 이어진문장과 종속적으로 이어진문장의 통사적 특징

① 대등하게 이어진문장은 앞뒤 절의 위치를 바꾸어도 큰 의미 차이가 없지만, 종속적으로 이어진문장은 앞뒤 절의 위치를 바꾸면 의미가 바뀌거나 비문이 됨.

② 대등하게 이어진문장에서는 앞 절이 뒤 절 안으로 이동할 수 없지만, 종속적으로 이어진문장에서는 앞 절이 뒤 절 안으로 이동할 수 있음.

③ 대등하게 이어진문장에서는 보조사 '은/는'이 자유롭게 결합할 수 있으나, 종속적으로 이어진문장에서는 앞 절에 '은/는'이 결합할 수 없음.

④ 대등하게 이어진문장에서는 뒤 절에서만 반복되는 요소를 생략할 수 있지만, 종속적으로 이어진문장에서는 앞 절과 뒤 절 모두에서 반복되는 요소를 생략할 수 있음.

종속적으로 이어진문장과 부사절을 안은문장

학교 문법에서는 종속적으로 이어진문장과 부사절을 안은문장을 별개의 것으로 처리하고 있으나, 최근 문법 학계에서는 종속적으로 이어진문장과 부사절을 안은문장을 구분하지 않는 것이 더 타당하다는 견해가 우세함. 종속적으로 이어진문장과 부사절을 안은문장은 통사적 특성이 거의 같기 때문임. 따라서 종속적 연결 어미는 부사형 어미로 볼 수도 있다는 견해가 있다.

3 문법 요소

(1) 높임 표현: 말하는 사람이 어떤 대상에 대하여 높고 낮은 정도를 언어적으로 나타낸 것을 높임 표현이라고 한다. 국어의 대표적인 높임 표현에는 상대 높임법, 주체 높임법, 객체 높임법이 있다.

① **상대 높임법:** 말을 듣는 상대인 청자를 높이거나 낮추는 방법. 주로 종결 표현을 통해 실현된다.

구분		평서법	의문법	명령법	청유법	감탄법
격식체	하십시오체	하십니다	하십니까?	하십시오	(하시지요)	–
	하오체	하(시)오	하(시)오?	하(시)오 하구려	합시다	하는구려
	하게체	하네 함세	하는가? 하나?	하게	하세	하는구먼
	해라체	한다	하니? 하냐?	해(거)라 해라 하렴 하려무나	하자	하는구나
비격식체	해요체	해요	해요?	해요	해요	해요
	해체	해 하지	해? 하지?	해 하지	해 하지	해 하지

② **주체 높임법:** 문장의 주체를 높이는 방법으로 주체 높임 선어말 어미 '–(으)시–'를 통해 이루어진다. 주격 조사 '께서'와 특수 어휘 '계시다, 주무시다' 등을 통해서도 실현할 수 있다.

> 예 할아버지<u>께서</u> 신문을 <u>읽으신다.</u>
> 할머니<u>께서는</u> 집에 <u>계십니다.</u>

③ **객체 높임법:** 문장의 객체에 해당하는 목적어나 부사어에 해당하는 대상을 높이는 방법으로, 특수 어휘 '모시다', '드리다', '뵈(뵙)다', '여쭈(쫍)다'와 부사격 조사 '께'를 통해 실현된다.

> 예 할머니를 <u>모시러</u> 공항에 갔다.
> 예주는 어려운 문제를 선생님<u>께</u> <u>여쭈어</u> 보았다.

(2) 시간 표현: 국어의 시간 표현에는 시제와 동작상이 있다.

① **시제:** 화자가 말하는 시간을 발화시, 말하고자 하는 사건이 일어난 시간을 사건시라고 하는데, 시제는 발화시와 사건시의 관계에 따라 과거, 현재, 미래로 나뉜다.

과거	발화시보다 사건시가 앞서는 시제. 선어말 어미 '-았/었-', '-았었/었 었-', '-더-' 등을 통해 실현됨.
현재	사건시와 발화시가 일치하는 시제. 동사는 선어말 어미 '-(느)ㄴ-'에 의해 실현되고, 형용사와 서술격 조사는 선어말 어미 없이 실현됨.
미래	사건시가 발화시 이후인 시제. 선어말 어미 '-겠-' 등을 통해 실현됨.

② **동작상**: 어떤 상태의 내적 시간 구성을 가리키는 문법 범주로, 주로 보조 용언 구성을 통해 실현된다. 동작상에는 진행상과 완료상이 있다.

진행상	어떤 사건이 특정 시간 구간 내에서 계속 진행되고 있음을 나타내는 표현. 주로 '-고 있다', '-아/어 오다', '-아/어 가다'를 통해 실현됨. 예 언니는 지금 빵을 먹고 있다.
완료상	어떤 사건이 완료되었거나, 끝난 후 결과 상태가 지속되고 있음을 나타내는 표현. 주로 '-아/어 있다', '-아/어 버리다'를 통해 실현됨. 예 언니가 내 빵을 먹어 버렸다.

(3) 피동 표현: 문장의 주체가 스스로의 의지나 힘이 아닌 다른 무엇에 의해 어떠한 동작을 당하게 되는 것을 나타낸 것을 피동 표현이라 한다. 피동 표현은 능동사에 피동 접미사 '-이-', '-히-', '-리-', '-기-'가 결합하거나, '-어지다', '-게 되다' 등이 결합하여 실현된다.

> 예 쥐가 고양이에게 잡아먹혔다.
> 이미 엎어진 물이다.

(4) 사동 표현: 문장의 주체가 다른 누군가에게 어떠한 동작을 하도록 시키는 것을 나타낸 것을 사동 표현이라 한다. 사동 표현은 주동사에 사동 접미사 '-이-', '-히-', '-리-', '-기-', '-우-', '-구-', '-추-'가 결합하거나 '-게 하다' 등이 결합하여 실현된다.

> 예 엄마가 아이에게 밥을 먹인다.
> 수업 시간에 학생들에게 책을 읽게 한다.

(5) 인용 표현: 다른 사람의 말이나 글 또는 생각을 직접 또는 간접으로 가져다가 표현하는 경우가 있는데 이를 인용 표현이라고 한다.

직접 인용	인용한 부분을 큰따옴표로 표시하고 직접 인용의 격 조사 '라고'를 붙임.
간접 인용	간접 인용의 격 조사 '고'를 붙임.

개념 체크

01 〈보기〉에서 설명하는 성분에 해당하는 것이 아닌 것은?

> **보기**
>
> 주성분은 문장 형성에 필수적으로 참여하는 성분이다. 주성분을 생략하면 문장이 성립되지 않거나 어색해진다.

① 주어   ② 보어   ③ 목적어
④ 관형어   ⑤ 서술어

02 다음 ㉠, ㉡에 들어갈 적절한 말을 쓰시오.

> 문장에서 (㉠)와/과 (㉡)의 관계가 한 번만 나타나는 문장을 홑문장, 두 번 이상 나타나는 문장을 겹문장이라고 한다.

03 다음 설명이 맞으면 ○표, 틀리면 ×표를 하시오.

① 이어진문장은 대등하게 이어진문장과 종속적으로 이어진문장으로 나누어진다. (○, ×)
② 명사절은 명사형 어미 '-(으)ㅁ', '-기'가 결합하여 이루어진다. (○, ×)
③ 사건시보다 발화시가 앞서는 시제는 과거 시제이다. (○, ×)
④ 문장의 주체가 스스로의 의지나 힘이 아닌 다른 무엇에 의해 어떠한 동작을 당하게 되는 것을 나타낸 것을 사동 표현이라 한다. (○, ×)

정답 01 ④ 02 ㉠: 주어, ㉡: 서술어 03 ① ○, ② ○, ③ ×, ④ ×

◎ 20420-0060

01 밑줄 친 말 중 〈보기〉의 ㉠~㉢의 사례로 적절하지 <u>않은</u> 것은?

《 보기 》

　문장 성분에는 문장을 형성하는 데 필수적으로 참여하는 ㉠주성분과 주성분을 꾸며 주는 ㉡부속 성분, 그리고 문장 내에서 다른 성분들과 직접적인 관계를 맺지 않는 ㉢독립 성분이 있다.

① ㉠: 그 말은 <u>사실이</u> 아니다.
② ㉠: 이렇게 가을이 <u>저물고</u>, 겨울이 왔다.
③ ㉡: 모두 <u>줄을</u> 바르게 서세요.
④ ㉡: <u>소녀의</u> 눈이 수정과 같이 맑았다.
⑤ ㉢: <u>애들아</u>, 잠시 주목해 주렴.

◎ 20420-0061

02 〈보기〉의 설명을 바탕으로 ㄱ~ㅁ을 분석한 내용으로 적절하지 <u>않은</u> 것은?

《 보기 》

　문장에서 필수적으로 쓰여야 하는 문장 성분의 개수와 종류는 서술어의 의미에 따라 정해진다. 그리고 서술어가 반드시 갖추어야 하는 문장 성분의 수를 '서술어의 자릿수'라고 한다.

> ㄱ. 어머니는 내 손을 꼭 잡으셨다.
> ㄴ. 그는 조직의 기강을 잡으려 한다.
> ㄷ. 그는 정성스럽게 바지에 주름을 잡았다.
> ㄹ. 산불이 난 지 10시간 만에 우리는 겨우 불길을 잡았다.
> ㅁ. 은행에서는 고객의 집을 담보로 잡았다.

① ㄱ의 '잡다'는 '손으로 움키고 놓지 않다.'의 뜻으로, 주어와 목적어를 필요로 하는 두 자리 서술어이다.
② ㄴ의 '잡다'는 '어느 한쪽으로 기울거나 굽거나 잘못된 것을 바르게 만들다.'의 뜻으로, 주어와 목적어를 필요로 하는 두 자리 서술어이다.
③ ㄷ의 '잡다'는 '주름 따위를 만들다.'의 뜻으로, 주어와 부사어를 필요로 하는 두 자리 서술어이다.
④ ㄹ의 '잡다'는 '기세를 누그러뜨리다.'의 뜻으로, 주어와 목적어를 필요로 하는 두 자리 서술어이다.
⑤ ㅁ의 '잡다'는 '담보로 맡다.'의 뜻으로, 주어, 목적어, 부사어를 필요로 하는 세 자리 서술어이다.

Tip

서술어의 자릿수 서술어는 그 의미에 따라서 필요한 문장 성분의 개수가 다른데, 이를 서술어의 자릿수라고 한다.
• 한 자리 서술어: 주어만을 필요로 하는 서술어
• 두 자리 서술어: 주어 이외에 목적어나 부사어, 보어 등을 더 필요로 하는 서술어
• 세 자리 서술어: 주어, 목적어, 부사어를 모두 필요로 하는 서술어

● 20420-0062

03 〈보기〉를 바탕으로 '관형어'에 대해 탐구한 내용으로 적절하지 <u>않은</u> 것은?

┌─── 《 보기 》───────────────────────────┐
　　㉠ <u>다친</u> 손톱이 빠지고 <u>새</u> 손톱이 돋았다.
　　㉡ <u>국민의</u> 대다수가 <u>이번</u> 정책에 찬성하였다.
　　㉢ <u>마실</u> 것 좀 드릴까요?
　　㉣ <u>그가 대학에 합격했다는</u> 소식을 들었다.
　　㉤ 요즘 <u>내가 다니는</u> 도서관은 시설이 좋다.
└──────────────────────────────────────┘

① ㉠을 보니, 용언의 관형사형이 관형어가 되기도 하고, 관형사가 그대로 관형어가 되기도 하는구나.
② ㉡을 보니, 체언이 그대로 관형어 역할을 할 수도 있고, 체언에 관형격 조사가 결합한 형태가 관형어 역할을 할 수도 있구나.
③ ㉢을 보니, 관형어를 생략하면 문장의 의미가 온전해지지 않는 경우가 있구나.
④ ㉣을 보니, 문장이 체언을 수식하는 관형어 역할을 할 수도 있구나.
⑤ ㉤을 보니, 관형절 내부의 주어가 관형절이 수식하는 체언과 일치하는 경우 생략되기도 하는구나.

● 20420-0063

04 밑줄 친 말이 〈보기〉의 ㉠에 해당하지 <u>않는</u> 것은?

┌─── 《 보기 》───────────────────────────┐
　　부사어는 기본적으로 수의적인 성분이지만 부사어 중에는 서술어가 반드시 필요로 하는 것들이 있다. 이렇게 서술어가 반드시 필요로 하는 부사어들을 ㉠'필수적 부사어'라고 한다.
└──────────────────────────────────────┘

① 군자와 <u>소인은</u> 다르다.
② 그는 정직을 <u>신조로</u> 삼고 있다.
③ 아버지는 <u>할아버지와</u> 많이 닮았다.
④ 관객은 <u>연주자에게</u> 기립 박수를 보냈다.
⑤ 글씨를 바르게 쓰려면 <u>손에</u> 힘을 더 줘라.

◀ 서술형 ▶

● 20420-0064

05 ㉠과 ㉡의 문장 성분이 무엇인지 쓰고, 그렇게 판단한 이유를 서술하시오.

┌──────────────────────────────────────┐
　　• <u>㉠선생님이</u> 숙제를 내 주셨다.
　　• 그는 <u>㉡선생님이</u> 되었다.
└──────────────────────────────────────┘

Tip

용언의 관형사형과 관형절
용언의 관형사형은 주어가 생략된 관형절이다. 예를 들어, '예쁜 꽃이 피어 있다.'라는 문장에서 '예쁜'은 용언의 관형사형이지만, 이는 '(꽃이) 예쁜'이므로 주어가 생략된 관형절이기도 하다.

06 〈보기〉의 내용을 참고할 때, ㉠~㉢의 사례로 적절하지 <u>않은</u> 것은?

○ 20420-0065

─〈 보기 〉─

　　하나의 문장 내에서 주어와 서술어의 관계가 한 번 이루어진 것을 ㉠홑문장이라고 하고, 두 번 이상 이루어진 것을 겹문장이라고 한다. 겹문장은 이어진문장과 안은문장으로 나누어진다. 두 개의 절이 나란히 결합하여 하나로 이어진 문장을 ㉡이어진문장이라고 하고, 하나의 절이 다른 문장 속에 들어가서 하나의 문장 성분 역할을 하고 있을 때 이 전체의 문장을 ㉢안은문장이라고 한다.

① ㉠: 우리 아이는 길 건너편의 학교에 다닌다.
② ㉡: 여름에는 너무 덥고, 겨울에는 너무 춥다.
③ ㉡: 내가 오래전에 좋아하던 책이 절판되었다.
④ ㉢: 나는 그 아이가 불안에 떨고 있음을 깨달았다.
⑤ ㉢: 그는 나에게 언제쯤 통화할 수 있느냐고 물었다.

07 〈보기〉의 ㉠에 해당하는 문장으로 적절하지 <u>않은</u> 것은?

○ 20420-0066

─〈 보기 〉─

　　연결 어미 중에는 '양보'의 의미를 나타내는 것들이 있다. '양보'란 앞 절의 사태로 인하여 논리적으로 도출되는 사태가 뒤 절에 이어지는 것이 아니라, 일반적으로 예상되는 것과는 반대되는 결과가 뒤 절에 이어짐을 의미한다. ㉠'양보'의 의미를 갖는 연결 어미로 두 절이 연결된 경우, 의미상으로 볼 때 문장 전체의 초점은 뒤 절에 있으며, 앞 절은 뒤 절의 의미를 보다 분명히 드러내기 위해 제시된 것으로 볼 수 있다.

① 밥은 굶을망정 자식들 교육은 시켜야지.
② 그가 떠난다 한들 나를 잊을 수 있겠니?
③ 아무리 바쁘더라도 맡은 책임은 다 해야지.
④ 시험공부를 하느라고 잠을 한숨도 못 잤다.
⑤ 신이 왔다고 해도 이번 일은 어쩔 수 없었을 거야.

연결 어미 어간에 붙어 다음 말에 연결하는 구실을 하는 어미. '-게', '-고', '-(으)며', '-(으)면', '-(으)니', '-아/어', '-지' 따위가 있다.

08 〈보기〉의 ㉮에 들어갈 내용으로 적절하지 <u>않은</u> 것은?

20420-0067

Tip

─〈 보기 〉─

선생님: 오늘은 '이어진문장'에 대해 공부해 보겠습니다. 다음 자료를 살펴보고, '이어진문장'의 특징을 탐구해 볼까요?

〈자료〉

㉠ 산이 푸르고, 물이 맑다. = 물이 맑고, 산이 푸르다.
　 봄이 오면, 꽃이 핀다. ≠ 꽃이 피면, 봄이 온다.
㉡ 산이 푸르고, 물이 맑다. → *물이 산이 푸르고 맑다.
　 봄이 오면, 꽃이 핀다. → 꽃이 봄이 오면 핀다.
㉢ 산은 푸르고, 물이 맑다.
　 *봄은 오면, 꽃이 핀다.
㉣ 그는 성실하고, 책임감이 강하다.
　 잠이 와서 나는 더 공부하지 못했다.

　　　　　　　　　　　　　　　　　* 는 비문법적인 문장임을 나타냄.

학생: ㉮

① ㉠을 보니, 종속적으로 이어진문장과 달리 대등하게 이어진문장은 앞 절과 뒤 절의 위치를 바꾸어도 의미 차이가 없군요.

② ㉡을 보니, 대등하게 이어진문장은 종속적으로 이어진문장과 달리 앞 절이 뒤 절의 사이로 이동할 수 없군요.

③ ㉡을 보니, 종속적으로 이어진문장은 앞 절이 뒤 절 사이로 이동하게 되면 부사절을 안은문장과 통사적 차이가 없어지는군요.

④ ㉢을 보니, 대등하게 이어진문장과 달리 종속적으로 이어진문장은 앞 절의 주어에 보조사 '은'이 결합하면 문장이 어색해지는군요.

⑤ ㉣을 보니, 대등하게 이어진문장과 달리 종속적으로 이어진문장은 앞 절과 뒤 절의 주어가 같아도 하나를 생략할 수 없군요.

통사 생각이나 감정을 말과 글로 표현할 때 완결된 내용을 나타내는 최소의 단위. 주어와 서술어를 갖추고 있는 것이 원칙이나 때로는 이런 것이 생략될 수도 있다.

◀서술형▶

09 〈보기〉를 참고하여 명사절을 형성하는 방법이 무엇인지 서술하시오.

20420-0068

─〈 보기 〉─

㉠ 나는 감기로 온몸이 무거워짐을 느꼈다.
㉡ 나는 내일부터 일찍 일어나기로 결심했다.

[10~11] 다음 글을 읽고 물음에 답하시오.

피동은 문장의 주체가 스스로의 의지나 힘이 아닌 다른 무엇, 또는 누군가에 의해 어떤 동작을 당하게 되는 것을 가리킨다. 피동문은 원칙적으로 그에 대응되는 능동문을 가지며, 그 능동문에 어떤 절차를 가하여 만들어진다. 첫째, 능동문의 목적어가 피동문의 주어가 되고, 둘째, 능동문의 주어는 피동문의 부사어로 바뀌며, 셋째, 능동문의 서술어인 타동사는 피동사로 바뀌는 것이다.

그런데 모든 타동사가 피동사로 파생될 수 있는 것이 아니라, 일부 제한된 동사들만이 피동 접미사를 취할 수 있다. 우선 동사 '하다'를 비롯하여 접미사 '–하다'가 붙은 동사들은 피동사로 파생되지 못한다. '주다, 받다, 드리다'와 같은 수여 동사와 '얻다, 돕다, 찾다'와 같은 수혜 동사도 피동사를 가지지 않는다. '알다, 바라다' 등 화자의 심리적 경험을 나타내는 경험 동사, '만나다, 싸우다'와 같은 대칭 동사도 대응되는 피동사가 없고, 그 밖에 '던지다, 지키다' 등과 같이 어간이 'ㅣ'로 끝나는 동사 중 많은 것들도 피동 접미사와 결합하지 못한다.

그런데 피동문이 피동사에 의해서만 만들어지는 것은 아니다. 타동사에 '–어지다'가 결합되어 피동의 의미를 나타낼 수도 있다. '–어지다' 피동은 피동사에 의한 피동 표현이 불가능한 경우에 그 빈 자리를 메워 주는 구실을 하는 경우가 많은데, '–어지다'가 결합되었으면서도 피동의 기능을 하지 않는 경우가 있음도 유의해 둘 필요가 있다. 형용사에 '–어지다'가 결합되면 동사화하여 상태 변화를 나타낸다.

피동사도 성립되지 않고 '–어지다'로도 피동 표현이 실현되지 않는 '–하다'류 타동사들은 그 '–하다'를 '–되다'로 바꿈으로써 피동 표현을 한다. '–하다'류 동사 중에는 '–되다'를 취하지 못하고 '–당하다'나 '–받다'를 취하여 피동적 표현을 하는 것들도 있다. 모두 달리 피동문을 만들 길이 없어 마련된 장치로, 이들이 쓰인 문장들도 모두 넓은 의미의 피동문으로 간주되어야 할 것이다.

그러나 국어의 능동문과 피동문이 항상 자유롭게 변환되는 것은 아니다. 먼저 피동문으로 표현하면 부자연스러운 경우가 있다. 타동사문의 목적어가 무정 명사일 경우에 그러한 경우가 많다. 반대로 피동문은 있지만 그 짝이 되는 능동문은 잘 쓰이지 않거나 능동문을 아예 상정하기 어려운 경우도 있다. 예를 들어 행위를 하는 의지나 의도를 가진 주체를 설정하기 어려운 경우가 그러하다.

제재 탐구

이 글은 피동의 의미 및 능동문을 피동문으로 바꾸는 절차를 밝힌 후, 피동 접미사를 취할 수 없는 타동사를 피동문으로 만드는 방법에 대해 설명하고 있다. 그리고 능동문과 피동문의 전환이 자유롭지 않은 경우가 어떤 경우인지를 설명하고 있다.

*수혜 동사 어떠한 인물에게 혜택을 주거나 받음을 나타내는 동사. '주다, 받다, 드리다, 얻다, 잃다, 돕다' 등이 있음.

*무정 명사 감정을 나타내지 못하는, 식물이나 무생물을 가리키는 명사.

---

10 밑줄 친 말 중 피동 접미사와 결합하여 피동사를 이룰 수 있는 것은?

○ 20420-0069

① 거름은 나무의 성장을 <u>돕는다</u>.
② 재호는 어머니를 많이 <u>닮았다</u>.
③ 나는 할아버지께 바둑을 <u>배웠다</u>.
④ 그는 과학 연구에 평생을 <u>바쳤다</u>.
⑤ 백화점은 재래시장의 상권을 <u>빼앗았다</u>.

Tip

피동 표현의 효과 피동 표현은 행위의 주체를 밝히지 않을 수 있고, 문장의 객관성을 높일 수 있다. 또한 어떤 행위에 대한 책임을 회피하거나, 행위의 주체가 누구인지 모를 때 피동 표현을 사용할 수 있다.

○ 20420-0070

Tip

11 윗글을 바탕으로 〈보기〉의 자료를 탐구한 내용으로 적절하지 <u>않은</u> 것은?

《 보기 》

㉠ 얼굴에 여드름이 없어졌다.

㉡ 학생들이 여러 의견을 발표하였다.

㉢ 그는 내 친구를 모욕하였다.

㉣ 그는 대학에서 서양 철학을 공부하였다.

㉤ 우리 가족은 모두 감기에 걸렸다.

① ㉠에서는 '없다'가 형용사이므로 '-어지다'가 결합하여 피동이 아니라 상태 변화의 의미를 나타내는 동사로 바뀌었구나.

② ㉡을 피동문으로 바꾸려면 '발표하였다'는 '발표되었다'로 바뀌겠구나.

③ ㉢을 피동문으로 바꾸려면 '모욕하-'에 '-여지다'를 결합해야겠구나.

④ ㉣은 목적어인 '서양 철학'이 무정 명사이므로 피동문으로 바꾸면 어색한 문장이 되겠구나.

⑤ ㉤은 '감기를 걸리'게 하는 행위의 주체를 설정하기 어려우므로 대응하는 능동문을 상정할 수 없겠구나.

○ 20420-0071

12 〈보기〉의 ㉠이 바르게 실현되지 <u>않은</u> 것은?

《 보기 》

문장의 주체가 높임의 대상이 될 때 그것을 직접 높이는 직접 높임과는 달리 높임의 대상이 아니지만 높임 대상의 신체의 일부분이나 소유물, 가족 등을 간접적으로 높이는 표현을 ㉠간접 높임이라고 한다.

① 선생님, 혹시 우산 있으세요?

② 선생님의 말씀이 계시겠습니다.

③ 할아버지께서는 귀가 어두우시다.

④ 우리 할머니는 휴대 전화가 없으셔.

⑤ 선생님, 아드님이 아주 멋지십니다.

'계시다'와 '있으시다' '계시다'와 '있으시다'는 모두 '있다'의 높임 표현이지만, '계시다'는 직접 높임에 사용하고, '있으시다'는 간접 높임에 사용한다.

[13~14] 다음 글을 읽고 물음에 답하시오.

어떤 행위, 사건, 상태의 시간적 위치를 언어적으로 나타내 주는 문법 범주*를 시제라고 한다. 시제는 보통 발화시를 기준으로 분류한다. 어떤 상황을 이야기하는 때를 기준으로 하여, 그 상황이 일어난 때가 그 발화시와 같은지, 이전인지, 이후인지에 따라 현재, ㉠과거, 미래로 나뉜다.

어떤 상황의 시간적 선후 위치를 판가름하는 기준이 되는 때를 기준시라고 하는데 기준시에는 두 가지가 있다. 발화시를 절대 기준시라고 하고, 사건이 일어난 상황의 때를 기준이 되는 때로 삼은 기준시를 상대 기준시라고 한다. 상대 기준시는 종결 어미가 결합하는 서술어의 시점에 의해 결정되는 것이 보통이다. 그리고 절대 기준시를 기준으로 하는 시제를 절대 시제라고 하고, 상대 기준시를 기준으로 하는 시제를 상대 시제라고 한다. 예를 들어 '나는 달리는 말을 본다.'라는 문장과 '나는 달리는 말을 보았다.'라는 문장에서 '달리는'이라는 표현의 시제는 발화시를 기준으로 하면 앞 문장은 현재 시제, 뒤 문장은 과거 시제에 해당한다. 이는 절대 시제이다. 그러나 '나'가 달리는 말을 '보'는 시점을 기준으로 하면 두 문장 모두 '달리는'의 시제는 현재 시제가 된다. 이것이 상대 시제인 것이다.

⊙ 20420-0072

13 절대 시제를 기준으로 할 때, 밑줄 친 표현이 ㉠에 해당하지 <u>않는</u> 것은?

① 이것은 내가 <u>읽던</u> 책이다.
② 그는 나에게 <u>작은</u> 인형을 주었다.
③ 내가 <u>먹은</u> 빵은 언니가 구워 준 것이다.
④ 지난번에 <u>찍은</u> 사진은 모두 몇 장이나 되니?
⑤ 어제 내가 <u>들은</u> 이야기는 모두 거짓말이었다.

⊙ 20420-0073

14 밑줄 친 말 중 상대 시제가 나머지와 <u>다른</u> 것은?

① 음악을 <u>들으니</u> 마음이 즐겁다.
② 지금 신나게 <u>놀</u> 친구들이 부러웠다.
③ 네가 어렸을 때 <u>입던</u> 옷은 어디에 있니?
④ 형이 와서 내가 <u>읽는</u> 책을 빼앗아 갔다.
⑤ 그는 내가 가지고 <u>노는</u> 장난감을 빌려 달라고 한다.

《 제재 탐구 》

이 글은 시제의 개념을 설명한 후, 시제를 결정하는 기준이 무엇인지를 밝히고 있다. 그리고 기준이 되는 시에는 절대 기준시와 상대 기준시가 있으며, 이를 바탕으로 절대 시제와 상대 시제로 나누어짐을 예를 들어 설명하고 있다.

*문법 범주 동일하거나 유사한 문법적 의미를 나타내는 언어 형식의 집단. 또는 그 문법적 의미.

Tip

'-던'과 '-든' '-던'은 과거의 어떤 상태를 나타내는 어미이고, '-든'은 나열된 동작이나 상태, 대상들 중에서 어느 것이든 선택될 수 있음을 나타내는 연결 어미이다.
예 그 노래는 얼마 전 내가 불렀던 노래이다.
너는 노래를 부르든 춤을 추든 한 가지는 해야 한다.

15 〈보기〉를 바탕으로 부정 표현에 대해 탐구한 내용으로 적절하지 <u>않은</u> 것은?

◑ 20420-0074

Tip

┌─ 《 보기 》 ─────────────────────────────┐

　 ㉠ 환자가 밥을 {안 먹는다, 먹지 않는다}.

　 ㉡ 먹지 {마십시오, 마라, 말자, 맙시다}.

　 ㉢ 모임에 회원들이 다 안 왔다.

　 ㉣ 나는 어제 민수와 {안 만났다, 만나지 않았다.}

　 ㉤ 재호는 {˟못 행복하다, 행복하지 못하다}.

　　　　　　　　　　　　　　　* 는 비문법적인 문장임을 나타냄.

└─────────────────────────────────────┘

① ㉠을 보니, 부정 표현은 단형 부정과 장형 부정이 존재하는군.

② ㉡을 보니, 명령문과 청유문에는 '–지 말다'를 사용하는군.

③ ㉢을 보니, 전체를 지칭하는 표현과 부정 표현이 어울리면 중의적으로 해석될 수 있군.

④ ㉣을 보니, 단형 부정 표현과 달리 장형 부정 표현의 경우 중의적으로 해석될 수 있군.

⑤ ㉤을 보니, 단형 부정 표현을 허용하지 않는 용언이 존재하는군.

16 〈보기〉의 문장을 간접 인용문으로 바꿀 때, ㉠, ㉡에 들어갈 말끼리 바르게 짝지은 것은?

◑ 20420-0075

직접 인용과 간접 인용 직접 인용 표현을 간접 인용 표현으로 바꾸게 되면 인칭 표현, 종결 표현, 시간 부사 등이 달라지고 인용의 격 조사 '라고'도 '고'로 바뀐다.

┌─ 《 보기 》 ─────────────────────────────┐

　 • 나는 정호에게 "연우가 너를 좋아해."라고 말했다.

　　 → 나는 정호에게 [　　　㉠　　　] 말했다.

　 • 저는 어제 친구에게 "내일 갈 거니?"라고 물었습니다.

　　 → 저는 어제 친구에게 [　　　㉡　　　] 물었습니다.

└─────────────────────────────────────┘

	㉠	㉡
①	연우가 너를 좋아한다고	내일 갈 거냐고
②	연우가 너를 좋아한다고	오늘 갈 거니라고
③	연우가 그를 좋아한다고	내일 갈 거냐고
④	연우가 그를 좋아한다고	오늘 갈 거냐고
⑤	연우가 그를 좋아한다고	오늘 갈 거니라고

〔서술형〕

17 다음 설명을 바탕으로 ㉠과 ㉡의 의미가 어떻게 해석될 수 있는지 서술하시오.

◑ 20420-0076

┌─────────────────────────────────────┐

　 행위를 시키는 사람이 시킴을 당하는 사람의 행위에 함께 참여하는 경우를 직접 사동이라고 하고, 그렇지 않은 경우를 간접 사동이라고 한다.

　 ㉠ 엄마가 아이에게 밥을 먹였다.

　 ㉡ 엄마가 아이에게 밥을 먹게 했다.

└─────────────────────────────────────┘

04 담화

더 알아 두기

준언어적 표현과 비언어적 표현
• 준언어적 표현: 언어 표현에 직접적으로 매개되어 의미 작용을 하는 말의 강세, 고저, 어조, 속도, 성량 등
• 비언어적 표현: 언어 표현과 독립적으로 의미 작용을 할 수 있는 자세, 손동작, 몸동작, 표정, 옷차림 등

1 담화의 개념

화자와 청자를 포함하여 구체적인 맥락 속에서 이루어지는 하나 이상의 발화나 발화의 유기적 연속체를 의미한다.

2 담화의 구성 요소

(1) 화자: 발화(이야기)를 하는 사람을 가리킨다.
(2) 청자: 발화(이야기)를 듣는 사람을 가리킨다.
(3) 발화: 일정한 상황 속에서 문장 단위로 실현되는 말을 의미하는 것으로, 직접 발화와 간접 발화로 나뉜다.

직접 발화	간접 발화
• 문장의 유형과 발화 의도가 일치하는 경우 • 상황보다 의도를 우선 고려함. 예 "창문 좀 닫아 줘."	• 문장의 유형과 발화의 의도가 불일치하는 경우 • 의도를 상황에 맞춰 표현함. 예 "오늘 정말 춥지 않니?"

담화의 관용 표현
속담이나 관용어 등과 같이 둘 이상의 단어가 결합하여 원래의 뜻과 다른 새로운 뜻으로 굳어져 쓰이는 표현. 담화에 사용되는 관용 표현은 화자가 전달하려는 내용을 효과적으로 전달하기도 하지만 관용 표현을 화자와 청자 모두가 알고 있지 못하는 상황에서는 오히려 의사소통에 장애를 일으키기도 함.

▲ 직접 발화의 사례

▲ 간접 발화의 사례

(4) 맥락: 화자와 청자가 상호 작용하는 배경을 의미하는 것으로, 상황 맥락과 사회·문화적 맥락으로 나누어 볼 수 있다.

상황 맥락	담화가 이루어지고 있는 시간과 공간뿐만 아니라, 담화의 주체, 주제, 목적 등을 포함함.
사회·문화적 맥락	담화에 참여하고 있는 화자와 청자가 공유하고 있는 역사적, 사회적 상황으로, 이념, 가치, 신념 등을 포함함.

③ 담화의 통일성과 응집성

(1) 통일성: 담화의 발화들이 내용적 측면에서 한 주제 아래 유기적인 관계를 맺고 있어야 한다는 것을 의미한다.

(2) 응집성: 담화의 발화들이 형식적 측면에서 자연스럽게 연결되어 있어야 한다는 것으로, 담화의 응집성은 통일성의 형성에도 기여한다.

지시 표현	• 화자와 청자와의 거리에 따라 특정 대상을 가리키는 기능을 하는 표현 • 화자와 청자 간의 시간적·공간적 장면이 없으면 발화의 의미를 정확하게 이해하기 어려움. 예 이것, 그것, 저것
대용 표현	• 담화에서 반복되는 어휘를 다른 말로 바꾸어 표현하는 것 • 발화가 연속될 때, 독자적으로 완결된 의미를 전달할 수 없는 경우 대용어를 통해 선행어에 대한 의미 보충이 전제되어야 함. 예 이것, 그것, 저것, 이렇다, 그렇다, 저렇다
접속 표현	• 담화에 등장하는 구절, 문장 등을 연결하기 위해 사용하는 통사적 요소 예 그리고, 그러나, 그런데, 그러므로

▲ 통일성이 부족한 경우

▲ 응집성이 부족한 경우

체크

개념 체크

01 다음 중 담화의 구성 요소가 아닌 것은?

① 화자   ② 청자   ③ 발화
④ 규칙   ⑤ 맥락

02 다음의 빈칸에 들어갈 말로 가장 적절한 것은?

> 담화의 맥락 중 담화가 이루어지고 있는 시간과 공간뿐만 아니라 담화의 주체, 주제, 목적 등을 포함하는 맥락을 (   )이라고 한다.

① 상황 맥락
② 상호 맥락
③ 언어적 맥락
④ 소통적 맥락
⑤ 사회·문화적 맥락

03 다음의 ㉠, ㉡에 들어갈 적절한 말을 쓰시오.

> 발화가 유기적으로 모인 구조체로서 담화를 이루기 위해서는 내용 측면에서는 (㉠)을/를, 형식 측면에서는 (㉡)을/를 갖추어야 한다.

04 다음 중 담화의 응집성을 높이기 위해 사용하는 표현만을 골라 묶은 것은?

㉠ 부정 표현	㉡ 지시 표현
㉢ 사동 표현	㉣ 대용 표현
㉤ 접속 표현	

① ㉠, ㉡, ㉣
② ㉠, ㉢, ㉤
③ ㉡, ㉢, ㉤
④ ㉡, ㉣, ㉤
⑤ ㉢, ㉣, ㉤

정답 01 ④ 02 ① 03 ㉠: 통일성, ㉡: 응집성 04 ④

[01~02] 다음 글을 읽고 물음에 답하시오.

담화가 이루어지기 위해서는 기본적으로 화자와 청자가 있어야 하며, 또한 시간적이며 공간적인 맥락이 필요하다. 맥락이란 동일한 시간과 공간 속에서 화자와 청자가 마주 보며 대화하는 상황을 뜻하는 것이 일반적이다.

> (1) 갑: (헐레벌떡 사무실로 들어오며) 어휴, 왜 이리 덥냐?
> (2) 을: 그래? 알았어. (창문을 연다.)

담화 속에서 '맥락'은 중요한 역할을 할 때가 있다. 위에 제시된 갑과 을의 대화를 통해 볼 때 이런 점을 알 수 있다. '갑'이 말한 '어휴, 왜 이리 덥냐?'라는 발화는 맥락에 대한 고려 없이 발화 자체만 고려해 해석하는 경우 왜 더운지 물어보는 말이 되지만, 맥락을 함께 고려해 해석하는 경우 청자인 '을'에게 일정한 행위를 해 줄 것을 요청하는 말이 된다. (1)이 후자의 경우로 해석되는 것은 (2)가 연이어 나타나기 때문이다. 이처럼 담화 속에서 동일한 시간과 공간에서 이루어지는 맥락은 전체 담화의 의미를 파악하는 데 매우 중요한 역할을 한다.

종합적으로 보면, 하나의 완전한 '담화'가 이루어지기 위해서는 네 가지 요소, 즉 화자, 청자, 맥락, 발화가 필요함을 알 수 있다. 여기서 '발화'는 일정한 상황 속에서 문장 단위로 실현된 말로, 단순히 하나의 문장만을 뜻하는 것이 아니라 때로는 두 개 이상의 문장도 포함한다. 담화의 구성 요소 네 가지는 모두 나타나는 것이 가장 이상적일 것이다. 그러나 화자 혼자서 말하는 독백의 상황에서는 청자가 없을 수도 있고, 전화 통화에서는 시간은 동일하나 공간이 다른 경우가 대부분이다. 이처럼 청자의 결여 또는 미확정의 경우나 맥락에 있어서의 공간의 부재 등의 경우도 발생할 수 있다. 이에 비해 화자와 발화는 항상 존재한다.

한편, 담화가 이루어지는 데 있어서 맥락도 반드시 있어야 한다. 특히 문장 이상의 문법 단위인 담화가 구성되는 데에 맥락은 어떤 식으로든지 존재한다. 앞에서의 독백이나 전화나 글에서 시간적, 공간적 조건이 부족하다고 하더라도 한 문장의 정확한 뜻을 파악하고자 한다면, 앞뒤 발화들도 맥락으로서의 역할을 하게 된다. 결국 적극적인 의미에서 앞 발화가 뒤 발화의 맥락이 될 수도 있고, 또 뒤 발화가 앞 발화의 맥락이 될 수도 있는 것이다. 이는 (1)의 정확한 의미 파악은 (2)를 통해서 가능해질 수 있다는 것을 보면 쉽게 알 수 있다.

제재 탐구

이 글은 담화를 구성하는 요소에 대해 설명하고 있다. 완전한 담화가 이루어지기 위해서는 화자, 청자, 발화, 맥락의 네 가지 요소가 있어야 하지만, 이 중 일부가 없는 담화도 존재할 수 있다. 그리고 담화 속 발화에 제시된 문장의 의미를 정확하게 이해하려면 반드시 맥락의 파악이 필요하다.

○ 20420-0077

01 윗글을 이해한 내용으로 적절하지 **않은** 것은?

① 담화에는 반드시 맥락이 존재하기 마련이다.
② 독백의 상황은 청자가 없기 때문에 담화가 될 수 없다.
③ 전화 통화는 화자와 청자가 있는 공간이 다른 경우가 많다.
④ 담화는 문장 단위로 실현된 하나 이상의 발화로 이루어진다.
⑤ 맥락은 담화 속 문장의 의미를 정확히 파악하는 데 도움이 된다.

Tip

담화의 다양한 유형 일반적으로 담화는 화자, 청자, 발화, 맥락 등이 존재하지만, 청자가 없거나 미확정적인 담화, 공간적 맥락이 존재하지 않거나 화자와 청자의 공간이 일치하지 않는 담화도 성립할 수 있다.

02 윗글을 읽고, 〈보기〉의 담화에 대해 보인 반응으로 적절하지 <u>않은</u> 것은?

● 20420-0078

《 보기 》

(학생들이 쉬는 시간에 복도에서 대화를 나누고 있다.)

학생 1: 이번 국어 수행 평가는 생활 주변에서 어법에 맞지 않는 표현을 찾아보고, 이를 어법에 맞게 고치는 거래.

학생 2: 그거 재미있겠는데. 어제도 등굣길에 보니까 간판에 한글 맞춤법이나 외래어 표기법이 잘못된 문구들이 많던데.

학생 3: TV 자막도 유심히 살펴보면 좋을 것 같아. 특히 예능 프로그램의 자막 중에 띄어쓰기나 맞춤법에 어긋나는 표현들도 종종 있어.

학생 2: 맞아. 그리고 인터넷 뉴스 보도 중에도 잘못된 표현이 많더라고. 특히 인터넷 기사 중 속보일수록 오타도 꽤 보이던걸.

학생 3: 그래 나도 봤어. 아무튼 수행 평가 계획을 정확히 알아본 다음 본격적으로 시작해 보자고.

학생 1, 2: 좋아.

① 학생 1, 2, 3이 국어 수행 평가라는 주제에 대해 담화를 나누고 있군.
② 학생 1, 2, 3은 같은 시간적, 공간적 맥락에서 발화를 하고 있군.
③ 학생 1은 화자의 역할은 하였지만 청자의 역할은 하지 않았군.
④ 학생 2는 먼저 제시된 발화의 맥락에 맞는 발화를 하고 있군.
⑤ 학생 2, 학생 3은 불완전한 문장으로 발화를 하기도 하는군.

03 〈보기〉의 담화에 대한 설명으로 가장 적절한 것은?

● 20420-0079

《 보기 》

김 부장: 이 대리, ⓐ<u>이번 사업 계획서 제출 마감이 금요일까지네.</u>

이 대리: 예, 부장님. 알고 있습니다. ⓑ<u>목요일까지 완성하여 부장님께서 검토하실 수 있도록 준비하겠습니다.</u>

김 부장: 역시 이 대리는 걱정할 것이 없다니까. 이번 사업도 잘 진행될 것 같네.

이 대리: 별말씀을요. 열심히 준비하겠습니다.

① ⓐ는 ⓑ와 달리 발화 의도와 문장의 유형이 일치한다.
② ⓑ는 ⓐ에 담긴 김 부장의 발화 의도와는 무관한 답변이다.
③ ⓑ는 ⓐ와 달리 간접 발화를 통해 자신의 의사를 전달하고 있다.
④ 이 대리는 ⓐ를 들은 내용을 바탕으로 ⓑ와 같은 말을 하고 있다.
⑤ ⓐ, ⓑ를 통해 김 부장과 이 대리는 대등한 관계를 맺고 있음을 알 수 있다.

> **Tip**
>
> **간접 발화** 문장의 유형과 발화의 의도가 불일치하는 발화를 말한다. 간접 발화는 발화 의도를 상황에 맞추어 표현한 것으로, 발화의 표면적 의미와는 다른 의미를 내포하고 있다.

[04~06] 다음 글을 읽고 물음에 답하시오.

㉠ 맥락은 담화의 흐름이나 발화의 의미를 정확하게 이해하는 데 중요한 역할을 하는 요소이다. 담화의 맥락은 크게 상황 맥락과 사회·문화적 맥락으로 나누어 볼 수 있다. 상황 맥락은 담화가 이루어지는 시간적, 공간적 상황을 의미하며, 사회·문화적 맥락은 화자와 청자가 공유하고 있는 역사적, 사회적 상황, 사회 공동체가 가지고 있는 신념이나 가치관 등을 의미한다. 이 같은 담화의 맥락은 화자와 청자가 상황을 인식하도록 할 뿐만 아니라 발화의 이유나 배경으로 작용한다.

㉡ 동정: (이윽고 입을 연다.) ⊙사실은 수국이 아버님께 도장 하나 찍어 주십사구 할 게 있습니다.

거복: (경계하며) ⓒ새삼스럽게 도장이라니요?

동정: 근로 봉살 해 드리구, 그 자리에서 찍어 주시라는 건 교환 조건 같습니다만…… . 그래 오늘은 이대루 돌아가구, 내일 다시 찾아뵐려구 했지만, 기왕 얘기가 나온 김에…… .

거복: (기선*하야) 수해 구제금 말이오?

동정: 네, 네…… . ⓒ허지만 그렇게 앞질러 말하시면 저희가 되레…… . (하고 계면쩍은 듯이 기부 대장을 꺼낸다.)

거복: ⓔ구제금 얘기라면, 말씀 마러 주시오. (하고 딱 잘라 거절해 버린다.)

동정: 새삼스럽게 제가 말씀 여쭈지 않어두 더 잘 아시겠지만, 이번 우리 읍을 위시해서 남조선 일대에 걸친 수해는…… .

거복: 하 선생, 그 사람들이 집을 잃구, 침구와 의복을 잃구 노두에서 방황하구 있는 건 나두 잘 압니다.

동정: ⓜ그들의 생사 문제는 현재 시각을 다투게 됐습니다. 물론 군정청을 비롯하야 도와 군에서도 여기에 대해서 대책을 강구 중에 있을 것이지만, 수해 구제가, 당면 정치의 전부가 아닌 이상, 여기다 시간과 재정을 경주할 수는 도저히 불가능할 것입니다. 그래 저희들 청년단으로선 독자적으로 의연금 모집 운동을 일으키기루 했습니다. 여러분들의 동정과 따뜻한 구원의 손이 없이는, 그들의 앞에 오직 기아와 죽음만이 기다리고 있다는 것을 이해해 주시기 바랍니다.

— 함세덕, 「고목」

〔 제재 탐구 〕

(가) 담화의 맥락의 개념과 종류, 기능에 대해 설명하고 있는 글이다.

(나) 함세덕, 「고목」
지주이자 기회주의적 삶을 살아온 부정적 인물 '박거복'은 구세대의 기득권을 지키고 권력에 기대어 출세하고자 하는 욕망을 지닌 사람이다. 하지만 박거복은 새로운 시대를 대표하는 청년들과 가난한 사람들과 대립하게 되고 결국 그의 욕망은 좌절된다.
주제 기회주의적인 삶을 살아온 박거복의 욕망과 좌절

***기선(機先)** 운동 경기나 싸움 따위에서 상대편의 세력이나 기세를 억누르기 위하여 먼저 행동하는 것.
***노두(路頭)** 사람이나 차가 많이 다니는 길. 길거리.

● 20420-0080

Tip

04 **(가)와 관련하여, (나)를 분석한 내용으로 적절하지 <u>않은</u> 것은?**

① 동정과 거복의 담화는 동정이 거복을 위해 근로 봉사를 했던 장소에서 이루어지고 있다.

② 동정은 거복을 위해 근로 봉사를 한 직후 거복에게 수해 구제금을 부탁하는 발화를 하고 있다.

③ 동정과 거복의 발화는 수해로 인해 많은 피해가 발생했다는 사회적 맥락을 공유한 상황에서 이루어지고 있다.

④ 거복은 수재민들이 겪고 있는 어려움에 대한 상황 인식이 동정과 달랐기 때문에 동정의 제안을 거부하고 있다.

⑤ 동정은 도와 군의 수해 구제가 미흡할 것이라는 상황 인식을 바탕으로 거복에게 도움을 요청하는 발화를 하고 있다.

● 20420-0081

05 **〈보기〉를 참고할 때, (나)의 ㉠~㉤에 어울리는 표현으로 가장 적절한 것은?**

준언어적 표현과 비언어적 표현의 구분 준언어적 표현과 비언어적 표현의 가장 큰 차이는 언어 표현에 직접적으로 매개되어 있는지의 여부이다. 이때 언어 표현에 직접적으로 매개되었다는 것은 언어 표현, 즉 말소리와 함께 조절되고 구현되는 것을 의미한다. 그래서 말의 속도, 고저, 성량 등이 준언어적 표현에 해당한다.

{ 보기 }

　　담화에 사용되는 준언어적 표현과 비언어적 표현은 화자가 발화를 통해 자신의 의사를 보다 효과적으로 전달할 수 있도록 하는 기능을 한다. 이때 준언어적 표현이란 언어 표현에 직접적으로 매개된 강세, 어조 등이 있고, 비언어적 표현에는 언어 표현과는 독립적인 표정, 몸짓 등이 있다.

		표현 종류	표현 내용
①	㉠	준언어적 표현	크고 우렁찬 목소리로 말한다.
②	㉡	준언어적 표현	동정을 흘겨보며 말한다.
③	㉢	비언어적 표현	당황한 표정으로 머리를 긁적이며 말한다.
④	㉣	비언어적 표현	낮은 음으로 빠른 속도로 말한다.
⑤	㉤	준언어적 표현	두 손을 모으고 안타까운 표정을 지으며 말한다.

◀서술형▶

● 20420-0082

06 **(나)에서 담화의 맥락 중 역사적 상황을 알 수 있는 단어를 찾아 쓰고, 담화의 사회·문화적 맥락에 대해 설명하시오.**

[07~09] 다음 글을 읽고 물음에 답하시오.

㉮ 여러 개의 발화들이 모여 하나의 유기적인 구조체로서 담화를 이루기 위해서는 내용 측면에서 통일성을, 형식 측면에서는 응집성을 갖추어야 한다. 먼저 담화가 통일성을 갖추어야 한다는 것은 담화를 구성하고 있는 발화들이 주제적 일관성을 갖추고 유기적으로 구성되어 있어야 한다는 것을 의미한다. 다음으로 담화가 응집성을 갖추어야 한다는 것은 담화를 구성하고 있는 발화들이 자연스럽게 연결되어 유기적인 구조체가 되어야 한다는 것을 의미한다.

담화의 응집성을 높이기 위해서는 지시 표현, 대용 표현, 접속 표현 등을 적절하고 올바르게 활용해야 한다. 지시 표현은 특정 대상을 가리키는 기능을 하는 표현으로 '이것', '그것', '저것' 등이 있다. 또 대용 표현은 문장 안에서 반복되는 어휘를 다른 말로 바꾸어 표현한 것으로 '이것', '거기', '그러하다' 등이 있다. 마지막으로 접속 표현은 구절과 구절, 문장과 문장을 연결하기 위해 사용하는 것으로 '그리고', '그러나', '그러므로' 등이 있다.

㉯ 아버지: (양손에 든 여러 개의 꾸러미를 바닥에 내려놓으며) 아들아, 아빠가 오늘 우리 가족 요리사다. 장을 봐 왔으니까 ⓐ이것 좀 식탁 위에 올려 줄래?

아들: (아버지에게로 달려오며 자신과 가까운 꾸러미를 가리키며) 예, 아빠 ⓑ이것 말씀하시는 거죠?

아버지: (가슴에 꾸러미를 든 채 걸어오며) 어, 아니 ⓒ저것을 올려다오.

아들: (아버지가 말씀하신 꾸러미를 식탁 위에 올려놓으며) 맛있는 것 많이 사셨는데요, 기대됩니다. 아버님.

어머니: (식탁 위에 있는 꾸러미를 살펴보며) 여보, 많이도 사셨네요. 재료가 아주 신선한 것을 보니 전통 시장에서 사셨나 봐요.

아버지: 맞아요. ㉠거기서 사는 물건이 가장 신선하고 저렴해요.

어머니: 그런데 저도 명절 때마다 **거기**서 식재료를 사는데 항상 만족스러워요. **얼마 전에는 주차장도 새로 생겼**더라고요. 이제 당신 요리 솜씨 좀 볼까요?

아버지: 걱정 말고, 두 사람 다 **거기** 가만히 계셔요. 금방 대령하겠습니다.

어머니: 아들아, 잘 봤지? 아빠의 **이런** 모습들을 너도 잘 배워 두도록 하거라. [A]

아들: (큰 목소리로) 예, 알겠습니다. (웃으며) 하지만 조금 이따 아빠의 음식 솜씨를 확인해 보고 어디까지 배울지 결정하겠습니다.

어머니: (웃으며) **그러려무나.** 그래도 엄마는 아빠가 너무 멋져 보인단다.

◉ 20420-0083

07 (가)의 '지시 표현'과 관련하여, (나)의 ⓐ, ⓑ, ⓒ에 대해 설명한 내용으로 적절하지 <u>않은</u> 것은?

① ⓐ와 ⓑ는 형태는 같지만 지칭하는 대상이 다르다.

② ⓐ와 ⓒ는 형태가 다르지만 지칭하는 대상은 같다.

③ ⓑ와 ⓒ는 형태가 다를 뿐만 아니라 지칭하는 대상도 다르다.

④ ⓑ, ⓒ와 같은 표현이 사용된 것은 같은 대상의 위치가 달라졌기 때문이다.

⑤ ⓐ, ⓑ, ⓒ는 특정 대상을 가리키는 기능을 한다는 점에서 지시 표현이다.

◖ 제재 탐구 ▶

(가) 담화가 유기적인 구조체로서 갖추어야 할 요소에 대해 설명하고 있는 글이다. 담화는 내용 측면에서는 통일성을, 형식 측면에서는 응집성을 갖추어야 하며, 특히 응집성을 높이기 위해서는 지시 표현, 대용 표현, 접속 표현 등을 올바르게 사용해야 한다.

(나) 일상의 가정에서 아버지, 어머니, 아들이 주고받는 담화를 구성한 것이다. 아버지가 가족들을 위해 요리를 준비하며 가족 간에 나눈 담화로, 지시 표현, 대용 표현, 접속 표현이 사용되는 양상을 확인할 수 있다.

Tip

화자, 청자, 대상 간의 거리에 따른 지시 표현의 사용 '이것'은 화자에게 좀 더 가까운 대상을 가리킬 때, '그것'은 화자에게는 멀지만 청자에게는 가까운 대상을 가리킬 때, '저것'은 화자와 청자 모두에게 멀리 떨어져 있는 대상을 가리킬 때 사용한다.

08 (가)를 바탕으로 할 때, (나)의 [A]에 대한 설명으로 적절하지 <u>않은</u> 것은?

20420-0084

① 어머니의 발화에 등장하는 '그런데'라는 접속 표현을 '그래서'로 수정한다면 담화의 응집성이 더 높아질 수 있다.

② 어머니의 발화에 등장하는 '거기'는 대용 표현이지만, 아버지의 발화에 등장하는 '거기'는 지시 표현이다.

③ 어머니의 발화에 등장하는 '이런'은 직전 발화에 있었던 아버지의 말과 행동을 지칭하는 지시 표현이다.

④ 어머니의 발화에서 '얼마 전에는 주차장도 새로 생겼'다는 내용은 담화의 통일성을 떨어뜨린다고 볼 수 있다.

⑤ 어머니의 발화에 등장하는 '그러려무나'는 직전 발화에 있었던 아들의 말에 대한 대용 표현이다.

20420-0085

09 (나)의 ㉠과 〈보기〉의 ㉮, ㉯를 비교한 내용으로 가장 적절한 것은?

[보기]

학생 1과 학생 2는 친구들과 함께 박물관에 가기로 했다. 그래서 특정 시간에 박물관 앞 지하철 역 2번 출구에서 만나 함께 입장하기로 하였다. 그러나 학생 2가 약속 시간까지 오지 않자 학생 1이 학생 2에게 전화를 하였다.

학생 1: 너, 지금 어디야? 여기 친구들이 다 모여 있는데.
학생 2: 어, 그래? 여기는 4번 출구 앞인데 내가 ㉮거기까지 갔다가 함께 입장하려면 시간이 오래 걸릴 것 같아. 그냥 박물관 입구에서 만나는 게 어때?
학생 1: 그래, 알았어. 그럼 ㉯거기서 보자.

① ㉠과 ㉮는 화자와 멀리 떨어져 있는 특정 장소를 의미하므로 지시 표현이다.
② ㉠과 ㉯는 앞의 발화에 나온 특정한 장소를 달리 표현한 것으로 대용 표현이다.
③ ㉮와 ㉯는 사전에 약속된 장소를 의미하는 것이므로 대용 표현이다.
④ ㉮와 ㉯는 화자와의 거리를 고려해 특정 장소를 지칭한 것이므로 지시 표현이다.
⑤ ㉠과 ㉮, ㉯는 모두 화자와 청자의 거리에 따라 특정 장소를 지칭하는 지시 표현이다.

Tip

'이, 그, 저'와 관련한 표현 '이, 그, 저'와 관련한 표현은 대상에 따라 '이것, 그것, 저것', '여기, 저기, 거기' 등의 다양한 표현이 있다. 그런데 이러한 표현들은 담화가 이루어지는 맥락에 따라 지시 표현이 되기도 하고, 대용 표현이 되기도 하는데 이들 모두 담화의 응집성을 높이는 기능을 한다.

01 〈보기〉의 ⓐ, ⓑ에 해당하는 사례를 바르게 골라 묶은 것은?

● 20420-0086

> **〈 보기 〉**
>
> 모음에서 나타나는 음운 변동은 주로 단모음으로 끝나는 어간과 단모음으로 시작하는 어미가 결합할 때 나타난다. 예를 들어 ⓐ두 개의 단모음이 합쳐져 이중 모음이 되기도 하고, ⓑ두 개의 단모음 중 하나가 없어지기도 한다.

	ⓐ	ⓑ
①	[살펴]	[채워]
②	[기여]	[써도]
③	[메워]	[때려]
④	[잡혀]	[서라]
⑤	[되여]	[가서]

02 〈보기 1〉을 바탕으로 〈보기 2〉의 음운 변동에 대해 설명한 내용으로 적절하지 <u>않은</u> 것은?

● 20420-0087

> **〈보기 1〉**
>
> 국어의 음운 변동에서 어떤 음운이 다른 음운으로 바뀌는 현상을 교체라고 한다. 국어에서 나타나는 음운 교체 현상으로는 음절의 끝소리 규칙, 비음화, 유음화, 구개음화, 된소리되기 등이 있다.

> **〈보기 2〉**
>
> 낱낱이 → [낟:나티] → [난:나티] → [난:나치]
>   ㄱ   ㄴ   ㄷ

① ㄱ에서 첫 음절 끝의 [ㅌ]이 [ㄷ]으로 교체된 것은 음절의 끝소리 규칙이 적용되었기 때문이다.

② ㄱ에서 둘째 음절 끝의 [ㅌ]이 교체되지 않은 것은, 뒤에 오는 'ㅣ' 모음과 결합할 때 음운 교체 현상이 나타나기 때문이다.

③ ㄴ에서 [ㄷ]이 [ㄴ]으로 교체된 것은, [ㄷ]이 뒤 음절의 초성 [ㄴ]의 영향을 받아 비음화되었기 때문이다.

④ ㄴ에서 [ㄷ]이 [ㄴ]으로 교체된 것은, 교체된 음운이 뒤 음절의 초성과 조음 위치, 조음 방법이 같아져 발음이 수월해지기 때문이다.

⑤ ㄷ에서 [ㅌ]이 [ㅊ]으로 교체된 것은 [ㅌ]이 'ㅣ' 모음으로 시작하는 형식 형태소와 결합할 때 구개음화가 나타나기 때문이다.

● 20420-0088

03 ㉠~㉢의 음운 변동에 대한 설명으로 적절한 것은?

> ㉠ 앞뒤[압뛰], 갓[갇]
> ㉡ 신라[실라], 막내[망내]
> ㉢ 밟고[밥:꼬], 닳은[다른]

① ㉠과 ㉡에서는 음절 종성의 자음이 교체되는 음운 변동이 나타나고 있다.
② ㉠에서는 음운의 첨가, ㉢에서는 음운의 탈락에 의한 음운 변동이 나타나고 있다.
③ ㉠과 ㉢에서 나타나는 음운 변동이 모두 일어난 예로는 '산뜻하다[산뜨타다]'가 있다.
④ ㉡과 ㉢에서는 앞의 자음이 뒤의 자음에 의해 동화되는 음운 변동이 나타나고 있다.
⑤ ㉡에서는 비음이 유음으로, ㉢에서는 예사소리가 된소리로 바뀌는 음운 변동이 나타나고 있다.

● 20420-0089

04 〈보기〉의 ㉠~㉢의 구체적 사례로 적절한 것은?

> **보기**
> 국어의 'ㄴ' 첨가는 자음으로 끝나는 말 뒤에 'ㅣ'나 반모음 'ㅣ[j]'로 시작하는 말이 결합할 때 'ㄴ'이 새로 덧붙는 현상이다. 'ㄴ' 첨가는 ㉠합성어인 경우, ㉡파생어인 경우, ㉢단어와 단어가 결합하는 경우와 같이 다양한 환경에서 나타난다.

	㉠	㉡	㉢
①	색연필	맨입	못 잊어
②	직행열차	할일	옷 입다
③	막일	한여름	일 연대
④	한여름	꽃잎	먹던 엿
⑤	콩엿	서른여섯	하는 일

● 20420-0090

05 〈보기〉를 바탕으로 음운 변동을 바르게 이해한 것은?

> **보기**
> 국어에서는 음운이 일정한 환경에서 본래와 다른 음운으로 발음되는 현상을 자주 확인할 수 있는데, 이를 음운 변동이라고 한다. 음운 변동에는 어떤 음운이 다른 음운으로 바뀌는 ㉠교체, 두 음운이 하나의 음운으로 줄어드는 ㉡축약, 원래 있던 음운이 없어지는 ㉢탈락, 원래 없던 음운이 생겨나는 ㉣첨가 등이 있다.

① '꽃다발[꼳따발]'에서는 ㉠과 ㉣의 음운 변동이 일어난다.
② '홑이불[혼니불]'에서는 ㉢과 ㉣의 음운 변동이 일어난다.
③ '짧더라[짤떠라]'에서는 ㉢과 ㉠의 음운 변동이 일어난다.
④ '시냇물[시:낸물]'에서는 ㉢과 ㉠의 음운 변동이 일어난다.
⑤ '못생긴[몯:쌩긴]'에서는 ㉠과 ㉡의 음운 변동이 일어난다.

06 〈보기〉를 바탕으로 학습 활동을 해결한 것으로 적절한 것은?

● 20420-0091

〈 보기 〉

선생님: 합성어는 어근과 어근의 결합으로 만들어지는 말인데요, 말을 구성하는 어근의 관계에 따라 합성어의 유형을 나눌 수 있습니다. 먼저 앞의 어근이 뒤의 어근을 수식하는 합성어를 종속 합성어라고 합니다. 또 합성어를 이루고 있는 어근이 대등한 관계를 이루고 있을 경우 대등 합성어라고 합니다. 마지막으로 어근이 결합하여 본래의 의미를 잃어버리고 새로운 의미를 갖게 되는 것을 융합 합성어라고 합니다. 그러면 다음 합성어들을 분류하는 학습 활동을 해 봅시다.

| 높푸르다 | 덮밥 | 집안 | 쥐꼬리 | 손가락 |

	종속 합성어	대등 합성어	융합 합성어
①	덮밥, 손가락	높푸르다	집안, 쥐꼬리
②	덮밥, 손가락	높푸르다, 집안	쥐꼬리
③	쥐꼬리, 손가락	집안	덮밥
④	쥐꼬리, 손가락	높푸르다, 집안	덮밥
⑤	높푸르다, 덮밥	손가락	집안, 쥐꼬리

07 〈보기〉의 ㉠의 기능을 하는 접미사가 포함된 어휘로 적절하지 <u>않은</u> 것은?

● 20420-0092

〈 보기 〉

접미 파생어는 접미사가 어근 뒤에 붙어 결합된 말이다. 이때 접미사는 어근 뒤에 붙어 어근의 뜻을 더하거나 ㉠어근의 품사를 바꾸는 역할을 하기도 한다.

① 날개   ② 넓이   ③ 밝히다   ④ 읽히다   ⑤ 지혜롭다

08 〈보기〉를 바탕으로 '조사'에 대해 탐구한 내용으로 적절하지 <u>않은</u> 것은?

● 20420-0093

〈 보기 〉

㉠ 강둑이 무너지기 시작했다.
㉡ 나는 더위를 견디기가 힘들었다.
㉢ 우리나라도 어느새 선진국이 되었다.
㉣ 그녀가 다른 사람은 몰라도 나는 믿는다.
㉤ 동생은 초등학생이지만 키가 대학생인 나만 했다.

① ㉠과 ㉢의 '이'는 그 형태는 같지만 앞말에 각각 다른 자격을 부여하는 격 조사이군.
② ㉡과 ㉣의 '는'을 보니, '는'은 주격 조사나 목적격 조사의 자리에 두루 쓰이는군.
③ ㉠의 '이'와 ㉡의 '가'를 보니, '이', '가'는 음운 환경에 따라 결합하는 종류가 달라지는군.
④ ㉢과 ㉣의 '도'를 보니, '도'는 명사나 부사에 두루 결합할 수 있는 보조사이군.
⑤ ㉤의 '이지만'과 '인'을 보니, '이다'는 용언처럼 형태를 변화시킬 수 있는 조사이군.

20420-0094

09 〈보기〉를 참고하여 ㉠~㉢에 해당하는 예를 바르게 제시한 것은?

─〈 보기 〉─

　용언, 즉 동사와 형용사는 다른 품사와 달리 형태가 변화한다는 특징이 있다. 이 같은 용언의 형태 변화를 활용이라고 하는데, 용언이 활용할 때 변하지 않는 부분을 어간이라고 하고, 변하는 부분을 어미라고 한다. 그런데 용언 중에는 활용할 때 ㉠어간이 변하기도 하고, ㉡어미가 변하기도 하는 불규칙 활용을 하는 용언이 있다. 또 어떤 용언은 ㉢어간과 어미가 모두 변하는 불규칙 활용을 하는 경우도 있다.

〈불규칙 활용의 예〉
- 어머니는 밥을 가득 ⓐ퍼 주셨다.
- 동생은 내가 묻자 "ⓒ그래"라고 대답했다.
- 그는 목적지에 ⓔ이르러 뒤를 돌아다보았다.
- 교실이 너무 ⓑ깨끗하여 기분이 좋았다.
- 나는 궁금한 것을 친구에게 ⓓ물어보았다.

	㉠	㉡	㉢
①	ⓐ, ⓑ	ⓒ, ⓓ	ⓔ
②	ⓐ, ⓒ	ⓑ, ⓓ	ⓔ
③	ⓐ, ⓓ	ⓑ, ⓔ	ⓒ
④	ⓑ, ⓓ	ⓐ, ⓔ	ⓒ
⑤	ⓑ, ⓔ	ⓐ, ⓒ	ⓓ

20420-0095

10 〈보기〉의 ㉠~㉢에 대한 학생의 분석으로 적절하지 않은 것은?

─〈 보기 〉─

선생님: 단어는 하나의 품사로 사용되는 경우가 일반적이지만 두 개 이상의 품사로 쓰이는 경우도 있어요. 예를 들어 '모두 같이 투표합시다.'의 '같이'는 동사인 '투표하다'를 꾸미는 부사이지만, '바람 같이 빠르다.'의 '같이'는 명사인 '바람'에 붙여 썼으므로 조사가 됩니다. 자 그럼, 아래 자료를 분석하여 품사의 통용을 확인해 볼까요?

㉠ ┌ 그는 우리를 좋아하지 않았다.
　 └ 우리는 그 사람을 다시 만날 수 없었다.

㉡ ┌ 모두가 진실을 알고 있었다.
　 └ 우리는 돈을 모두 써 버렸다.

㉢ ┌ 다가오는 사람이 열은 되었다.
　 └ 모인 사람은 열 명이 채 되지 않았다.

㉣ ┌ 나는 그가 혼자서 올 줄 알았다.
　 └ 혼자 사는 가정이 늘어나고 있다.

㉤ ┌ 그녀는 아무 일도 할 수 없었다.
　 └ 이곳은 아무나 들어오는 곳이 아니다.

① ㉠의 '그'는 각각 대명사와 관형사로 사용되고 있어요.
② ㉡의 '모두'는 각각 명사와 부사로 사용되고 있어요.
③ ㉢의 '열'은 각각 수사와 관형사로 사용되고 있어요.
④ ㉣의 '혼자'는 각각 명사와 부사로 사용되고 있어요.
⑤ ㉤의 '아무'는 각각 관형사와 명사로 사용되고 있어요.

11 〈보기〉를 읽고 문장 성분에 대해 탐구한 내용으로 적절하지 <u>않은</u> 것은?

○ 20420-0096

> **《 보기 》**
>
> 문장 안에서 일정한 문법적 기능을 하는 부분들을 문장 성분이라고 한다. 문장 성분에는 문장의 골격을 이루는 주성분, 주성분을 수식하는 부속 성분, 다른 문장 성분과 직접적인 관련이 없는 독립 성분이 있다. 주성분에는 주어, 서술어, 목적어, 보어가 있으며, 부속 성분에는 관형어와 부사어가 있다. 마지막으로 독립 성분에는 독립어가 있다.
> ㉠ 나는 밥을 먹었다.
> ㉡ 동생이 나에게 책을 주었다.
> ㉢ 그들은 모두 학생이 아니다.
> ㉣ 우리는 오히려 버려진 것들을 소중히 여겼다.
> ㉤ 나 어제 도서관에 갔었어. / 그래, 나도 갔었는데.

① ㉠, ㉡을 보니 서술어에 따라 문장을 구성하기 위해 필요한 문장 성분의 수가 다르군.
② ㉡의 '나에게'는 부속 성분인 부사어이지만 생략될 경우 불완전한 문장이 되는군.
③ ㉡, ㉢을 보니 동일한 형태의 조사가 사용되더라도 문장 성분의 종류가 달라질 수 있군.
④ ㉣의 '버려진'은 부속 성분인 '관형어'이지만 생략될 경우 어색한 문장이 되는군.
⑤ ㉤을 보니 생략된 문장 성분을 추론할 수 있다면 주성분을 생략해도 문장이 되는군.

12 〈보기〉를 바탕으로 서술어에 대해 탐구한 내용으로 적절하지 <u>않은</u> 것은?

○ 20420-0097

> **《 보기 》**
>
> ㉠ 그녀는 우리 반 회장이다.
> ㉡ 동생은 마지못해 학교를 갔다.
> ㉢ 나는 어제 병원에 가지 못했다.
> ㉣ 그 녀석은 손가락이 매우 길다.
> ㉤ 철수는 내가 쓰러지는 것을 보고 말았다.

① ㉠과 ㉡, ㉣을 보니 용언 이외에도 서술격 조사를 활용하여 서술어를 만들 수 있군.
② ㉡, ㉢을 보니 동일한 서술어인데도 필요로 하는 문장 성분이 다르군.
③ ㉡, ㉣을 보니 용언의 어간에 어미가 결합하여 서술어가 되기도 하는군.
④ ㉢, ㉤을 보니 두 개 이상의 용언이 서술어가 되기도 하는군.
⑤ ㉣, ㉤을 보니 한 개의 절이 서술어의 역할을 하기도 하는군.

● 20420-0098

13 〈보기〉를 참고할 때, ㉠~㉤의 예로 적절하지 <u>않은</u> 것은?

【 보기 】

　다른 문장을 절의 형식으로 안고 있는 문장을 '안은문장'이라고 하며, 이때 다른 문장 속에 절의 형식으로 안겨 있는 문장을 '안긴문장'이라고 한다. 안은문장의 종류에는 안긴문장이 문장 속에서 어떤 역할을 하느냐에 따라 ㉠명사절을 안은문장, ㉡관형절을 안은문장, ㉢부사절을 안은문장, ㉣서술절을 안은문장, ㉤인용절을 안은문장이 있다.

① ㉠: 그가 이번 사건의 범인임이 밝혀졌다.
② ㉡: 나는 박물관에 간 기억이 없습니다.
③ ㉢: 그는 우리가 놀랄 정도로 대담했다.
④ ㉣: 브라질은 국토의 면적이 매우 넓다.
⑤ ㉤: 그는 나에게 사랑한다고 말했다.

● 20420-0099

14 〈보기〉를 참고하여 ㉠~㉤을 높임 표현의 유형에 따라 바르게 분류한 것은?

【 보기 】

　국어의 높임 표현은 높임의 대상에 따라 주체 높임, 상대 높임, 객체 높임이 있다. 주체 높임은 문장의 주체인 주어를 높이는 것이고, 상대 높임은 말을 듣는 상대, 즉 청자를 높이거나 낮추는 것이다. 마지막으로 객체 높임은 문장의 객체, 즉 목적어나 부사어를 높이는 것이다.
　㉠ 할아버지<u>께서</u> 우리 집에 <u>오셨다</u>.
　㉡ 선생님은 <u>따님</u>이 아주 <u>예쁘시다</u>.
　㉢ 내가 할 말이 있으니 이리 <u>와 보게</u>.
　㉣ 형은 매달 <u>아버지께</u> 용돈을 <u>드렸다</u>.
　㉤ 나는 선생님을 <u>뵙고</u> 문제를 상의하였다.

	주체 높임	상대 높임	객체 높임
①	㉠	㉡, ㉢	㉣, ㉤
②	㉠	㉢, ㉣	㉡, ㉤
③	㉠, ㉡	㉢	㉣, ㉤
④	㉠, ㉡	㉢, ㉣	㉤
⑤	㉠, ㉢	㉡, ㉣	㉤

15 〈보기〉의 ⊙, ⓒ에 해당하는 예를 바르게 제시한 것은?

◑ 20420-0100

〈 보기 〉

선생님: 국어의 사동 표현과 피동 표현은 용언의 어근에 접미사를 붙여 사동사나 피동사를 만들어 표현하는 경우가 많습니다. 그런데 사동사나 피동사를 만드는 접사 중 일부는 그 형태가 같아 학생들이 혼란스러워하는 경우가 많습니다. 그래서 학생들이 용언의 어근에 접미사를 결합해 보고 이것이 사동사인지 피동사인지 판별하려면, 접미사를 붙인 용언을 활용해 짧은 문장을 만들어 보고 주어와 서술어의 의미 관계를 따져 보면 이를 구분할 수 있습니다. 그럼 ⊙사동사가 사용된 문장과 ⓒ피동사가 사용된 문장을 만들어 볼까요?

① ┌ ⊙ 도둑이 경찰에게 잡혔다.
   └ ⓒ 형이 돼지에게 사료를 먹였다.

② ┌ ⊙ 아저씨는 고기를 푹 익혔다.
   └ ⓒ 누나는 나에게 신발을 신겼다.

③ ┌ ⊙ 나는 마당에서 팽이를 돌렸다.
   └ ⓒ 그가 담을 넘는 모습이 보였다.

④ ┌ ⊙ 자동차의 진행 방향이 바뀌었다.
   └ ⓒ 손과 발에 가시가 박혔다.

⑤ ┌ ⊙ 기장이 비행기의 고도를 낮추었다.
   └ ⓒ 사람들은 골목에 불을 밝혔다.

16 〈보기〉를 바탕으로 시간 표현에 대해 설명한 내용으로 적절하지 않은 것은?

◑ 20420-0101

〈 보기 〉

⊙ 작년만 해도 비가 왔었다.
ⓒ 봄 햇살이 창가에 가득하다.
ⓒ 우리들은 내년에 대학에 간다.
ⓔ 누가 뭐래도 시간은 흘러간다.
ⓜ 나는 절대 실수하지 않겠다고 다짐했다.

① ⊙: '왔었다'의 '-았었-'은 과거에는 그랬으나 현재는 그렇지 않은 상태임을 나타낸다.
② ⓒ: 형용사인 '가득하다'는 현재 시제를 나타내지만 선어말 어미가 사용되지 않는다.
③ ⓒ: '내년'이라는 단어로 인해 '간다'라는 현재형 표현이 미래 시제를 나타낸다.
④ ⓔ: 보편적인 사실을 말할 때에는 '흘러간다'와 같이 현재형 표현을 쓴다.
⑤ ⓜ: '-겠-'은 미래의 일을 나타내기도 하지만 추측의 의미를 나타내기도 한다.

[17~18] 다음을 읽고 물음에 답하시오.

아버지: ㉠이번 겨울 가족 여행은 어디로 가는 것이 좋을까?
어머니: (손뼉을 치며) ㉡이번에는 특별히 눈꽃이 만발한 지리산 등반을 함께 하면 어떨까요?
아들: (손사래를 치며) 어머니, ㉢저는 이번 겨울 할 일이 참 많습니다. 거기보다는 (자기 방을 가리키며) 여기가 더 좋습니다.
아버지: 물론 지리산 등반도 의미 있는 일이지요. 하지만 케이블카 타고 가서 설경을 볼 수 있는 곳도 많이 있어요.
아들: (고개를 끄덕이며) 그것 참 옳으신 말씀입니다.
어머니: 나 참, ㉣부자가 움직이는 것 싫어하기는 어찌 그렇게 닮으셨는지.
아버지: 아들아, ㉤케이블카 탈 수 있는 산들을 얼른 찾아볼까?
아들: 이미 검색 중입니다. 아버지.

20420-0102

17 위 담화에 대한 설명으로 적절하지 <u>않은</u> 것은?

① 겨울 가족 여행지라는 일관된 주제로 구성된 담화이다.
② 어머니와 아들은 비언어적인 표현을 통해 발화 의도를 드러내고 있다.
③ 아버지와 아들은 지시 표현을 사용하여 구체적인 장소를 지칭하고 있다.
④ 아들의 발화에는 아버지의 발화 내용에 대한 대용 표현이 사용되고 있다.
⑤ 아버지, 어머니, 아들은 담화에서 화자와 청자의 기능을 모두 수행하고 있다.

20420-0103

18 ㉠~㉤ 중 〈보기〉의 ⓐ, ⓑ에 해당하는 발화를 바르게 골라 묶은 것은?

> 담화에 사용되는 발화에는 ⓐ직접 발화와 ⓑ간접 발화가 있다. 직접 발화는 발화의 형식과 화자의 의도가 일치하는 것으로서, 화자가 자신의 의도를 직접적으로 표현하는 방법이다. 한편 간접 발화는 발화 의도를 직접 드러내는 발화의 형식을 쓰지 않고 화자의 의도를 드러내는 방법이다.

	ⓐ	ⓑ
①	㉠, ㉡	㉢, ㉣, ㉤
②	㉠, ㉡, ㉣	㉢, ㉤
③	㉠, ㉡, ㉤	㉢, ㉣
④	㉡, ㉢	㉠, ㉣, ㉤
⑤	㉡, ㉢, ㉣	㉠, ㉤

제1부

Ⅲ. 국어의 모습

01

국어의 역사

1 국어사의 시대 구분

고대 국어	중세 국어	근대 국어	현대 국어
~10세기 초	10세기 초 ~16세기 말	17세기 초 ~19세기 말	20세기~

2 고대 국어의 특징

우리말을 표기할 수 있는 고유의 문자가 존재하지 않았기 때문에 한자를 빌려 우리말을 표기하는 '차자 표기(借字表記)' 방식이 존재하였다.

• 차자 표기 방식

고유 명사 표기	인명(人名), 지명(地名), 관명(官名) 등 고유 명사를 표기하고자 한자의 뜻과 소리를 이용하였음.
서기체 표기	한문을 국어 어순에 맞게 변형하여 쓰는 국어 어순식 한문 표기 방식임.
이두	서기체 표기에 조사와 어미 같은 문법 형태소 표기를 첨가한 방식임.
구결	한문 원문을 읽거나 해독할 때 그 의미나 문법적 관계를 표시하기 위해 한문 어구 사이에 덧붙이는 우리말 조사나 어미와 같은 토(吐)를 가리킴.
향찰	어휘적인 의미를 가진 부분은 한자의 뜻을 빌리고, 문법적인 의미를 가진 부분은 한자의 소리를 빌려 우리말 운문 문장을 표기하는 방법으로, 향가 표기에 사용되었음.

이어 적기, 거듭 적기, 끊어 적기
- 이어 적기: 한 음절의 종성을 다음 자의 초성으로 내려서 씀. 또는 그런 방법
  ◎ 말쓰미(말씀이)
- 거듭 적기: 여러 형태소가 연결될 때에 형태소의 모음 사이에서 나는 자음을 각각 앞 음절의 종성으로 적고 뒤 음절의 초성으로 적는 표기법
  ◎ 말씀미(말씀이)
- 끊어 적기: 여러 형태소가 연결될 때 그 각각을 음절이나 성분 단위로 밝혀 적음. 또는 그 표기법
  ◎ 말씀이(말씀이)

성조와 방점
성조를 표시하기 위해 글자 왼쪽에 찍는 점을 방점이라고 함. 낮은 소리인 평성은 점이 없고, 높은 소리인 거성은 한 점, 낮다가 높아지는 소리인 상성은 두 점을 찍었음.

3 중세 국어의 특징

중세 국어는 14세기 말을 기점으로 하여 전기 중세 국어와 후기 중세 국어로 구분한다.

음운·표기	• 된소리가 전기 중세 국어 시기에 등장하여 점차 발달하였음. • 오늘날에는 쓰이지 않는 'ㅸ, ㅿ, ㆆ, ㆁ, ·' 등이 사용되었음. • 겹자음이 모두 발음되는 어두 자음군이 있었음. 　◎ 뜯(뜻), 뿔(꿀) • 모음 조화가 비교적 철저하게 지켜지는 편이었음. 　◎ 불가(붉-+-아), 블거(븕-+-어), 눈/는, 울/을 • 방점을 사용하여 음의 높낮이를 나타내는 성조를 표시하였음. • 이어 적기(연철) 방식이 일반적이었음. 　◎ 말씀+이 → 말쓰미 • 받침에는 주로 여덟 개의 초성자(ㄱ, ㄴ, ㄷ, ㄹ, ㅁ, ㅂ, ㅅ, ㆁ)로만 적도록 하였고, 현대 국어와 달리 종성에서 'ㄷ'과 'ㅅ'의 음가를 구별하여 표기하였음.

문법	• 주격 조사는 '이'만 쓰였으며, 환경에 따라 다른 형태로 실현되었음. • 명사형 어미 '-옴/움'이 사용되었음. 　예 안좀(앉-+-옴), 여룸(열-+-움) • 체언이 조사와 결합할 때 형태가 바뀌는 경우가 있었음. 　예 나모: 나모+와 → 나모와 / 낡: 낡+이 → 남기 • 주체 높임법, 객체 높임법, 상대 높임법이 있었음.
어휘	• 현대 국어에서 쓰이지 않는 고유어가 많이 쓰였음. 　예 뫼[山], ㄱ롬[江] • 한자 어휘가 지속적으로 증가하였음. • 중국어가 귀화하여 고유어처럼 쓰이기도 하고, 몽골어, 여진어에서 들어온 외래어가 존재하였음.

④ 근대 국어의 특징

음운·표기	• 성조가 사라지면서 방점 표기도 사라짐. • 'ㅿ'이 소실되고, 'ㆁ'도 종성에서만 실현되고 글꼴이 'ㅇ'으로 변함. • '·'가 16세기부터 둘째 음절 이하에서는 주로 'ㅡ'로, 18세기에는 첫째 음절에서 주로 'ㅏ'로 변하며 소실됨. • 'ㅳ, ㅶ'과 같은 어두 자음군이 소멸함. • 이중 모음이던 'ㅐ'와 'ㅔ'가 18~19세기에 단모음으로 바뀜. • 원순 모음화, 구개음화, 두음 법칙이 일어남. • 종성의 'ㄷ'과 'ㅅ'은 발음상의 구별이 어려워지면서 'ㄷ'을 'ㅅ'으로 적는 경향이 나타났고, 종성의 표기에는 'ㄱ, ㄴ, ㄹ, ㅁ, ㅂ, ㅅ, ㅇ'의 일곱 자를 사용하였음. • 중세의 이어 적기(연철) 방식이 현대의 끊어 적기(분철) 방식으로 가는 과도기적 현상으로 거듭 적기(중철) 방식이 나타났음. 　예 옷시(옷+이)
문법	• 주격 조사 '가'가 출현하여 쓰임. • 객체 높임 선어말 어미 '-숩/줍/숩-'이 점차 쓰이지 않게 됨. • 명사형 어미 '-기'가 활발히 사용됨.
어휘	• 고유어가 한자어로 많이 대체되었음. 　예 뫼>산, ㄱ롬>강, 아숨>친척 • 중국을 통해 근대 문물어가 많이 차용되었음. • 갑오개혁 이후 일본식 한자어가 많이 들어옴. • 어휘의 의미 변화가 많이 일어남. 　예 어엿브다(불쌍하다>아름답다)

⑤ 현대 국어의 특징

　20세기 이후의 국어를 현대 국어라고 한다. 순한글체의 표기 생활이 자리 잡게 되었고, 서구 사회와의 교류가 늘면서 다양한 경로를 통해 서구어가 국어에 유입되어 외래어의 비중이 높아졌다.

개념 체크

01 〈보기〉에서 설명하는 차자 표기 방식이 무엇인지 쓰시오.

〔 보기 〕
　어휘적인 의미를 가진 부분은 한자의 뜻을 빌리고, 문법적인 의미를 가진 부분은 한자의 소리를 빌려 우리말 운문 문장을 표기하는 방법으로, 향가 표기에 사용되었다.

02 중세 국어의 특징으로만 묶인 것은?

　ㄱ. 어두 자음군이 있었다.
　ㄴ. 객체 높임 선어말 어미가 존재하였다.
　ㄷ. 주격 조사 '가'가 사용되었다.
　ㄹ. 원순 모음화가 일어났다.

① ㄱ, ㄴ　　② ㄱ, ㄷ　　③ ㄱ, ㄹ
④ ㄴ, ㄷ　　⑤ ㄴ, ㄹ

03 다음 빈칸에 들어갈 적절한 말을 쓰시오.

　중세 국어에서는 음의 높낮이인 성조를 표시하기 위하여 글자 왼쪽에 (　　)을/를 찍었다.

04 다음 설명이 맞으면 ○표, 틀리면 ×표를 하시오.

① 중세 국어의 종성에서는 'ㄷ'과 'ㅅ'의 발음이 구별되지 않았다.　　(○, ×)
② 근대 국어 시기에는 이어 적기 방식이 끊어 적기 방식으로 가는 과도기적 현상으로 거듭 적기 방식이 나타났다.　　(○, ×)

정답 01 향찰　02 ①　03 방점　04 ① ×, ② ○

01 〈보기〉의 ㉠에 들어갈 내용으로 적절하지 <u>않은</u> 것은?

> 20420-0104

> **〈 보기 〉**
>
> 선생님: 다음 자료를 바탕으로 고대 국어의 고유 명사 표기 방식에 대해 알아볼까요? 다음 구절을 보시죠.
>
> > <u>赫居世</u>王 蓋鄉言也 或作<u>弗矩內</u>王 言光明理世也.   ─『삼국유사』권 제1
> >
> > 〈현대어 풀이〉'혁거세'왕은 우리 토박이말일 것이다. 혹 '불구내'왕이라고도 하니, 광명으로 세상을 다스린다는 말이다.
>
> '赫居世'는 赫 '붉을 혁', 居 '있을 거', 世 '누리(세상) 세'로 쓰고, '붉거누리'와 같이 발음했을 것으로 보고 있습니다. '弗矩內'는 弗 '아닐 불', 矩 '곱자 구', 內 '안 내'로 쓰고 '불구내'와 비슷한 음으로 발음했을 것으로 보고 있습니다. '붉거누리'와 '불구내'는 비슷한 발음이지요.
>
> 학생: _____㉠_____

① 우리말의 고유 명사를 표기하기 위해 한자의 뜻을 빌리기도 하고, 한자의 음을 빌리기도 했군요.

② 우리말의 고유 명사의 발음은 한 가지여도 표기하는 방식은 여러 가지일 수 있었군요.

③ '赫居世'는 한자의 뜻을 빌려 우리말의 고유 명사를 표기한 방식이군요.

④ '弗矩內'는 한자의 음을 빌려 우리말의 고유 명사를 표기한 방식이군요.

⑤ 고대 국어 당시의 한자의 뜻과 음을 어떻게 발음했는지 정확히 알 수 없으니 발음을 정확하게 알아내는 것은 어렵겠군요.

02 〈보기〉는 '처용가'의 한 구절의 해독을 보인 것이다. 이를 바탕으로 '향찰'에 대해 설명한 것으로 적절하지 <u>않은</u> 것은?

> 20420-0105

> **〈 보기 〉**
>
> | 夜 | | 入 | | 伊 | | 遊 | | 行 | | 如 | | 可 | |
> |---|---|---|---|---|---|---|---|---|---|---|---|---|---|
> | 밤 | 야 | 들 | 입 | 저 | 이 | 놀 | 유 | 니(=갈) | 행 | 다(=같을) | 여 | 옳을 | 가 |
>
> 해독: 밤 들이(들도록) 노니다가

① 향찰은 한자를 우리말 어순에 맞게 배열하였다.

② 향찰은 한자의 뜻과 음을 빌려 우리말을 표기한 것이다.

③ 향찰에서는 조사를 표기할 때 한자의 음을 빌려 표기하였다.

④ 향찰은 우리말의 실질 형태소와 형식 형태소를 모두 표기하였다.

⑤ 향찰에서는 실질적 의미를 지닌 말은 한자의 뜻을 빌려 표기하였다.

Tip

음차(音借)와 훈차(訓借) 한자의 음을 빌려 우리말을 표기하는 것을 음차 표기라고 하고, 한자의 뜻을 빌려 우리말을 표기하는 것을 훈차 표기라고 한다. 음차 표기한 글자는 음독(音讀)하고 훈차 표기한 글자는 훈독(訓讀)한다.

○ 20420-0106

03 〈보기〉에 나타난 중세 국어의 특징을 정리한 내용으로 적절하지 **않은** 것은?

──〖 보기 〗──

여·슷 놀·이디·며 다·숫 가마·괴디·고 빗·근 남·ᄀᆞᆯ ᄂᆞ·라 나·마시·니
石壁·에·수멧·던 :녜·ᄉᆡᆺ·글아·니라·도 하·ᄂᆞᆳ㉠·ᄠᅳ·들 ㉡·뉘 ㉢모·ᄅᆞᆯ ᄉᆞᆯ·ᄫᅡ·리
〈현대어 풀이〉(태조의 화살에) 여섯 노루가 떨어지며, 다섯 까마귀 떨어지고, (태조는) 비스듬한 나무를 날아 넘으십니다. / 석벽에 숨었던 옛 시대의 글이 아니라도 하늘 뜻을 누가 모르겠습니까? 〈제86장〉

千世 우·희 미·리 定·ᄒᆞ·샨 漢水北·에 累仁開國·ᄒᆞ·샤 ᅡ·年·이 ᄀᆞᆺ 업·스시·니
聖神·이 니·ᄉᆞ·샤·도 敬天勤民·ᄒᆞ샤·ᅀᅡ더욱 ㉣구드·시·리이·다
님·금·하 아·ᄅᆞ쇼·셔 洛水㉤·예 山行·가 이·셔·하나·비 미·드·니잇·가
〈현대어 풀이〉천세 전부터 미리 정하신 한강 북쪽에 어진 덕을 쌓아 나라를 여시어, 나라의 운명이 끝이 없으십니다. / 성스러운 임금이 이으셔도 하늘을 공경하고 백성을 부지런히 돌보셔야 더욱 굳으실 것입니다. / 임금이시여, 아소서. (하나라 태강왕처럼) 낙수에 사냥 가 있으면서 할아버지(조상의 공덕)를 믿습니까.
〈제125장〉
─ 『용비어천가(龍飛御天歌)』(1445)

① ㉠을 보니, 단어 첫머리에 둘 이상의 자음이 올 수 있었군.
② ㉡을 보니, 주격 조사의 형태가 'ㅣ'로 실현되기도 하였군.
③ ㉢을 보니, 객체 높임을 실현하는 선어말 어미 '-ᅀᆞᆸ-'이 존재하였군.
④ ㉣을 보니, 상대 높임을 실현하는 선어말 어미 '-시-'가 존재하였군.
⑤ ㉤을 보니, 부사격 조사의 형태가 '예'로 실현되기도 하였군.

○ 20420-0107

04 〈보기〉에서 설명하는 현상이 적용된 사례로 적절하지 **않은** 것은?

──〖 보기 〗──

15세기 국어의 모음 조화는 현대 국어와 비교할 때 매우 체계적이고 규칙적인 모습을 보여 준다. 그 이유는 무엇보다도 모음 조화가 모음 체계와 잘 부합하고 있기 때문이다. 한 단어 내부에서는 물론이고, 두 단어 이상이 연결될 때도 용언 어간과 어미의 결합뿐만 아니라 체언과 조사의 결합에서도 양성 모음(·, ㅗ, ㅏ)을 가진 것은 양성 모음을 가진 것끼리, 음성 모음(ㅡ, ㅜ, ㅓ)을 가진 것은 음성 모음을 가진 것끼리 어울렸다. 다만 중성 모음 'ㅣ'는 어느 것과도 연결될 수 있었다.

① 사ᄅᆞ미 ᄠᅳ들(사람의 뜻을)
② ᄭᅮ므로 알외시니(꿈으로 알리시니)
③ 부텨를 供養ᄒᆞᅀᆞᄫᅡ(부처님을 공양하여)
④ 내 이 ᄯᆞᆯ 나하 길오니(내 이 딸을 낳아 기르니)
⑤ 하늘 우콰 하늘 아래 나ᄲᅮᆫ 尊호라(하늘 위와 하늘 아래 나만이 존귀하다.)

[05~06] 다음 글을 읽고 물음에 답하시오.

15세기 국어는 소리의 장단 대신 소리의 고저를 이용하여 단어의 뜻을 구분했다. 이러한 소리의 고저를 흔히 성조라고 불러 왔다. 15세기 국어의 성조에는 크게 평성, 거성, 상성의 세 종류가 있다. 원래는 여기에 입성을 더하여 '사성(四聲)'이라고 부르기도 하지만 입성은 소리의 높낮이로 구분되는 것이 아니고 음절 말음이 'ㄱ, ㄷ, ㅅ, ㅂ'로 끝날 때 빨리 끝 닫는 소리로 성조의 종류에 포함할 수 없다.

15세기 국어의 성조는 방점이라는 특수한 부호로 표기되었다. 평성은 점을 찍지 않고, 거성은 1점, 상성은 2점을 각 음절의 왼쪽에 찍어 성조를 표시했다. 평성, 거성, 상성이 어떤 높이를 나타내는지는 『훈민정음』에 명확히 설명되어 있다. 평성은 낮은 소리이고 거성은 높은 소리이다. 상성은 처음이 낮고 나중이 높은 소리이다. 상성의 경우 앞부분은 평성과 비슷하고 뒷부분은 거성과 비슷하다. 그래서 상성은 '평성+거성'의 구조로 된 복합 성조로 분석한다. 실제로 15세기 국어에는 평성을 지닌 음절과 거성을 지닌 음절이 합쳐져서 상성이 되는 경우가 많이 있었다.

성조는 대체로 17세기를 전후하여 더 이상 운소*로 작용하지 못하고 대신 장단이 그 기능을 이어받게 된다. 이러한 변화를 가리켜 성조가 사라지고 장단이 새로 등장했다고 해석하기도 하지만 이것은 그다지 정확하다고 보기 어렵다. 장단은 성조가 사라지기 전에도 이미 존재했었다. 다만 성조에 가려서 장단이 별도의 변별적 기능을 하지 못했을 뿐이다. 그러다가 성조가 사라지면서 그 이전에는 비변별적이던 장단이 변별적인 역할을 이어받게 된 것이다.

성조와 장단의 대응 관계를 살펴보면 대체로 상성은 장음으로 남고, 평성과 거성은 단음으로 남아 있다. 상성이 장음으로 남아 있는 것은 상성이 평성과 거성의 복합 성조였음을 고려하면 쉽게 이해할 수 있다. 두 개의 성조로 이루어진 만큼 원래부터 길이가 더 길었으며 그것이 후대까지 그대로 이어진 것이다.

제재 탐구

이 글은 15세기 국어에 존재했던 성조와 방점에 대해 설명하고, 성조가 소멸한 후 어떤 변화를 겪었는지 설명하고 있다. 성조의 종류와 그에 따른 방점의 개수, 그리고 각 성조의 높낮이에 대해 설명하고, 각각의 성조가 어떻게 변했는지 밝히고 있다.

*운소 단어의 의미를 분화하는 데 관여하는 음소 이외의 운율적 특징. 소리의 높낮이, 길이, 세기 따위가 있다.

20420-0108

05 윗글을 바탕으로 〈보기〉의 성조를 이해한 내용으로 적절하지 않은 것은?

〈보기〉

나·랏ⓐ:말ᄊᆞ·미 中듀ᇰⓑ國·귁·에 달·아 文문字·ᄍᆞᆼ·와·로 ⓒ서르 ᄉᆞᄆᆞᆺ·디 아·니ᄒᆞᆯ·ᄊᆡ ·이런 젼·ᄎᆞ·로 어·린 百·ᄇᆡᆨ姓·셩·이 니르·고·져 ·홇·배이·셔·도 ᄆᆞ·ᄎᆞᆷ:내 제 ·ᄠᅳ·들 시·러 펴·디 ⓓ:몯홇 ·노·미 하·니ⓔ·라

① ⓐ는 낮다가 높아지는 소리이다.
② ⓑ는 높은 소리이면서 빨리 끝 닫는 소리이다.
③ ⓒ는 낮지도 높지도 않은 소리이다.
④ ⓓ는 낮다가 높아지는 소리이면서 빨리 끝 닫는 소리이다.
⑤ ⓔ는 높은 소리이다.

Tip

입성 입성은 음절 말음이 'ㄱ, ㄷ, ㅅ, ㅂ'일 때 실현되므로 평성, 거성, 상성과 함께 실현될 수 있다. 따라서 글자 왼쪽에 찍힌 점의 개수와 음절 말음을 함께 살펴야 그 음절의 성조를 파악할 수 있다.

● 20420-0109

06 윗글을 바탕으로 〈보기〉의 자료를 분석한 내용으로 적절하지 <u>않은</u> 것은?

〈 보기 〉

　㉠ :눈[雪] ↔ ·눈[目]
　㉡ ·빅[舟, 腹] ↔ 빅[梨]
　㉢ 서·리[霜] ↔ ·서리[間]

① ㉠의 ':눈[雪]'은 중세 국어에서 길게 발음되었겠군.
② ㉠의 ':눈[雪]'과 '·눈[目]'은 현대 국어에서 장단을 통해 의미 변별이 이루어지겠군.
③ ㉡의 '·빅[舟]'와 '·빅[腹]'는 발음을 통해 의미를 변별할 수는 없었겠군.
④ ㉡의 '·빅[舟]'와 '빅[梨]'는 현대 국어에서 장단을 통해 의미 변별이 이루어지겠군.
⑤ ㉢의 '서·리[霜]'와 '·서리[間]'는 음의 높고 낮음의 순서가 서로 반대였겠군.

● 20420-0110

07 〈보기〉의 ㉠~㉢에 들어갈 형태로 적절한 것은?

〈 보기 〉

　후기 중세 국어에는 현대 국어와 달리 체언 말음에 'ㅎ'을 가진 단어들이 제법 많이 존재하였다. 'ㅎ' 말음을 가진 체언들은 단독형으로 쓰일 때나 관형격 조사 'ㅅ' 앞에서는 'ㅎ'이 실현되지 않았으나, 'ㄱ', 'ㄷ'으로 시작하는 조사와 결합할 때는 'ㅎ' 말음이 뒤에 오는 조사와 결합하여 'ㅋ, ㅌ'으로 축약되며, 모음이나 매개 모음으로 시작하는 조사 앞에서는 연음이 되어 나타났다. '쌓(땅)'은 'ㅎ' 말음을 가진 체언이었다.

• 　　㉠	뮈더니(땅도 움직이더니)	–『월인천강지곡 상:63』
• 　　㉡	그듸 모기 두고(땅은 그대의 몫에 두고)	–『석보상절 6:26』
• 　　㉢	지 地(땅 지)	–『천자문–칠 1』

	㉠	㉡	㉢
①	짜토	짜흔	짜
②	짜도	짜흔	짜
③	짜토	짜은	짜
④	쌓도	짜은	쌓
⑤	짜도	쌓은	쌓

매개 모음 자음 충돌을 피하기 위하여 두 자음 사이에 끼워 넣는 모음. '먹으니', '손으로'에서 '–으–' 따위이다.

서술형

20420-0111

08 〈보기〉의 ㉠, ㉡에 들어갈 관형격 조사의 형태를 각각 쓰고, 그 이유를 서술하시오.

보기

중세 국어의 관형격 조사는 'ᄋᆡ/의/ㅅ/ㅣ'가 있었다. 'ᄋᆡ/의'는 앞 체언이 존대의 대상이 아닌 사람이나 동물과 같은 유정물일 때 쓰였는데, 'ᄋᆡ'는 앞에 양성 모음이 나올 때 쓰였고, '의'는 앞에 음성 모음이 나올 때 쓰였다. 그리고 'ㅅ'은 앞 체언이 존대의 대상이거나 식물이나 무생물 같은 무정물일 때 쓰였다. 관형격 조사 'ㅣ'는 'ᄋᆡ/의'가 결합할 만한 곳에 사용되었으나 선행 체언이 모음으로 끝날 때에 쓰였다.

- 쇼+(㉠)+머리: 소의 머리
- 사ᄅᆞᆷ+(㉡)+쁟: 사람의 뜻

Tip

연결 어미 어간에 붙어 다음 말에 연결하는 구실을 하는 어미. '-게', '-고', '-(으)며', '-(으)면', '-(으)니', '-아/어', '-지' 따위가 있다.

20420-0112

09 〈보기〉의 ㉠~㉢에 들어갈 형태가 바르게 짝지어진 것은?

보기

15세기 국어에는 목적어와 부사어 대상을 높이는 객체 높임의 선어말 어미가 존재하였다. 또한 현대 국어의 '께'에 해당하는 높임의 부사격 조사로 'ᄭᅴ(ㅅ긔), ㅅ그에'가 쓰였다. 객체 높임 선어말 어미는 목적어나 부사어 지시 대상이 높임의 인물이거나 그와 관련된 사물일 경우에 쓰였는데, '-ᄉᆞᆸ-'은 'ㄱ, ㅂ, ㅅ, ㅎ' 뒤에 쓰였고, '-ᅀᆞᆸ-'은 유성음 뒤에 쓰였다. '-ᄌᆞᆸ-'은 'ㄷ, ㅌ, ㅈ, ㅊ' 뒤에서 쓰였으며, 모음으로 시작하는 어미 앞에서는 -ᄉᆞᆸ/ᅀᆞᆸ/ᄌᆞᆸ-'이 '-ᄉᆞᄫ/ᅀᆞᄫ/ᄌᆞᄫ-'으로 바뀌었다.

- 부텻 敎化ᄅᆞᆯ 돕-+(㉠)+-고(부처의 교화를 돕고) -『월인석보 8:62』
- 부텨 니ᄅᆞ샤ᄆᆞᆯ 듣-+(㉡)+-고(부처 이르심을 듣고) -『아미타경 29』
- 부텻긔 이런 마ᄅᆞᆯ 몯 듣-+(㉢)+-ᄋᆞ며(부처께 이런 말을 못 들으며) -『석보상절 13:42』

	㉠	㉡	㉢
①	-ᄉᆞᆸ-	-ᄌᆞᆸ-	-ᅀᆞᄫ-
②	-ᄉᆞᆸ-	-ᅀᆞᆸ-	-ᅀᆞᄫ-
③	-ᄉᆞᆸ-	-ᄌᆞᆸ-	-ᄌᆞᄫ-
④	-ᄉᆞᄫ-	-ᅀᆞᆸ-	-ᄌᆞᄫ-
⑤	-ᄉᆞᄫ-	-ᄌᆞᆸ-	-ᄌᆞᄫ-

'ㅎ' 뒤에 '-ᄉᆞᆸ-'이 결합하는 경우 'ㅎ'과 '-ᄉᆞᆸ-'이 결합하는 경우에는 '-ᄉᆞᆸ-'으로 실현되었다. 예를 들어 '녛-+-ᄉᆞᆸ-+-고'의 경우 '녀ᄉᆞᆸ고'로 실현되었다.

10 〈보기〉를 바탕으로 ⓐ∼ⓔ를 분석한 내용으로 적절하지 <u>않은</u> 것은?

● 20420-0113

Tip

설명 의문문과 판정 의문문
설명 의문문은 의문 대명사, 의문 부사 등의 의문사가 사용되어 그 의문사가 가리키는 부분에 대해 그 내용을 설명해 주기를 요구하는 의문문이다. 판정 의문문은 화자의 질문에 대해 그렇거나 그렇지 않다는 대답을 요구하거나 둘 중 하나를 골라 응답하기를 요구하는 의문문이다.

《 보기 》

　　중세 국어의 의문문은 설명 의문문이냐 판정 의문문이냐에 따라, 의문문 주어의 인칭에 따라, 그리고 상대 높임의 등급에 따라 매우 다양한 형태의 종결 어미에 의해 나타났다. 또한 체언 뒤에 바로 의문 보조사가 붙음으로써 의문문이 될 수도 있었다. '-녀'는 ᄒ라체의 판정 의문문의 의문형 어미였으며, '-뇨'는 ᄒ라체의 설명 의문문의 의문형 어미였다. 또 중세 국어에서는 특이하게 2인칭 주어 의문문에 별도의 어미 '-ㄴ다'를 사용하기도 하였다. 의문 보조사는 판정 의문문에는 '가/아'가 사용되었고, 설명 의문문에는 '고/오'가 사용되었다.

> ⓐ너·ᄂᆞᆫ 高麗ㅅ:사·ᄅᆞ·미어시·니 ·ᄯᅩ :엇·디 漢語 닐·오·미 잘·ᄒᆞ·ᄂᆞ·뇨
> ·내 漢兒人의손·ᄃᆡ ·글 ᄇᆡ·호·니 ·이·런 젼·ᄎᆞ·로 :져·그·나 漢語·아·노·라
> :네 뉘·손·ᄃᆡ ·글 ᄇᆡ·혼·다
> ·내 되·흑당·의·셔 ·글 ᄇᆡ·호·라
> ⓑ:네 므슴 ·그·를 ᄇᆡ·혼·다
> 論語 孟子 小學·을 닐·고라
> :네 :미·실 므·슴 :이·력·ᄒᆞ·ᄂᆞ·다
> :미·실 이른 새배 니·러 흑당·의 ·가 스승·님·ᄭᅴ ·글 듣:줍·고 ·흑당·의 ·노·하 든 지·븨 ·와 ·밥머·기 ᄆᆞᆺ·고 ·ᄯᅩ ·흑당·의 ·가 셔·품 쓰·기 ᄒᆞ·고 셔·품 쓰·기 ᄆᆞᆺ·고 년·구ᄒᆞ·기 ᄒᆞ·고 년·구ᄒᆞ·기 ᄆᆞᆺ·고 ·글 이·피 ᄒᆞ·고 ·글읍 피 ᄆᆞᆺ·고 스승·님 앒·픠 ·글 :강·ᄒᆞ·노·라
> ⓒ므·슴 ·그·를 :강·ᄒᆞ·ᄂᆞ·뇨
> 小學 論語 孟子를 :강·ᄒᆞ·노·라
> 　　　　　　　　　　〈중략〉
> ⓓ네 스승·이 엇던 :사·ᄅᆞᆷ·고
> ·이 漢人이·라
> ·나·히 :언·메·나 ᄒᆞ·뇨
> 셜·흔 다·ᄉᆞ·시·라
> ⓔ·즐·겨 ᄀᆞᄅᆞᄂᆞ·녀 ·즐·겨 ᄀᆞᄅᆞ·치·디 아·닛ᄂᆞ·녀
> ·우·리 스승·이 :셩·이 온화ᄒᆞ·야 ᄀᆞ·장 ·즐·겨 ᄀᆞᄅᆞ·치ᄂᆞ·다

　　　　　　　　　　　　　─『번역노걸대(飜譯老乞大)』(1515년경)

① ⓐ는 의문형 종결 어미 '-뇨'를 사용한 ᄒ라체의 설명 의문문이다.

② ⓑ는 2인칭 주어 의문문이기 때문에 의문형 종결 어미 '-ㄴ다'를 사용하였다.

③ ⓒ는 3인칭 주어 의문문이기 때문에 의문형 종결 어미 '-ㄴ다'를 사용하지 않았다.

④ ⓓ는 체언 뒤에 의문 보조사 '고'를 사용한 설명 의문문이다.

⑤ ⓔ는 둘 중 하나의 대답을 요구하는 판정 의문문이므로 의문형 종결 어미 '-녀'를 사용하였다.

02

국어 규범

더 알아 두기

원형을 밝혀 적기
한글 맞춤법에서는 일반적으로 원래의 의미가 살아 있는 경우에는 원형을 밝혀서 적고, 그렇지 않은 경우에는 소리 나는 대로 적음.

① 한글 맞춤법

한국어를 한국 언어 사회의 규범이 되도록 어법에 맞게 표기하는 방법을 규정한 것으로, 본문 6장과 부록으로 구성되어 있다.

② 한글 맞춤법의 표기 방법

> **한글 맞춤법 제1장**
> 제1항 한글 맞춤법은 표준어를 소리대로 적되, 어법에 맞도록 함을 원칙으로 한다.

➡ 한글 맞춤법은 표음주의로 적되, 어법에 맞게 표의주의 표기법을 채택하고 있다.

표음주의 표기법	실제로 발음되는 소리를 충실하게 표기하는 방법
표의주의 표기법	단어나 형태소의 원형을 밝혀 표기하는 방법

한글 맞춤법 제2장에서 밝히고 있는 한글 자모 24자의 이름
• 자음(14자): ㄱ(기역) ㄴ(니은) ㄷ(디귿) ㄹ(리을) ㅁ(미음) ㅂ(비읍) ㅅ(시옷) ㅇ(이응) ㅈ(지읒) ㅊ(치읓) ㅋ(키읔) ㅌ(티읕) ㅍ(피읖) ㅎ(히읗)
• 모음(10자): ㅏ(아) ㅑ(야) ㅓ(어) ㅕ(여) ㅗ(오) ㅛ(요) ㅜ(우) ㅠ(유) ㅡ(으) ㅣ(이)

• 표음주의와 표의주의를 절충하는 이유
 – 소리를 시각적으로 표시해 주기 위해 → 표음주의
 – 단어나 형태소의 모양을 통해 뜻을 쉽게 파악할 수 있도록 하기 위해 → 표의주의

③ 한글 맞춤법의 주요 원칙

(1) **제1장:** 한글 맞춤법의 큰 원칙을 소개하고 있다.
(2) **제2장:** 자모에 관한 것으로 한글 자모 24자의 이름과 순서를 소개하고 있다.
(3) **제3장:** 소리에 관한 것으로 된소리, 구개음화, 'ㄷ' 소리 받침, 모음, 두음 법칙 등을 소개하고 있다.

단수 표준어와 복수 표준어
• 형태와 의미가 비슷한 말 가운데 하나만을 표준어로 인정할 때, 해당 단어를 단수 표준어라고 함.
• 형태와 의미가 비슷한 말을 복수로 표준어로 인정할 때, 해당 단어를 복수 표준어라고 함.

> • **제7항:** 'ㄷ' 소리로 나는 받침 중에서 'ㄷ'으로 적을 근거가 없는 것은 'ㅅ'으로 적는다.
> **예** 덧저고리, 돗자리, 엇셈, 웃어른, 핫옷
> • **제8항:** '계, 례, 메, 폐, 혜'의 'ㅖ'는 'ㅖ'로 소리 나는 경우가 있더라도 'ㅖ'로 적는다.
> **예** 계수(桂樹), 사례(謝禮), 혜택(惠澤)

(4) **제4장:** 형태에 관한 것으로 체언과 조사, 어간과 어미, 접미사가 붙어서 된 말, 합성어 및 접두사가 붙은 말, 준말 등을 소개하고 있다.

> • **제14항:** 체언은 조사와 구별하여 적는다.
> 📝 떡이, 떡을, 떡에, 떡도
> • **제15항:** 용언의 어간과 어미는 구별하여 적는다.
> 📝 먹다, 먹고, 먹어
> • **제19항:** 어간에 '-이'나 '-음/-ㅁ'이 붙어서 명사로 된 것과 '-이'나 '-히'가 붙어서 부사로 된 것은 그 어간의 원형을 밝히어 적는다.
> 📝 먹이, 묶음, 같이, 밝히
> 다만, 어간에 '-이'나 '-음'이 붙어서 명사로 바뀐 것이라도 그 어간의 뜻과 멀어진 것은 원형을 밝히어 적지 아니한다.
> 📝 목거리(목이 아픈 병), 거름(비료), 노름(도박)

(5) **제5장:** 띄어쓰기에 관한 규정으로서 조사, 의존 명사, 단위를 나타내는 명사 및 열거하는 말, 보조 용언, 고유 명사 및 전문 용어 등의 띄어쓰기를 소개하고 있다.

> • **제41항:** 조사는 그 앞말에 붙여 쓴다.
> 📝 꽃이, 꽃마저, 꽃밖에
> • **제42항:** 의존 명사는 띄어 쓴다.
> 📝 아는 것이 힘이다, 넌 할 수 있다.

(6) **제6장:** 다양한 맞춤법 표기에 관한 규정으로서 부사의 끝음절, 한자어, 어미, 접미사, 틀리기 쉬운 맞춤법 표기 등을 소개하고 있다.

[부록] 문장 부호에 관한 규정으로서 마침표, 쉼표, 따옴표, 묶음표, 이음표, 드러냄표, 안드러냄표 등의 쓰임을 소개하고 있다.

4️⃣ 표준어

표준어 규정 제1항에서는 표준어에 대해 다음과 같이 밝히고 있다.

> **표준어 규정 제1항**
> 표준어는 교양 있는 사람들이 두루 쓰는 현대 서울말로 정함을 원칙으로 한다.

5️⃣ 헷갈리는 표준어

귀이개(○), 귀후비개(×)   멍게(○), 우렁쉥이(○)
아지랑이(○), 아지랭이(×)   자장면(○), 짜장면(○)
내동댕이치다(○), 내동당이치다(×)

---

01 〈보기〉의 빈칸에 들어갈 적절한 말을 쓰시오.

> **〈 보기 〉**
> 한글 맞춤법 제2장 제4항에서는 한글 자모의 이름을 밝히고 있는데, 여기서 밝힌 한글 자모의 숫자는 (   )개로, 자음이 (   )개, 모음이 (   )개이다.

02 다음 단어 중 표준어가 아닌 것은?

① 개펄   ② 어미   ③ 풋내기
④ 귀이개   ⑤ 설레이다

03 〈보기〉의 밑줄 친 ㉠과 같이 했을 때의 장점에 대해 한 문장으로 쓰시오.

> **〈 보기 〉**
> 한글 맞춤법은 표준어를 소리대로 적되, ㉠어법에 맞도록 함을 원칙으로 한다.

04 다음 설명이 맞으면 ○표, 틀리면 ×표를 하시오.

① 표준어를 쓰지 않는 사람은 교양이 없는 사람이라고 할 수 있다.   (○, ×)
② 우리나라에서는 형태와 의미가 비슷한 말은 하나의 표준어만 인정하도록 되어 있다.   (○, ×)

정답 01 24, 14, 10 02 ⑤ 03 읽는 사람이 뜻을 파악하기가 쉽다. 04 ① ×, ② ×

01 〈보기〉를 이해한 내용으로 적절하지 <u>않은</u> 것은?

⊙ 20420-0114

Tip

《 보기 》

> 한글 맞춤법은 표준어를 소리대로 적되, 어법에 맞도록 함을 원칙으로 한다. 표준어를 소리대로 적는다는 것은 표준어의 발음대로 적는다는 뜻이다. 그런데 소리 나는 대로만 적으면 의미 파악이 어렵기 때문에 각 형태소가 지닌 뜻이 분명히 드러나도록 하기 위하여, 그 본 모양을 밝혀 어법에 맞도록 적는다는 또 하나의 원칙이 추가되었다.

① '소리대로' 적는다면 글을 쓰는 사람이 편리한 면이 있겠군.

② '소리대로' 적는다는 것은 발음대로 적는 것이므로 표음적 표기에 해당하는군.

③ '어법에 맞도록' 적는다면 글을 읽는 사람이 글의 내용을 파악하기가 수월하겠군.

④ '소리대로' 적는다면 글 읽는 사람들이 문법에 대한 올바른 판단이 높아지는 측면이 있겠군.

⑤ '어법에 맞도록' 적는다면 단어나 형태소의 원형을 적는 것이므로 표의적 표기에 해당하는군.

02 〈보기〉를 바탕으로 한글 맞춤법에 대해 탐구한 내용으로 적절하지 <u>않은</u> 것은?

⊙ 20420-0115

한글 맞춤법 조항 한글 맞춤법의 제5항은 된소리 규정에 관한 것이고, 제27항은 둘 이상의 단어가 어울리거나 접두사가 붙어서 이루어진 말은 각각 그 원형을 밝히어 적는 규정을 제시한 것이다. 한글 맞춤법 조항에 대해 확인할 때는 해당 단어가 한글 맞춤법 조항에서 제시하고 있는 조건에 부합하는 것인지를 확인하고, 조항에서 예외로 두고 있는 내용에 대해서도 살펴야 한다.

《 보기 》

> **제5항** 한 단어 안에서 뚜렷한 까닭 없이 나는 된소리는 다음 음절의 첫소리를 된소리로 적는다. ·············· ㉮
>
> **예** 잔뜩, 살짝, 듬뿍, 몽땅
>
> 다만, 'ㄱ, ㅂ' 받침 뒤에서 나는 된소리는, 같은 음절이나 비슷한 음절이 겹쳐 나는 경우가 아니면 된소리로 적지 아니한다. ·············· ㉯
>
> **예** 국수
>
> **제27항** 둘 이상의 단어가 어울리거나 접두사가 붙어서 이루어진 말은 각각 그 원형을 밝히어 적는다. ·············· ㉰
>
> **예** 칼날, 꽃잎, 맏사위

① ㉮를 보니 'ㄴ, ㄹ, ㅁ, ㅇ' 받침 뒤에서 된소리가 날 때는 소리대로 적었군.

② '싹둑'은 ㉮에 의거하여 '싹뚝'으로 표기하는 것이 적절하겠군.

③ '법석'을 '법썩'으로 표기하지 않는 것은 ㉯ 때문이로군.

④ '군일'은 접두사가 붙어서 이루어진 말로, ㉰에 따라 원형을 밝혀 적은 경우이겠군.

⑤ '물난리'는 두 개의 단어가 어울려 이루어진 말이므로 ㉰에 따라 원형을 밝혀 적은 경우이겠군.

Tip

한글 맞춤법 **제19항** 어간에 '-이'나 '-음/-ㅁ'이 붙어서 명사로 바뀐 것이라도 그 어간의 뜻과 멀어진 것은 원형을 밝히어 적지 아니한다.
예 목거리(목이 아픈 병), 거름 (비료), 노름(도박) 등

◀서술형▶

03 〈보기 1〉에 제시된 한글 맞춤법 조항을 적용할 수 있는 단어를 〈보기 2〉에서 찾아 한글 맞춤법 조항에 따라 설명하시오.
○ 20420-0116

─〈보기 1〉─

(1) 제19항: 어간에 '-이'나 '-음/-ㅁ'이 붙어서 명사로 된 것과 '-이'나 '-히'가 붙어서 부사로 된 것은 그 어간의 원형을 밝히어 적는다.

(2) 제29항: 끝소리가 'ㄹ'인 말과 딴 말이 어울릴 적에 'ㄹ' 소리가 'ㄷ' 소리로 나는 것은 'ㄷ'으로 적는다.

─〈보기 2〉─

묶음   목거리   숟가락   부나비   굳히다

04 〈보기〉의 '준말' 규정을 참고하였을 때, 각 항에 해당하는 사례로 적절하지 <u>않은</u> 것은?
○ 20420-0117

─〈 보기 〉─

제5절 준말
제32항 단어의 끝모음이 줄어지고 자음만 남은 것은 그 앞의 음절에 받침으로 적는다.
제33항 체언과 조사가 어울려 줄어지는 경우에는 준 대로 적는다.
제34항 모음 'ㅏ, ㅓ'로 끝난 어간에 '-아/-어, -았-/-었-'이 어울릴 적에는 준 대로 적는다.
제36항 'ㅣ' 뒤에 '-어'가 와서 'ㅕ'로 줄 적에는 준 대로 적는다.
제38항 'ㅏ, ㅗ, ㅜ, ㅡ' 뒤에 '-이어'가 어울려 줄어질 적에는 준 대로 적는다.

① 제32항: 어제저녁 → 엊저녁
② 제33항: 가지고 → 갖고
③ 제34항: 가았다 → 갔다
④ 제36항: 막히었다 → 막혔다
⑤ 제38항: 보이어 → 뵈어 또는 보여

◉ 20420-0118 Tip

05 〈보기〉를 참고하여 띄어쓰기에 대해 이해한 내용으로 적절하지 <u>않은</u> 것은?

──《 보기 》──

- 본용언*과 보조 용언*은 띄어 쓰는 것이 원칙이나 붙여 쓰는 것도 허용된다. 단, 앞말에 조사가 붙거나 앞말이 합성 동사인 경우, 그리고 중간에 조사가 들어갈 적에는 보조 용언은 띄어 써야 한다.
- 두 용언이 각각의 뜻을 그대로 유지한 채 쓰이는 경우에는 뒤의 용언이 보조 용언이 아니므로, 각각의 용언을 띄어 써야 한다.
- 두 용언이 합쳐져서 제3의 다른 뜻을 나타내는 하나의 용언으로 굳어졌을 때에는 두 용언을 붙여 쓴다.

*__본용언__ 본래의 뜻을 가지고 있으며 자립적으로 문장의 서술어가 되는 용언.
*__보조 용언__ 자립성이 희박하여 홀로 쓰이지 못하고 본용언 뒤에 붙어서 그 뜻을 도와주는 용언.

① '불이 꺼져 간다.'가 원칙이나 '불이 꺼져간다.'라고 써도 허용되겠군.
② '좋은 글을 써 보내라.'에서 '보내라'는 보조 용언이므로 '써'와 붙여 써도 되겠군.
③ '잘들 지내고는 있구나.'에서 '지내고는'에는 '는'이라는 조사가 붙어 있으므로 '있구나'와 띄어 써야 하는군.
④ '책을 읽어도 보고 요약도 해 보자.'에서 '읽어도'에는 '도'라는 조사가 붙어 있으므로 '보고'와 띄어 쓴 것이군.
⑤ '우리 할아버지는 예전에 돌아가셨다.'에서 '돌아가셨다'는 제3의 다른 뜻을 나타내므로 두 용언을 붙여 쓴 경우로군.

◉ 20420-0119

◀서술형▶
06 〈보기 1〉을 참고하여 〈보기 2〉의 문장을 바르게 띄어 쓰시오.

──《 보기 1 》──

우리나라 말은 단어별로 띄어 쓰는 것이 원칙이다. 그런데 조사는 단어이지만 의존적이므로 앞말에 붙여 쓰도록 한다. 의존 명사는 조사와 달리 띄어 쓴다.

──《 보기 2 》──

나는이번겨울에신발을세켤레나샀다.

단위를 나타내는 명사의 띄어 쓰기 한글 맞춤법 제43항을 보면 단위를 나타내는 명사는 띄어 쓴다. 다만, 순서를 나타내는 경우나 숫자와 어울리어 쓰이는 경우에는 붙여 쓸 수 있다.
◉ 연필 한 자루 (○)
　 두시 삼십분 (○)

07 밑줄 친 말의 쓰임이 적절하지 <u>않은</u> 것은?

○ 20420-0120

① 우표를 풀로 <u>부치는</u> 일은 매우 간단하다.
② 이제 막 밥을 <u>안쳤으니</u> 조금 기다려야 한다.
③ 어제 사건 때문에 하루 종일 마음을 <u>졸였다</u>.
④ 정말 <u>사람으로서</u> 도저히 그럴 수는 없는 일이다.
⑤ 회사 운영을 위해 비용을 <u>줄이는</u> 일이 중요하다.

08 〈보기〉의 ㉠, ㉡의 원리가 반영된 한글 맞춤법의 내용을 바르게 짝지은 것은?

○ 20420-0121

> **보기**
>
> 한글 맞춤법은 표준어를 ㉠소리대로 적되, ㉡어법에 맞도록 함을 원칙으로 한다. 소리대로 적는다는 것은 표준어의 발음대로 적는다는 것이며, 어법에 맞도록 적는다는 것은 본 모양을 밝혀 적는다는 것이다.

①	㉠	'ㄷ, ㅌ' 받침 뒤에 '-이(-)'나 '-히-'가 올 적에는, 'ㅈ, ㅊ'으로 소리 나더라도 'ㄷ, ㅌ'으로 적는다.
②	㉠	'계, 례, 몌, 폐, 혜'의 'ㅖ'는 'ㅔ'로 소리 나는 경우가 있더라도 'ㅖ'로 적는다.
③	㉡	한자음 '녀, 뇨, 뉴, 니'가 단어 첫머리에 올 적에는, 두음 법칙에 따라 '여, 요, 유, 이'로 적는다.
④	㉡	어간의 끝음절 '하'의 'ㅏ'가 줄고 'ㅎ'이 다음 음절의 첫소리와 어울려 거센소리로 될 적에는 거센소리로 적는다.
⑤	㉡	용언의 어간에 사동 접사, 피동 접사 등의 접미사들이 붙어서 이루어진 말들은 그 어간을 밝히어 적는다.

Tip

한글 맞춤법에서 어법에 맞도록 한다는 것 어법에 맞도록 한다는 것은 소리 나는 대로 적지 않고 본모양을 밝혀 적는다는 것이다. 본모양과 다르게 소리 나더라도 본모양대로 적는다는 것은 어법에 맞게 적는다는 원칙을 따르는 것이다. 구개음화의 경우 음운 변동이 일어나더라도 음운 변동을 표기에 반영하지 않고 본모양대로 적는 것이므로 한글 맞춤법에서 어법에 맞도록 한다는 원칙을 따른 것이다.

[09~10] 다음 글을 읽고 물음에 답하시오.

한글 맞춤법에서는 사이시옷 표기의 원칙을 다음과 같이 제시하고 있다.

㉠순우리말로 된 합성어로서 앞말이 모음으로 끝날 때, 뒷말의 첫소리가 된소리로 나면 사이시옷을 표기한다. '나뭇가지', '바닷가'에서 사이시옷이 나타나는 것은 이에 따른 것이다. 뒷말의 첫소리 'ㄴ, ㅁ' 앞에서 'ㄴ' 소리가 덧나는 경우에도 사이시옷을 표기한다. '냇물', '잇몸'에서 사이시옷이 나타나는 것은 이에 따른 것이다. 뒷말의 첫소리 모음 앞에서 'ㄴㄴ' 소리가 덧나는 경우에도 사이시옷을 표기한다. '깻잎', '나뭇잎'에서 사이시옷이 나타나는 것은 이에 따른 것이다.

㉡순우리말과 한자어로 된 합성어로서 앞말이 모음으로 끝날 때, 뒷말의 첫소리가 된소리로 나는 경우, 뒷말의 첫소리 'ㄴ, ㅁ' 앞에서 'ㄴ' 소리가 덧나는 경우, 뒷말의 첫소리 모음 앞에서 'ㄴㄴ' 소리가 덧나는 경우에도 사이시옷을 표기한다. '자릿세', '제삿날', '예삿일'은 순우리말과 한자어로 된 합성어에서 사이시옷 표기가 나타나는 경우에 해당한다.

● 20420-0122

09 ㉠, ㉡의 사례로 적절하지 **않은** 것은?

① '귓밥'은 ㉠에 해당하는 것으로, 뒷말의 첫소리가 된소리로 나기 때문에 사잇소리를 표기한 것이군.
② '아랫니'는 ㉠에 해당하는 것으로, 뒷말의 첫소리 앞에서 'ㄴ' 소리가 덧나기 때문에 사잇소리를 표기한 것이군.
③ '뒷일'은 ㉠에 해당하는 것으로, 뒷말의 첫소리 앞에서 'ㄴㄴ' 소리가 덧나기 때문에 사잇소리를 표기한 것이군.
④ '아랫방'은 ㉡에 해당하는 것으로, 뒷말의 첫소리가 된소리로 나기 때문에 사잇소리를 표기한 것이군.
⑤ '댓잎'은 ㉡에 해당하는 것으로, 뒷말의 첫소리 앞에서 'ㄴ' 소리가 덧나기 때문에 사잇소리를 표기한 것이군.

◀서술형▶

● 20420-0123

10 윗글을 바탕으로 하여 다음의 단어를 ⓐ로 쓰지 않고 ⓑ로 쓰는 이유를 설명하시오.

(1) ⓐ 칫과   ⓑ 치과
(2) ⓐ 허릿띠   ⓑ 허리띠

● 20420-0124

11 밑줄 친 단어들을 바르게 고친 것으로 적절하지 <u>않은</u> 것은?

① <u>설레이는</u> 마음 → 설레는 마음

② <u>우뢰와</u> 같은 박수 → 우레와 같은 박수

③ <u>내노라하는</u> 배우들 → 내노라아는 배우들

④ 엄청난 일을 <u>치뤘다</u> → 엄청난 일을 치렀다

⑤ 불필요한 말을 <u>삼가해라</u> → 불필요한 말을 삼가라

● 20420-0125

12 〈보기〉는 한글 맞춤법 규정의 일부이다. 이를 바탕으로 할 때, 표기가 적절하지 <u>않은</u> 것은?

> ─〈 보기 〉─
>
> 제39항 어미 '−지' 뒤에 '않−'이 어울려 '−잖−'이 될 적과 '−하지' 뒤에 '않−'이 어울려 '−찮−'이 될 적에는 준 대로 적는다.
>
> 제40항 어간의 끝음절 '하'의 'ㅏ'가 줄고 'ㅎ'이 다음 음절의 첫소리와 어울려 거센소리로 될 적에는 거센소리로 적는다.

	본말	준말
①	적지 않은	적잖은
②	그렇지 않은	그렇잖은
③	넉넉하지 않다	넉넉찮다
④	변변하지 않다	변변찮다
⑤	만만하지 않다	만만찮다

● 20420-0126

13 〈보기〉에서 설명한 규정에 해당하지 <u>않는</u> 것은?

> ─〈 보기 〉─
>
> 제31항 두 말이 어울릴 적에 'ㅂ' 소리나 'ㅎ' 소리가 덧나는 것은 소리대로 적는다.
>   1. 'ㅂ' 소리가 덧나는 것
>   2. 'ㅎ' 소리가 덧나는 것

① 멥쌀　　　　　　② 볍씨　　　　　　③ 밥그릇

④ 머리카락　　　　⑤ 살코기

Tip

모음 축약 두 개의 모음이 하나의 모음으로 축약 되는 것이다. 이 과정에서 'ㅣ'나 'ㅗ, ㅜ'가 반모음 'ㅣ'[j]나 'ㅗ/ㅜ'[w]로 바뀌어 두 모음을 이중 모음으로 바꾸기도 한다. 예를 들면, '오+아라 → 와라', '주+어라 → 줘라', '가시+었다 → 가셨다' 등이 있다.

더 알아 두기

1 외래어 표기법

외래어 표기법은 외래어를 한글로 표기하는 것과 관련된 규정으로, 여러 가지로 표기될 수 있는 외래어의 어형을 통일하여 혼란을 막고 언어생활의 능률을 높이기 위해 만들어졌다.

2 외래어 표기법의 규정

(1) 표기의 기본 원칙

① [제1항] 외래어는 국어의 현용 24 자모만으로 적는다.

➡ 한글 맞춤법에서 규정한 자음자 'ㄱ, ㄴ, ㄷ, ㄹ, ㅁ, ㅂ, ㅅ, ㅇ, ㅈ, ㅊ, ㅋ, ㅌ, ㅍ, ㅎ' 14자와 모음자 'ㅏ, ㅑ, ㅓ, ㅕ, ㅗ, ㅛ, ㅜ, ㅠ, ㅡ, ㅣ' 10자만으로 적는다는 의미

② [제2항] 외래어의 1 음운은 원칙적으로 1 기호로 적는다.

➡ 외래어의 같은 음운은 동일한 글자로 표기하는 것이 원칙이라는 의미

외래어 표기법 제2항

예 'family'를 '훼밀리'로도 적고, '패밀리'로도 적는다면 'f'가 'ㅎ'과 'ㅍ'으로 쓰여 일관성이 없어지므로 'ㅍ'으로 고정시켜 표기함.

> 예 p: ㅍ – pass 패스   b: ㅂ – bat 배트

③ [제3항] 받침에는 'ㄱ, ㄴ, ㄹ, ㅁ, ㅂ, ㅅ, ㅇ'만을 쓴다.

➡ 받침 표기를 7개의 글자로만 제한한다는 의미

> 예 shop: 숍(○) 숖(×)   kick: 킥(○) 킼 (×)

④ [제4항] 파열음 표기에는 된소리를 쓰지 않는 것을 원칙으로 한다.

➡ 외국어의 'p, t, k'나 'b, d, g'가 된소리와 가깝게 발음 나도 된소리로 적지 않는다는 의미

'ㄱ, ㄷ, ㅂ'의 표기에 쓰이는 'k, t, p'

자음의 로마자 표기 중 'ㄱ, ㄷ, ㅂ'의 표기에 쓰이는 'k, t, p'는 'ㅋ, ㅌ, ㅍ'을 표기하는 데에도 쓰이지만 혼동의 여지는 없음. 'ㄱ, ㄷ, ㅂ'을 나타내는 'k, t, p'는 자음 앞이나 어말과 같이 음절 종성에서만 쓰이고, 'ㅋ, ㅌ, ㅍ'을 나타내는 'k, t, p'는 음절 초성에서만 쓰이기 때문임.

> 예 Paris: 파리(○) 빠리(×)   gas: 가스(○) 까스(×)

⑤ [제5항] 이미 굳어진 외래어는 관용을 존중하되, 그 범위와 용례는 따로 정한다.

➡ 언어생활의 혼란을 예방하기 위해 굳어진 외래어에 대한 관용을 존중한다는 의미

> 예 radio: 라디오(○) 레이디오(×)   orange: 오렌지(○) 어륀지(×)

(2) 표기의 세칙

'영어, 독일어, 프랑스어, 에스파냐어' 등 21개 개별 언어의 특수성에 따라 구별하여 해설하고 〈보기〉를 제시하고 있다. 그중 제1절 영어의 표기가 외래어 표기에 보편적으로 사용되며, 모두 10항으로 구성되어 있다.

3 국어의 로마자 표기법

국어의 로마자 표기법은 우리말을 로마자로 표기하는 것과 관련된 규정이다.

4 국어의 로마자 표기법 규정

(1) 표기의 기본 원칙

① [제1항] 국어의 로마자 표기는 국어의 표준 발음법에 따라 적는 것을 원칙으로 한다.

➡ 비음화, 유음화, 'ㄴ' 첨가, 구개음화, 거센소리되기 등의 음운 변동은 변화가 일어난 대로 표기하지만, 된소리되기는 표기에 반영하지 않는다. 그리고 체언에서 'ㄱ, ㄷ, ㅂ' 뒤에 'ㅎ'이 오는 경우의 로마자 표기는 거센소리되기를 반영하지 않고 'ㅎ'을 밝혀 적는다.

> 예 신라[실라]: Silla(○)   Sinra(×)
> 팔당[팔땅]: Paldang(○) Palddang(×)
> 묵호[무코]: Mukho(○)   Muko(×)

② [제2항] 로마자 이외의 부호는 되도록 사용하지 않는다.

(2) 국어의 로마자 표기 일람

① 자음의 로마자 표기법

ㄱ	ㄲ	ㅋ	ㄷ	ㄸ	ㅌ	ㅂ	ㅃ	ㅍ
g, k	kk	k	d, t	tt	t	b, p	pp	p

ㅈ	ㅉ	ㅊ	ㅅ	ㅆ	ㅎ	ㄴ	ㅁ	ㅇ	ㄹ
j	jj	ch	s	ss	h	n	m	ng	r, l

➡ 'ㄱ, ㄷ, ㅂ'은 모음 앞에서는 'g, d, b'로, 자음 앞이나 어말에서는 'k, t, p'로 적는다. 'ㄹ'은 모음 앞에서는 'r'로, 자음 앞이나 어말에서는 'l'로 적되 'ㄹㄹ'은 'll'로 적는다.

② 단모음의 로마자 표기법

ㅏ	ㅓ	ㅗ	ㅜ	ㅡ	ㅣ	ㅐ	ㅔ	ㅚ	ㅟ
a	eo	o	u	eu	i	ae	e	oe	wi

③ 이중 모음의 로마자 표기법

ㅑ	ㅕ	ㅛ	ㅠ	ㅒ	ㅖ	ㅘ	ㅙ	ㅝ	ㅞ	ㅢ
ya	yeo	yo	yu	yae	ye	wa	wae	wo	we	ui

개념 체크

01 〈보기〉의 빈칸에 들어갈 적절한 말을 각각 3음절로 쓰시오.

> ┤ 보기 ├
> (   ) 표기법은 외래어를 한글로 표기하는 것, 국어의 (   ) 표기법은 우리말을 로마자로 표기하는 것과 관련된 규정이다.

02 '외래어 표기법'에 대한 설명 중 적절하지 <u>않은</u> 것은?

① 이미 굳어진 외래어는 관용을 존중해 적는다.
② 받침은 'ㄱ, ㄴ, ㄷ, ㄹ, ㅁ, ㅂ, ㅇ'의 7자로만 한정하여 적는다.
③ 외래어의 1 음운은 1 기호로 적는 것이 원칙이다.
④ 'p, t, k'와 같은 파열음 표기에는 된소리를 쓰지 않는 것이 원칙이다.
⑤ 외래어는 한글 맞춤법에서 규정한 자음자 14자와 모음자 10자만으로 적는다.

03 다음 설명이 맞으면 ○표, 틀리면 ×표를 하시오.

① 국어의 로마자 표기법에서 'ㄱ, ㄷ, ㅂ'은 음운 환경에 따라 'g, d, b'나 'k, t, p'로 달리 적는다.   (○, ×)
② 국어의 로마자 표기법에서 'ㄹ'은 모음 앞에서는 'l'로, 자음 앞이나 어말에서는 'r'로 적는다.   (○, ×)

04 〈보기〉에서 '국어의 로마자 표기'에 반영되는 음운 변동을 모두 고르시오.

> ┤ 보기 ├
> ㄱ. 비음화   ㄴ. 'ㄴ' 첨가
> ㄷ. 구개음화   ㄹ. 된소리되기

정답 **01** 외래어, 로마자 **02** ② **03** ① ○, ② × **04** ㄱ, ㄴ, ㄷ

제재 탐구

이 글은 외래어 표기법의 기본 원칙인 제1항에서 제5항까지의 규정을 설명하고 있다. 각 규정에 해당하는 사례를 들어 알기 쉽게 풀어 쓰고 있다.

어형 말이나 단어의 형태.
현용 현재 쓰고 있음. 또는 그런 것.

[01~04] 다음 글을 읽고 물음에 답하시오.

외래어 표기법은 외래어를 한글로 표기하는 것과 관련된 규정이다. '오렌지, 오뤤지, 어린지, 어뤈지' 등과 같이 여러 가지로 표기될 수 있는 외래어의 어형*을 통일하여 혼란을 막고 언어생활의 능률을 높이기 위해 정한 것이다.

외래어 표기법 제1항은 ㉠외래어는 국어의 현용* 24 자모만으로 적는다는 원칙이다. 이는 새로운 기호를 사용하지 않고 한글 맞춤법에서 규정한 자음자 'ㄱ, ㄴ, ㄷ, ㄹ, ㅁ, ㅂ, ㅅ, ㅇ, ㅈ, ㅊ, ㅋ, ㅌ, ㅍ, ㅎ' 14자와 모음자 'ㅏ, ㅑ, ㅓ, ㅕ, ㅗ, ㅛ, ㅜ, ㅠ, ㅡ, ㅣ' 10자만으로 적는다는 의미이다.

다음으로 제2항은 ㉡외래어의 1 음운은 원칙적으로 1 기호로 적는다는 원칙으로, 외래어의 같은 음운은 동일한 글자로 표기하는 것이 원칙이라는 의미이다. 예를 들어 'film'은 '필름', 'file'는 '화일'이라 하여 'f'를 'ㅎ'과 'ㅍ'으로 다르게 적지 않고 '필름', '파일'로 적어 'f'를 일정하게 'ㅍ'으로 적는 것이 원칙이다.

그리고 제3항은 외래어의 받침과 관련된 규정으로, ㉢받침에는 'ㄱ, ㄴ, ㄹ, ㅁ, ㅂ, ㅅ, ㅇ'만을 쓴다는 원칙이다. 받침 표기를 7개의 글자로만 제한한다는 의미이다. 예를 들어 'shop'는 '숖'으로 쓰지 않고 '숍'으로 쓰는 것을 들 수 있다.

제4항은 ㉣파열음 표기에는 된소리를 쓰지 않는 것을 원칙으로 한다는 규정이다. 이는 외국어의 'p, t, k'나 'b, d, g'가 된소리와 가깝게 발음 나도 된소리로 적지 않는다는 의미인데, 'Paris'를 '빠리'로 적지 않고 '파리'로 적는 것을 예로 들 수 있다.

마지막으로 제5항은 이미 굳어진 외래어는 관용을 존중하되, 그 범위와 용례는 따로 정한다는 것이다. 'radio'(라디오), 'camera'(카메라)와 같이 원칙에 맞지 않지만 이미 굳어진 외래어에 대한 관용을 존중하여 표기하는 것을 규정하고 있다.

01 윗글을 이해한 내용으로 적절하지 **않은** 것은?

○ 20420-0127

① 'camera'의 외래어 표기는 이미 굳어진 외래어에 대한 관용을 존중하여 표기하는 것과 관련된다.

② 'Paris'를 '빠리'로 적지 않고 '파리'로 적는 것은 'p'가 된소리와 가깝게 발음이 나지 않기 때문이다.

③ 'orange'가 '오렌지, 오뤤지, 어린지, 어뤈지'처럼 다양하게 표기되면 언어생활에 혼란을 일으킬 수 있다.

④ 'film: 필름', 'file: 화일'과 같이 'f'를 'ㅎ'과 'ㅍ'으로 다르게 적는 것은 외래어 표기법 제2항에 위배되는 것이다.

⑤ 'shop'를 '숖'으로 쓰지 않고 '숍'으로 쓰는 것은 'ㅍ'이 받침 표기에 쓰이는 7개의 글자에 포함되지 않기 때문이다.

Tip

외래어 표기법에서 관용을 존중하는 이유 이미 굳어져 쓰이는 외래어의 표기를 고칠 경우 언어생활에 혼란을 일으켜 불편을 초래할 수 있기 때문이다.

○ 20420-0128

02 ⊙~ⓒ 중, 〈보기〉의 질문에 답하기 위해 참고할 수 있는 규정을 바르게 짝지은 것은?

Tip

《 보기 》

[질문 1] [f]를 표기하기 위한 새로운 기호를 만들어야 하지 않을까?

[질문 2] 'chocolate'의 발음 [t]를 받침으로 표기할 때, 어떻게 적어야 할까?

	질문 1	질문 2
①	⊙	ⓒ
②	⊙	ⓔ
③	⊙	ⓓ
④	ⓒ	⊙
⑤	ⓒ	ⓔ

○ 20420-0129

03 윗글의 내용을 참고할 때, 밑줄 친 외래어의 표기가 적절하지 <u>않은</u> 것은?

① 그의 주방에는 <u>후라이팬</u>(← frypan)이 걸려 있었다.

② 소화가 안 되는지 배 속에 <u>가스</u>(← gas)가 계속 찼다.

③ 오빠는 <u>패스</u>(← pass)를 받아 골대를 향해 공을 찼다.

④ 형은 <u>카페</u>(← cafe)에서 커피를 마시며 나를 기다렸다.

⑤ <u>라디오</u>(← radio)에서 들려오는 노랫소리가 감미로웠다.

《 서술형 》

○ 20420-0130

04 윗글을 근거로 하여 〈보기〉에 제시된 [학습 활동]의 답을 서술하시오.

《 보기 》

[학습 활동] 다음 중 잘못된 외래어 표기를 모두 찾아 바르게 고치고, 그렇게 고친 이유를 서술하시오.

racket 라켙

badge 빼지

cake 케이크

외래어 표기의 받침 외래어 표기법에서 받침으로 'ㄱ, ㄴ, ㄹ, ㅁ, ㅂ, ㅅ, ㅇ'만을 사용하는 이유는, 외래어 뒤에 모음으로 시작하는 조사가 올 때 이 자음들만 발음되기 때문이다. 가령 'shop' 뒤에 '이, 을, 으로'가 오면 항상 [쇼비], [쇼블], [쇼브로]와 같이 말음이 [ㅂ]로 발음 나기 때문에 '숍'으로 적는다.

● 20420-0131

Tip
외래어 표기법의 된소리 외래어 표기에 된소리를 허용하는 경우도 있다. 최근 중국어, 베트남어 등의 표기에서는 된소리를 사용하는 경우도 있다.

05 〈보기〉의 사례를 종합하여 도출할 수 있는 내용으로 적절한 것은?

─〈 보기 〉─

cup: 플라스틱 {컵(○) / 컾(×)}   book: {북(○) / 붘(×)} 콘서트
type: 성실한 {타입(○) / 타잎(×)}   internet: {인터넷(○) / 인터넽 (×)} 사용자

① 'ㅋ, ㅌ, ㅍ'과 달리 'ㄱ, ㅂ, ㅅ'은 받침의 표기에 사용될 수 있다.
② 우리말에 없는 소리는 외래어 표기법에서 무시하고 적지 않는다.
③ 이미 굳어진 외래어는 관용을 존중하여 표기하며 예외로 정한다.
④ 'ㅋ, ㅌ'과 같은 자음 글자는 외래어를 표기할 때 사용하지 않는다.
⑤ 된소리 글자의 표기는 단어의 첫머리에서만 제한적으로 사용한다.

● 20420-0132

06 〈보기〉에 제시된 질문이나 그에 답변한 내용으로 적절하지 <u>않은</u> 것은?

─〈 보기 〉─

a. 'banana'는 발음대로 적으면 '버네너'로 표기해야 하지 않을까요?
b. 'feeling'는 '필링'이 자연스러운데, 'fighting'는 왜 '화이팅'이 자연스러울까요?
c. 'olive'의 [v]는 우리나라에 없는 발음인데 어떻게 적어야 할까요?
d. 대중교통 수단 중 하나인 'bus'를 '뻐스'로 적어야 할까? '버스'로 적어야 할까요?
e. 왜 'rocket'를 '로켙'이 아니라 '로켓'이라고 쓸까요?

① a: 이미 굳어진 외래어는 관용을 존중하기 때문에 '바나나'로 적습니다.
② b: 외래어 표기법에서 [f]는 'ㅍ'이나 'ㅎ'으로 표기하도록 허용했기 때문입니다.
③ c: 한글 맞춤법에서 규정한 현용 24 자모로 적기 때문에 [v]는 'ㅂ'으로 적습니다.
④ d: 파열음 표기에는 된소리를 쓰지 않는 것을 원칙으로 하므로 '버스'로 적습니다.
⑤ e: 외래어 표기 시 받침에는 'ㄱ, ㄴ, ㄹ, ㅁ, ㅂ, ㅅ, ㅇ'만을 쓰도록 했기 때문입니다.

● 20420-0133

07 〈보기〉를 바탕으로 할 때, 밑줄 친 부분의 표기가 적절하지 <u>않은</u> 것은?

─〈 보기 〉─

[외래어 표기법] 제3장 제1절 제1항 무성 파열음([p], [t], [k])
1. 짧은 모음 다음의 어말 무성 파열음([p], [t], [k])은 받침으로 적는다.
2. 짧은 모음과 유음·비음([l], [r], [m], [n]) 이외의 자음 사이에 오는 무성 파열음 ([p], [t], [k])은 받침으로 적는다.
3. 위 경우 이외의 어말과 자음 앞의 [p], [t], [k]는 '으'를 붙여 적는다.

① gap[gæ<u>p</u>]: 갭   ② act[æ<u>k</u>t]: 액트
③ stamp[stæm<u>p</u>]: 스탬프   ④ tractor[træ<u>k</u>tə]: 트랙터
⑤ lipstick[lipsti<u>k</u>]: 립스틱

제재 탐구

이 글은 로마자 표기법의 기본 원칙과 표기 일람을 제시하고 있다. 사례를 바탕으로 실제 로마자가 어떻게 표기되는지를 보여 주고 있다.

* **된소리되기** 예사소리가 된소리로 바뀌는 현상.
* **거센소리되기** 'ㅎ'과 'ㅂ, ㄷ, ㄱ, ㅈ'이 만나 'ㅍ, ㅌ, ㅋ, ㅊ'이 되는 현상.

[08~11] 다음 글을 읽고 물음에 답하시오.

국어의 로마자 표기법은 우리말을 로마자로 표기하는 것과 관련된 규정이다. 국어의 로마자 표기는 국어의 표준 발음법에 따라 적는 것을 원칙으로 한다. 즉 단어를 발음할 때 교체, 첨가, 축약, 탈락과 같은 음운 변동이 일어나는 경우 이들을 반영하여 표기하는 것이 원칙이다. 다만 '팔당[팔땅]'과 같이 된소리되기*가 일어나는 경우는 이를 로마자 표기에 반영한 'Palddang'로 적지 않고 'Paldang'로 적는다. 또한 체언에서 'ㄱ, ㄷ, ㅂ' 뒤에 'ㅎ'이 오는 경우의 로마자 표기는 축약에 해당하는 거센소리되기*를 반영하지 않고 'ㅎ'을 밝혀 적는다. '집현전[지편전]'을 'Jipyeonjeon'으로 적지 않고 'Jiphyeonjeon'으로 적는 것을 예로 들 수 있다.

한편 로마자 표기에서는 로마자 이외의 부호는 되도록 사용하지 않는다. 국어의 로마자 표기는 자음과 모음의 경우 다음을 따른다.

[A]

ㄱ	ㄲ	ㅋ	ㄷ	ㄸ	ㅌ	ㅂ	ㅃ	ㅍ
g, k	kk	k	d, t	tt	t	b, p	pp	p

ㅈ	ㅉ	ㅊ	ㅅ	ㅆ	ㅎ	ㄴ	ㅁ	ㅇ	ㄹ
j	jj	ch	s	ss	h	n	m	ng	r, l

ㅏ	ㅓ	ㅗ	ㅜ	ㅡ	ㅣ	ㅐ	ㅔ	ㅚ	ㅟ
a	eo	o	u	eu	i	ae	e	oe	wi

ㅑ	ㅕ	ㅛ	ㅠ	ㅒ	ㅖ	ㅘ	ㅙ	ㅝ	ㅞ	ㅢ
ya	yeo	yo	yu	yae	ye	wa	wae	wo	we	ui

특히 자음의 경우 'ㄱ, ㄷ, ㅂ'은 모음 앞에서는 'g, d, b'로, 자음 앞이나 어말에서는 'k, t, p'로 적고, 'ㄹ'은 모음 앞에서는 'r'로, 자음 앞이나 어말에서는 'l'로 적되 'ㄹㄹ'은 'll'로 적는 것이 원칙이다. 그리고 'ㅢ'는 'ㅣ'로 소리 나더라도 'ui'로 적어야 한다.

▶ 20420-0134

08 [A]에 대한 이해로 적절하지 <u>않은</u> 것은?

① 'ㅣ'와 'ㅢ'의 로마자 표기는 'i' 앞에 'u'가 선행하는지의 여부에 따라 구분된다.
② 'ㅝ'를 로마자로 표기할 때에는 'ueo'가 아니라 이중 모음인 'wo'로 적어야 옳다.
③ 'ㅑ', 'ㅘ', 'ㅙ'의 로마자 표기에는 모두 'ㅏ'에 해당하는 로마자가 포함되어 있다.
④ 'ㄱ', 'ㄷ', 'ㅂ', 'ㄹ'은 음운 환경에 따라 로마자 표기가 달리 쓰이는 경우도 있다.
⑤ 'ㅈ', 'ㅅ'의 된소리를 로마자로 표기할 때에는 예사소리의 로마자를 겹쳐 적는다.

Tip

'ㅢ'의 로마자 표기 'ㅢ'는 'ㅡ'와 'ㅣ'의 결합이므로, 'eui'로 적어야 규칙적이라 할 수 있지만, 하나의 모음을 적기에는 'eui'가 너무 복잡하고 길기 때문에 간소화하여 'ui'로 적도록 정한 것이다.

09 윗글을 근거로 할 때, 도로 표지판의 로마자 표기가 적절하지 <u>않은</u> 것은?

> 20420-0135

① 영동(Yeongdong) A1 NEXT EXIT ↑

② 목포(Mokpo) A1 NEXT EXIT ↑

③ 부산(Busan) A1 NEXT EXIT ↑

④ 의정부(Euijeongbu) A1 NEXT EXIT ↑

⑤ 강릉(Gangneung) A1 NEXT EXIT ↑

10 〈보기〉에 제시된 ⓐ~ⓔ의 로마자 표기에 대한 설명으로 적절하지 <u>않은</u> 것은?

> 20420-0136

> **《 보기 》**
> • ⓐ벚꽃이 하염없이 지는 날 나는 ⓑ백마 역에 갔다.
> • ⓒ해돋이를 본 후 ⓓ묵호를 거쳐 ⓔ대관령으로 갔다.

① ⓐ는 음절의 끝소리 규칙이 일어나 [벋꼳]으로 발음되니 'beotkkot'로 표기해야 한다.
② ⓑ는 비음화가 일어나 [뱅마]로 발음되니 'Baengma'로 표기해야 한다.
③ ⓒ는 구개음화가 일어나 [해도지]로 발음되니 'haedoji'로 표기해야 한다.
④ ⓓ는 거센소리되기가 일어나 [무코]로 발음되니 'Muko'로 표기해야 한다.
⑤ ⓔ는 유음화가 일어나 [대괄령]으로 발음되니 'Daegwallyeong'로 표기해야 한다.

《서술형》

11 〈보기〉에서 나라 이름의 로마자 표기가 잘못된 곳을 찾아 바르게 고치고, 수정한 근거를 서술하시오.

> 20420-0137

> **《 보기 》**
> 고구려[고구려] Goguryeo   백제[백쩨] Baekjje   신라[실라] Silla

정답과 해설 26쪽

12 〈보기〉의 ㉠, ㉡에 들어갈 로마자 표기를 바르게 짝지은 것은?

● 20420-0138

국어 표기[발음]	로마자 표기
칠곡[칠곡]	Chilgok
밀양[미량]	Miryang
전주[전주]	Jeonju
한라[할라]	Halla
↓	↓
설악[서락]	㉠
문래[물래]	㉡

	㉠	㉡
①	Seolak	Mullae
②	Seorak	Munlae
③	Seolak	Munlae
④	Seorak	Mullae
⑤	Seorag	Mullae

13 〈보기〉의 ㉠~㉤ 중, 로마자 표기가 적절하지 <u>않은</u> 것은?

● 20420-0139

─《 보기 》─

〈차림표〉

된장 라면(㉠doenjang ramyeon) 8,000원   불고기(bulgogi)   12,000원

제육볶음(㉡jeyukbokkeum)   8,000원   순두부 탕(㉢sundubu tang)   8,000원

비빔밥(㉣bibimbap)   8,000원   양념 게장(㉤yangnyeom kejang) 15,000원

① ㉠   ② ㉡   ③ ㉢   ④ ㉣   ⑤ ㉤

14 〈보기〉는 '로마자 표기'에 대한 두 가지 방법을 설명한 것이다. 이에 대한 이해로 적절하지 <u>않은</u> 것은?

● 20420-0140

─《 보기 》─

'전자법'은 단어의 글자(음운)대로 전사하는 방법이다. 한글로 적은 것을 그대로 로마자로 옮기면 되기 때문에 쓰기가 쉽고 로마자 표기를 다시 한글로 복원하기도 쉽지만, 외국인이 실제 발음을 비슷하게 하기가 어렵다. 한편 '전음법'은 단어의 발음 결과대로 전사하는 방법으로 현재 로마자 표기법은 이 방법을 따르고 있다. 우리말을 모르는 사람들도 읽기가 쉽지만, 원래의 국어 철자의 모습을 알기 어렵다. 예를 들면 '독립문'은 전자법으로 표기하면 'Dokripmun', 전음법으로 표기하면 'Dongnimmun'으로 쓴다.

① '전음법'에 따라 '종로'를 표기한다면 'Jongno'로 적어야겠군.

② '전자법'에 따라 '별내'를 표기한다면 'Byeollae'로 적어야겠군.

③ '전음법'은 음성 언어를 통한 통한 의사소통에서 '전자법'보다 더 기여할 것이라고 볼 수 있겠군.

④ '전음법'을 따르는 현행 로마자 표기법은 외국인의 편의를 고려한 것이라고 볼 수 있겠군.

⑤ '전자법'에 따라 표기된 로마자를 보고 외국인이 발음했을 때, 우리말의 실제 발음과는 다를 수 있겠군.

Tip

전사 전사는 말소리를 음성 문자로 옮겨 적는 것을 일컫는 말이다.

01 〈보기〉는 고대 국어의 차자 표기 사례이다. 이를 통해 확인할 수 있는 차자 표기의 원리로 가장 적절한 것은?

> **보기**
>
> 天隱高多 (하늘은 높다), 石乙投多 (돌을 던지다)
> 天(하늘 천), 隱(은혜 은), 高(높을 고), 多(많을 다), 石(돌 석), 乙(새 을), 投(던질 투)

① 주어와 서술어는 한자의 뜻을 활용하여 표기하였다.
② 어근은 한자의 음을, 접사는 한자의 뜻을 활용하여 표기하였다.
③ 형용사는 한자의 뜻을, 동사는 한자의 음을 활용하여 표기하였다.
④ 주어는 한자의 뜻을, 서술어는 한자의 음을 활용하여 표기하였다.
⑤ 실질 형태소는 한자의 뜻을, 형식 형태소는 한자의 음을 활용하여 표기하였다.

[02~03] 다음 글을 읽고 물음에 답하시오.

나·랏:말ᄊᆞ·미 ㉠中듕國·귁·에 달·아 文문字·ᄍᆞ·와·로 서르 ᄉᆞᄆᆞᆺ·디 아·니ᄒᆞᆯ·ᄊᆡ·이런 젼·ᄎᆞ·로 ㉡어·린 百·빅姓·셩·이 니르·고·져·ᄒᆞᇙ㉢·배 이·셔·도 ᄆᆞ·ᄎᆞᆷ:내 제·ᄠᆞ·들 시·러 펴·디:몯ᄒᆞᇙ·노·미 하·니·라·내·이·ᄅᆞᆯ ㉣爲·윙·ᄒᆞ·야:어엿·비 너·겨·새·로·스·믈 여·듧 字·ᄍᆞ·ᄅᆞᆯ·ᄆᆡᇰᄀᆞ노·니:사ᄅᆞᆷ:마·다:ᄒᆡ·ᅇᅧ:수·ᄫᅵ 니·겨·날·로·ᄡᅮ·메 便뼌安한·킈ᄒᆞ·고·져 ᄒᆞᇙ ㉤ᄯᆞᄅᆞ·미니·라.

02 윗글을 통해 확인할 수 있는 중세 국어의 특성으로 적절하지 **않은** 것은?

① 현대 국어에서 의미가 확대된 어휘가 사용되고 있다.
② 현대 국어에서는 사용하지 않는 초성이 사용되어 있다.
③ 현대 국어와 달리 성조를 나타내는 방점이 표기되어 있다.
④ 현대 국어와 달리 한자음을 중국 발음에 가깝게 표기하고 있다.
⑤ 현대 국어에서는 사라진 '·(아래 아)'가 표기에 반영되어 있다.

03 ㉠~㉤에 대한 설명으로 적절하지 **않은** 것은?

① ㉠: 한자를 먼저 표기하고 한자음을 그 뒤에 표기했음을 알 수 있다.
② ㉡: '어리석은'이라는 뜻으로 현대 국어와 의미가 다른 어휘이다.
③ ㉢: 현대 국어와 달리 주격 조사가 생략되어 있음을 알 수 있다.
④ ㉣: 실제 발음이 존재하지 않는 음운이 표기에 반영되어 있다.
⑤ ㉤: 현대 국어와 달리 이어 적기의 방식으로 표기되었음을 알 수 있다.

04 〈보기〉를 바탕으로 중세 국어의 관형격 조사에 대해 탐구한 내용으로 적절하지 <u>않은</u> 것은?

┌ 《 보기 》

ㄱ ┌ 사ᄅᆞ민 ᄠᅳ들 　　　　　　　　　　(사람의 뜻을)
　 └ 麒麟(기린)의 삿기로다 　　　　　　(기린의 새끼로다)
ㄴ ┌ 부텻 나히 셜흔네히러시니 　　　　(부처의 나이 서른넷이시더니)
　 └ 太子(태자)ㅅ 머리예 　　　　　　(태자의 머리에)
ㄷ ┌ 根源(근원)ㅅ 智慧(지혜)와 　　　(근원의 지혜와)
　 └ 二月(이월)ㅅ 보롬 나래 　　　　(이월의 보름날에)

① ㄱ을 보니, 관형격 조사 '이'와 '의'는 음운 환경에 따라 결합되는 조사가 결정되었군.
② ㄴ을 보니, 관형격 조사 앞에 오는 체언이 높임의 대상이면 관형격 조사로 'ㅅ'이 사용되었군.
③ ㄷ을 보니, 관형격 조사 앞에 오는 체언이 무정물이면 관형격 조사로 'ㅅ'이 사용되었군.
④ ㄱ과 ㄴ을 보니, 관형격 조사 앞의 체언이 모음으로 끝난 경우 관형격 조사를 체언의 마지막 음절에 결합해 표기하였군.
⑤ ㄴ과 ㄷ을 보니, 관형격 조사 'ㅅ'은 음운 환경에 관계없이 그 형태가 유지되었군.

○ 20420-0145

05 〈보기〉의 선생님의 질문에 대한 대답으로 적절한 것은?

┌ 《 보기 》

선생님: 15세기 국어에서 체언 중 일부는 결합하는 조사의 종류에 따라 그 형태가 달라지기도 했습니다. 이러한 체언으로는 '나모(나무)', '노ᄅᆞ(노라)', 'ᄆᆞᄅᆞ(마루)'가 있었습니다. 자, 그럼, 이러한 체언들이 조사와 결합하는 양상을 보고 어떻게 형태가 달라졌는지 말해 볼까요?

ㄱ 나모, 나모도, 나모와, 남기, 남ᄀᆞᆯ
ㄴ 노ᄅᆞ, 노ᄅᆞ도, 노ᄅᆞ와, 놀이, 놀ᄋᆞᆯ
ㄷ ᄆᆞᄅᆞ, ᄆᆞᄅᆞ도, ᄆᆞᄅᆞ와, ᄆᆞ리, ᄆᆞ롤

학생: _____

① 체언의 단독형에 격 조사가 결합하면 그 형태가 유지되었습니다.
② 체언의 단독형에 보조사가 결합하면 체언의 형태가 달라졌습니다.
③ 체언의 단독형이 각각 '남ㄱ', '노ㄹ', 'ᄆᆞㄹ'로 형태가 달라지는 것을 알 수 있습니다.
④ 체언의 단독형에 모음으로 시작하는 조사가 결합할 때 체언의 형태가 달라졌습니다.
⑤ 체언의 단독형이 자음으로 시작하는 조사와 결합할 때에는 그 형태가 유지되었습니다.

06 〈보기〉의 근대 국어에 대한 설명으로 적절하지 <u>않은</u> 것은?

○ 20420-0146

【 보기 】

　죠션 사룸이 영국말을 비호랴면 이 두 칙보다 더 기흔 거시 업눈지라. 이 두 칙이 미국인 워두우 문둔거시니 한영ㅈ뎐은 영국말과 언문과 한문을 합ㅎ야 문둔 칙이오 한영문법은 영국 문법과 죠션 문법을 서로 견주엇시니 말이 간단ㅎ야 영국말을 ㅈ셰히 비호랴면 이 칙이 잇셔야 홀거시니라. 갑순 한영ㅈ뎐 수원 한영문법 삼원 비ㅈ학당 한미 화 활판소에 와 사라.

① 현대 국어와 다른 서술격 조사가 사용되었음을 확인할 수 있다.
② 현대 국어의 받침과 다른 받침이 사용된 음절을 확인할 수 있다.
③ 현대 국어와 달리 연철 표기 방식이 사용된 부분을 확인할 수 있다.
④ 현대 국어에서 단모음이 사용된 음절에 이중 모음이 사용된 것을 확인할 수 있다.
⑤ 현대 국어에서 사용하지 않는 '아래 아(·)'가 표기에 사용되고 있음을 확인할 수 있다.

07 〈보기〉를 참고하여 바르게 표기한 단어만을 골라 묶은 것은?

○ 20420-0147

【 보기 】

한글 맞춤법 제10항: 한자음 '녀, 뇨, 뉴, 니'가 단어 첫머리에 올 적에는, 두음 법칙에 따라 '여, 요, 유, 이'로 적는다.
　[붙임 1] 단어의 첫머리 이외의 경우에는 본음대로 적는다.
　[붙임 2] 접두사처럼 쓰이는 한자가 붙어서 된 말이나 합성어에서 뒷말의 첫소리가 'ㄴ' 소리로 나더라도 두음 법칙에 따라 적는다.
한글 맞춤법 제11항: 한자음 '랴, 려, 례, 료, 류, 리'가 단어의 첫머리에 올 적에는, 두음 법칙에 따라 '야, 여, 예, 요, 유, 이'로 적는다.
　[붙임 1] 단어의 첫머리 이외의 경우에는 본음대로 적는다. 다만, 모음이나 'ㄴ' 받침 뒤에 이어지는 '렬, 률'은 '열, 율'로 적는다.

① 연세(年歲) – 남녀(男女) – 개량(改良) – 백분율(百分率)
② 여자(女子) – 당뇨(糖尿) – 공념불(空念佛) – 사례(謝禮)
③ 요소(尿素) – 신여성(新女性) – 양심(良心) – 선률(旋律)
④ 유대(紐帶) – 은닉(隱匿) – 역사(歷史) – 실패률(失敗率)
⑤ 익명(匿名) – 남존녀비(男尊女卑) – 쌍룡(雙龍) – 전율(戰慄)

○ 20420-0148

08 밑줄 친 말 중 〈보기〉의 한글 맞춤법에 따라 바르게 표기된 것은?

━━❰ 보기 ❱━━

한글 맞춤법 제30항: 사이시옷은 다음과 같은 경우에 받치어 적는다.
　순우리말로 된 합성어나 순우리말과 한자어로 된 합성어로서의 앞말이 모음으로 끝난 경우
　　(1) 뒷말의 첫소리가 된소리로 나는 것
　　(2) 뒷말의 첫소리 'ㄴ, ㅁ' 앞에서 'ㄴ' 소리가 덧나는 것
　　(3) 뒷말의 첫소리 모음 앞에서 'ㄴㄴ' 소리가 덧나는 것

① 비가 그치고 드디어 <u>햇님</u>이 떠올랐다.
② 학교 앞 식당 <u>윗층</u>에 사무실이 있었다.
③ 나는 잃어버린 물건의 <u>갯수</u>를 세어 보았다.
④ 읍내에 있던 <u>만홧가게</u>는 사라진 지 오래였다.
⑤ 기분이 좋아진 <u>나뭇꾼</u>은 산을 내려오기 시작했다.

○ 20420-0149

09 〈보기〉의 발음 정보를 참고할 때, ㉠과 ㉡의 사례로 제시하기에 적절한 것은?

━━❰ 보기 ❱━━

〈국어사전〉
쏘다[쏘:다], 밀다[밀:다], 밟다[밥:따], 넘다[넘:따], 감다[감:따]

표준 발음법 제7항: 긴소리를 가진 음절이라도, 다음과 같은 경우에는 짧게 발음한다.
　1. 단음절인 용언 어간에 모음으로 시작된 어미가 결합되는 경우 ·················· ㉠
　2. 용언 어간에 피동, 사동의 접미사가 결합되는 경우 ·················· ㉡

① ㉠: 벌이 손등을 <u>쏘아</u> 퉁퉁 부었다.
　㉡: 밤바람을 <u>쏘이러</u> 나갔다가 감기에 걸렸다.
② ㉠: 화가 난 봉 감독은 머리를 <u>밀어</u> 버렸다.
　㉡: 그는 잡고 있던 아낙의 어깨를 뿌리치듯 <u>밀쳤다</u>.
③ ㉠: 용의자의 뒤를 <u>밟은</u> 사람은 바로 피해자였다.
　㉡: 경찰에게 뒤가 <u>밟히는</u> 바람에 모두 체포되었다.
④ ㉠: 밤 열 시가 <u>넘는</u> 시간에 집에 도착했다.
　㉡: 그는 사전을 한 장씩 <u>넘기면서</u> 단어를 찾고 있었다.
⑤ ㉠: 머리를 자주 <u>감자</u> 머릿결이 나빠졌다.
　㉡: 요리사의 실력이 뛰어나 먹는 음식마다 입에 <u>감겼다</u>.

10 〈보기〉를 참고하여 발음한 내용으로 적절하지 <u>않은</u> 것은?

20420-0150

《 보기 》

> 표준 발음법 제5항: 'ㅑ ㅒ ㅕ ㅖ ㅘ ㅙ ㅛ ㅝ ㅞ ㅠ ㅢ'는 이중 모음으로 발음한다.
>
> ⋮
>
> 다만 3. 자음을 첫소리로 가지고 있는 음절의 'ㅢ'는 [ㅣ]로 발음한다.
>
> 다만 4. 단어의 첫음절 이외의 '의'는 [ㅣ]로, 조사 '의'는 [ㅔ]로 발음함도 허용한다.

① 주의[주의] ② 협의[혀븨] ③ 우리의[우리에]
④ 무늬의[무니에] ⑤ 띄어쓰기[띠어쓰기]

11 〈보기〉를 참고하여 외래어를 표기한다고 할 때, 외래어 표기와 적용 조항을 바르게 제시하지 <u>않은</u> 것은?

20420-0151

《 보기 》

> 외래어 표기법 제3장 제1절
>
> 제1항 무성 파열음([p], [t], [k])
> 1. 짧은 모음 다음의 어말 무성 파열음([p], [t], [k])은 받침으로 적는다. ························· ㉠
> 2. 짧은 모음과 유음·비음([l], [r], [m], [n]) 이외의 자음 사이에 오는 무성 파열음([p], [t], [k])은 받침으로 적는다. ························· ㉡
> 3. 위 경우 이외의 어말과 자음 앞의 [p], [t], [k]는 '으'를 붙여 적는다. ························· ㉢

	외래어	외래어 표기	적용 조항
①	duct[dʌkt]	덕트	㉡, ㉢
②	step[step]	스텝	㉠
③	tent[tent]	텐트	㉢
④	track[træk]	트랙	㉠, ㉢
⑤	compact[kɒmpækt]	콤팩트	㉠, ㉡

◉ 20420-0152

12 〈보기〉는 국어의 로마자 표기법에 따라 표기한 단어의 사례이다. 이를 참고할 때 ㉠~㉢에 들어갈 내용으로 적절한 것은?

《 보기 》

구미 Gumi	영동 Yeongdong	백암 Baegam
옥천 Okcheon	합덕 Hapdeok	한밭 Hanbat

⇒ 국어의 'ㄱ, ㄷ, ㅂ'은 모음 앞에서는 '(㉠)'로, 자음 앞이나 (㉡)에서는 '(㉢)'로 적는다.

	㉠	㉡	㉢
①	g, d, b	어두	k, t, p
②	g, d, b	어말	k, t, p
③	g, d, b	모음 뒤	k, t, p
④	k, t, p	어두	g, d, b
⑤	k, t, p	어말	g, d, b

◉ 20420-0153

13 [A]와 [B]는 국어의 로마자 표기법에 따라 표기한 것이다. 이를 통해 국어의 로마자 표기법에 대해 보인 반응으로 적절하지 <u>않은</u> 것은?

[A] 한라 Halla, 알약 allyak, 해돋이 haedoji
[B] 샛별 saetbyeol, 앞집 apjip, 울산 Ulsan

① [A]의 'Halla'는 유음화의 결과가 반영된 표기이군.
② [A]의 'allyak'는 'ㄹ' 탈락의 결과가 반영되지 않은 표기이군.
③ [A]의 'haedoji'는 구개음화의 결과가 반영된 표기이군.
④ [B]의 'saetbyeol', 'apjip', 'Ulsan'은 된소리되기의 결과가 반영되지 않은 표기이군.
⑤ [B]의 'saetbyeol'은 음절의 끝소리 규칙이 적용된 결과가 반영된 표기이군.

제2부

I. 매체의 탐구와 활용

매체와 매체 언어의 유형

1 매체의 개념과 유형

(1) 개념: 생각과 느낌, 정보와 지식 등을 전달하고 공유할 때 활용하는 수단

(2) 유형

구분	매체 유형	언어	특징
전통적 매체	책	문자	• 대량의 정보 전달이 가능함. • 다수를 대상으로 함. • 일반인들이 생산하기 어려움. • 생산자와 수용자의 소통이 제한적임. • 시·공간적 제약이 있음.
	신문·잡지	문자, 사진	
	라디오	음성, 소리	
	텔레비전	문자, 사진, 음성, 소리, 영상	
뉴 미디어	컴퓨터	문자, 사진, 음성, 소리, 영상	• 생산과 수용이 쉽고 간편함. • 생산자와 수용자 간의 쌍방향적 소통이 가능함. • 시·공간적 제약이 거의 없음.
	인터넷		
	이동 통신 기기		

2 매체 언어의 개념과 유형

(1) 개념: 다양한 매체를 활용하여 의미를 실현하는 언어적 기능에 초점을 맞춘 개념으로, 다양한 차원의 언어를 결합하여 의미를 생성하는 수단

(2) 유형

매체 언어 유형	문자 언어	음성 언어	소리	사진	영상
사용 매체	책 신문·잡지 텔레비전 뉴 미디어	라디오 텔레비전 뉴 미디어	라디오 텔레비전 뉴 미디어	책 신문·잡지 텔레비전 뉴 미디어	텔레비전 뉴 미디어

(3) 사용 양상

문자 언어, 음성 언어 중심 → (기술의 발달) → 문자 언어, 음성 언어, 소리, 사진, 영상 등을 복합적으로 사용함.

▲ 전통적 사용 양상   ▲ 현대 사회의 사용 양상

(4) 매체 언어의 기능

개인적 기능	• 인간관계의 형성, 유지, 파괴 등에 기여 • 개인이 지닌 정서, 지식, 정보 전달
사회적 기능	• 대중문화의 생성, 전파, 보급의 기능 • 사회적 여론 및 공감대 형성, 사회 고발과 비판 • 창의적인 사회 문화와 언어문화 생성

3 매체 자료의 개념과 유형

(1) **개념**: 매체 언어가 구체적인 물리적 형태를 갖춘 것

(2) 유형

유형	종류	특징
정보 전달과 설득	뉴스, 칼럼, 광고, 기획물 (다큐멘터리) 등	• 매체 자료에는 순수한 의미의 정보와 함께 생산자의 주관적 견해가 개입되는 것이 필연적임. ➡ 매체 자료의 표면에 드러나지 않은 의도와 가치를 비판적으로 읽고 수용하는 태도가 필요함.
심미적 정서 표현	영화, 텔레비전 드라마, 대중가요, 사이버 문학, 만화(웹툰), 오락물 등	• 매체 자료는 이미지와 이야기를 생산하고 감상하며 향유하는 통로임. • 매체 자료를 통해 대중문화가 전달되고 공유됨. ➡ 매체 자료를 통해 전달되는 대중문화에 대한 심미적 안목을 바탕으로 비평 능력이 요구되며, 상업성과 통속성 등에 대한 비판적 안목이 필요함.
사회적 상호 작용	이메일, 인터넷 게시글과 댓글, SNS(누리 소통망)의 대화, 휴대 전화 문자 메시지 등	• 매체 자료가 사회적 소통에 기여하는 방식에 관심을 갖는 분류 • 사적인 영역과 공적인 영역에서 일어나는 매체 자료의 구분이 약화되고 있음. ➡ 매체 자료를 통해 인간관계나 사회적 관계가 유지, 발전될 수 있도록 주의할 필요가 있음.

개념 체크

01 다음 중 뉴 미디어에 해당하는 것은?

① 책　　② 신문　　③ 라디오
④ 텔레비전　　⑤ 인터넷

02 다음 중 문자 언어를 사용하는 매체가 <u>아닌</u> 것은?

① 책　　② 잡지　　③ 라디오
④ 컴퓨터　　⑤ 인터넷

03 다음의 빈칸에 들어갈 적절한 말을 3음절로 쓰시오.

> 과거에는 매체 언어 중 일부만 사용하거나 하나의 매체 언어를 중심으로 사용하였다면, 현대 사회에서는 다양한 매체 언어를 (　　　)(으)로 사용하는 양상이 보편화되었다.

04 매체 언어의 기능으로 적절하지 <u>않은</u> 것은?

① 사회 고발과 비판 기능을 한다.
② 개인이 지닌 생각을 전달한다.
③ 대중문화의 보급에 기여한다.
④ 인간관계를 형성하도록 한다.
⑤ 객관적 정보를 우선시한다.

05 다음 중 사회적 상호 작용 유형의 매체 자료로 가장 적절한 것은?

① 뉴스　　② 영화　　③ 광고
④ 이메일　　⑤ 다큐멘터리

정답 01 ⑤　02 ③　03 복합적　04 ⑤　05 ④

제재 탐구

사회적 의사소통 수단으로서 매체의 개념과 특징 등에 대해 설명한 글이다. 매체는 사람들이 정보와 지식을 전달하고 공유할 때 활용하는 수단이다. 특히 현대 사회에서는 기술의 발달로 인해 다양한 매체가 발달함으로써 소통의 비중이나 중요성, 영향력 측면에서 매체의 기능이 크게 부각되고 있다.

[01~04] 다음 글을 읽고 물음에 답하시오.

인간이 사회의 일원으로 살아가기 위해서는 반드시 다른 이들과 소통을 해야 한다. 소통이란 의미를 전달하고 해석하는 과정이다. 이 과정에는 의미를 주고받는 사람들, 말이나 글 혹은 그림이나 동영상 등과 같이 의미를 담고 있는 담화, 이러한 담화가 전달되는 통로나 매개체 등과 같은 요소들이 개입된다. 소통은 사람과 사람이 직접 만나는 대면 상황에서 말과 표정, 몸짓 등을 통해 일어나기도 하지만, 사람들이 직접 만날 수 없는 상황에서 소식이나 정보를 한 곳에서 다른 곳으로 운반함으로써 간접적으로 일어나기도 한다. 매체는 일반적으로 사람들이 직접 만나지 않고 간접적으로 생각과 느낌, 정보와 지식을 전달하고 공유할 때 활용하는 것으로, ㉠책, 신문, 잡지, ㉡라디오, 영화, 텔레비전, ㉢인터넷 등을 포괄한다. 매체는 사람들이 직접 만날 수 없는 상황에서 송·수신자가 주고받는 의미가 운반되는 통로나 매개체 역할을 함으로써 소통에서 중요한 기능을 하게 된다.

현대 사회에서는 매체를 통해 이루어지는 소통의 비중, 중요성, 영향력이 매우 커졌다. 인간의 소통 방식은 크게 세 가지로 나누어 볼 수 있다. 첫 번째는 소통에 참여하는 사람들이 같은 공간과 시간에 존재하면서 음성과 문자 언어는 물론 몸짓과 표정을 포함한 다양한 상징물을 통해 의미를 주고받는 대면 소통이다. 두 번째는 공간과 시간의 맥락이 분리되어 있는 개인들이 상대방에게 의미를 전달하기 위해 종이, 전신, 전파 등을 사용하는 편지 쓰기나 전화 대화와 같이, 다른 매개체를 통해 이루어지는 간접적 소통 방식이다. 대면 상황에서는 사람의 목소리와 표정이 의미를 전달하는 매체 역할을 하며, 편지 쓰기나 전화 대화와 같은 경우에는 글이나 음성이 편지나 전화에 담겨 일정한 기술과 사회적 제도에 의해 운반됨으로써 소통이 이루어진다. 세 번째는 인쇄 기술과 전자 기술의 발달에 의해 등장한 책, 신문, 라디오, 텔레비전 등과 같은 매체에 의한 대량 전달 방식이다. 이러한 대량 전달 방식 역시 간접적 소통 방식이라는 점에서는 두 번째 소통 방식과 같지만, 문자와 이미지, 이성과 감성의 복합적 대량 소통이라는 점에서는 구별된다. 다양한 기술 매체들은 공간과 시간의 제약을 넘어 인간의 소통을 확장할 뿐 아니라, 의미를 전달받는 수용자의 범위를 무한대로 확장하고, 말과 글뿐 아니라 이미지와 소리, 음악 등으로 다양한 의미를 소통할 수 있게 해 준다.

Tip

매체와 매체 언어의 개념
- 매체: 생각과 느낌, 정보와 지식 등을 전달하고 공유할 때 활용하는 수단
- 매체 언어: 다양한 매체를 활용하여 의미를 실현하는 언어적 기능에 초점을 맞춘 개념으로, 다양한 차원의 언어를 결합하여 의미를 생성하는 수단

▶ 20420-0154

01 윗글을 읽고, '매체'에 대해 이해한 내용으로 적절하지 **않은** 것은?

① 인간의 사회적 의사소통에 도움을 주는 수단이다.
② 기술의 발달로 인해 다양한 매체의 종류가 등장하게 되었다.
③ 하나의 매체를 통해 이성과 감성이 복합적으로 소통되기도 한다.
④ 음성 언어와 문자 언어는 현대 사회에서 적극 활용되기 시작하였다.
⑤ 사람들이 직접 만날 수 없는 상황에서도 정보나 의미를 전달해 준다.

Tip

02 윗글을 읽고, ㉠~㉢을 비교한 내용으로 가장 적절한 것은?

○ 20420-0155

① ㉠은 ㉡, ㉢에 비해 대량의 정보를 다수의 수용자에게 전달할 수 있다.

② ㉠은 ㉡, ㉢과 달리 생산자와 수용자 간의 쌍방향 의사소통이 제한된다.

③ ㉠, ㉡은 ㉢과 달리 일반인들이 정보의 생산자 역할을 하기 어렵다.

④ ㉡, ㉢은 ㉠과 달리 영상과 소리를 모두 이용하여 정보를 전달할 수 있다.

⑤ ㉠, ㉡, ㉢은 모두 직접 대면을 통해 정보의 생산과 수용이 이루어진다.

03 대면 소통과 간접적 소통에 대해 정리한 내용 중 적절한 것만을 골라 묶은 것은?

○ 20420-0156

대면 소통	간접적 소통
• 소통에 참여하는 사람들이 같은 시간과 공간에 존재함. ······ ㉠	• 소통에 참여하는 사람들이 존재하는 시간은 같지만, 다른 공간에 존재함. ······ ㉡
• 준언어적 표현과 비언어적 표현 사용이 가능함. ·· ㉢	• 준언어적 표현과 비언어적 표현 사용이 불가함. ·· ㉣
• 음성 언어, 문자 언어를 중심으로 소통함.	• 음성 언어, 문자 언어, 사진, 영상 등을 복합적으로 활용할 수 있음. ······ ㉤

① ㉠, ㉡, ㉣   ② ㉠, ㉢, ㉣   ③ ㉠, ㉢, ㉤

④ ㉡, ㉢, ㉣   ⑤ ㉡, ㉣, ㉤

◀서술형▶

04 다음은 매체를 '전통적 매체'와 '뉴 미디어'로 구분하고 그 발달 순서를 정리한 것이다. 윗글을 읽고 이와 같은 순서로 매체가 발달하게 된 이유를 밝히고, 뉴 미디어가 전통적 매체에 비해 갖는 장점을 두 가지만 서술하시오.

○ 20420-0157

전통적 매체	뉴 미디어
책 → 신문·잡지 → 라디오 → 텔레비전	컴퓨터 → 인터넷 → 이동 통신 기기

뉴 미디어의 특성
• 생산과 수용이 쉽고 간편함.
• 생산자와 수용자 간의 쌍방향적 소통이 가능함.
• 시·공간적 제약이 거의 없음.

[05~06] 다음 그림을 보고 물음에 답하시오.

● 20420-0158

05 (가)~(라)에 대해 보인 반응으로 적절하지 <u>않은</u> 것은?

① (가)의 할아버지는 (나)의 기사 내용을 청취한 사람에 비해 기사 내용을 더 늦게 알게 되었겠군.

② (나), (다)의 사람들은 기사 내용이 방송되는 시간에 라디오를 듣거나 TV를 보지 않았다면 기사 내용을 신속하게 알지 못했겠군.

③ (다)의 기사 내용을 시청한 사람들은 (나)의 라디오를 들은 사람에 비해 기사 내용이 더 잘 인식되었겠군.

④ (라)에서 기사 내용을 접한 사람은 (가)의 할아버지에 비해 기사 내용에 대한 다른 사람들의 견해를 더 많이 접할 수 있었겠군.

⑤ (라)에서 기사 내용을 접한 사람은 (다)의 기사 내용을 시청한 사람과 달리 같은 기사 내용을 여러 번 접할 수 있겠군.

● 20420-0159

06 (다)와 (라)의 매체 언어가 지닌 공통점으로 가장 적절한 것은?

① 시간적, 공간적 제약 없이 기사 내용을 전달할 수 있다.

② 기사의 생산자와 수용자가 쌍방향 의사소통을 할 수 있다.

③ 기사 내용과 관련한 다양한 정보를 수용자가 탐색할 수 있다.

④ 기사 내용의 수용자가 자신의 주관적 견해를 실시간으로 공유한다.

⑤ 음성 언어, 문자 언어, 사진, 영상 등을 복합적으로 활용하여 기사를 구성한다.

Tip

인터넷 매체 언어의 특성 인터넷은 정보 통신 기술의 발달로 최근 가장 활발하게 이용되는 매체 언어이다. 인터넷은 기존 매체에 비해 손쉽게 정보를 주고받을 수 있으며, 전달하려는 정보에 대해 쌍방향적 소통이 가능하며, 정보의 탐색, 가공, 전파 등이 용이하다는 특징을 가지고 있다.

[07~08] 다음은 텔레비전 예능 프로그램의 일부이다. 물음에 답하시오.

Tip

텔레비전 매체 자료의 특성
텔레비전은 문자, 그림(사진), 영상, 음성 등을 복합적으로 사용할 수 있는 매체이다. 하지만 텔레비전은 생산자와 수용자 간의 소통이 어려운 특성이 있었지만, 최근에는 텔레비전에 인터넷과 통신 기술을 활용하여 생산자와 수용자가 실시간으로 소통할 수 있는 방향으로 진화하고 있다.

▶ 20420-0160

07 위 매체 자료의 특성으로 가장 적절한 것은?

① 동일한 내용의 정보를 다수의 사람들에게 전달한다.
② 객관적 사실에 기반한 공정한 정보 전달이 가능하다.
③ 대중문화의 경향보다는 개인의 개성적 취향을 우선시한다.
④ 내용 전달을 위해 주로 문자 언어와 음성 언어를 사용한다.
⑤ 수용자에게 필요한 정보를 빠른 시간 내에 전달하는 것을 중시한다.

▶ 20420-0161

08 위 매체 자료를 시청한 후 보인 반응으로 가장 적절한 것은?

① 오락적 기능과 함께 사회 공동체의 문제를 해결하는 기능을 하고 있군.
② 시청자의 의견을 수렴하여 프로그램에서 의도한 내용의 일부를 수정하였군.
③ 기존 텔레비전 매체의 시·공간적 제약에서 벗어나 자유롭게 화면을 구성하였군.
④ 기존 텔레비전 매체의 단점인 일방향적 속성을 극복하기 위해 채팅창을 구성하였군.
⑤ 텔레비전 매체에서 시도되지 않았던 문자 언어를 활용해 내용을 명확히 전달하고 있군.

02 매체 언어의 표현과 소통

1 매체 언어의 표현

(1) 매체 언어의 표현과 가치

| 매체 자료의 창의적 표현 방식 이해 | + | 매체 자료의 심미적 가치 향유 |

↓

| 매체 언어를 바라보는 시각 확장 |

(2) 매체 자료의 창의적 표현 방식 이해

매체를 통한 의사소통의 효율성을 높이기 위해서는 전달하고자 하는 내용을 인상적으로 제시할 필요가 있다. 이와 관련하여 창의적 표현은 수용자의 주의를 환기하여 내용 전달의 효과를 높이는 역할을 한다.

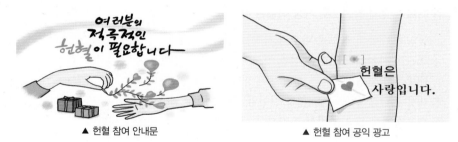

▲ 헌혈 참여 안내문   ▲ 헌혈 참여 공익 광고

➡ 공통적으로 헌혈에 참여해 달라는 메시지를 전달하고 있지만 다음과 같이 표현상의 차이점이 있다. 매체는 매체 언어를 창의적으로 표현하는 방식을 활용하여 메시지를 효과적으로 전달할 수 있다.

안내문	공익 광고
전달하고자 하는 메시지를 직접적인 문구로 표현하고 있음. 그리고 헌혈이 타인에게 사랑을 나누는 과정이자 소중한 선물이 된다는 점을 그림을 통해 상징적으로 나타내고 있음.	'헌혈은 사랑입니다.'라는 비유적인 문장을 제시하고, 헌혈 후 솜에 묻은 피를 하트 모양으로 형상화하여 헌혈을 통해 사랑을 실천했다는 메시지를 간접적으로 전달하고 있음.

(3) 매체 자료의 심미적 가치 향유

매체 자료는 단순히 정보를 전달하는 것뿐만 아니라 더 생생하고 풍부한 의사소통을 위해 새로운 심미적 가치를 부여하기도 한다. 심미적 가치는 아름답다는 뜻이라기보다는 어떤 대상을 감각적 또는 정서적으로 느낄 수 있게 해 준다는 뜻을 담고 있다.

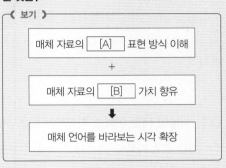

VIDEO		AUDIO	VIDEO		AUDIO

중년의 회사 대표와 젊은 현장 근무자가 무표정으로 카메라를 응시
Na) 59세 박성길 회사 대표 33세 김유환 현장 근무자

사이좋은 친구처럼 함께 밝게 웃는다.
Na) 우리는 동갑입니다.

노년의 경비 아저씨와 중년의 입주민 아주머니가 무표정으로 카메라를 응시
Na) 45세 이혜연 입주민 62세 김영조 경비원

사이좋은 친구처럼 함께 밝게 웃는다.
Na) 우리는 동갑입니다.

중년 편의점 사장과 20대 초반의 아르바이트생이 무표정으로 카메라를 응시
Na) 40세 김진욱 편의점 사장 20세 김혜리 아르바이트생

사이좋은 친구처럼 함께 밝게 웃는다.
Na) 우리는 동갑입니다.

#1컷에 등장한 중년의 대표와 젊은 현장 근무자가 함께 악수한다
Na) 높낮이의 차별 없이 평등할 때

#3컷에 등장한 경비 아저씨와 입주민이 밝게 인사를 나눈다.
Na) 비로소, 함께 웃는 대한민국이 됩니다.

#5컷에 등장한 편의점 사장과 아르바이트생이 서로를 도와주며 짐을 가게로 옮긴다.
Na) 을은 없습니다.
우리는 모두 동갑 (同甲)입니다.

공익 광고 협의회 로고

#10 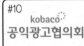 kobaco 공익광고협의회

➡ 전반부에 특별한 설명 없이 '우리는 동갑입니다.'라는 문구와 소리를 반복적으로 제시하며 두 사람의 모습을 드러내는 장면을 보여 주다가 마지막 부분에 '높낮이의 차별 없는 평등'이라는 주제 의식을 드러내고 있는 공익 광고이다. 영상, 문구, 소리가 주제와 잘 어울려져 심미적 가치가 잘 구현되고 있다.

2 매체 언어를 통한 소통 방식의 변화

대중 매체를 통해 다수에게 정보를 전달하는 방식으로 일어나는 소통일 경우

과거의 수용자	현대의 매체 이용자
일방적으로 전달되는 내용을 수동적으로 받아들임.	매체를 통해 자신의 생각과 의견을 표현하고 유통시키면서 사회적 의사소통에 적극적으로 참여함.

➡ 매체는 개인적인 소통뿐 아니라 사회적 의견을 나누고 여론을 형성하는 등 사회적 의사소통에 있어서도 중요한 역할을 한다. 현대 사회에서 매체는 일반인들의 참여가 중요하게 여겨지는 참여 문화를 형성하는 데 기여할 수 있다. 따라서 매체를 통하여 사회적 의사소통에 적극적으로 참여하는 민주 시민으로서의 태도를 갖는 것이 중요하다.

개념 체크

01 〈보기〉의 빈칸에 들어갈 적절한 말을 2음절로 쓰시오.

〈 보기 〉
( )은/는 사람들이 직접 만날 수 없는 상황에서 의미가 운반되는 매개체 역할을 한다.

02 〈보기〉의 [A]와 [B]에 들어갈 말을 바르게 짝지은 것은?

〈 보기 〉

매체 자료의 [A] 표현 방식 이해
+
매체 자료의 [B] 가치 향유
↓
매체 언어를 바라보는 시각 확장

	[A]	[B]
①	획일적	심미적
②	획일적	반성적
③	창의적	비판적
④	창의적	심미적
⑤	창의적	반성적

03 다음 설명이 맞으면 ○표, 틀리면 ×표를 하시오.

① 매체 자료의 창의적 표현은 수용자의 주의를 환기하여 내용 전달의 효과를 높이는 역할을 한다. (○ , ×)
② 매체 자료는 단순히 정보를 전달하는 것뿐만 아니라 새로운 심미적 가치를 부여하기도 한다. (○ , ×)

04 〈보기〉에서 설명하는 말로 가장 적절한 것은?

〈 보기 〉
이 말은 어떤 대상을 감각적·정서적으로 느낄 수 있게 해 준다는 뜻을 담고 있다.

① 비판적 가치 ② 심미적 가치
③ 친교적 가치 ④ 사회적 가치
⑤ 창조적 가치

정답 01 매체 02 ④ 03 ① ○, ② ○ 04 ②

내신 기본 UP 문제

[01~02] 다음 글을 읽고 물음에 답하시오.

　　그동안 매체 언어에 대한 접근은 매체 언어에 대한 비판적 인식을 바탕으로 하여 이루어졌기 때문에, 매체 언어를 통해 형성되는 정보와 지식에 대한 비판적 수용과 생산을 중심으로 이루어지는 경우가 많았다. 그러나 한편으로 매체 언어는 오랫동안 인간이 향유*해 온 이야기를 담기도 하는 언어라는 점에서 보다 문학적인 접근도 필요로 한다. 매체 자료의 창의적인 표현 방식과 심미적 가치를 이해하고 향유하는 일은 ㉠매체 언어에 대한 문학적 접근이라 할 수 있다. 광고에 나타난 창의적인 표현을 살펴본다든가, 영화에 나타난 생산자의 주제 의식을 살펴보는 것 등이 이에 해당한다. 매체 자료를 정보와 지식을 수용하고 생산하기 위한 측면에서 바라보는 관점뿐 아니라, 심미적 가치를 담은 창의적 표현물의 측면에서 이해하는 것도 필요하다.

제재 탐구
매체 언어에 대한 문학적 접근이 필요함을 강조하고 있는 글이다. 정보와 지식을 수용하고 생산하기 위한 측면에서 바라보는 관점뿐 아니라, 심미적 가치를 담은 창의적 표현물의 측면에서 이해하는 것도 필요함을 강조하고 있다.

* **향유** 누리어 가짐.

> ▶ 20420-0162

01 윗글에 대한 이해로 적절하지 <u>않은</u> 것은?

① 매체 자료를 정보와 지식을 수용하고 생산하기 위한 측면에서 바라보는 관점도 필요하다.

② 매체 언어에 대한 문학적 접근의 예로 광고에 나타난 창의적인 표현을 살펴보는 것을 들 수 있다.

③ 창의적으로 표현된 매체 자료를 일방적으로 수용하는 것은 매체 언어에 대한 문학적 접근에 해당한다.

④ 매체 언어를 문학적으로 접근해야 하는 것은 매체가 오랫동안 인간이 향유해 온 이야기를 담기도 하는 언어이기 때문이다.

⑤ 그동안 매체 언어에 대한 접근은 매체 언어를 통해 형성되는 정보와 지식에 대한 비판적 수용과 생산을 중심으로 이루어지는 경우가 많았다.

Tip

> ▶ 20420-0163

02 〈보기〉의 ㄱ~ㄷ 중, ㉠의 예에 해당하는 것만을 있는 대로 고른 것은?

> **보기**
>
> ㄱ. 동일한 주제를 담은 두 공익 광고의 문구를 비교하여 어떤 문구가 더 독창적인지 검토해 보았다.
> ㄴ. 인터넷 1인 미디어에서 진행자가 언어 규범이나 언어 윤리에 어긋나는 발언을 하지 않는지 평가해 보았다.
> ㄷ. 영화에서 효과음과 배경 음악, 장면의 배열 등의 장치가 주제를 드러내는 데 어떻게 활용되고 있는지 생각해 보았다.

① ㄱ　　　　② ㄴ　　　　③ ㄱ, ㄷ　　　　④ ㄴ, ㄷ　　　　⑤ ㄱ, ㄴ, ㄷ

심미적 가치 매체 자료에 따라 심미적 가치를 드러내는 표현 방식이 달라지기도 한다. 예를 들어 인쇄 매체인 소설은 주로 서술자의 서술을 통해, 영상 매체인 영화는 배우의 말과 행동, 효과음과 배경 음악, 촬영 각도, 장면의 배열 등 다양한 장치를 통해 심미적 가치가 드러난다.

120 | EBS 올림포스 언어와 매체

20420-0164

03 다음 제시된 공익 광고에 대한 이해로 적절하지 <u>않은</u> 것은?

Tip
동음이의어 소리는 같으나 뜻이 다른 단어를 뜻하는 말이다.

영상, 자막	올리지 말고 / 올리세요!
음성	"올리지 말고, 올리세요!"
영상, 자막	잡지 말고 / 잡으세요!
음성	"잡지 말고, 잡으세요!"
영상, 자막	걸지 말고 / 걸으세요!
음성	"걸지 말고, 걸으세요!"
영상, 자막	태우지 말고 / 태우세요!
음성	"태우지 말고, 태우세요!"

① 대비되는 두 영상을 보여 줌으로써 전달하고자 하는 바를 강조하고 있다.
② 동음이의어를 사용하여 비현실적인 내용을 현실적인 것처럼 표현하고 있다.
③ '~지 말고, ~세요!'라는 문장 구조를 반복적으로 제시하며 내용을 전개하고 있다.
④ 영상, 음성을 활용함으로써 자막만 제시할 때에 비해 생생하고 풍부한 전달 효과를 드러내고 있다.
⑤ '에너지 절약'이라는 말을 드러내지 않고 복합적으로 주제를 전달함으로써 심미적 가치를 구현하고 있다.

◀ 서술형 ▶

20420-0165

04 〈보기〉에 제시된 공익 광고에서 발견할 수 있는 '창의적 표현 방식'에 대해 〈조건〉에 맞게 서술하시오.

《 보기 》

 앉아서 일하는 건 마찬가지입니다

[광고 설명] 이 공익 광고는 일반인과 장애인이 앉아서 일할 때는 동일하다는 것을 보여 주고 있다.

《 조건 》

공익 광고의 전달 의미를 드러낼 것.

[05~06] 다음 글을 읽고 물음에 답하시오.

현대 사회의 인간은 다양한 대중 매체를 통해 말과 글뿐만 아니라 그림이나 사진, 동영상 등 다양한 방식으로 의미를 주고받고 있으며, 공간과 시간의 제약을 넘어서 소통하고 있다. 의미가 전달되는 경로인 매체의 특성에 따라 음성, 문자, 소리, 이미지, 동영상 등이 복합적으로 결합하여 의미를 주고받을 수 있는 것이 현대 사회 소통의 특징이라 할 수 있다. 한편, 불특정 다수에게 동시에 의미를 전달할 수 있는 대량 전달 방식의 소통을 위해서는 반드시 대중 매체가 필요한데, 책, 신문, 라디오, 텔레비전, 영화, 인터넷 등의 대중 매체는 인간의 사회적 소통에서 중요한 역할을 한다.

기술 발달에 따른 새로운 매체의 등장으로 인해 정보와 지식이 구성되고 유통되는 방식에 변화가 생기게 되었다. 같은 내용이라도 어떤 매체를 통해 유통되느냐에 따라 의미의 파급력이 달라지는데, 이는 매체의 기술적 특성과 관련된다. 예를 들어, 같은 기사라도 ㉠종이 신문으로 보도되는 것과 ㉡텔레비전 방송으로 보도되는 것, ㉢인터넷 포털 사이트에 소개되는 것은 각 매체의 기술적 특성에 따른 상호 작용 방식의 차이와 자료의 복제 가능성 등의 차이로 인해 파급력에 커다란 차이가 있다. 최근에는 가상 현실을 접목한 매체가 등장하기도 하였으며, 매체 언어의 복합 양식성은 더욱 가속화되고 있는 추세이다.

> **〈제재 탐구〉**
> 현대 사회의 소통 현상과 관련하여 매체 언어의 특성에 대해 다루고 있는 글이다. 현대 사회 매체의 특성을 알기 쉽게 설명하고 있다.
>
> * **매체 언어의 복합 양식성** 매체 언어가 의미를 전달하기 위해 다양한 언어 양식을 통합하는 특성.

● 20420-0166

05 윗글에 대한 이해로 가장 적절한 것은?

① 현대 사회에서 사람들 간의 소통은 공간과 시간의 제약을 받고 있다.
② 책, 신문과 달리 라디오, 텔레비전, 영화, 인터넷은 대중 매체에 해당한다.
③ 새로운 매체가 등장해도 정보가 구성되고 유통되는 방식은 변하지 않았다.
④ 동일한 내용이라도 유통 매체의 종류에 따라 의미의 파급력이 달라질 수 있다.
⑤ 가상 현실을 접목한 매체가 등장하며 매체 언어의 복합 양식성이 약화되고 있다.

> **Tip**
> **매체의 특성** 현대 사회에서는 다양한 매체를 통해 정보를 수용할 수 있는데, 각각의 매체는 정보를 제시하는 언어의 측면, 정보의 양과 질, 정보 제공의 속도와 보존 방법, 정보 제공자 범위의 폐쇄성과 개방성 등에서 차이가 있다.

● 20420-0167

06 윗글을 근거로 할 때, ㉠~㉢에 대한 설명으로 적절하지 <u>않은</u> 것은?

① ㉠은 ㉡과 달리 불특정 다수에게 동일한 메시지를 한꺼번에 전달할 수 있다.
② ㉡은 ㉠과 달리 생생한 현장 영상을 통해 실제감 있는 정보를 제시할 수 있다.
③ ㉢은 ㉠에 비해 전달하고자 하는 정보를 신속하게 제공할 수 있다.
④ ㉢은 ㉠, ㉡에 비해 분량의 제약을 받지 않고 정보를 전달할 수 있다.
⑤ ㉠, ㉡은 ㉢에 비해 정보 제공자의 범위가 다소 폐쇄적이라고 할 수 있다.

07 (가)와 (나)를 비교한 내용으로 적절하지 <u>않은</u> 것은?

◉ 20420-0168

Tip

매체 언어를 통한 소통 매체 언어는 생각, 느낌 따위를 나타내거나 전달하는 데에 쓰는 음성, 문자 따위의 수단으로 소통을 전제로 한다. 소통은 일방적 수용의 관계로 이루어지는 것이 아니라 소통 당사자 간의 상호 작용을 기본으로 하며 이루어진다.

(가) 라디오 방송 날씨 정보

"지난 주말 황사와 미세 먼지 때문에 고생 많이 하셨지요? 연일 이어지는 가뭄으로 걱정이 많으신 분도 많을 텐데요, 가뭄은 8일 밤 전라남도 해안과 제주도에 비가 내리는 것을 시작으로 조금이나마 해소될 것으로 보입니다. …… 이 비는 저기압이 동해상으로 빠져나가는 10일 새벽 서쪽 지방부터 그치기 시작해 아침에 대부분 그치겠지만, 저기압의 느린 이동 속도로 인해 경기 북부와 강원도, 남부 지방에서는 낮까지도 비가 조금 이어질 수 있겠습니다. 3분 날씨 정보였습니다."

(나) 인터넷 사이트 날씨 정보

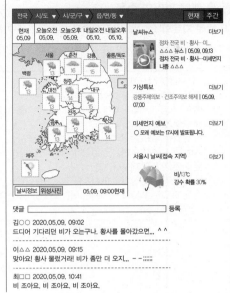

① (가)는 청취자가 날씨 정보를 일방적으로 수용하도록 하는 방식으로 정보가 전달되는군.
② (나)는 날씨 정보에 대해 사람들끼리 상호 작용하며 소통이 이루어질 수 있군.
③ (가)는 (나)에 비해 제시된 정보를 복제하여 다른 곳으로 옮기는 것이 용이하겠군.
④ (나)는 (가)와 달리 특정 개인에 대한 맞춤식 정보가 제공될 수 있군.
⑤ (가)는 음성 언어만으로 정보가 전달되지만, (나)는 문자, 영상, 음성 등 다양한 언어로 정보가 전달되는군.

◀서술형▶

◉ 20420-0169

08 매체의 특성을 고려할 때, (가), (나)에서 각각 어떤 매체를 선택하여 정보를 구성하는 것이 적절할지 근거를 들어 서술하시오.

더 알아 두기

매체 자료 비판적 읽기
비판적 읽기란 우리가 어떤 대상이나 사건에 대해 쓴 글을 읽을 때 그 글의 출처는 어디이며 글쓴이는 누구인가, 글의 내용은 객관적인 사실에 근거하고 있는가, 글쓴이가 대상이나 사건을 바라보는 관점은 무엇인가, 그 글의 내용은 누구의 이해관계와 관련되어 있는가 등을 따져 가며 읽는 것을 뜻함. 이와 마찬가지의 방법과 태도가 매체 자료를 읽을 때에도 적용될 필요가 있으며, 문자로 표현된 것뿐 아니라 시각적 이미지, 도표, 글의 요소들이 배치된 방식 등에 대해서도 의미를 따져 읽을 필요가 있음.

1 매체 언어의 수용

(1) 매체 자료의 의미를 비판적으로 분석하고 평가하기: 매체 자료를 비판적으로 수용하기 위해서는 다음과 같은 점들을 따져 가며 읽는 태도가 필요하다.

- 누가 그 자료를 생산했는가?
- 그 자료는 어떤 수용자를 대상으로 생산되었는가?
- 그 자료는 수용자에게 어떻게 생각하거나 느끼기를 원하는가?
- 그것은 어떻게 표현되어 있는가?
- 그것은 상업적 의도를 지니고 만들어진 것인가?
- 매체 자료가 표상하는 현실은 얼마나 사실적인가?
- 그것은 어떤 가치를 제시하는가?
- 그것은 사회적 혹은 정치적 메시지를 담고 있는가?
- 그것이 담고 있는 의도나 메시지는 어떤 표현을 통해 알 수 있는가?
- 매체 자료가 제시하는 가치에 대해 나는 동의하는가? 그 이유는 무엇인가?

(2) 다양한 관점과 가치를 고려하여 수용하기: 매체 자료의 의미는 관점에 따라 다르게 읽힐 수 있으므로, 다양한 관점과 가치를 고려하여 매체 자료를 수용할 수 있어야 한다.

> 예 텔레비전 드라마를 수용할 때, 예술적 작품성을 중시하여 평가할 수도 있지만, 텔레비전이라는 매체가 지니는 사회적 영향력과 규범성을 강조하여 평가할 수도 있다. 또 텔레비전 드라마가 현실 세계를 그대로 반영한다는 관점에서 수용할 수도 있지만, 현실을 새롭게 만들어 가는 역할을 한다는 관점에서 수용할 수도 있다. 혹은 작가의 감수성과 심미적 경향을 중심으로 수용할 수도 있고, 장르적 관점에서 수용할 수도 있다. 이처럼 하나의 매체 자료도 다양한 관점에서 수용하고 평가할 수 있다.

(3) 매체 자료의 창의적인 표현 방식과 심미적 가치를 이해하고 향유하기: 매체 자료는 정보와 지식을 담고 있기도 하지만, 심미적 가치를 담은 창의적인 표현물이기도 하다. 따라서 매체 자료의 창의적인 표현 방식과 심미적 가치를 이해하고 향유하는 일은 문학적 활동이라고도 볼 수 있다.

> 예 광고에서 광고가 전달하는 정보 외에 광고에 나타난 창의적인 표현을 살펴보거나, 영화에 나타난 표현 방식이나 생산자의 주제 의식을 살펴보는 활동 등이 이에 해당한다.

❷ 매체 언어의 생산

(1) 매체 자료의 목적, 수용자, 매체의 특성을 고려하여 생산하기: 매체 자료를 생산할 때에는 소통의 목적, 수용자의 특성, 매체의 특성을 고려해야 한다.

소통의 목적	• 소통의 목적이 정보 전달인 경우 정확하고 신뢰성 있는 내용으로 구성해야 한다. • 소통의 목적이 설득인 경우 자신의 주장이나 관점을 명확히 하고 타당한 논거를 제시할 수 있어야 한다. • 소통의 목적이 심미적 정서 표현인 경우 정서를 구체화하여 표현하려고 노력해야 한다. • 소통의 목적이 사회적 상호 작용일 경우 사회적 관계를 바탕으로 사적 영역과 공적 영역의 맥락을 고려해야 한다.
수용자의 특성	• 수용자의 연령과 성(性)을 고려해야 한다. • 수용자가 다수인지 소수인지를 고려해야 한다. • 수용자의 관심사가 무엇인지 고려해야 한다. • 전달하려는 내용에 대한 수용자의 배경지식의 정도를 고려해야 한다.
매체의 특성	전달하고자 하는 매체의 언어적 특성, 파급력 등을 고려해야 한다.

(2) 기존 매체 자료를 창의적으로 변용하기: 매체 자료의 생산 능력은 기존의 매체 자료를 창의적으로 변용해 보는 경험을 통해 단계적으로 신장할 수 있다. 그러나 기존 매체 자료를 변용할 때에는 저작권 문제 등에 유의해야 한다.

> ⑩ 기존의 글이나 문학 작품을 창의적으로 변용하는 경험을 하다 보면 글쓰기나 창의적 표현 능력 등이 신장될 수 있다.

(3) 매체 언어의 특성을 고려하여 동일 내용을 다른 매체로 표현하기: 같은 내용이라고 하더라도 그것이 담기는 매체가 달라지면 표현 방식이 달라진다. 같은 내용을 다른 매체로 변환하여 표현하는 연습을 하다 보면 매체에 따른 표현 방식에 익숙해질 수 있다.

> ⑩ • 문자 언어로 표현된 소설의 내용을 바탕으로 만들어진 영화는 이미지, 소리, 음악, 인물의 대사, 움직임 등으로 이루어진 영상 언어로 표현된다. 또 소설과 달리 영화는 상영 시간의 제약이 있으므로 같은 내용을 담더라도 표현 방식이 달라질 수밖에 없다.
> • 같은 사건을 보도하는 경우라고 해도 신문 기사, 텔레비전 뉴스, 인터넷 뉴스 등 전달하는 매체의 특성에 따라 표현 방식이 달라진다.

개념 체크

01 매체 자료를 비판적으로 읽기 위해 따져 봐야 할 점으로 적절하지 <u>않은</u> 것은?

① 어떤 가치를 제시하는가?
② 어떤 수용자를 대상으로 생산되었는가?
③ 상업적 의도를 지니고 만들어진 것인가?
④ 사회적 혹은 정치적 메시지를 담고 있는가?
⑤ 내가 좋아하는 표현 방식으로 표현했는가?

02 다음 빈칸에 들어갈 적절한 말을 쓰시오.

> 매체 자료를 생산할 때는 소통의 (   ), (   )의 특성, 전달하고자 하는 (   )의 특성을 고려해야 한다.

03 다음 설명이 맞으면 ○표, 틀리면 ×표를 하시오.

① 매체 자료의 의미는 관점에 따라 다르게 읽힐 수 있으므로, 다양한 관점과 가치를 고려하여 매체 자료를 수용해야 한다. (○, ×)
② 기존의 매체 자료를 변용하는 활동을 통해서는 매체 생산 능력을 신장시킬 수 없다. (○, ×)
③ 내용이 담기는 매체가 달라진다고 하더라도, 내용이 같다면 표현하는 방식에는 큰 차이가 없다. (○, ×)

정답 01 ⑤ **02** 목적, 수용자, 매체 **03** ① ○, ② ×, ③ ×

01 〈보기〉의 매체 자료를 수용한 내용으로 적절하지 **않은** 것은?

◉ 20420-0170

《 보기 》

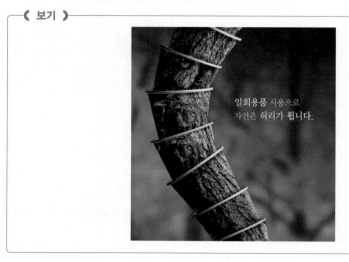

일회용품 사용으로
자연은 허리가 휩니다.

① 정보 전달과 설득의 목적을 함께 지니는 자료이다.

② 자연을 보호하기 위해 일회용품 사용을 자제하자는 메시지를 담고 있다.

③ 언어적 표현과 사진이 서로 상반된 의미를 구현함으로써 자료의 인상을 더욱 강렬하게 하고 있다.

④ 광고 문구 중 특정 표현을 굵은 글씨로 표현함으로써 강조하고자 하는 내용을 부각하고 있다.

⑤ 나무껍질 문양을 지닌 종이컵을 쌓아 나무가 휜 것처럼 표현함으로써 일회용품의 사용이 자연에 해가 된다는 메시지를 창의적으로 표현하고 있다.

★ 《서술형》

02 〈보기 2〉는 텔레비전 뉴스의 제목이다. 〈보기 1〉을 참고하여 이러한 제목에는 어떠한 이데올로기가 담겨 있는지 서술하시오.

◉ 20420-0171

《 보기 1 》

　자본주의의 가장 두드러진 특징은 이윤 추구와 경쟁적인 시장 경제를 바탕으로 하는 계층의 분화라고 할 수 있다. 지배 계층은 자신들의 이익을 보전하기 위하여 선전을 동원한다. 선전에는 대중 매체와 지식인이 앞장을 서게 되는데, 이것은 결국 지식이나 자본을 좀 더 가진 사람들이 자신들의 이데올로기를 강요하는 것이다.

《 보기 2 》

• 금융권에서 고졸 행원 뽑기 시작
• 고졸 채용 일반 기업으로 확산

[03~04] 다음 글을 읽고 물음에 답하시오.

여성 가족부, 모바일 셧다운제 '검토'……업계 반발

여성 가족부 장관이 '모바일 게임 셧다운제'를 검토하겠다는 소식이 전해진 가운데, 게임 업계의 반발이 거세지고 있다.

여성 가족부는 현재 청소년 보호법에 따라 오전 0시부터 6시까지 만 16세 미만 청소년의 게임 이용을 차단하는 강제적 셧다운제를 시행하고 있지만, 온라인 게임과 네트워크 플레이가 가능한 콘솔 게임*에만 적용하고 있다.

'모바일 게임 셧다운제'는 지난 4월에도 추진되려 했으나 문화 체육 관광부의 보이콧으로 무산됐다. 강제적 셧다운제는 2년마다 여가부와 문체부가 협의하여 제한 대상 게임물의 범위가 적절한지 평가하여 개선 등의 조치를 취하도록 되어 있다. 이 때문에 협의 시기가 되면 청소년의 기본권을 침해한다는 반대 측과 모바일 게임으로 확대해야 한다는 찬성 측 사이에 논란이 일고 있다.

'모바일 게임 셧다운제'를 검토하겠다는 소식이 전해지자 게임 업계는 물론 일반 게임 이용자들도 극구 반대를 표하고 있다. ○○ 게임즈의 ◇◇◇ 대표는 개인 SNS를 통해 "아직도 정부는 게임을 술, 담배 수준으로 보고 있는가?"라며 "대한민국은 문화를 융성시켜야 한다. 그리고 게임 산업은 음악/영화 산업을 합친 것보다 크다. 제발 동네 오락실 세대들은 과거의 잣대로 후세대 미래에 재를 뿌려 대지 말길 바란다."라고 강력히 성토했다. 한 누리꾼은 "소 잃고 외양간 고치는 짓 좀 하지 맙시다. 무조건 하지 말라가 아니라 아이들이 왜 전자 기기에 의존하여 여가 생활을 보내게 되었는지부터 파악해야 하지 않는가."라고 지적했으며, 또 다른 누리꾼은 "셧다운제가 '청소년 수면권 보장' 어쩌고 하면서 나온 거 아닌가? 그러면 밤 10시 이후에 책상 앞에 앉는 것도 막아야지."라며 비꼬았다.

참고로 셧다운제는 도입 전부터, 그리고 도입 후에도 많은 논란을 불러일으켜 왔다. 도입 전에도 논란이 됐던 '실효성'은 도입 이후 6년간의 데이터를 살펴봤을 때 '무용지물'이라는 게 일반적인 지론이며, 게임 산업 자체에도 많은 영향을 끼쳤다. PC 온라인 게임에 셧다운제가 적용된 후 모바일 게임 산업이 크게 성장했으며, PC 온라인 게임들은 아예 청소년 이용 불가 등급으로 방향을 틀게 됐다. 이에 따라 경제적 손실은 물론, 국내 게임 개발력이 하락됐다는 평가도 있다.

해외 정신과 전문가도 셧다운제에 대해 부정적 의견을 표한 바 있다. 호주 시드니의 필립 탐 아동 청소년 정신과 의사는 "청소년의 게임 과몰입을 해결하기 위해서는 셧다운제 등의 법적 조치 이전에 부모가 자녀가 사용하는 기기나 컴퓨터에 어떤 기능이 있는지 파악하는 것이 중요하다. 특히 극단적인 상황이 아니라면 기관이나 전문가가 먼저 나서기보단, 가족 내에서 먼저 문제를 해결할 방안을 찾는 것을 권한다."라고 말한 바 있다.

– 게임 정보 전문 포털 게임 △△

제재 탐구

이 글은 여성 가족부가 모바일 게임 셧다운제의 시행을 검토하겠다는 소식을 바탕으로, 모바일 게임 셧다운제의 내용과 이를 둘러싼 찬반 논란, 그리고 게임 업계와 일반 게임 이용자들의 반응을 담고 있는 기사문이다.

* **셧다운제** 게임 중독으로부터 청소년을 보호하기 위해 온라인 게임 서비스의 이용 시간을 제한하는 제도.
* **콘솔 게임** 컴퓨터나 비디오 게임용 기기와 게임용 소프트웨어를 이용하여 텔레비전이나 모니터의 화면에서 벌이는 게임.

03 위 기사문을 비판적으로 수용한 내용으로 적절하지 **않은** 것은?

● 20420-0172

① 이 글은 '모바일 셧다운제'가 찬반 논란이 있다고 하면서도 찬성 측의 주장은 실어 놓지 않았군.

② 외국의 전문가가 셧다운제에 대한 부정적 의견을 표하였으니 '모바일 셧다운제' 또한 긍정적 효용이 거의 없겠군.

③ '셧다운제가 무용지물'이라는 주장에 대해서는 구체적인 데이터를 근거로 제시하지 않았으므로, 타당성을 따져 보아야 하겠군.

④ 이 글은 게임에 대한 긍정적 인식을 지닌 사람들이 주로 이용하는 사이트에 게시되었다는 점을 고려해서 글의 내용을 받아들여야겠군.

⑤ '모바일 셧다운제' 도입을 비판하는 누리꾼들의 전문성에 대한 구체적 정보가 없음에도 이를 인용하고 있어 신뢰성이 높다고 보기는 어렵군.

Tip
신뢰성 설득을 목적으로 하는 말이나 글에서 주장을 펼 때 그에 대한 근거로서 여러 가지 내용들을 내세울 수 있다. 주장에 대한 근거는 믿을 수 있는 것이어야 하는데 이를 신뢰성이라고 한다. 신뢰성의 바탕이 되는 것은 출처, 통계 등이 있다.

04 위 기사문을 참고하여 〈보기〉의 맥락에 맞게 매체 자료를 생산하려고 할 때, 그 계획으로 적절하지 **않은** 것은?

● 20420-0173

《 보기 》

• 의사소통 목적: '모바일 셧다운제' 시행에 대해 찬성하는 측의 주장과 반대하는 측의 주장을 소개하고 독자의 의견을 조사해 보고자 함.
• 수용자: 같은 고등학교에 재학 중인 친구들과 선후배
• 전달 매체: 인쇄되는 학교 신문과 SNS에 존재하는 학교 소식 전달 페이지

① '모바일 셧다운제' 시행에 대해 찬성하는 측의 주장을 조사하여 반대하는 측의 주장과 내용을 균형 있게 다룬다.

② 고등학교에 재학 중인 학생들을 대상으로 하는 만큼, 고등학생들에게 어려운 개념이 있다면 쉽게 풀어서 설명하려고 노력한다.

③ 학교 신문은 지면의 제약이 있으므로 내용을 간명하고 요약적으로 작성하고, SNS 페이지에 게시할 내용은 상세하게 작성한다.

④ '모바일 셧다운제'에 관심이 없는 학생들도 의무적으로 게시물을 읽고 의견을 보일 수 있도록 설문 조사에 실명을 기입하도록 한다.

⑤ 학생들의 의견을 조사하기 위해 설문 조사가 가능한 사이트 주소와 큐아르 코드(QR code)를 제작하여 신문에 인쇄해 넣고, SNS 페이지에는 바로 설문 조사 사이트로 이동할 수 있는 주소를 링크한다.

05 '이번 달 생일을 맞은 학급 친구의 생일을 축하하는 영상 편지'를 제작하기 위한 계획으로 적절하지 <u>않은</u> 것은?

● 20420-0174

Tip

- 친구들과 우리 학급에 수업을 들어오시는 선생님들의 축하 메시지를 휴대 전화 카메라로 촬영하여 편집한다. …………………………………………………………… ①
- 생일을 맞은 친구에게 기념이 될 수 있도록 평소 촬영해 두었던 친구의 사진을 축하 영상 앞부분에 배치한다. ……………………………………………… ②
- 친구들과 선생님의 축하 메시지의 의미가 잘 드러날 수 있도록 주요한 내용은 자막을 제작하여 영상 하단에 배치한다. ………………………………………… ③
- 축하하는 사람들의 진심이 잘 드러날 수 있도록 메시지에 어울리는 배경 음악을 삽입하되, 사람들의 목소리가 묻히지 않도록 유의한다. …………………… ④
- 많은 사람들이 친구의 생일을 축하할 수 있도록 제작한 동영상 파일을 제작자의 판단에 따라 개인 SNS 페이지에 게시하고 공유한다. ………………………… ⑤

☆★ **◀서술형▶**

06 〈보기〉의 매체 자료의 형식과 내용에 주목하여 매체 자료를 비판적으로 수용하는 방법을 서술하시오.

● 20420-0175

기사형 광고 애드버토리얼이라고도 불리는 기사형 광고는 광고를 목적으로 하지만 기사의 형식을 빌린 메시지를 말한다. 언론의 신뢰성, 객관성, 명성에 편승해 광고의 신뢰성을 높이고자 하는 의도를 지니고 있다.

◀ 보기 ▶

의학/뉴스

탈모 천만 시대 돌입!
젊은 층 탈모 심각한 이유 알고 보니 빗질, 드라이기?!

탈모 천만 시대에 돌입하면서 젊은 층의 탈모가 늘어나고 있다. 4명 중 한 명은 탈모라는 말이 나올 정도로 최근 탈모에 대한 고민들이 많아져 이슈가 되고 있다.

김○○ 씨는 30대에 접어들면서 머리를 감을 때마다 빠지는 머리카락 때문에 고민이 많다. 염색과 펌, 고데기 등으로 머릿결도 푸석푸석해지며 빗질을 할 때마다 한 움큼씩 빠지는 머리카락 때문에 유명 연예인들이 광고를 하는 탈모 샴푸를 사서 쓰곤 했다. 하지만 실제로 샴푸 후 머리가 더욱 뻣뻣해지는 느낌이 나면서 오히려 머릿결도 상하고 빗질을 하면 머리가 더 빠지기만 할 뿐이었다.

그러던 중 신문 기사를 통해 다른 제품들과 다르게 제약 회사에서 직접 개발했다는 탈모 샴푸를 알게 된 김 씨는 구매 후 사용했고 김 씨의 머릿결은 180도 달라졌다. 실제로 김 씨의 머릿결은 따로 린스나 트리트먼트를 하지 않아도 찰랑거리게 되었으며 빗질을 할 때 부드럽게 내려가 빠지는 머리카락도 눈에 띄게 줄어들게 되었다.

김 씨가 구매한 제품은 바로 37년 전통의 전문 의약품 업체인 ◇◇ 제약에서 개발한 샴푸 □□이다. □□는 탈모 증상 완화와 모발 개선을 위해 ◇◇ 제약의 우수한 기술력으로 심혈을 기울여 개발된 제품이다. 모발에 악영향을 주는 설페이트, 인공 색소, 실리콘, 벤조페논 등을 제외하고, ◇◇ 제약의 기술력과 각종 탈모 증상 완화 기능성 성분에 20가지 아미노산 성분, 단백질 유래 성분 및 자연 유래 성분으로 구성되었다.

홈페이지: shampoo.○○○ (클릭 시 홈페이지로 이동됩니다.)

[01~02] 다음을 읽고 물음에 답하시오.

눈을 봐 주세요

가까워집니다

우리가
한 발자국만 더 다가갈게요

눈을 보는데

로그인도
공인인증서도   필요 없어요

눈으로 하는 대화

당신이 로봇이 아닌 단 하나의 이유

20420-0176

01 위 매체 자료에 대해 이해한 내용으로 적절하지 <u>않은</u> 것은?

① 소품을 활용한 구성을 통해 교훈적 메시지를 전해 주고 있다.

② 인물의 표정 변화를 보여 줌으로써 주제 의식을 부각하고 있다.

③ 다른 대상과 비교하는 내용을 통해 변화의 필요성을 강조하고 있다.

④ 간결한 문장으로 구성된 자막을 삽입하여 메시지를 명확하게 표현하고 있다.

⑤ 특정 인물에게 일어난 사건의 원인과 결과를 순차적으로 제시하여 자료 활용의 목적을 드러내고 있다.

20420-0177

02 위의 매체 자료에 대한 설명으로 가장 적절한 것은?

① 특정한 지식에 대한 정보를 상세하게 제공하는 기능을 한다.

② 사람들의 생각과 행동의 변화를 유도하는 것을 목적으로 한다.

③ 첫 장면에서 메시지를 직접적으로 전달하여 강렬한 인상을 남기는 것이 중요하다.

④ 특정한 인물과 사물 모두에 대해 긍정적 이미지를 구축할 수 있도록 내용을 구성한다.

⑤ 자료를 매개로 생산자와 수용자가 실시간으로 상호 작용할 수 있도록 유도해야 한다.

20420-0178

03 〈보기〉를 읽고 이해한 반응으로 적절하지 <u>않은</u> 것은?

> **〈 보기 〉**
>
> 　매체란 정보, 생각, 의견 등을 전달하고 공유할 수 있는 수단을 말한다. 음성 언어와 문자 언어는 가장 기본적인 매체에 해당한다. 음성 언어는 의사소통의 기본이 되는 매체이며, 문자 언어는 기록의 방식을 통해 지식을 전수하는 데 효과적인 매체이다. 최근에는 시각적 매체와 청각적 매체가 결합한 시청각 매체의 활용이 두드러지는데, 사진이나 그림 자료뿐만 아니라 영상 자료의 활용을 통한 의사소통이 활발해지고 있다. 특히 여러 가지 매체들이 상호 연결되어 운용되는 뉴 미디어가 등장하여 시·공간의 제약을 넘어 신속하고 자유로운 의사소통, 쌍방향적으로 이루어지는 의사소통이 가속화되고 있다.

① 우리가 다른 사람과 대화를 나누는 것은 음성 언어를 매체로 하는 의사소통에 해당하겠구나.

② 방대하고 전문적인 내용이나 심화된 내용을 체계적으로 전달하는 데는 문자 언어를 활용한 의사소통을 하는 것이 적절할 것 같아.

③ 시각적 매체와 청각적 매체를 결합하려면 전문적인 기술이 필요할 테니 영상 매체를 통한 자료의 생산은 점차 어려워지겠어.

④ 뉴 미디어를 이용하여 신속하고 자유롭게 의사소통이 이루어진다면 정보의 파급력이 커질 수 있겠지.

⑤ 뉴 미디어는 의사소통의 시간적 제약과 공간적 제약을 극복할 수 있게 한다는 점에서 세계화를 가속화할 수 있겠군.

04 〈보기 1〉은 동영상 제작을 위한 고려할 사항을 정리한 것이다. 〈보기 1〉을 바탕으로 〈보기 2〉에서 학생들이 동영상 제작 계획을 세웠다고 할 때, 그 내용이 적절하지 **않은** 것은?

《보기 1》

매체 자료를 생산할 때는 매체 자료를 통해 소통하려는 목적이 무엇인지를 고려해야 한다. 정보를 전달하려는 것인지, 설득을 하려는 것인지, 사회적 상호 작용을 하려는 것인지 등에 따라 매체 자료가 다르게 구성될 수 있다. 또한 매체 자료의 수용자들에 대한 분석도 필요하다. 매체 자료 수용자의 나이, 흥미, 관심사, 지식의 수준 등에 따라 정보의 내용이나 주제, 수준이 달라질 수 있다. 물론 매체 자료는 메시지 전달의 파급력이 큰 만큼 매체 자료를 신중하게 구성해야 한다.

《보기 2》

학생 1: 우리 학교 학생들을 대상으로 쓰레기 분리수거를 철저히 하자는 주제의 동영상을 만들기로 했잖아. 어떻게 자료를 구성하는 게 좋을까?

학생 2: 쓰레기 분리수거를 철저히 하지 않아서 발생하는 우리 학교 내의 문제점을 보여 주어서 학생들이 문제의 심각성을 느낄 수 있게 하자. ·· ①

학생 3: 그러면 나는 환경 도우미 학생들을 만나 쓰레기 분리수거를 제대로 하지 않으면 어떤 어려움이 있는지를 인터뷰해 올게. ··· ②

학생 4: 쓰레기 분리수거를 철저히 할 수 있도록 유도하려면 쓰레기 분리수거의 방법을 제대로 알려 주는 일도 중요할 테니 나는 쓰레기 분리수거의 방법을 효과적으로 보여 주는 그림을 준비하여 삽입할 수 있도록 할게. ·· ③

학생 5: 우리가 만든 동영상이 믿을 수 있는 정보를 바탕으로 하고 있다는 점을 강조하기 위해서 나는 환경 보존과 관련된 전문 서적을 읽고 그 내용을 최대한 상세하게 소개해 볼게. ············· ④

학생 6: 학생들의 동참을 유도하려면 학생들이 이 영상에 관심을 가질 수 있도록 해야 할 테니 학생들이 요즘 좋아하는 캐릭터를 활용하여 쓰레기 분리수거를 철저히 하자는 주제 의식을 강조해야겠어. ··· ⑤

◀서술형▶   ● 20420-0180

05 〈보기〉의 매체 자료를 수용하려고 할 때 주의해야 할 점이 무엇인지에 대해 한 문장으로 서술하시오.

《 보기 》

올해의 우수 상품, ○○○사의 방한용 부츠

　　부드러운 양가죽 소재로 만들어져 편안한 보행을 도와주는 ○○○사의 방한용 부츠가 올해의 우수 상품으로 선정되었다. 겨울에 미끄러짐 걱정이 없는 이 부츠는 편안하고 안전한 보행을 지원하고 발 폭이 넓어 착화감이 매우 뛰어나다고 평가되고 있다. 특히 디자인이 세련되어 다양한 연령대에서 인기를 끌고 있다. □□□ 팀장은 "○○○사의 방한용 부츠는 캐주얼부터 정장까지 어떠한 패션에도 어울리는 데다 발 건강에도 도움을 줄 수 있어 추천할 만하다."라고 전했다.

● 20420-0181

06 〈보기〉의 (가)와 (나)를 이해한 내용으로 적절하지 <u>않은</u> 것은?

《 보기 》

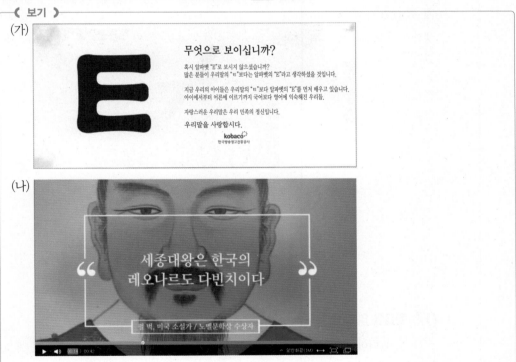

① (가)는 인쇄 매체를 통해 이루어지는 언어적 작용을 보여 준다.
② (가)는 정보의 생산자와 수용자의 역할이 고정적이지 않은 양식에 해당한다.
③ (나)는 (가)에 비해 복합적인 매체 언어를 활용하고 있다고 할 수 있다.
④ (가)와 (나)는 공통적으로, 보는 사람을 설득하려는 의도를 담고 있다.
⑤ (가)와 (나)는 모두 뉴 미디어를 통해 공유될 경우에 파급 효과가 커질 수 있다.

[07~08] 다음 글을 읽고 물음에 답하시오.

현대 사회를 미디어 사회라고 해도 과언이 아니다. 또 다른 말로 현대인은 정보의 홍수 속에 살고 있다고도 말한다. 이는 미디어의 발달로 인해 우리가 엄청난 양의 정보를 신속하게 주고받으며 살고 있다는 것을 의미한다. 이렇게 다량의 정보를 접하면서 살게 된 우리는 이제 '얼마나 많은 정보를 얻을 것인가?' 하는 양의 문제를 넘어 '㉠확실한 정보를 어떻게 찾을 것인가?' 하는 질의 문제를 염두에 두어야 한다는 것이다.

이에 따라 미디어 문식성을 갖추는 것이 중요한 자질로 부상하고 있다. 문식성이란 본래 읽고 쓸 수 있는 행위를 일컫는 용어인데, 이를 현대 사회의 미디어와 관련지어 다양한 형태의 메시지에 접근하고 그것을 분석하고 평가하며 의사소통하는 능력을 미디어 문식성이라고 한다. 매체를 다루고 매체 속에서 정보를 찾는 물리적 차원의 능력에서부터 미디어 속에서 재구성된 정보를 잘 분별하고 나아가 미디어를 통해 자신이 표현하고자 하는 내용을 효과적으로 조직, 전달하는 인지적 능력을 갖추는 일이야말로 현대 사회를 살아가는 데에 매우 중요한 요건이 된 것이다.

미디어 문식성을 갖추기 위해서는 미디어 수용자가 능동적 주체로서 미디어 정보를 이해하고 해석하는 능력을 가져야 한다. 여기서 말하는 능동성이란 미디어 텍스트에 '드러난 사실'과 '숨겨진 사실'을 수용자의 적극적인 사고 활동을 통해 구분하고 해석하는 행위를 말한다. 예를 들어 텔레비전 프로그램을 시청할 때 이 프로그램에서 전달하고 있는 정보가 사실인지 아닌지를 판단하는 것은 물론이고 그 이면에 숨겨진 생산 주체의 의도성을 파악하는 것은 능동적 주체로서 미디어 정보를 이해하고 해석하는 것이라고 할 수 있다.

● 20420-0182

07 윗글을 읽고 난 학생의 반응으로 적절하지 <u>않은</u> 것은?

① 미디어가 발달함으로써 우리는 대량의 정보를 신속하게 주고받을 수 있게 된 것이군.

② 미디어를 통해 범람하는 정보들 가운데 믿을 만한 정보를 찾아내는 것이 중요한 일이겠군.

③ 미디어로 전달되는 메시지를 분석하고 평가하며 의사소통하는 능력을 키우는 데 힘써야겠군.

④ 미디어를 능동적으로 수용하려면 미디어로 전달되는 메시지에 숨겨진 생산 주체의 의도성을 파악하도록 해야겠군.

⑤ 미디어를 통해 전달되는 정보를 주관에 따라 판단하여 변형하지 않고 있는 그대로 수용할 수 있는 객관적 능력을 함양해야겠군.

◗ 20420-0183
08 윗글에서 ㉠이 가리키는 내용이 무엇인지 다음 표현을 활용하여 한 문장으로 서술하시오.

'드러난 사실', '숨겨진 사실'

◗ 20420-0184
09 〈보기〉의 '학생 1'에 대한 설명으로 적절하지 **않은** 것은?

《 보기 》

학생 1: 우리 과학 동아리에서 내가 발표할 차례잖아. 친구들이 흥미를 느낄 만한 내용이면 좋겠는데, 주제를 무엇으로 정해야 할지 모르겠어.

학생 2: 요즘 네가 흥미를 느끼고 있는 것 먼저 생각해 봐.

학생 1: 나는 요즘 지구 과학에 흥미를 느끼고 있어. 그리고 보니 얼마 전에 달에 대해 다큐멘터리를 본 적이 있는데 그것으로 해 볼까?

학생 2: 네가 좋아하고 또 잘 아는 분야니까 괜찮겠네.

학생 1: 그래, 우리 반에는 지구 과학을 공부하는 학생들이 많으니 관심도도 높겠구나.

학생 2: 달에 대해 발표하는 것으로 하고, 주제는 무엇으로 할 거야?

학생 1: 다큐멘터리 내용 중에 달이 지구에서 점점 멀어진다는 내용이 있었는데 재밌었거든. 그 내용을 설명해 보려고 해. 아마 지구 과학을 공부하는 데에 도움이 될 거야.

① 예상 청자의 관심도를 고려하고 있다.

② 자신이 좋아하는 분야를 고려하고 있다.

③ 매체를 통해 알게 된 내용을 떠올리고 있다.

④ 조언을 바탕으로 선정된 제재를 수정하고 있다.

⑤ 예상 청자에게 효용성이 있는지에 대해 고려하고 있다.

제 **2** 부

II. 언어와 매체에 대한 태도

언어생활과 매체 생활에 대한 성찰

1 언어의 중요성과 언어생활 성찰의 필요성

(1) **언어의 중요성:** 언어는 의사소통의 수단으로서 사회 구성원들의 원활한 의사소통을 위해 중요하다.

(2) **언어생활 성찰의 필요성:** 언어는 생활 속에서 자연스럽게 습득되고 관습적으로 사용되기 때문에 평소 자신의 언어생활을 성찰하지 않으면 자신의 언어생활에 대해 제대로 인식하기가 어렵다.

2 언어 규범 준수의 중요성

국어의 어문 규정을 비롯한 언어 규범은 원활한 의사소통을 위한 사회적 약속이므로 준수하도록 노력해야 한다.

외래어 표기법과 로마자 표기법

• **외래어 표기법:** 외국에서 들어온 말은 순화하는 것이 원칙이지만 순화하기 어려운 말은 외래어 표기법을 따름. 외래어는 우리와 다른 음운 체계를 가지고 있기 때문에 그 발음을 우리말로 옮길 때 차이가 날 수 있기 때문에 표기법을 통일하여 마련함.

• **로마자 표기법:** 우리말을 외국인들이 발음할 수 있도록 표기법을 마련함. 기본 원칙은 우리말을 표준 발음에 따라 적고, 로마자 이외의 부호는 되도록 사용하지 않음.

> **국어의 어문 규정**
> • **한글 맞춤법:** 문자 체계로 한글 자모를 확립하여 국어를 표기하는 규범. 한글 맞춤법 제1장 총칙에서는 한글 맞춤법은 표준어를 소리대로 적되, 어법에 맞도록 함을 원칙으로 한다고 밝히고 있다.
> • **표준어 규정:** 표준어 사정(査定)의 원칙과 표준 발음법을 체계화한 규정
> - **표준 발음법:** 교양 있는 사람들이 두루 쓰는 현대 서울말의 실제 말소리 중에 여러 형태의 발음이 있을 경우, 국어의 전통성과 합리성을 고려하여 정한 규정
> - **외래어 표기법:** 외래어를 한글로 표기할 때의 규범
> - **로마자 표기법:** 우리말을 로마자로 표기할 때의 규범

3 언어 윤리 준수의 중요성

언어는 언어 사용자의 교양 및 지식, 윤리 수준을 보여 주는 것이자 의사소통 과정에서 다른 사람에게 미치는 영향이 크므로 언어생활에 요구되는 윤리를 준수해야 한다.

> **언어생활에서 지켜야 할 윤리**
> • 욕설이나 비속어를 사용하지 말아야 한다.
> • 차별적 표현을 사용하지 말아야 한다.
> • 과도한 외래어나 외국어의 사용을 지양해야 한다.
> • 상대방을 이해하고 배려하는 태도를 가져야 한다.

4 매체의 중요성과 매체 생활 성찰의 필요성

(1) 매체의 중요성: 매체는 의사소통할 수 있도록 어떤 정보를 전달하는 수단이자 다양한 정보나 지식을 전달하고 공유할 수 있는 통로이다. 매체를 통한 의사소통의 범위가 확대되면서 매체의 중요성과 매체 생활 성찰의 중요성이 증대된다.

(2) 매체 생활 성찰의 필요성: 매체는 시간과 공간의 제약이 거의 없이 다른 사람과 의사소통을 가능하게 하며 그 파급력이 상당하기 때문에 매체 생활에서는 규범이나 윤리를 잘 지키는 것이 중요하다.

특히 매체를 통한 언어생활에서는 상대방과 대면하지 않고 자신의 신분을 노출하지 않으면서 의사소통을 하는 경우가 많기 때문에 규범이나 윤리를 지키지 않게 될 가능성이 높아 성찰의 필요성이 더욱 크다.

5 매체 생활에서의 규범 준수의 중요성

매체 생활에서의 규범에 대한 사회적 약속은 아직은 미비한 편이지만, 매체 생활의 중요성이 강조되면서 규범 준수의 필요성이 더욱 강화될 것이다.

> **저작권 보호를 위한 규범**
> 저작권이란 문학, 예술, 학술에 속하는 창작물에 대하여 저작자나 그 권리 승계인이 행사하는 배타적·독점적 권리를 말한다. 저작자의 생존 기간 및 사후 70년간 유지되므로, 저작권의 유지 기간 중 저작권 침해가 일어나면 법적 조치를 받을 수 있다.
> • 카피라이트(copyright, ⓒ): 저작자가 배타적·독점적 권리를 가진다.
> • 카피레프트(copyleft, ⊚): 창작물에 대한 모든 권리를 공유한다.
>
> **사이버 명예 훼손을 방지하기 위한 규범**
> 타인의 사생활을 침해하고 명예를 훼손하는 등 타인의 권리를 침해하는 정보를 정보 통신망에 유통시키게 되면 법적 조치를 받을 수 있다.

6 매체 생활에서의 윤리 준수의 중요성

매체 환경이 다양하게 구축되고 매체 생활의 비중이 커지면서 매체 생활에 요구되는 윤리를 준수해야 한다.

> **매체 생활에서 지켜야 할 윤리**
> • 다른 사람의 권리와 인격을 존중하며 다른 사람을 배려해야 한다.
> • 매체를 통해 의사소통할 때 욕설이나 비속어를 사용하지 말아야 한다.
> • 정보를 과장하거나 허위로 작성하지 않는다.

개념 체크

01 〈보기〉의 빈칸에 들어갈 적절한 말을 쓰시오.

〈 보기 〉
> 대중 매체는 효율적인 의사소통의 수단이자 통로이지만 (   )이/가 크기 때문에 많은 사람들에게 다양한 영향을 미친다.

02 우리가 언어 규범을 준수해야 하는 이유를 언어의 특성과 관련지어 설명한 내용이다. 빈칸에 들어갈 적절한 말을 쓰시오.

> 언어 규범은 원활한 의사소통을 위한 (   )이므로 준수하도록 노력해야 한다.

03 우리나라에서는 저작자의 사후 몇 년간 저작권을 인정하는가?

① 10년   ② 30년   ③ 50년
④ 70년   ⑤ 100년

04 다음 설명이 맞으면 ○표, 틀리면 ×표를 하시오.

① 우리나라에는 사이버 명예 훼손을 방지하기 위한 법적 조치가 마련되어 있지 않다.   (○, ×)
② 언어생활을 성찰하지 않으면 자신의 언어생활 문제를 파악하기 어렵다.   (○, ×)

정답 01 파급력 02 사회적 약속 03 ④ 04 ① ×, ② ○

[01~02] 다음 글을 읽고 물음에 답하시오.

　인터넷이 지니는 광범위한 정보는 쉽게 복사하고 편집할 수 있다. 이와 같은 글쓰기 환경의 변화로 인해 요즘에는 인터넷에서 자료를 찾아서 그대로 혹은 조금만 바꾸어 자신이 쓴 것처럼 포장해서 제출하는 일이 허다하다. 다른 사람들의 글을 옮겨 오는 것은 저작권법을 위반할 수 있는 것임에도 불구하고 이를 아무렇지도 않게 생각하는 것이다. 인터넷 자료를 활용할 때는 몇 가지 사항을 주의해야 한다.

　우선 인터넷에 있는 자료라고 해서 모두 믿을 만한 자료가 아니라는 사실을 염두에 두고 인터넷 자료 검색을 시작할 필요가 있다. 물론 내가 잘 알지 못하는 내용을 좀 더 알아보기 위해 인터넷 자료를 찾는 사람의 입장에서 자료를 직접 읽고 나서 이것이 믿을 만한 내용인지 아닌지를 판단하기는 어렵다. 이 경우에 의미 있는 자료를 선택하기 위해 자료를 작성한 사람 또는 기관을 확인하는 방법이 요긴할 수 있다. 공공 기관이나 그 분야의 전문가가 작성한 자료인지, 블로그에 올린 개인의 의견인지 등을 근거로 판단하면 도움을 받을 수 있다.

 저작자 표시
이용자가 저작물을 이용하려면 반드시 저작자를 표시하여야 한다.

 비영리
영리를 목적으로 이용하지 않는 경우에 허락 없이 사용할 수 있다.

 변경 금지
저작물의 내용, 형식 등의 변경을 금지한다.

 동일 조건 변경 허락
저작물을 이용한 2차적 저작물의 작성을 허용하되 그 2차적 저작물에 대하여는 원저작물과 동일한 내용의 라이선스를 적용하여야 한다.

　또한 인터넷 게시판이나 블로그에 다른 사람의 문서, 기사, 사진 등의 저작물을 저자의 허락 없이 옮기는 것은 출처를 밝히는 경우라도 지적 재산권의 복제권 및 전송권 침해에 해당할 수 있으므로 주의해야 한다. 저작권법에 따르면 '허락 방법 및 조건의 범위 안에서' 저작물을 이용할 수 있다. CCL은 모든 사람이 자신의 창작물을 자유롭게 이용할 수 있는 허용 기준을 제시한다. CCL에서 제시하는 요건은 저작자 표시, 비영리 조건, 변경 금지 조건, 동일 조건 변경 허락의 네 가지이다. 이들 중에 어느 것을 채택하느냐에 따라 서로 다른 내용의 라이선스가 만들어진다. 여기서 '변경 금지'와 '동일 조건 변경 허락'은 동시에 적용할 수 없고 '저작자 표시'는 항상 기본으로 포함된다.

　올바르게 자료를 활용하고 글을 쓰고 있는지도 점검해 보아야 한다. 유명 연예인부터 일반인까지 악의적인 글로 인하여 많은 스트레스를 받는다고 한다. 인터넷의 익명성으로 인하여 인터넷 공간에서 글에 대한 책임성이나 도덕성 혹은 기본적인 인터넷 예절이 지켜지지 않을 경우, 인터넷 공간의 장점을 더 이상 기대하기 어려워진다. 따라서 올바른 예절과 표현 방법이 수반될 때 인터넷 공간이 능동적이고 자발적이며 신뢰할 수 있는 소통의 장이 될 수 있을 것이라는 점을 명심해야 한다.

〔 제재 탐구 〕
이 글은 인터넷을 통해 글쓰기를 할 때의 유의점에 대해 알려 주고 있다. 인터넷에 있는 자료가 모두 믿을 만한 자료는 아니므로 신뢰성을 판단해야 한다는 것, 자료의 출처를 밝히는 데 더해 자료 활용이 저작권을 침해하는 것은 아닌지 확인해야 한다는 것, 올바르게 자료를 활용하고 글을 쓰고 있는지 점검해 볼 것에 대해 강조하고 있다.

01 윗글을 읽은 학생의 반응으로 적절하지 <u>않은</u> 것은?

○ 20420-0185

① 인터넷에서 자료를 찾아서 그대로 가져오는 것은 저작권법을 위반하는 것일 수 있으니 주의가 필요하겠군.
② 인터넷 자료를 찾아볼 때는 자료를 작성한 사람이나 기관을 확인하여 신뢰성이 있는 자료인지를 살펴봐야겠군.
③ 인터넷 자료를 활용하였을 때는 출처를 명확하게 밝힘으로써 지적 재산권을 침해하는 일이 없도록 해야겠군.
④ 블로그에 올린 개인의 의견은 믿을 만한 자료가 아닐 수 있으므로 활용 여부를 면밀히 판단해서 결정해야겠군.
⑤ 인터넷은 익명성이 보장된다고 하더라도 내가 올린 글에 대해 스스로 책임을 진다는 생각으로 예절을 지켜 글을 써야겠군.

02 윗글을 바탕으로 〈보기〉를 이해한 내용으로 적절한 것은?

○ 20420-0186

〈 보기 〉

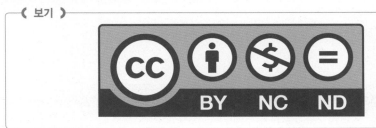

① 저작자와 출처를 표시하면 어떤 형태로든 자유롭게 이용해도 된다는 뜻이군.
② 저작자와 출처를 표시하면 영리적 이용을 하지 않는 선에서 자유로운 변경을 허락한다는 뜻이군.
③ 저작자와 출처를 표시하고 2차적 저작물을 작성하지 않는 경우라면, 영리적 이용을 포함하여 자유 이용을 할 수 있다는 뜻이군.
④ 저작자와 출처를 표시하면 영리적 이용, 2차적 저작물의 작성을 제외하고 자유 이용을 허락한다는 뜻이군.
⑤ 저작자와 출처를 표시하더라도 해당 저작물을 인용하거나 활용할 수 없다는 뜻이군.

○ 20420-0187

Tip

03 〈보기〉를 읽은 후의 학생 반응으로 가장 적절한 것은?

《 보기 》

글을 읽을 때에는 시간과 노력이 많이 드는 만큼 독자들은 긴장한 상태에서 작가가 안내해 주는 바를 꼼꼼히 음미하려는 경향이 강하다. 반면 볼거리와 음악에 실려 전달되는 매체 언어들에 대해서는 그 내용을 음미하고 비판해 보려는 의식이 약한 편이다. 더욱이 매체 언어는 생산과 유통에 막대한 비용이 소용되는 매체를 통하여 전달되느니만큼 상업성이라는 속성에서 벗어나기 힘든 측면도 있다.

① 매체 언어를 수용할 때에는 비판적 안목이 필요해.
② 상업적인 목적의 매체 언어는 아예 접하지 않는 것이 좋아.
③ 문학 언어보다 매체 언어가 파급 효과가 크다는 것을 잊지 말아야 해.
④ 문학 작품과 매체 언어가 근본적으로 다르다는 것을 간과해서는 안 돼.
⑤ 매체 언어의 실용성에 대해서는 다시 한번 검토를 해 볼 필요성이 있어.

◀서술형▶

○ 20420-0188

04 〈보기〉의 그림을 보고 언어생활에서 주의할 점이 무엇인지 한 문장으로 서술하시오.

《 보기 》

의사소통에서의 유의점 상대방과의 의사소통에서는 상대방에 대한 예의를 지키는 것이 중요하다. 악의적이고 폭력적인 글을 쓰는 것은 올바르지 않다.

◎ 20420-0189

Tip

서술형

05 〈보기〉의 (가), (나)에 드러난 문제점에 대해 각각 한 문장으로 서술하시오.

┤ 보기 ├

(가) 올해는 체크무늬 셔츠가 유행이다. 블루진과 같이 입으면 캐주얼하고 활동적인 이미지를 만드는 체크무늬 셔츠와 니트의 시즌이 왔다. 아가일 체크, 타탄체크, 깅엄 체크가 특히 유행인데 평범한 재킷을 매니시한 느낌으로 만들어 준다.

(나) 아름다운 뒷모습을 가진 그녀는 책을 옆구리에 끼고 도서관으로 걸어가는 중이었다. 그녀는 아까부터 자신을 뒤따라왔던 사람을 눈치 채지 못하기에는 너무 영민한 사람이었지만 그녀 역시 겁 많은 소녀에 지나지 않기는 마찬가지였다.

◎ 20420-0190

06 언어 규범 사례에 대한 해석으로 적절하지 <u>않은</u> 것은?

┤ 보기 ├

국어의 어문 규범은 언어생활에서 지켜야 할 규칙을 정해 놓은 것이다. 국어의 어문 규범은 한글 맞춤법, 표준어 사정의 원칙과 표준 발음법을 포함하는 표준어 규정, 외래어 표기법, 로마자 표기법으로 나뉘는데, 국민의 언어생활을 통일해 주어 의사소통을 원활하게 한다는 측면에서 긍정적이다.

① '먹을음식'이라고 쓰지 않고 '먹을 음식'이라고 띄어쓰기를 하는 것은 한글 맞춤법 규정에 따른 것이군.

② '무릎'이라고 쓰지 않고 '무릎'이라고 쓰는 것은 표준어 사정의 원칙에 따른 것이군.

③ '해돋이'를 [해도디]라고 발음하지 않고 [해도지]라고 발음하는 것은 표준 발음법 규정에 따른 것이군.

④ 'chocolate'을 '초콜렛'이라고 쓰지 않고 '초콜릿'이라고 쓰는 것은 외래어 표기법 규정에 따른 것이군.

⑤ '왕십리'는 'Wangsipri'라고 쓰고 않고 'Wangsimni'라고 쓰는 것은 로마자 표기법 규정에 따른 것이군.

한글 맞춤법 규정 한글 맞춤법은 표준어를 소리대로 적되, 어법에 맞도록 함을 원칙으로 한다고 밝히고, 띄어쓰기에 관한 규정, 문장 부호에 관한 규정까지 포함하고 있다.

02 언어문화와 매체 문화의 미래

더 알아 두기

1 현대 사회와 언어문화

(1) 현대 사회에서 언어가 지니는 가치

의사소통의 수단	+	사회적 상호 작용의 수단	+	지식, 정보, 문화의 전달과 축적의 수단	+	사회 문화의 형성 수단

(2) 현대 사회의 언어문화가 지닌 문제점

언어 규범과 관련한 문제점
• 한글 맞춤법에 맞지 않는 표기, 띄어쓰기 등
• 표준 발음법에 맞지 않는 발음과 이러한 발음의 습관화
• 외래어 표기법, 국어의 로마자 표기법에 맞지 않는 외래어, 로마자 표기
• 국어 규범에 대한 지식과 정보의 수준이 미흡하고 이를 개선하려는 의지가 부족함.

언어생활의 문제점
• 어법에 맞지 않는 문장 표현과 언어 구사
• 욕설, 비속어 등의 잦은 사용
• 과도한 외래어, 외국어 사용
• 상대방에 대한 차별적, 모욕적 표현의 사용
• 익명성을 악용한 언어폭력과 모욕
• 잘못된 언어생활에 대한 반성과 개선의 의지 결여

(3) 바람직한 언어문화 정착을 위한 태도

현대 사회에서 언어가 지닌 가치 이해

↓

언어생활을 성찰하고 문제점을 확인함.

↓

문제점을 개선하려는 태도를 지니고
언어문화 발전에 적극적으로 참여함.

매체를 통한 창의적 언어문화의 창조
매체 언어는 다양한 매체 언어의 특성으로 인해 창의적 언어문화를 창조하는 데 기여할 수 있음. 매체를 통해 이루어지는 사적인 언어생활, 공적인 언어생활, 사회적 의사소통, 심미적 표현 등을 통해 창의적 언어문화를 창조할 수 있도록 노력해야 함.

② 매체와 문화의 미래

(1) 매체 언어와 문화의 관계

매체 언어

언어 문화
- 특정 대상, 인물, 사건 등을 다양한 매체 언어로 표현하며, 그 과정에서 생산자의 관점과 의도가 개입하여, 주관이 개입된 세계와 언어문화를 형성함.
  ➡ 매체 언어가 진실을 말하고 있는지, 무엇에 대해 말하고 있는지, 어떤 장치를 사용하는지, 수용자에게 어떤 영향을 미치는지 등을 비판적으로 살펴야 함.

대중 문화
- 영화, 텔레비전 드라마, 대중가요, 인터넷 소설 등의 다양한 매체 자료를 통해 대중들이 선호하는 대중문화를 형성함.
  ➡ 대중문화를 향유하며 비평을 통해 자신의 관점을 형성하고, 대중문화가 형성하는 세계와 현실을 주체적으로 이해해야 함.

(2) 바람직한 매체 문화 형성을 위한 태도

바람직한 매체 문화 형성

매체 언어의 수용
- 매체 자료의 의미를 비판적으로 분석하고 평가함.
- 다양한 관점과 가치를 고려하여 매체 자료를 수용함.
- 매체 자료의 창의적인 표현 방식과 심미적 가치를 이해하고 향유함.

매체 언어의 생산
- 기존 매체 자료를 창의적으로 변용하여 생산함.
- 매체 언어의 특성을 고려하여 동일 내용을 다른 매체로 표현함.
- 목적, 수용자, 매체의 특성 등을 고려하여 다양한 매체 자료를 생산함.

매체 언어의 활용
- 사적인 언어생활에서 적절한 매체 언어로 소통함.
- 공적인 언어생활에서 적절한 매체 언어로 소통함.
- 매체를 통하여 사회적 의사소통에 적극적으로 참여함.

개념 체크

01 현대 사회에서 언어가 지니는 가치로 적절하지 않은 것은?

① 의사소통의 수단
② 사회 문화의 형성 수단
③ 사회적 상호 작용의 수단
④ 지식과 정보의 전달 수단
⑤ 경제적 가치의 교환 수단

02 국어의 언어 규범에 속하지 않는 것은?

① 한글 맞춤법
② 표준 발음법
③ 외래어 표기법
④ 국제 표준 음성 부호
⑤ 국어의 로마자 표기법

03 다음의 빈칸에 들어갈 적절한 말을 쓰시오.

> 다양한 매체를 통해 표현되는 매체 언어는 사회의 언어문화와 (   )문화 형성에 많은 영향을 미친다.

04 매체 언어의 생산 측면에서 바람직한 매체 문화 형성을 위한 방법으로 가장 적절한 것은?

① 사적인 언어를 통해 타인과 소통한다.
② 비판적 안목에서 매체 자료를 평가한다.
③ 매체 자료의 창의적 표현 방식을 이해한다.
④ 다양한 관점과 가치를 고려해 매체 자료를 수용한다.
⑤ 수용자, 매체의 특성 등을 고려해 다양한 매체 자료를 생산한다.

정답 01 ⑤ 02 ④ 03 대중 04 ⑤

제재 탐구

청소년의 언어 사용 실태에 대한 설문 조사 결과를 보도하는 기사문이다. 특히 이 기사문에서는 청소년들이 줄임말과 신조어를 사용하는 이유와 사용 실태 등에 대한 구체적인 통계 자료를 제시하고 있다. 정보 전달 기능을 목적으로 하는 기사문의 특성이 잘 드러난 글이다.

[01~02] 다음 글을 읽고 물음에 답하시오.

지난 6일, 청소년을 대상으로 한 언어 사용 실태 조사 결과가 발표됐다. 이 조사는 한글날을 맞아 청소년의 언어 사용 실태를 알아보기 위해 9월 27일부터 8일간 SNS를 통해 진행되었으며, 중·고등학생 4,809명이 설문에 응답했다.

이에 따르면 10대 청소년의 10명 중 6명은 일상적으로 줄임말을 사용하고 있는 것으로 나타났다. 평소 표기법에 맞춰 한글을 사용하는지 묻는 질문에 응답 학생의 55%(2,671명)는 맞춤법과 표현에 신경은 쓰지만 습관적으로 줄임말과 신조어를 사용한다고 답했으며, 5%(229명)가 올바른 표현보다 줄임말, 신조어 사용을 더 선호한다고 응답했다.

줄임말과 신조어를 사용하는 이유로는 '친구들이 사용하니까'가 58%로 1위를 차지, 교우 관계가 중요한 시기인 10대들의 언어 습관 형성에 친구가 가장 큰 영향을 끼치고 있는 것으로 나타났다. '긴 문장을 적는 것이 귀찮아서'라는 응답이 25%로 2위를 차지했으며 '재미있어서', '유행이나 트렌드에 뒤처지게 될까 봐' 등의 응답도 그 뒤를 이었다.

또한 청소년의 언어 습관에 가장 많은 영향을 미치는 요소 1위로 응답자의 54%(2,635명)가 SNS를 꼽았다. 10대들이 많이 사용하는 줄임말이나 신조어는 전달하고자 하는 바를 더욱 간략하고 적나라하게 표현하기 위해 생성된 단어가 많기 때문에, 온라인상에서 더욱 활발히 습득, 사용하게 되는 것으로 분석되었다.

그리고 줄임말·신조어를 처음 접하게 된 계기 또한 SNS나 인터넷이라는 답변이 전체 응답의 절반이 넘는 59%(2,838명)로 1위를 차지해 그 영향력을 뒷받침했다. 그 외에도 신조어를 접한 경로로는 '친구를 통해'가 34%로 2위에 꼽혔으며, '예능, 토크쇼 등 TV 프로그램'이라는 응답은 5%로 나타났다.

이번 설문 조사에서는 10대의 언어 사용 실태에 대한 인식 조사 또한 진행되었다. 일상생활에서도 쉽게 접할 수 있는 줄임말·신조어에 대해 어떻게 생각하는지를 묻는 질문에 '경각심을 갖고 고쳐 나가야 한다.'라는 응답이 58%(2,788명)에 달해 청소년들 또한 신조어의 남용에 대해 문제의식을 가지고 있는 것으로 확인되었다. 그러나 '어느 정도 문화로 인정하고 받아들여야 한다.'라는 의견도 27%(1,312명)로 나타났으며, '사용해도 큰 문제가 없다.'라는 답변도 13%(612명)에 달했다.

○ 20420-0191 **Tip**

01 **윗글의 내용과 일치하지 <u>않는</u> 것은?**

① 청소년들의 언어 습관 형성에 가장 큰 영향을 미치는 것은 SNS로 나타났다.

② 습관적으로 줄임말을 사용하고 있는 청소년이 전체 설문 학생 중 절반이 넘었다.

③ 청소년들이 사용하는 신조어는 전달하려는 바를 간략하게 표현하는 특성이 있다.

④ 줄임말, 신조어 사용에 경각심을 가지고 이를 고쳐 나가야 한다고 응답한 학생이 전체 설문 대상 중 절반이 넘었다.

⑤ 응답 학생 중 절반 이상의 청소년들이 올바른 표현보다 줄임말, 신조어를 사용하는 것을 더 선호하는 것으로 나타났다.

02 윗글에 대한 반응으로 가장 적절한 것은?

● 20420-0192

Tip

① 줄임말과 신조어가 가진 효과를 체계적으로 분석하고 이러한 효과를 지닌 말들을 새롭게 만들어 적극 사용할 수 있도록 해야겠군.

② 청소년의 언어 습관 형성에 뉴 미디어가 미치는 영향이 크므로 이를 개선하기 위해 청소년들의 뉴 미디어 사용을 제한하는 것이 좋겠군.

③ 청소년들의 부정적 언어 습관 형성에 교우 관계가 미치는 영향이 크므로 언어생활을 비롯해 청소년 문화 전반에 대한 분석과 대응이 필요하겠군.

④ 청소년들 중 과반수가 줄임말과 신조어를 문화로 인정하고 받아들여야 한다는 견해를 보인 것으로 미루어 국어 규범을 새롭게 정비하는 노력이 필요하겠군.

⑤ 줄임말과 신조어에 대해 경각심을 가지고 이를 고쳐야 한다는 생각을 가진 청소년들이 많으므로 이를 적극적으로 실천할 수 있도록 하는 구체적인 방안을 강구해야겠군.

● 20420-0193

03 다음은 학생이 작성한 소감문의 일부이다. 퇴고 과정에서 학생이 자신의 언어생활을 반성한 내용과 수정 방안으로 적절하지 <u>않은</u> 것은?

> **한글 박물관에 다녀와서**
>
> 한글 박물관은 2012년 한글의 우수성을 알리고 한글 사용 문화의 바람직한 정착을 위해 개관한 박물관이다. 이 박물관을 찾은 이유는 국어 선생님께서 한글과 관련한 박물관이 있다고 소개해 주셨는데, 그곳이 어떤 곳인지 ㉠궁금했다. 박물관 건물을 멀리서 보니 한글 자음과 모음의 모양을 본떠 만든 외형이 ㉡눈에 띠었다. 박물관에는 한글의 역사와 창제 원리 등을 설명한 전시관이 있고, 한글문화와 관련한 다양한 전시물들이 전시되어 있었다. 이를 천천히 돌아보면서 나는 우리 한글에 대한 ㉢프라이드가 더욱 커지는 것을 느꼈다. 특히 박물관에 있는 한글 도서관에는 한글과 관련한 전문 ㉣서적 뿐만 아니라 한글문화와 관련한 다양한 간행물과 문학 서적들이 소장되어 있었는데, 이를 자유롭게 대출할 수 있다는 점에서 한글 박물관은 매우 유익한 곳이라고 ㉤생각되어졌다.

		반성	수정 방안
①	㉠	문장이 길어지면 부사어와 서술어의 호응이 이루어지지 않는 경우가 많은데 부주의한 것 같아.	궁금했기 때문이다
②	㉡	자주 사용하는 말들의 맞춤법을 확인하는 습관을 들여야겠어.	눈에 띄었다
③	㉢	우리말 표현이 있는데도 무심코 외래어나 외국어를 사용하는 습관을 고쳐야겠어.	자부심이
④	㉣	한글 맞춤법에 있는 띄어쓰기 원칙을 기억하고 이를 언어생활에서 실천할 수 있도록 노력해야겠어.	서적뿐만 아니라
⑤	㉤	이중 피동이 우리말 어법에 맞지 않는다는 것을 알면서도 습관적으로 잘못된 표현을 쓰고 있으니 항상 주의해야겠어.	생각되었다

문장 성분 간의 호응
• 자연스럽고 정확한 문장을 만들기 위해서는 문장 성분 간의 호응이 적절한지 살펴야 한다. 이를 위해 주어와 서술어의 호응, 부사어와 서술어의 호응, 구나 절 단위 간의 호응 등을 중심으로 문장을 살펴야 한다.
• 문장 성분 간의 호응이 이루어지지 않는 이유는 여러 가지가 있지만, 기본적으로 문장에 수식어나 불필요한 문장 성분이 많아 호응을 이루어야 하는 문장 성분 간의 거리가 멀리 떨어지는 경우 부자연스러운 문장이 되는 경우가 많다.

[04~05] 다음 글을 읽고 물음에 답하시오.

㉮ 인터넷과 같은 매체의 등장으로 인해 생겨난 언어문화가 언어 규범의 파괴나 언어 윤리 파괴 등의 문제를 일으키는 경우에 대해 많은 지적이 있었다. 언어 규범 파괴는 주로 통신 언어에서 음운 표기나 문법 현상의 파괴, 비속어나 통신 은어의 사용 등을 뜻하며, 언어 윤리 파괴는 무례한 표현, 욕설 표현, 저주 표현, 모욕 표현, 음란 표현, 과장 표현 등을 뜻한다. 매체 언어 활동에서 나타나는 이러한 문제는 언어 사용의 목적과 맥락, 언어 사용에 참여하는 수용자와 생산자 간의 관계 등에 따라 적합한 언어 사용을 해야 한다는 인식과 태도가 부족하기 때문에 생겨난다. 예를 들어 통신 언어에서 이모티콘은 상황 맥락을 공유하지 못하는 생산자와 수용자가 결여된 맥락적 요소를 보완하기 위해 사용하는 일종의 비언어적 표현이라 할 수 있다. 이모티콘은 감정을 전달하는 유용한 소통의 수단이 될 수 있으나, 공적인 소통이나 정보 전달을 지향하는 소통 등에서는 부적절한 사용이 될 수 있다.

㉯ 학급 SNS(누리 소통망)를 통한 친구 간의 대화

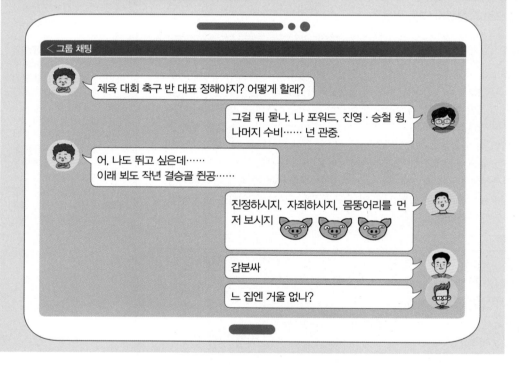

○ 20420-0194

04 **(가)를 참고하여 (나)에 대해 이해한 내용으로 적절하지 <u>않은</u> 것은?**

① '쥔공', '갑분싸'와 같은 줄임말을 사용하여 언어 규범을 파괴하고 있다.
② 상대방의 발화에 대해 언어 윤리를 파괴하는 무례한 반응으로 일관하고 있다.
③ '자좌', '느'와 같이 어법에 맞지 않는 말을 사용하며 언어 규범을 훼손하고 있다.
④ 학급 공동체의 공적인 소통 공간에서 학급 구성원을 모욕하는 표현을 하고 있다.
⑤ 이모티콘을 맥락과 관계없이 사용하여 대화의 정보 전달 기능을 약화시키고 있다.

◖제재 탐구◗

(가) 인터넷이나 SNS(누리 소통망)를 통해 사용되는 통신 언어의 문제점과 종류, 원인 등을 설명하고 있다.

(나) (가)에서 언급한 인터넷상의 통신 언어의 문제점을 잘 보여 주는 사례로, 학생들 사이에서 일상적으로 볼 수 있는 SNS(누리 소통망)의 대화 양상을 제시한 것이다.

Tip

◉ 20420-0195

05 (가), (나)를 바탕으로 자신의 언어생활을 성찰하는 물음을 만든다고 할 때, 적절하지 **않은** 것은?

① 생활 속에서 언어 규범에 맞지 않는 표현이나 표기를 하지 않았는가?
② 통신 언어를 사용하며 상대방에게 무례한 표현들을 사용하지 않았는가?
③ 언어 사용 목적과 맥락을 이해하고 그에 걸맞은 언어를 구사하고 있는가?
④ 인터넷 대화 중 맥락과 관계없이 불필요한 이모티콘을 사용하지 않았는가?
⑤ SNS(누리 소통망)에서 필수 문장 성분을 빠뜨리지 않고 완결된 문장을 사용하였는가?

[06~07] 다음 글을 읽고 물음에 답하시오.

　매체 언어는 사회 문화의 형성에 지대한 영향을 끼친다. 가령 뉴스, 다큐멘터리, 공익 광고 등의 매체 자료들은 사회적 의사소통을 통해 사회를 바라보는 특정한 관점이나 공감대를 형성하도록 함으로써, 사회 공동체의 문화와 지배적인 가치관을 형성하는 데 기여한다. 또 광고, 영화, 텔레비전 드라마, 대중가요, 인터넷 소설, 웹툰 등의 매체 자료들은 대중문화를 형성, 유지, 향유하는 데 기여한다. 특히 대중문화를 형성하는 ㉠다양한 매체 언어와 매체 자료의 창의적 활용과 조합은 대중문화를 더욱 발전시키고 문화의 다양성을 확장하는 데 도움을 준다. 그러므로 매체 언어의 중요성이 더욱 증대되는 현대 사회에서는 매체 언어가 사회 문화의 형성에 미치는 영향력을 인식하고 바람직한 매체 언어 사용 방법과 태도를 갖출 수 있도록 노력하여야 한다.

◉ 20420-0196

06 윗글을 참고할 때, 매체 언어를 대하는 바람직한 태도로 적절하지 **않은** 것은?

① 매체 언어를 통해 형성된 대중문화의 세계와 현실을 주체적으로 이해한다.
② 대중문화를 형성하는 매체 자료의 특성과 기법에 대한 비평 능력을 갖춘다.
③ 대중문화를 형성하는 매체 자료를 감상하고 평가하는 심미적 안목을 기른다.
④ 다양한 매체 언어와 자료를 활용해 대중문화가 나아갈 특정 방향을 제시한다.
⑤ 매체 자료 속에 담겨 있는 의도나 목적을 비판적 안목으로 평가하며 수용한다.

◀ 제재 탐구 ▶

이 글은 매체 언어가 사회 공동체의 문화와 지배적인 가치관을 형성하는 데 기여하며 대중문화 형성과 발전에도 많은 영향을 끼치고 있음을 설명하고 있다.

바람직한 매체 문화의 형성

특정 대상, 인물, 사건 등을 다양한 매체 언어로 표현하는 과정에서 생산자의 관점과 의도가 개입하여, 중재된 세계와 언어문화를 형성하게 됨. 그러므로 매체 언어가 진실을 말하고 있는지, 무엇에 대해 말하고 있는지, 어떤 장치를 사용하는지, 수용자에게 어떤 영향을 미치는지 등을 비판적으로 살피는 태도가 필요함.

◀ 서술형 ▶

◉ 20420-0197

07 우리 대중문화에서 ㉠의 구체적 사례를 세 가지만 제시하시오.

[01~02] 다음 글을 읽고 물음에 답하시오.

지난 토요일 오후, 미수(米壽)를 앞둔 노모와 함께 텔레비전 앞에 앉아 홈 쇼핑 방송을 보고 있었다. 블라우스를 판매하는 프로그램의 화면에 '○○ 뉴마랑 블라우스 3종', '샌드 베이지 / 프렌치 코코 / 모브 핑크'라고 쓰여 있었다. 블라우스 앞에 붙은 '뉴마랑'은 무엇인지 도무지 이해가 되지 않는다. 상표에 대한 설명은 그야말로 꼴불견이다. "세계적인 명품 브랜드의 디자이너 '아나이스 귀에리'와 콜라보로 탄생한 프렌치 컨템포러리 패션 브랜드 ○○, 고급스런 소재와 세련된 컬러의 조화, 맞춤복 제작하듯 꾸뛰르적인 디자이너의 터치……." 물론 고유 명사가 섞였지만, 우리말보다 영어가 더 많다. 색상이면 충분할 컬러에서도 샌드 베이지와 모브 핑크는 그럭저럭 상상할 수 있겠는데 프렌치 코코는 화면을 보지 않으면 도무지 상상되지 않는다. 내가 무지한 탓일까? 그래서 △△에 검색해 보았지만 프렌치 코코가 어떤 색인지 연상할 만한 단서가 찾아지지 않았다. 프로그램 진행자들의 발언은 점입가경이다. "에스닉하고 페미닌한 디자인"으로 "코튼 100%로 델리케이트하게" 짜였다면서 '코튼'으로도 부족하다고 생각했던지 "프레시 퓨어 소프트 코튼"으로 구체화한다. '회색이 은은히 섞인 푸른색'이라고 말하면 충분할 텐데 "그레이시한 블루 칼라"라고 말하고, '안에 입어도 불편하지 않다.'라고 말하면 내 노모도 이해할 수 있을 텐데 고매하신 진행자는 "이너로 들어가도 불편하지 않다."라고 무척 현학적으로 불편하게 말한다. 영어로 먹고 산다는 나도 어리둥절한데 미수를 앞둔 노모는 그들의 말을 알아들을까? 여하튼 대한민국 방송이지만 영어가 절반을 차지한다. 이래도 괜찮은 것일까?

대체 외국어가 이처럼 남발되는 이유가 무엇일까? 국립 국어원이 실시한 2015년 국민의 언어 의식 조사에서 이 의문에 대한 약간의 답을 구할 수 있다. "외래어나 외국어를 사용하는 가장 큰 이유는 무엇입니까?"라는 질문에 "우리말보다 의미를 정확하게 전달할 수 있어서"(30.7%)와 "적당한 우리말 표현이 떠오르지 않아서"(30.3%)가 비슷한 정도로 많은 답을 얻었다. 하지만 "전문적인 용어 사용이 능력 있어 보이므로"(13.9%)와 "우리말보다 세련된 느낌이 있기 때문에"(10.0%)라고 응답한 사람도 만만찮게 많았다. 달리 말하면, 상대에게 멋지게 보이고 싶어 외국어를 사용하는 사람이 24%, 네 사람 중 한 사람이란 뜻이다.

"외래어나 외국어가 우리말보다 의미를 정확하게 전달할 수 있다."라는 말이 무슨 뜻일까? 우리말로는 자신의 생각을 정확히 전달할 수 없다는 뜻이다. 우리말 어휘력이 부족하기 때문이라고는 생각해 보지 않았나? 우리말 어휘력이 부족하기 때문에 우리말로 의미를 정확히 전달할 수 없고, 적당한 우리말 표현이 금세 떠오르지 않는 것이라고 자책해야 마땅하지 않을까? 결국 외국어의 남발은 자신의 부족함을 감추려는 교활한 수법에 불과하다.

거듭 말하지만, 외국어를 많이 사용한다고 세계화 시대를 사는 사람이 아니다. 어휘력은 인문학적 교양이다. 우리말 어휘력을 키워라. 뜻을 모르는 단어가 있으면 국어사전을 찾아보라. 어휘력을 키우는 가장 확실한 방법이다.

▶ 20420-0198

01 윗글과 입장이 일치하지 <u>않는</u> 것은?

① 과시적 의도로 외래어나 외국어를 사용하는 것은 바람직하지 않다.

② 어휘는 그 어휘를 사용하는 사람의 능력과 교양을 드러내는 도구이다.

③ 국어 어휘력을 신장시키기 위해서는 국어사전을 찾는 습관을 길러야 한다.

④ 외래어나 외국어를 과도하게 사용할 경우 의사소통이 안 되는 문제를 초래할 수도 있다.

⑤ 고유어로 의미를 전달하는 것이 충분히 가능하므로, 외래어나 외국어는 사용하지 말아야 한다.

○ 20420-0199

02 윗글과 관련하여 언어문화를 발전시키기 위한 방안을 제안한 내용으로 가장 적절한 것은?

① 다른 사람과 의사소통을 하려면 타인의 생각이나 감정을 정확히 이해하는 것이 중요하므로, 타인의 말을 경청하는 문화를 정착시켜야 한다.

② 한자어나 외래어보다는 고유어가 우리 민족의 정신을 잘 반영하고 있으므로, 고유어만으로 의사소통할 수 있는 능력을 갖추려고 노력해야 한다.

③ 파급력이 큰 대중 매체를 통한 의사소통 상황에서는 수용자의 폭이 넓으므로 차별 표현이나 비하 표현 등을 사용하지 않도록 각별히 유의해야 한다.

④ 줄임말이나 초성체 같은 언어 파괴 현상이 확대되면 세대 간 의사소통이 어려워질 수 있으므로 어법을 파괴하는 표현은 사용하지 않으려고 노력해야 한다.

⑤ 매체를 통한 의사소통 상황에서 개개인이 사용하는 말은 사회의 언어문화를 형성하는 기초가 되므로 어법에 맞고 품격 있는 말을 사용하려는 노력을 해야 한다.

○ 20420-0200

03 〈보기〉를 바탕으로 언어생활을 성찰하고 언어문화의 발전에 대해 언급한 내용으로 적절하지 <u>않은</u> 것은?

《 보기 》

혐오 표현의 핵심 메커니즘은 대상을 집단화하고 낙인을 찍는 데 있다. 내가 속하지 않은 집단, 나와 다른 존재들로 대상을 타자화하면서 동등한 인간으로 보기를 거부하는 것이다. 이전까지의 혐오 표현이 오직 소수자만을 향한 것이었다면 이제는 세대, 성별, 계급, 거주 지역, 외모, 정치 성향, 직업까지도 혐오 표현의 대상이 되고 있다. 극도로 혐오한다는 의미인 '극혐'도 이미 유행을 탄 지 오래다. 문제는 사회의 양극화가 혐오를 유발하기도 하지만 반대로 혐오 표현들이 양극화를 더 부추기기도 한다는 점이다. 또 혐오 표현은 주로 SNS와 온라인 커뮤니티를 통해 확산되는데 온라인상의 혐오 표현은 익명성, 초국가성, 지속성을 가지고 있어 규제 속도가 확산 속도를 따라잡기 어렵다.

① 다정: 나는 주로 인터넷 공간이나 SNS에서 혐오 표현을 익히게 되는 것 같으니, 앞으로는 인터넷과 SNS 사용 시간을 줄여야겠어.

② 재범: 난 또래들과 재미로 혐오 표현을 가끔 사용하곤 했었는데, 표현 자체가 사회의 양극화를 부추긴다니 재미로라도 혐오 표현은 사용하지 말아야겠군.

③ 예인: 혐오 표현도 엄연한 폭력이므로, 혐오 표현의 문제점과 올바른 표현에 대해 학교 교육에서 적극적으로 다루어야 한다고 봐.

④ 연우: 혐오 표현을 사용하는 것은 결국 타인을 진심으로 존중하는 태도를 갖추지 않아서야. 따라서 타인을 존중하는 사회 분위기를 조성하기 위한 적극적 노력이 필요하다고 생각해.

⑤ 승주: 난 장난으로 친구들의 외모를 특징으로 잡아 별명을 지어 놀리곤 했었는데, 이것도 혐오 표현의 가능성이 있으니 앞으로는 이런 행동을 하지 말아야겠어.

○ 20420-0201

04 〈보기〉를 바탕으로 매체 문화의 발전 방안에 대해 언급한 내용으로 적절하지 <u>않은</u> 것은?

① 타인이 작성한 매체 자료를 사용할 때 타인의 지적 재산권을 침해하지 않도록 유의해야 한다.

② 상업성을 목적으로 하는 매체 자료가 많이 생산되지 않도록 이를 규제하는 법안을 마련해야 한다.

③ 매체 자료를 개인이 혼자 즐기며 빠져드는 경우가 많으므로, 현실에서의 인간관계가 소홀해지지 않도록 유의해야 한다.

④ 누구나 쉽게 매체 자료를 생산할 수 있으므로 자료의 신뢰성이 떨어질 가능성이 높은 만큼, 자신이 접한 매체 자료의 신뢰성을 따져 볼 수 있는 능력을 갖추어야 한다.

⑤ SNS 등 파급력이 높은 매체를 통해 개인의 명예나 사생활에 피해가 생길 수 있으므로, 매체 자료를 생산하거나 수용할 때에는 타인에게 피해를 주지 않도록 유의해야 한다.

◉ 20420-0202

05 〈보기〉를 바탕으로 언어문화의 발전 방안을 제시한 내용으로 적절하지 <u>않은</u> 것은?

《 보기 》

(가)

	일본어 투 용어	권장 표현	일본어 투 용어	권장 표현
일본식 한자어	망년회	송년회	거래선	거래처
	견습	수습	종지부	마침표
	모포	담요	대절	전세
	고수부지	둔치	도합	합계
	구좌	계좌	보합세	주춤세
	노견	갓길	불입	납입
	가불	선지급	고참	선임
	가처분	임시 처분	다반사	예삿일
	마대	포대/자루	수취인	받는 이
	익일	다음 날	잔고	잔액

(나) 한번은 한 법령 자료에서 '요부조자'라는 단어를 봤어요. 너무 낯설고 아무리 봐도 무슨 뜻인지 모르겠더라고요. 법무부에 직접 전화를 걸어 물어봤더니, 글쎄 도움이 필요한 사람을 '요부조자' 라고 쓰고 있었다는 거예요. 법령은 국민들이 잘 이해할 수 있어야 하는데, 쉬운 말을 놔두고 국 민들은 잘 쓰지 않는 어려운 한자어를 꼭 써야 하느냐고 마구 따졌지요.

(다) 한 광고를 보면 '댕댕이 엄마'라는 말이 나온다. 강아지를 키우는 한 여성 소비자가 주인공인데, '멍멍이 엄마'가 아니라 '댕댕이 엄마'이다. 멍멍이 중 'ㅁ'의 오른쪽 세로획을 분리하고 모음 'ㅓ'와 결합시켜 댕댕이라고 부르는 것이다. 인터넷 문화 연구자인 클레이 셔키는 말했다. "우리는 인류 역사상 표현력이 최대로 늘어난 시대에 살고 있다. 소비자들의 표현력이 정말 뛰어나게 발달했 다. 그런 소비자를 언어 감각으로 상대해야 한다." 카피라이터로 살기가 참 어려워진 시대다.

(라) 최정호 선생(1916~1988)의 삶은 우리나라 글꼴 디자인의 역사나 마찬가지이다. 그는 명조체, 고딕체, 바탕체, 굴림체, 구성체 등 현재 우리가 즐겨 쓰는 수많은 글꼴을 만들었다. 그는 컴퓨 터가 보급되기 전부터 손으로 일일이 활자 원도를 설계했다. 1957년 마침내 한 벌의 활자를 완 성했고, 그 활자로 『새 백과사전』, 『세계 문학 전집』을 펴냈다.

① 다인: 사람들이 자신이 사용하는 표현이 올바른 국어 표현인지 아닌지 모르고 사용하는 경우가 많 아. 국어를 공부해서 바르고 정확한 표현을 하려는 노력을 해야 언어문화도 발전할 수 있을 것 같아.

② 재영: 공공 언어처럼 일반 대중을 대상으로 하는 표현은 그 목적에 맞게 누구든지 쉽게 이해할 수 있는 표현으로 바꾸어야 해. 이를 위해서는 국민들이 공공 언어에도 관심을 갖고 이를 개선하려 는 의식을 갖출 필요가 있어.

③ 동훈: 언어는 말뿐만 아니라 글도 있으니까 언어문화의 발전을 위해서는 국어를 시각적으로 아름 답게 가꾸는 일에도 관심을 가질 필요가 있어.

④ 지민: 매체가 발달하면서 한글의 형태를 변형하여 의사소통을 하는 경우가 많이 있어. 원활한 의 사소통을 위해서는 변형된 형태를 적극적으로 보급하려는 노력이 필요해.

⑤ 예주: 언어 파괴 현상이 바람직하진 않지만, 국어를 창의적으로 변용하는 일도 언어문화의 다양성 에 기여할 수 있으므로, 다양한 시도를 해 볼 필요가 있어.

제3부

실전 대비 평가

[01~02] 다음 글을 읽고 물음에 답하시오.

　㉠주어가 남에게 어떤 동작이나 행위를 당하게 됨을 나타내는 문장을 피동문이라고 한다. 피동문은 어떤 행위를 당하는 대상이 주어로 나타나고 행위의 주체가 부사어로 나타나거나 생략된 문장이다. 피동문과 대응이 되는 문장은 능동문이라고 하는데, 피동문은 능동문을 기준으로 서술어의 자릿수가 하나 줄어든 문장이다. 다만, 대응하는 능동문이 존재하지 않는 경우는 자릿수 변동이라는 개념이 성립하지 않는다.

　피동문은 피동사 피동과 '-아/어지다' 피동으로 나뉜다. 피동사 피동은 능동사 어간을 어근으로 하여 접미사 '-이-, -히-, -리-, -기-'가 붙어 만들어지는데, 접미사가 결합할 때에 음소의 변동을 동반하기도 한다. 한편, '-되-', '-받-', '-당하-'와 같은 접미사가 붙어서 피동이 만들어지기도 한다. '-아지다/-어지다' 피동은 '-게 되다'와 비슷한 의미를 가져 어떠어떠한 상태로 된다는 과정화의 의미가 강하다. 동사 어간이 'ㅣ' 모음으로 끝나는 경우에는 피동사 피동이 일어나지 않아 '-아지다/-어지다' 피동만 일어난다.

　㉡주어가 남에게 어떤 동작이나 행위를 하도록 시킴을 나타내는 문장을 사동문이라고 한다. 사동문은 행위의 주체가 목적어나 부사어로 나타나는 대상에 영향을 미쳐 어떤 행위를 일으키는 것을 표현한 문장이다. 사동문과 대응이 되는 문장은 주동문이라고 하는데, 사동문은 주동문을 기준으로 서술어의 자릿수가 하나 늘어난 문장이다. 사동문 역시 피동문과 마찬가지로, 대응하는 주동문이 존재하지 않는 경우는 자릿수 변동이라는 개념이 성립하지 않는다.

　사동문은 사동사 사동과 '-게 하다' 사동으로 나뉜다. 사동사 사동은 주동사에 접미사 '-이-, -히-, -리-, -기-, -우-, -구-, -추-'가 붙어 만들어지는데, 접미사가 결합할 때에 '-우-' 앞의 모음이 변하는 경우도 있다. 한편, '-으키-', '-이키-'와 같은 접미사가 붙어서 사동이 만들어지기도 한다. '-게 하다' 사동은 문장에서 시킴을 받는 대상을 쓸 수도 있고 쓰지 않을 수도 있으며, 높임을 나타내는 선어말 어미는 행위의 동사와 '-게' 사이에 결합하고, 시제를 나타내는 선어말 어미는 '하다'에 결합한다.

○ 20420-0203

01 ㉠, ㉡의 사례로 적절하지 <u>않은</u> 것은?

① ㉠: 매실이 알코올에 담겼다.
② ㉠: 어젯밤 그 사건의 범인이 잡혔다.
③ ㉡: 간호사가 아이의 팔에 주사를 맞혔다.
④ ㉡: 동생은 오랜만에 만난 아버지에게 안겼다.
⑤ ㉡: 어머니는 창포물에 언니의 머리를 감겼다.

20420-0204

02 윗글을 바탕으로 하여 이해한 내용으로 적절하지 않은 것은?

① '보이다'에서 '−이−'는 의미에 따라 피동 접미사일 수도, 사동 접미사일 수도 있겠군.

② '키우다'는 '−우−'라는 사동 접미사가 붙어 '−우−' 앞의 모음이 변한 경우에 해당하겠군.

③ '나뉘다'는 '나누−'에 피동 접미사가 결합하여 음운의 변동이 일어난 것이라 할 수 있겠군.

④ '오게 하다'에 과거 시제 선어말 어미, 높임 선어말 어미를 결합하려면 '오시게 하였다'라고 해야 겠군.

⑤ '만지다'는 피동의 뜻을 가질 수 없는 단어에 해당하여 '만져지다'는 잘못된 표현이라 할 수 있 겠군.

20420-0205

03 〈보기〉를 바탕으로 형태소를 분석한 사례로 적절한 것은?

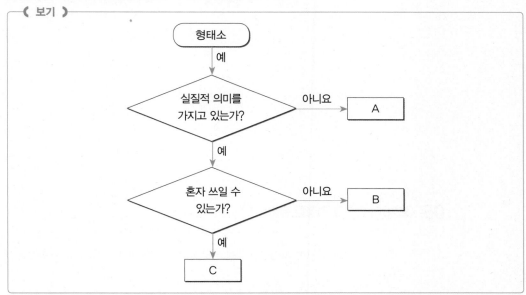

① '잘못'은 A로만 이루어져 있다.

② '개살구'는 A, C로 이루어져 있다.

③ '먹보'는 B, C로 이루어져 있다.

④ '헛소리'는 B, C로 이루어져 있다.

⑤ '민물고기'는 A, B, C로 이루어져 있다.

● 20420-0206

04 각 음운 현상에 대한 설명 내용과 그 사례가 바르게 짝지어지지 <u>않은</u> 것은?

	음운 현상	내용	예
①	자음군 단순화	자음이 두 개 연결된 자음군이 음절의 끝소리에 놓이게 되면 둘 중 하나만 남고 나머지 하나는 탈락하는 현상	값[갑]
②	구개음화	'ㄷ, ㅌ' 받침이 종속적 관계를 가진 '-이(-)'나 '-히-'와 만나 'ㅈ, ㅊ'으로 소리 나는 현상	밭이랑[반니랑]
③	'ㅣ' 순행 동화	뒤 음절 후설 모음 'ㅓ, ㅗ'가 앞 음절 'ㅣ' 모음의 영향으로 각각 'ㅕ, ㅛ'로 발음되는 현상	피어[피여]
④	'ㄹ' 탈락	'ㄹ'이 끝소리인 어근이 다른 어근이나 접사와 결합하거나, 'ㄹ'이 끝소리인 어간이 어미와 결합할 때 'ㄹ'이 탈락하는 현상	딸님 → 따님
⑤	유음화	'ㄴ'이 'ㄹ'의 앞이나 뒤에서 [ㄹ]로 발음되는 현상	난로[날로]

● 20420-0207

05 〈보기〉의 ㉠으로 적절한 문장은?

┌─【 보기 】──────────────────────────────────────
  ㉠이 문장은 관형절을 안은문장에 해당하고, 이 문장에 안긴문장인 관형절은 명사절을 안은문장에 해당한다.
└───

① 그가 만든 옷은 다른 사람들과 다르다.
② 폐활량이 큰 학생들이 달리기를 잘한다.
③ 소리 없이 사라져 버린 그를 찾아내기로 했다.
④ 그녀는 밤마다 야식 먹기를 즐기는 버릇이 있었다.
⑤ 나는 선생님께서 부탁하신 일을 끝내지 못하고 말았다.

06 (가), (나)는 중세 국어와 근대 국어의 모습을 보여 주는 「두시언해」의 구절이다. (가), (나)를 바탕으로 탐구한 내용으로 적절하지 <u>않은</u> 것은?

◉ 20420-0208

《 보기 》

(가) 중세 국어 자료
時節을 感嘆호니 고지 **눉므를** 쓰리게코
여희여슈믈 **슬후니** 새 **ᄆᆞᅀᆞᆷ**을 **놀래ᄂᆞ다**
烽火 ㅣ 석ᄃᆞ를 니셰시니
지븻 音書는 萬金이 ᄉᆞ도다

— 초간본 「두시언해」

(나) 근대 국어 자료
時節을 感嘆호니 고지 **눈믈를** 쓰리게코
여희여슈믈 **슬호니** 새 **ᄆᆞᄋᆞᆷ**을 **놀래노다**
烽火 ㅣ 석들룰 니어시니
지븻 音書는 萬金이 ᄉᆞ도다

— 중간본 「두시언해」

〈현대어 풀이〉
시절을 한탄하니 꽃은 눈물을 뿌리게 하고
이별을 슬퍼하니 새조차 마음을 놀라게 한다.
봉화는 석 달이나 이어졌으니
집에서 오는 소식은 만금보다 값지다.

① '눉므를'이 '눈믈를'로, '석ᄃᆞ를'이 '석들룰'로 바뀐 것으로 보아 근대 국어에는 거듭 적기가 사용되었음을 알 수 있군.

② '烽火ㅣ'가 변하지 않은 것으로 보아 근대 국어에서도 주격 조사 'ㅣ'가 사용되었음을 알 수 있군.

③ '슬후니'가 '슬호니'로 바뀐 것으로 보아 근대 국어에는 모음 조화가 철저하게 지켜졌음을 알 수 있군.

④ 'ᄆᆞᅀᆞᆷ'이 'ᄆᆞᄋᆞᆷ'로, '니셰시니'가 '니어시니'로 바뀐 것으로 보아 근대 국어에는 'ㅿ'이 소실되었음을 알 수 있군.

⑤ '놀래ᄂᆞ다'가 '놀래노다'로 바뀐 것으로 보아 근대 국어에는 'ㆍ'가 다른 모음으로 바뀐 경우가 있었음을 알 수 있군.

07 〈보기〉를 영상시로 제작하고자 회의를 진행하였다. 제시한 의견이 적절하지 <u>않은</u> 것은?

《 보기 》

풀이 눕는다
비를 몰아오는 동풍에 나부껴
풀은 눕고
드디어 울었다
날이 흐려서 더 울다가
다시 누웠다

풀이 눕는다
바람보다도 더 빨리 눕는다
바람보다도 더 빨리 울고
바람보다 먼저 일어난다

날이 흐리고 풀이 눕는다
발목까지
발밑까지 눕는다
바람보다 늦게 누워도
바람보다 먼저 일어나고
바람보다 늦게 울어도
바람보다 먼저 웃는다
날이 흐리고 풀뿌리가 눕는다

– 김수영, 「풀」

① 가희: '동풍'에 의해 '풀'이 쓰러지는 모습을 담은 그림을 삽입하여 '바람'과 '풀'의 대립적 관계를 드러내는 것이 좋겠어.

② 나희: 다시 일어나는 '풀'의 강인한 모습이 나타나도록 생명력이 느껴지는 '풀'의 사진을 활용하도록 하자.

③ 다희: 영상시로서 시의 내용이 잘 드러나도록 '풀'의 모습을 살리는 화면에 차분한 어조로 시를 낭송하는 음성도 추가해야겠어.

④ 라희: '바람' 때문에 울고 웃는 '풀'의 다채로운 모습을 드러낼 수 있도록 '풀'이 자라나는 과정을 보여 주는 화면을 추가하자.

⑤ 마희: 마지막 화면은 '풀'이 풀뿌리까지 눕혀져 있는 모습을 담아 시의 내용을 잘 담아내도록 해야겠어.

● 20420-0210

08 〈보기〉를 바탕으로 매체에 대해 이해한 내용으로 가장 적절한 것은?

─《 보기 》─

 미디어 이론가 마셜 매클루언은 '우리는 도구를 만든다. 그리고 도구가 우리를 만든다.'라고 하였다. 그는 매체라는 것이 단순히 어떻게 사용하느냐에 따라서 달라지는 중립적인 도구만이 아니라 매체가 개인이나 사회에 큰 영향을 줄 수 있고 메시지의 의도 및 효과를 바꿀 수 있다고 한 것이다.

① 매체가 메시지에 우선한다.
② 매체가 수용자를 능동적으로 만든다.
③ 매체가 개인과 기술을 연결해 줄 수 있다.
④ 매체는 메시지의 형성에 결정적인 역할을 한다.
⑤ 매체가 메시지의 전달 속도를 높여 주는 도구이다.

● 20420-0211

09 〈보기〉의 ㉠에 대한 설명으로 적절하지 <u>않은</u> 것은?

─《 보기 》─

 통신과 방송 기술의 발달로 인해 우리 사회는 거대한 네트워크로 묶일 수 있게 되었다. 통신과 방송의 발달을 기반으로 현대 사회의 지식, 정보, 문화를 수용하고 전달하는 매체들을 새로운 매체라는 의미에서 뉴 미디어(new media), 문자와 그림 등 여러 요소가 복합적으로 작동한다는 의미에서 ㉠다매체 언어 혹은 멀티미디어(multimedia)라 부르기도 한다.

① 텔레비전, 인터넷, 스마트폰이 해당한다고 할 수 있다.
② 시각, 청각 등 다양한 감각이 정보 수용에 관련되어 있다.
③ 정보 전달의 기능을 수행하고 예술적인 가치도 담아낼 수 있다.
④ 발신자와 수신자의 관계가 일방적이어서 메시지 전달 효과가 크다.
⑤ 문자, 음성, 사진, 도표 등의 표현 유형이 다양하게 결합할 수 있다.

◉ 20420-0212

10 다음의 (가), (나)에 대해 이해한 내용으로 적절하지 <u>않은</u> 것은?

(가) 온라인 대화

(나) 블로그

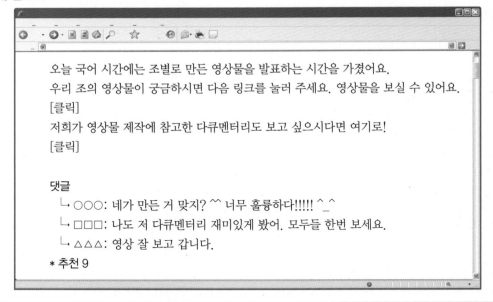

① (가)는 매체를 통해 빠른 속도로 이루어지는 의사소통의 양상을 보여 준다.

② (가)는 친밀한 관계를 맺고 있는 상대방과의 개인적 목적의 소통 양상을 보여 준다.

③ (나)는 영상 매체 자료의 생산이 협력적인 과정을 통해 이루어져야 한다는 것을 보여 준다.

④ (가)는 특정 상대방과의 소통 상황을 보여 주고, (나)는 불특정 다수와의 소통 상황을 보여 준다.

⑤ (가), (나)는 매체가 상대방과 정보나 의견, 느낌 등을 나눌 수 있는 수단이 된다는 것을 보여 준다.

○ 20420-0213

11 〈보기〉를 통해 이끌어 낼 수 있는 내용으로 가장 적절한 것은?

┌─ **보기** ┐

〈소설 서편제〉 → 〈영화 서편제〉 → 〈뮤지컬 서편제〉

① 매체 자료에는 다양한 미적 의미가 담겨 있다.

② 문학 언어와 매체 언어를 구분하는 것은 쉽지 않다.

③ 하나의 서사가 다양한 매체를 통해 수용될 수 있다.

④ 문학 작품은 시대를 초월하여 가르침을 줄 수 있다.

⑤ 매체 자료는 문학이 지닌 상징성을 고스란히 담아낼 수 있다.

○ 20420-0214

12 다음은 영상물 제작의 과정을 정리한 것이다. 각 과정에 대해 이해한 내용으로 적절하지 **않은** 것은?

	(가)	(나)	(다)	(라)	(마)
영상물의 주제와 목적 정하기	제작 계획 세우기	시나리오 작성하기	스토리보드 작성하기	영상물을 촬영하고 편집하기	완성한 영상물을 점검·평가하기

① (가): 영상물의 주제와 목적을 고려하여 상영 시간, 제작 기간, 영상물의 주요 내용 등을 정한다.

② (나): 연출, 대본, 촬영, 편집 및 음악, 소품 등의 역할을 분담하고, 장면이나 순서, 배우의 행동, 대사 등을 상세하게 서술한다.

③ (다): 대사, 음악, 음향, 특수 효과, 장면과 장면의 연결 방식, 각 숏의 길이 등을 표시한 스토리보드를 작성한다.

④ (라): 스토리보드를 바탕으로 하여 영상물을 촬영하고, 촬영한 장면들은 편집을 통해 하나의 영상물로 만든다.

⑤ (마): 완성한 영상물을 보며, 영상물의 여러 요소들을 점검하고 보완하여 완성도를 높인다.

● 20420-0215

01 〈보기〉의 ㄱ, ㄴ에 대한 이해로 적절하지 **않은** 것은?

《 보기 》

ㄱ. 표준어 '팽이'는 지역에 따라 '패이'(강원), '핑갱이'(경북), '팽데기'(경남), '도로기'(제주도), '뺑도
리'(전북), '팽구래미'(충북), '세루'(평안), '뽀애'(함경) 등으로 다양하게 불린다.
ㄴ. 우리말의 경우, '따비, 괭이, 삽, 가래, 호미, 낫, 고무래, 도리깨, 쟁기, 멍에, 보습, 꼴망태' 등과
같은 농사 용어들이 매우 발달되어 있다.

① ㄱ을 통해, 동일 대상을 지칭하는 말이지만 그 대상을 지칭하는 말이 지역에 따라 달리 쓰이고 있
음을 알 수 있다.
② ㄱ을 통해, 같은 지역에 살더라도 계층에 따라 사용하는 언어의 양상이 다르게 나타나기도 함을
알 수 있다.
③ ㄴ을 통해, 언어에는 그 나라 사람들의 삶의 모습이나 생활 양식, 즉 문화가 반영되어 있음을 알
수 있다.
④ ㄴ을 통해, 우리의 전통문화는 농경을 기반으로 하였기 때문에 이와 관련된 용어들이 발달한 것
임을 알 수 있다.
⑤ ㄱ, ㄴ을 통해, 언어는 사물을 지칭하는 사물로서뿐만 아니라 인간의 삶을 이해하는 매개체로서
도 기능함을 알 수 있다.

● 20420-0216

02 〈보기〉를 통해 확인할 수 있는 국어의 특질로 적절하지 **않은** 것은?

《 보기 》

할아버지께서는 예쁜 꽃이 핀 화분을 베란다에 가져다 놓으셨다.

① '예쁜', '핀'과 같은 수식어가 피수식어 앞에 위치한다.
② '께서', '는', '이', '을'과 같은 조사가 발달하여 문법적 기능을 한다.
③ '할아버지께서는', '베란다에'에서 볼 수 있듯이 문장 성분의 위치가 고정되어 있다.
④ 어휘가 '할아버지', '화분', '베란다'와 같이 고유어, 한자어, 외래어로 이루어져 있다.
⑤ '할아버지께서', '화분을', '가져다 놓으셨다'와 같이 주어 – 목적어 – 서술어의 어순을 가지고 있다.

● 20420-0217

03 〈보기〉의 ㉠, ㉡에 해당하는 어휘를 바르게 짝지은 것은?

《 보기 》

국어 규범에 따르면, 음운 변동이 나타나는 어휘 중 일부는 ㉠음운 변동이 나타나더라도 그것을
표기에 반영하지 않는다. 그러나 일부 어휘는 ㉡음운 변동의 결과를 표기에 반영하기도 한다.

	㉠	㉡		㉠	㉡
①	국물, 건너서	부삽, 읽어	②	칼날, 좋은	바느질, 서라
③	흙발, 노는	맑음, 둥그냐	④	홑이불, 넓고	책상, 싫은
⑤	색연필, 법학	하느님, 되어			

● 20420-0218

04 〈보기〉의 ㉠~㉣에서 확인할 수 있는 음운 변동의 유형을 분석하여 바르게 분류한 것은?

《 보기 》

우리말의 음운 변동은 크게 교체, 첨가, 탈락, 축약의 네 가지로 나누어 볼 수 있다. 교체는 한 음운이 다른 음운으로 바뀌는 음운 변동을, 첨가는 없던 음운이 새로 생기는 음운 변동을 의미한다. 그리고 탈락은 한 음운이 단순히 없어지는 음운 변동을, 축약은 두 음운이 합쳐져서 제3의 음운으로 바뀌는 음운 변동을 말한다.

㉠ 막일[망닐]	㉡ 솜이불[솜ː니불]	㉢ 없다[업ː따]	㉣ 값하다[가파다]

	교체	첨가	탈락	축약
①	㉠	㉠, ㉡, ㉢	㉣	㉡, ㉢
②	㉠, ㉡	㉠, ㉢	㉢	㉣
③	㉠, ㉢	㉠, ㉡	㉢, ㉣	㉣
④	㉡, ㉢	㉠, ㉡	㉢, ㉣	㉠, ㉣
⑤	㉢, ㉣	㉡	㉢, ㉣	㉠, ㉡

● 20420-0219

05 〈보기〉와 관련한 예로 적절한 것은?

《 보기 》

국어사전에 등재된 동사의 문형 정보를 보면 동사가 쓰이는 문장 구조를 파악할 수 있다. 가령 '먹다'를 사전에서 찾아보면, '【…을】', '【…에】'와 같은 문형 정보를 알 수 있으며, 이러한 동사가 각각 '동생이 밥을 먹다.', '화장이 얼굴에 잘 먹다.'와 같이 사용된다는 것을 알 수 있다. 그런데 일부 동사는 이처럼 문형 정보가 바뀔 경우 그 의미가 달라지기도 한다.

① ┌ 고래는 물에 <u>사는</u> 짐승이다.
  └ 그녀는 하루 종일 연구실에서 <u>산다.</u>

② ┌ 학교 친구가 우리 집에 <u>왔다.</u>
  └ 그녀는 정오에 여기로 <u>오기로</u> 했다.

③ ┌ 우리는 그를 형님으로 <u>부르며</u> 대접했다.
  └ 사람들은 이제 그를 바보라고 <u>부르지</u> 않는다.

④ ┌ 우리들은 의회의 결정을 <u>따르겠습니다.</u>
  └ 병사들은 지휘관의 명령에 <u>따랐을</u> 뿐입니다.

⑤ ┌ 늦은 시간에는 그곳에 <u>가는</u> 열차가 없다.
  └ 형은 외국 지사로 <u>가게</u> 되었다고 좋아했다.

06 〈보기〉의 ⑦~⑩에 대해 학생이 분석한 내용으로 적절하지 <u>않은</u> 것은?

◎ 20420-0220

〈 보기 〉

선생님: 여러분, 지난 시간에 배운 대로 파생어는 어근과 접사로 이루어져 있는데요, 어근에 접두사가 붙어 만들어진 파생어는 어근의 품사가 변하지 않아요. 그런데 어근에 접미사가 붙어 파생된 경우는 어근의 품사가 바뀌기도 하고, 바뀌지 않기도 합니다. 그럼, 이 단어들을 분석해 보면서 어근의 품사가 바뀌었는지 확인해 볼까요?

| ⑦ 날개 | ⓛ 길이 | ⓒ 대패질 | ⓔ 낮추다 | ⑩ 신비롭다 |

		어근의 품사	파생어의 품사	품사의 변화 여부
①	⑦	동사	명사	바뀜
②	ⓛ	형용사	명사	바뀜
③	ⓒ	명사	명사	안 바뀜
④	ⓔ	형용사	형용사	안 바뀜
⑤	⑩	명사	형용사	바뀜

07 ⑦~⑩을 통해 문장 성분에 대해 탐구한 내용으로 적절하지 <u>않은</u> 것은?

◎ 20420-0221

⑦ 동생이 침대에서 잔다.   ⓛ 강아지가 사료를 먹는다.
ⓒ 나는 누나에게 선물을 주었다.   ⓔ 형님은 그 사람을 사위로 삼았다.
⑩ 그는 쇼핑하는 것을 좋아하지 않는다.

① ⑦을 보니, 부사어를 생략해도 완전한 문장이 성립하는군.
② ⑦, ⓛ을 보니, 서술어 중에는 목적어를 필요로 하지 않는 경우도 있군.
③ ⓛ, ⓒ을 보니, 서술어 중에는 목적어 외에도 부사어를 필요로 하는 경우도 있군.
④ ⓒ, ⓔ을 보니, 서술어가 다르면 필요로 하는 문장 성분의 개수도 다르군.
⑤ ⑩을 보니, 의존 명사가 사용된 문장에서 관형어가 없으면 문장이 어색해지기도 하는군.

08 〈보기〉의 밑줄 친 단어들의 공통점으로 가장 적절한 것은?

◎ 20420-0222

〈 보기 〉

• 쌍둥이가 서로 성격이 <u>다른</u> 것은 당연하다.
• 그는 자기 일 밖의 <u>다른</u> 일에는 관심이 없다.

① 문장 안에서 위치 이동이 자유롭다.   ② 뜻을 더해 주는 조사와 결합하고 있다.
③ 체언 앞에 놓여 체언을 수식하고 있다.   ④ 문장의 주어를 서술하는 기능을 하고 있다.
⑤ 주어의 성질이나 상태를 나타내는 단어이다.

09 〈보기〉에 사용된 높임 표현에 대한 설명으로 적절하지 <u>않은</u> 것은?

● 20420-0223

《 보기 》

학생: 선생님, ⓐ<u>여쭈어볼</u> 것이 ⓑ<u>있는데요?</u>
선생님: 그래, ⓒ<u>물어보려무나.</u>
학생: 부모님께서 제 진로에 대해 상담을 하고 싶어 하시는데, 언제 시간이 ⓓ<u>괜찮으실까요?</u>
선생님: 그래, 이번 주는 정기 고사 출제 기간이니 다음 주에 부모님 ⓔ<u>모시고</u> 상담하는 것이 좋겠구나.
학생: 예, 감사합니다.

① ⓐ는 높임의 의미를 지닌 어휘를 사용하여 객체인 '선생님'을 높이고 있다.
② ⓑ는 보조사 '요'를 통해 상대인 '선생님'을 높이고 있다.
③ ⓒ는 격식체의 종결 어미를 통해 '학생'을 낮추고 있다.
④ ⓓ는 주체 높임 선어말 어미 '-시-'를 통해 주체인 '선생님'을 높이고 있다.
⑤ ⓔ는 높임의 의미를 지닌 어휘를 통해 주체인 '부모님'을 높이고 있다.

10 〈보기 1〉을 바탕으로 〈보기 2〉를 이해한 내용으로 적절하지 <u>않은</u> 것은?

● 20420-0224

《 보기 1 》

중세 국어의 호격 조사는 '아/야', '이여/ㅣ여/여', '하' 등이 있는데 이들은 높임의 등분에 따라서 달리 쓰였다. '아/야'는 아주 낮춤으로 쓰이는데 유정 명사 뒤에만 실현되었다. 또 '아/야', '이여/ㅣ여/여'는 예사 높임으로 쓰이는데, 이들은 유정 명사나 무정 명사에 두루 쓰이며, '부름'의 기능 이외에도 '영탄적 높임'의 의미를 갖는다. 마지막으로 '하'는 아주 높임으로 쓰이는데, 대체로 유정 명사 뒤에 쓰이는 것이 원칙이지만 의인화된 무정 명사 뒤에 쓰이는 경우도 있다.

《 보기 2 》

ㄱ. 彌勒(미륵)아 아라라 (미륵아 알아라.)
ㄴ. 長者(장자)야 네 이제 …… 衆生(중생) 爲(위)ᄒᆞ야 (장자야 네 이제 …… 중생 위하여)
ㄷ. 어딜쎠 觀世音(관세음)이여 (어질구나 관세음이여!)
ㄹ. 우는 聖女(성녀)ㅣ여 슬허 말라 (우는 성녀여 슬퍼하지 말라.)
ㅁ. 돌하 노피곰 도ᄃᆞ샤 (달이시여, 높이 돋으시어)

① ㄱ, ㄴ을 보니 자음으로 끝나는 체언 뒤에는 '아'가, 모음으로 끝나는 체언 뒤에는 '야'가 사용되었군.
② ㄴ의 '長者'는 ㄷ의 '觀世音'과 달리 화자보다 낮은 지위나 신분을 지닌 대상이겠군.
③ ㄷ의 '觀世音이여'에는 ㄹ의 '聖女ㅣ여'와 달리 영탄의 정서가 담겨 있군.
④ ㄹ, ㅁ을 보니 '聖女'와 '돌'은 모두 화자보다 높은 지위나 신분을 지닌 유정 명사이겠군.
⑤ ㄱ의 '아', ㄴ의 '야', ㅁ의 '하'는 모두 대상을 부르는 기능을 하는 격 조사이군.

[11~12] (가)는 급우들에게 자신의 희망 진로를 발표하기 위한 계획이고, (나)는 발표에서 사용할 PPT의 구성 화면이다. 물음에 답하시오.

㉮ 발표 계획

주제: 나의 진로 희망 알리기(비행기 조종사)
청중: 학급 친구들
발표 시간: 10분 내외
발표 장소: 우리 반 교실

내용 구성
1. 나의 희망 진로, 비행기 조종사
2. 비행기 조종사의 꿈을 갖게 된 동기
3. 비행기 조종사가 되기 위한 준비와 계획
4. 비행기 조종사가 되기 위한 포부와 다짐

㉯ 매체 자료 구성 초안

[A]

1. 나의 희망 진로, 비행기 조종사

[B]

2. 비행기 조종사의 꿈을 갖게 된 동기

[C]

3-1. 비행기 조종사가 되기 위한 계획

[D]

3-2. 비행기 조종사가 되기 위한 나의 노력

[E]

4. 비행기 조종사가 되기 위한 포부와 다짐

◉ 20420-0225

11 (가)에서 매체의 생산자가 고민했을 내용으로 적절한 것만을 바르게 골라 묶은 것은?

> ㄱ. 나의 진로 희망을 알리기 위해 어떤 매체를 활용하는 것이 적절할까?
>
> ㄴ. 발표를 들은 청중이 제기할 수 있는 비판에 대해 어떻게 반박하는 것이 좋을까?
>
> ㄷ. 매체 자료의 내용에 대한 신속성과 객관성을 높이기 위해서는 어떻게 해야 할까?
>
> ㄹ. 청중의 흥미를 유도하고 내용 이해를 도울 수 있는 매체 언어 구성 방안은 무엇일까?
>
> ㅁ. 나의 진로 희망을 효과적으로 알리기 위해 매체 자료를 어떤 내용과 순서로 구성할까?

① ㄱ, ㄴ, ㄹ   ② ㄱ, ㄷ, ㄹ   ③ ㄱ, ㄹ, ㅁ

④ ㄴ, ㄷ, ㄹ   ⑤ ㄴ, ㄹ, ㅁ

◉ 20420-0226

12 (나)의 생산자가 매체 자료 구성 초안을 계획하고 점검한 내용으로 적절하지 <u>않은</u> 것은?

① [A]는 나의 진로 희망을 명확하게 밝히고 청중의 주의를 환기하기 위해 비행기와 조종사 사진을 제시하고 비행기 소리를 짧게 제시해야겠어.

② [B]는 비행기 조종사가 되겠다는 생각을 갖게 된 계기와 경험을 열거하고 여기서 출발한 화살표가 비행기 조종사라는 문구로 집약되도록 해야겠어.

③ [C]는 고등학교, 대학, 취업 등 나의 성장 단계에 맞추어 비행기 조종사가 되기 위한 계획을 순차적으로 제시해야겠어.

④ [D]는 비행기 조종사가 되기 위해 내가 했던 진로 활동, 동아리 활동, 자율 활동, 체험 활동 등을 설명하는 구체적인 문구를 망라하여 제시해야겠어.

⑤ [E]는 비행기 조종사가 되겠다는 열망을 효과적으로 드러내기 위해 단순히 문구를 제시하는 것보다는 내가 직접 포부와 다짐을 밝히는 동영상을 삽입하는 것이 좋겠어.

[13~14] 다음을 읽고 물음에 답하시오.

㉮ 신문 기사

㉯ 텔레비전

㉰ 인터넷

HOME 〉 사회 〉 사회 일반

"대한 독립 만세" 유관순, 우리가 알고 있는 얼굴과 ㉠실제모습 다른 이유는?

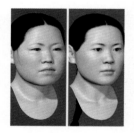

유관순 열사에 대한 관심이 뜨겁다. 유관순 열사는 1919년 아우내 장터 만세 운동을 주도하다가 체포돼 옥사했다. 유관순 열사가 숨을 거둔 장소도 서대문 형무소다. 우리가 잘 알고 있는 유관순 열사의 수형 기록표에 첨부된 사진은 ㉡유관순 열사에 평소 모습이 아니다. 촬영 3~4일 전 양쪽 뺨, 특히 왼쪽 뺨을 집중적으로 20여 차례 구타당해 부은 상태이며, 구타로 인해 눈에 충혈이 생겼다. 유관순 열사의 키는 수형 기록표상에는 5척 6촌(1m 69.68cm)으로 나와 있지만 실제로는 5척 0촌(1m 51.5cm)으로, 이는 1930년대 조선인 여자 평균 키 1m 50.26cm와도 비슷하다.

유관순 열사 무덤 또한 많은 궁금증을 ㉢불러 일으킨다. 1920년 서대문 형무소에서 순국한 유관순 열사는 당시 이태원 공동묘지에 묘비도 없이 파묻혔다. 현재 유관순 열사의 유해 위치가 불분명한 이유다. 1935~36년 이태원 공동묘지는 일제가 군용 기지를 조성하는 과정에서 망우리 공원으로 이전했다. 이때 유관순 열사의 무덤을 포함해 이름 없는 2만 8000여 분묘를 한꺼번에 화장하여 ㉣합장시켰다. 현재 유관순 열사의 묘는 정확히 찾을 수 ㉤없을 뿐만 아니라 합장한 자리에 비석이 남아 있다. 옛 이태원 공동묘지가 있던 이태원 부군당 공원에도 2015년 유관순 추모비가 세워졌다.

〈중략〉

〈관련 영상 링크: http://www.○○○.com/2345607/〉

— △△일보

○ 20420-0227

13 (가)~(다)에 대해 설명한 내용으로 적절하지 <u>않은</u> 것은?

① (가), (나)는 (다)와 달리 생산자와 수용자 간의 소통이 제한적이다.

② (나), (다)는 (가)와 달리 영상과 음성을 매체 언어로 활용할 수 있다.

③ (다)는 (가), (나)와 달리 대량의 정보를 전달할 수 있는 매체이다.

④ (가), (나), (다)는 모두 정보 생산자의 주관적 견해가 개입할 수 있다.

⑤ (가), (나), (다)는 모두 동일한 내용을 다수의 수용자에게 전달할 수 있다.

○ 20420-0228

14 (다)에 사용된 언어의 적절성을 점검한다고 할 때, ㉠~㉤에서 확인할 수 있는 문제점과 수정 방안으로 적절하지 <u>않은</u> 것은?

① ㉠: '실제'와 '모습'은 서로 다른 단어임에도 불구하고 띄어쓰기의 원칙을 어기고 붙여 썼으므로 '실제 모습'과 같이 띄어 쓴다.

② ㉡: 관형격 조사 '의'를 발음 나는 대로 '에'로 적어 언어 규범에 맞지 않는 어구가 되었으므로 '유관순 열사의 평소 모습'으로 수정한다.

③ ㉢: '불러 일으킨다'는 이미 한 단어로 굳어진 말임에도 불구하고, 이를 국어사전을 통해 확인하지 않아 띄어 쓴 것으로, '불러일으킨다'와 같이 표기해야 한다.

④ ㉣: '합장시켰다'는 불필요하게 사동 표현을 사용한 것으로, '합장했다'로 고친다.

⑤ ㉤: 앞부분과 뒷부분의 내용 연결이 어색하므로 '없을뿐더러'로 수정한다.

01 〈보기〉의 내용을 뒷받침할 수 있는 사례로 적절하지 **않은** 것은?

○ 20420-0229

《 보기 》

언어는 인간이 세상을 바라보는 창(窓)으로서 인간이 세계를 인식하는 방법을 제공하여 각기 독특한 가치관을 형성하는 매개체로 작용한다. 이런 점에서 언어가 인간의 사고에 영향을 미친다고 할 수 있다.

① '애완 고양이'를 '반려 묘'로 바꾸어 부르게 했더니 고양이를 평생 함께할 가족으로 인식하는 사람들이 더욱 많아졌다.

② 할아버지께서는 이름이 그 사람의 사고와 운명을 좌우한다고 생각하셨다. 그래서 우리 이름을 '대성(大成)', '수복(壽福)'이라고 지으셨다.

③ 사람은 태어나면서부터 자기중심적인 생각을 지니고 있다. '여기저기', 'here and there'와 같은 표현들은 이러한 생각이 언어 구조에 반영된 결과라고 할 수 있다.

④ 선생님께서는 바른 언어 습관을 강조하신다. 비속어나 규범에 어긋난 말을 사용하다 보면 우리의 의식이 건전하지 않은 방향으로 형성될 수 있다고 생각하시기 때문이다.

⑤ 조선 시대 사람들은 무지개를 오색으로 인식하였다. 그런데 서구 문물이 들어오며 무지개를 '빨, 주, 노, 초, 파, 남, 보'로 명명하면서부터 무지개를 칠색으로 인식하게 되었다.

02 〈보기〉의 ㉠~㉢에서 일어나는 음운 변동을 분석한 것으로 적절하지 **않은** 것은?

○ 20420-0230

《 보기 》

㉠ 샅샅이 → [삳싸치]   ㉡ 꽃잎 → [꼰닙]   ㉢ 불여우 → [불려우]

① 음운 변동의 결과 음운의 개수에 변화가 없는 것은 ㉠이다.

② ㉡에서 첨가된 음운은 ㉢에서 첨가된 음운과 같다.

③ ㉡, ㉢은 모두 앞의 종성으로 인해 뒤의 초성이 바뀌는 현상이 일어난다.

④ ㉠~㉢은 모두 한 음운이 다른 음운으로 바뀌는 교체가 일어난다.

⑤ ㉠~㉢은 모두 2회 이상의 음운 변동이 일어난다.

03 〈보기〉의 a~d 중, 선생님의 질문에 대한 답으로 적절한 것만을 있는 대로 고른 것은?

20420-0231

〈 보기 〉

선생님: 음운 변동은 그 결과에 따라 교체, 탈락, 첨가, 축약으로 분류할 수 있습니다. 교체는 한 음운이 다른 음운으로 바뀌는 현상이며, 탈락은 두 음운 중에서 어느 하나가 없어지는 현상입니다. 첨가는 없던 음운이 추가되는 현상이며, 축약은 두 음운이 합쳐서 하나의 음운으로 줄어드는 현상입니다. 그럼, 다음 학습 자료들은 각각 음운 변동의 어떤 유형에 해당하는지 그 이유를 들어 설명해 볼까요?

a. 맨입[맨닙]은 'ㅇ'이 'ㄴ'으로 바뀌었기 때문에 교체가 일어납니다.
b. 맏형[마텽]은 'ㄷ'과 'ㅎ'이 합쳐져 'ㅌ'으로 줄었기 때문에 축약이 일어납니다.
c. 약밥[약빱]은 'ㅂ'에 'ㅂ'이 첨가되어 'ㅃ'이 되었기 때문에 첨가가 일어납니다.
d. 안팎[안팍]은 'ㄲ'에서 'ㄱ'이 없어졌기 때문에 탈락이 일어납니다.

① b
② c
③ a, c
④ a, d
⑤ b, c, d

04 〈보기〉에서 일어나는 음운 변동이 모두 일어나는 단어로 적절한 것은?

20420-0232

〈 보기 〉

잡일 → [잡닐] → [잠닐]

① 담요[담:뇨]
② 식용유[시굥뉴]
③ 불난리[불랄리]
④ 부엌문[부엉문]
⑤ 영업용[영엄뇽]

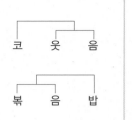

05 〈보기〉를 바탕으로 할 때, 제시된 단어의 '직접 구성 요소' 분석이 적절하지 <u>않은</u> 것은? ● 20420-0233

> **〈 보기 〉**
>
> '직접 구성 요소'는 어떤 구성을 일단 둘로 쪼개었을 때의 그 각각을 말한다. 합성어나 파생어의 구조를 바르게 파악하려면 그 층위를 밝혀서 그 묶임의 순서를 바로 아는 것이 바람직하다. 이때 '직접 구성 요소'가 사용된다. 가령 '코웃음'은 '코'와 '웃음', '볶음밥'은 '볶음'과 '밥'으로 분석된다. 이를 '코웃'과 '음', '볶'과 '음밥'으로 잘못 분석하면 어색하다.

①

②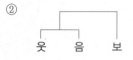

③

④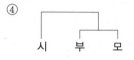

⑤

06 〈보기〉를 참고할 때, 제시된 합성어를 분석한 내용으로 적절하지 <u>않은</u> 것은? ● 20420-0234

> **〈 보기 〉**
>
> 합성어는 일반적으로 두 개 이상의 어근이 결합되어 형성된 단어를 말하는데, 분류 기준에 따라 몇 가지로 나눌 수 있다. 우선 합성어는 대등 합성어, 종속 합성어, 융합 합성어와 같이 결합하는 어근들의 의미 관계를 기준으로 분류할 수 있다. 그리고 어근의 결합 방식이 국어의 일반적인 통사적 구성과 일치하는지를 기준으로 통사적 합성어와 비통사적 합성어로 분류할 수도 있다.

① **부모**: 대등 합성어이면서 통사적 합성어에 해당한다.
② **피땀**: 융합 합성어이면서 통사적 합성어에 해당한다.
③ **꺾쇠**: 종속 합성어이면서 비통사적 합성어에 해당한다.
④ **검버섯**: 종속 합성어이면서 통사적 합성어에 해당한다.
⑤ **여닫다**: 대등 합성어이면서 비통사적 합성어에 해당한다.

07 〈보기〉의 ⓐ~ⓔ를 통해 '용언의 활용'에 대해 탐구한 내용으로 적절하지 <u>않은</u> 것은? ● 20420-0235

─〈 보기 〉─

• 전화를 ⓐ걸어(← 걸−+−어) 주다.
• 가는 길을 ⓑ물어(← 묻−+−어) 보다.
• 하늘이 ⓒ파래(← 파랗−+−아) 보이다.
• 아기 이름을 ⓓ지어(← 짓−+−어) 주다.
• 자정에 ⓔ이르러(← 이르−+−어) 밥을 먹다.

① ⓐ는 용언이 규칙적으로 활용하는 예에 해당한다.
② ⓑ는 어간만 불규칙하게 활용하는 예에 해당한다.
③ ⓒ는 어미만 불규칙하게 활용하는 예에 해당한다.
④ ⓓ는 어간만 불규칙하게 활용하는 예에 해당한다.
⑤ ⓔ는 어미만 불규칙하게 활용하는 예에 해당한다.

● 20420-0236

08 〈보기〉를 참고할 때, ㉠에 해당하는 예로 적절한 것은?

─〈 보기 〉─

㉠'품사 통용'은 사전에서 하나의 표제어에 실리며 동일한 형태를 가진 단어가 각각 다른 기능을 수행하는 단어를 말한다. 예를 들어 '잘못을 저질렀다.'와 '음식을 잘못 먹다.'에서 '잘못'은 단어의 형태는 같으나 단어가 수행하는 기능은 다르다. 즉 전자의 '잘못'은 명사이지만, 후자의 '잘못'은 부사이다. 이와 같은 것을 '품사 통용'이라고 한다.

① '저는 형입니다.'와 '저 사람'에서 '저'
② '노력한 <u>만큼</u>'과 '우리<u>만큼</u>'에서 '만큼'
③ '연필 <u>하나</u>'와 '<u>하나</u>부터 열'에서 '하나'
④ '<u>당신</u>의 희생'과 '<u>당신</u>이 뭔데?'에서 '당신'
⑤ '<u>우리</u> 엄마'와 '짐승이 갇힌 <u>우리</u>'에서 '우리'

09 '안은문장'에 대한 탐구 과정 중, ☐ A ☐에 들어갈 예로 적절하지 <u>않은</u> 것은?

◯ 20420-0237

탐구 과제	홑문장이 겹문장을 이루는 과정 중 한 홑문장을 절로 바꾸어 다른 문장의 어떤 성분이 되도록 하는 방법에 대해 탐구한다.
탐구 자료	'우리는 그가 옳았음을 깨달았다.'
탐구 결과	[탐구 자료]에 제시된 문장에서 '그가 옳았다.'라는 홑문장은 절을 만드는 기능을 하는 말을 사용하여 '그가 옳았음'이라는 절로 바뀌었다. 이러한 절을 안고 있는 문장을 안은문장이라고 한다.
일반화	☐ A ☐는 안은문장으로, 밑줄 친 부분에 절을 만드는 기능을 하는 말이 사용되었다.

① 뜨거운 국물을 <u>먹기</u>가 쉽지 않다.
② 그가 말한 것이 <u>거짓임</u>을 밝혔다.
③ 어제부터 오던 눈이 <u>비로</u> 변했다.
④ 어제 언니는 머리를 <u>곱게</u> 땋았다.
⑤ 여기부터는 네가 혼자 <u>갈</u> 길이다.

10 〈보기〉의 [A], [B]에 들어갈 수 있는 예문을 각각 바르게 제시한 것은?

◯ 20420-0238

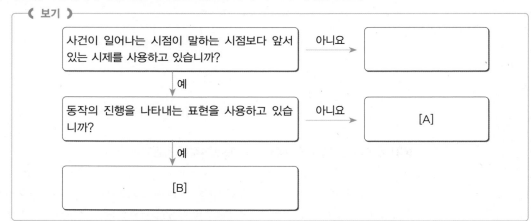

	[A]	[B]
①	그녀는 밖에서 밥을 먹는다.	언니는 밥을 먹고 있었다.
②	그는 학교에서 공부를 하고 있다.	언니는 밥을 먹고 있었다.
③	동생이 과자를 다 먹어 버렸다.	언니는 밥을 먹고 있었다.
④	그녀는 밖에서 밥을 먹는다.	그는 학교에서 공부를 하고 있다.
⑤	동생이 과자를 다 먹어 버렸다.	그는 학교에서 공부를 하고 있다.

◉ 20420-0239

11 〈보기〉의 ㄱ~ㄹ에 쓰인 '높임 표현'에 대해 탐구한 내용으로 적절하지 <u>않은</u> 것은?

﹁ 보기 ﹂

ㄱ. (남학생이 여학생에게) "선생님께서 너 교무실로 오시래."
ㄴ. (직원이 손님에게) "손님, 이제 중화제 뿌리겠습니다."
ㄷ. (판매원이 손님에게) "이 상품은 저 상품보다 훨씬 비싸십니다."
ㄹ. (사회자가 학생들에게) "지금부터 교장 선생님의 축사가 있으시겠습니다."

① ㄱ에서 높임의 대상은 '선생님'이므로 '오시래'를 '오라고 하셔'로 표현해야 옳다.
② ㄴ에서 '직원'은 격식체 어미 '−ㅂ니다'를 사용하여 '손님'을 높이고 있다.
③ ㄷ에서 '판매원'은 '상품'을 높이고 있으므로 '비싸십니다'를 '비쌉니다'로 표현해야 옳다.
④ ㄹ에서 '사회자'는 '축사'를 높이며 객체인 '교장 선생님'을 간접적으로 높이고 있다.
⑤ ㄹ은 ㄴ과 달리 높임 선어말 어미 '−시−'를 통해 높임의 의도를 드러내고 있다.

◉ 20420-0240

12 〈보기〉의 ⊙과 ⓒ을 탐구하여 도출할 수 있는 결론으로 가장 적절한 것은?

﹁ 보기 ﹂

① 피동 표현은 행위의 주체를 숨기기 위해 사용하기도 한다.
② 피동 표현은 군더더기 표현을 없애기 위해 사용하기도 한다.
③ 피동 표현은 의미의 중의성을 해소하기 위해 사용하기도 한다.
④ 사동 표현은 효과적인 대비 효과를 만들기 위해 사용하기도 한다.
⑤ 사동 표현은 상황이 종료되었음을 나타내기 위해 사용하기도 한다.

**실전
대비
평가
3회**

[13~14] 다음 뉴스 보도를 보고 물음에 답하시오.

[앵커] 눈 흰자위가 노랗게 변하는 황달은 처음에 알아채기 힘들어 적절한 치료 시기를 놓치기 쉬운데요. 스마트폰 카메라로 눈을 촬영하면 황달 여부를 판단해 주는 간단한 앱이 개발됐습니다. ○○○ 의학 전문 기자가 보도합니다.

[기자] 간 질환을 앓는 60대 남성, 그냥 눈을 봐서는 황달 여부를 알기 어렵습니다. 하지만 스마트폰 카메라로 한쪽 눈을 촬영하자 황달이라는 진단 결과가 나타납니다. '황달 판별 앱' 덕분입니다.

[인터뷰: 간 질환 환자] "피를 뽑고 검사를 해야 해서 여러모로 불편했는데 스마트폰으로 진단을 하니까 편리하고 좋습니다."

[기자] 이전까지는 피 검사를 해 봐야 황달인지를 알 수 있었습니다. 그런데 이제는 '황달 판별 앱'으로 개인이 황달 여부를 손쉽게 확인할 수 있게 되었습니다. 앱의 황달 판별 정확도는 95% 이상입니다. 흰자위가 노랗게 변하는 미세 영역을 검출해 평균값을 낸 뒤, 실제 황달 환자의 혈액 수치와 비교하도록 인공 지능에 학습을 시킨 결과입니다.

[인터뷰: 앱 개발자] "거동이 불편한 사람들은 병원에 자주 가기가 어렵잖아요. 그런데 이 앱만 있으면 황달 여부를 집에서 혼자 간단하게 측정할 수 있습니다."

[기자] 이번에 개발된 앱은 정확도를 더 높여 1년 내에 시중에 선보일 예정이라고 합니다.

– ○○ 뉴스

20420-0241

13 뉴스 보도에 대한 이해로 가장 적절한 것은?

① 특정 상황을 가정해 '황달 판별 앱'의 문제점을 지적하고 있다.
② 환자의 인터뷰를 삽입하여 '황달 판별 앱'의 장점을 부각하고 있다.
③ 사례를 들어 '황달'과 관련한 통념이 적절하지 않음을 제시하고 있다.
④ 앱 개발자의 인터뷰를 통해 '황달 판별 앱'의 위험성에 대해 드러내고 있다.
⑤ 구체적 수치를 활용하여 '황달 판별 앱'의 개발 비용에 대해 언급하고 있다.

20420-0242

14 실제 뉴스 보도에서 활용되었을 만한 장면으로 적절하지 않은 것은?

①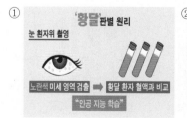

②

③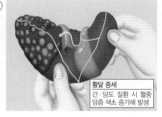

④

⑤

올림포스 언어와 매체 시크릿 참고 자료

수행 평가

영역	연번	수행 평가 과제별 사례	활동 유형	활동 개요
언어	1	언어와 사고의 관계 탐구하기	• 언어와 사고의 관계 • 언어의 중요성 파악하기	• 학습한 내용을 바탕으로 언어와 사고의 관계를 정리함. • 학습한 내용을 바탕으로 언어의 중요성에 대해 정리함.
	2	새말 만들기	• 우리말의 단어 형성 방법 파악하기 • 새말을 만드는 이유 파악하기	• 학습한 내용을 바탕으로 우리말의 단어 형성 방법을 정리함. • 학습한 내용을 바탕으로 새말을 만들어 봄.
매체	3	시나리오와 소설의 심미적 가치 비교하기	• 매체에 따른 표현 방식 차이 이해하기 • 시나리오와 소설의 심미적 가치 파악하기	• 학습한 내용을 바탕으로 매체에 따른 표현 방식 차이를 정리함. • 학습한 내용을 바탕으로 시나리오와 소설의 심미적 가치를 정리함.
	4	매체 자료에 나타난 국어의 오용 사례 찾기	• 매체 자료에 나타난 국어 사용의 문제점 파악하기 • 매체 자료의 생산과 관련한 바람직한 언어생활 강구하기	• 매체 자료에 나타난 국어 사용의 문제점을 찾아 정리함. • 바람직한 매체 언어 생활을 정리함.
	5	매체의 특성을 이해하고 매체를 활용하는 바른 자세 기르기	• 전통적 매체와 뉴 미디어의 특징 비교하기 • 바람직한 뉴 미디어 활용 방법 강구하기	• 전통적 매체와 뉴 미디어의 활용 경험을 떠올림. • 뉴 미디어의 특징과 장단점을 도출함. • 바람직한 뉴 미디어의 활용 방안을 정리함.
	6	매체를 이용해 자신의 희망 진로 소개하기	• 매체의 특성 이해하기 • 매체를 활용해 주제를 효과적으로 표현하기	• 자신의 희망 진로를 설명하는 매체 자료를 작성함. • 매체 자료의 특성에 따라 내용을 생성함.

언어와 사고의 관계 탐구하기

평가일 :　　　월　　　일　　　　　학년　　반　　번 이름:

[01~02] 다음 글을 읽고 물음에 답하시오.

　　옛날에 석가모니께서 여러 가지 말로 부처가 되는 도리를 설법하시다가 도저히 말로는 표현할 길이 없는 오묘한 진리를 설명해야 할 순간에 이르게 되었다. 그러자 석가모니께서는 문득 묘안이 떠오르셨다. 마침 연못에 은은한 향기를 뿜으며 갓 피어 있는 연꽃을 하나 따서 설법을 듣는 제자들에게 들어 보이셨다. 말로는 설명할 수 없는 것을 이 행동으로 전달하려고 하신 것이었다. 이때에 가섭 존자라는 제자 한 분만이 석가모니께서 하시는 이 행동의 의미를 알아듣고 빙긋이 웃음으로 대답을 하였다고 한다. 이 고사를 일컬어 염화시중(拈花示衆)이라 하여 언어로서는 불가능한 설명의 한 가지 방법으로 오늘날 세상 사람들에게 이해되고 있다. 이처럼 언어는 우리의 오묘하고도 신비한 생각들을 곡진하게 나타내는 데에는 터무니없이 부족한 도구이다. 그래서 불교의 선종(善宗)에 속하는 승려들 가운데에는 교리를 학문적으로 탐구하고 이론의 소용돌이 속에서 고민하느니보다는 무념무상(無念無想)의 참선(參禪)을 오래 계속하다가 문득 깨달으면 된다 하여 '불립 문자(不立文字)'라는 말을 내세우며 불경 공부에 다소 게을러도 좋다는 주장을 하는 분들이 있었다. 도대체 말이 필요 없을 바에야 글로 적어 놓은 문자라는 것이 무슨 필요가 있겠느냐 하는 생각에서 '문자로 적어 놓지 않는다.'라는 의미의 '불립 문자'를 강조하기에 이른 것이었다. 그런데 이렇듯 불립 문자를 주장하고 나서는 선승들도 자기가 불법을 깨달았다고 느끼는 순간, 그 감동 그 느낌을 시로 짓든가 한두 마디의 말로 나타내고 그것을 적어 후세에 전하고 있다. 아무리 불립 문자를 주장한다고 해도 문자로부터 완전히 벗어날 수 없는 것이 선승들의 한계였다고 말해도 과언이 아니다. 유명한 선승들은 모두 그들의 정신적 편력을 후배들이 짐작할 수 있도록 어록(語錄)을 남겨 놓고 있다.

　　이와 같이 언어는 분명 인간의 생각을 전부 표현해 낼 수 있는 능력을 가지고 있지는 않으나, 한편 인간의 생각은 그 대부분이 언어를 통하지 않고는 나타낼 길이 없다. <u>언어가 생각의 동생이기는 하지만 형님이 되는 생각은 반드시 동생의 신세를 지면서 세상 사람들에게 자기의 모습을 드러내게 된다.</u>

---

❶ 글쓴이가 '석가모니'의 고사를 인용한 의도가 무엇인지 모둠별로 이야기를 나누고 정리해 보자.

❷ 윗글에서 밑줄 친 부분의 의미가 무엇인지 모둠별로 이야기를 나누고 정리해 보자.

점수	평가 영역				합계
	과제 완성 (5)	내용 (5)	구성 (5)	태도 (5)	

❶ 글쓴이가 '석가모니'의 고사를 인용한 의도가 무엇인지 모둠별로 이야기를 나누고 정리해 보자.

'염화시중'과 관련한 고사에서 석가모니는 도저히 말로 표현할 수 없는 오묘한 진리를 설명해야 할 순간 꽃을 하나 따서 들어 보인다. 이는 말로 설명할 수 없는 것을 행동으로 전달하려고 한 것이다. 이로 볼 때, 글쓴이는 언어가 사고를 완벽하게 전달할 수는 없다는 것을 설명하기 위해서 석가모니의 고사를 인용했다고 할 수 있다.

❷ 윗글에서 밑줄 친 부분의 의미가 무엇인지 모둠별로 이야기를 나누고 정리해 보자.

언어로 표현할 수 없는 생각이 존재한다는 점에서 생각이 말보다 범위가 넓지만 생각이 세상에 나올 때는 언어를 통해야 한다는 것을 비유한 말로, 세상과 소통할 수 있는 창(窓)인 언어의 중요성을 언급하고 있다.

점수	평가 영역			
	과제 완성 (5)	내용 (5)	구성 (5)	태도 (5)
	• 글에 나타난 언어와 사고의 관계를 이해하여 과제를 완성 • 핵심 문장의 문맥적 의미를 명확하게 파악하여 과제를 완성	• 석가모니의 고사를 인용한 이유, 비유적 표현의 의미를 구체적으로 서술	• 글의 내용을 정확하게 파악하여 언어와 사고의 관계를 체계적으로 구성	• 모둠 활동 시 자신의 의견을 적극적으로 발표 • 상대방의 의견을 경청하며 의견을 조율

새말 만들기

평가일 : ◯◯◯ 월 ◯◯◯ 일　　　　◯◯◯ 학년 ◯◯◯ 반 ◯◯◯ 번 이름: ◯◯◯◯◯

❶ 우리말의 단어가 어떻게 이루어져 있는지 분석해 보자.

단어	내용
바다, 하늘, 구름	
부채질, 덧버선, 덮개	
산나물, 작은집, 척척박사	

❷ 새로운 단어를 만들게 되는 이유를 써 보자.

❸ 우리말의 단어 형성 방법을 적용하여 새말을 세 개 만들어 보자.

새말을 붙일 대상	붙인 새말	새말의 구성

점수	평가 영역				합계
	과제 완성 (5)	내용 (5)	구성 (5)	태도 (5)	

❶ 우리말의 단어가 어떻게 이루어져 있는지 분석해 보자.

단어	내용
바다, 하늘, 구름	더 이상 나눌 수 없는 하나의 형태소로 이루어져 있다.
부채질, 덧버선, 덮개	어근과 접사로 이루어져 있다.
산나물, 작은집, 척척박사	어근과 어근으로 이루어져 있다.

❷ 새로운 단어를 만들게 되는 이유를 써 보자.

새로운 물체가 만들어지면서, 새로운 현상이 생겨나면서 그것을 가리키는 말이 필요해서, 기존의 말에 대한 순화어가 필요해서

❸ 우리말의 단어 형성 방법을 적용하여 새말을 세 개 만들어 보자.

새말을 붙일 대상	붙인 새말	새말의 구성
블루투스 이어폰	혼자듣개	혼자(어근)+듣-(어근)+-개(접사)
USB	손안저장장치	손(어근)+안(어근)+저장(어근)+장치(어근)
QR 코드	정보연결그림	정보(어근)+연결(어근)+그림(어근)

	평가 영역			
	과제 완성 (5)	내용 (5)	구성 (5)	태도 (5)
점수	• 단어의 형성에 대해 이해하고 새로운 사물에 창의적인 새말을 붙인 뒤 새말의 구성에 대해 밝힘.	• 단어의 구성 성분에 대해 분석함. • 새말 만들기의 이유에 대해 이해함. • 적절한 새말을 붙이고 새말의 구성 성분에 대해서도 잘 분석해 냄.	• 단어의 형성에 대한 이해를 바탕으로 하여 새말을 제시함. • 새말의 구성 성분을 문법에 맞게 분석적으로 제시함.	• 새로운 말을 붙이기에 적합한 사물을 적극적으로 찾고자 함. • 창의적인 사고를 통해 새말을 만들어 냄.

시나리오와 소설의 심미적 가치 비교하기

평가일 : ⬭월 ⬭일　　⬭학년 ⬭반 ⬭번 이름: ⬭

[01~02] 다음 글을 읽고 물음에 답하시오.

㉮ 문방구점, 라디오방, 사진관, 제과점. 그는 길가에 늘어선 이런 가게의 진열장을 하나하나 기웃거리며 걷고 있었다. 그러면서도 무엇이 있는지 하나도 보이지는 않았다. 그러던 철호는 또 우뚝 섰다. 그는 거기 눈앞에 걸린 간판을 쳐다보고 있었다. 장기판만 한 흰 판에 빨간 페인트로 치과라고 써 있었다. 철호는 갑자기 이가 쑤시는 것을 느꼈다. 아침부터, 아니 벌써 전부터 흘떡흘떡 쑤시는 충치가 갑자기 아팠다. 양쪽 어금니가 아래위 다 쑤셨다. 사실은 어느 것이 정말 쑤시는 것인지조차도 분간할 수가 없었다. 철호는 호주머니에 손을 넣어 보았다. 만 환 다발이 만져졌다. 철호는 치과 간판이 걸린 층계 이 층으로 올라갔다.

– 이범선, 「오발탄」

㉯ S# 110. 다른 거리

　문방구점, 라디오방, 사진관, 제과점. 그는 길옆에 늘어선 가게의 진열장을 하나하나 기웃거리며 걷고 있다. 하나 철호의 눈에는 무엇인지 하나도 보이지 않는다.

　그는 어느 문 앞에 걸린 간판 앞에 우뚝 선다. '치과' 그것을 쳐다보는 철호의 얼굴이 점점 찌푸려지며 손으로 볼을 움켜쥔다. 철호가 주머니에서 만 환을 꺼내 보더니 이윽고 결심한 듯 안으로 들어간다.

– 이범선 원작 / 나소운·이종기 각색, 「오발탄」

❶ (가)와 (나)를 비교하며 표현하는 매체가 달라지며 어떤 차이가 생겼는지 인물의 심리 표현을 중심으로 정리해 보자.

❷ (가)와 (나)에서 매체를 통한 심미적 가치가 어떻게 드러나는지 정리해 보자.

점수	평가 영역				합계
	과제 완성 (5)	내용 (5)	구성 (5)	태도 (5)	

❶ (가)와 (나)를 비교하며 표현하는 매체가 달라지며 어떤 차이가 생겼는지 인물의 심리 표현을 중심으로 정리해 보자.

(가)에는 치통을 앓는 철호의 괴로운 심리가 드러나 있다. 이를 (나)에서는 (가)에 나타나 있지 않은 '철호의 얼굴이 점점 찌푸려지며 손으로 볼을 움켜쥔다.'는 표정과 행동으로 드러내고 있다.

❷ (가)와 (나)에서 매체를 통한 심미적 가치가 어떻게 드러나는지 정리해 보자.

(가)의 경우 상황과 인물의 생각이 구체적인 글로 표현되어 있어 읽는 이로 하여금 인물의 상황을 쉽게 이해할 수 있는데, 이러한 과정에서 심미적 가치가 잘 드러난다. 한편 (나)의 경우 구체적인 설명 없이 다양한 기법을 활용해 촬영·편집된 장면을 통해 인물의 상황을 상상할 수 있는데, 이러한 과정에서 심미적 가치가 잘 드러난다.

	평가 영역			
	과제 완성 (5)	내용 (5)	구성 (5)	태도 (5)
점수	• 두 매체의 표현 방식과 그에 따라 드러나는 심미적 가치를 비교하는 과제를 완성	• 매체의 표현 방식, 매체로 인해 드러난 심미적 가치를 구체적으로 서술	• 매체의 특징을 정확하게 파악하여 매체의 심미적 가치를 체계적으로 구성	• 모둠 활동 시 자신의 의견을 적극적으로 발표 • 상대방의 의견을 경청하며 의견을 조율

매체 자료에 나타난 국어의 오용 사례 찾기

평가일 :　　　월　　　일　　　　　　　학년　　　반　　　번　이름:

❶ 자신의 진로와 관련하여 관심 있는 분야를 정해 보자.

❷ 관심 분야를 다룬 매체 자료를 찾아보고, 매체 자료에 나타난 국어 사용의 문제점을 정리해 보자.

(단, 완결된 문장으로 내용을 작성할 것.)

어떤 내용의 매체 자료입니까?	어떤 문제점이 있습니까?	어떻게 고쳐야 합니까?

❸ ❷의 활동을 통해 매체 자료의 특징과 관련지어 매체 자료를 생산할 때의 올바른 자세에 대한 자신의 생각을 써 보자.

점수	평가 영역				합계
	과제 완성 (5)	내용 (5)	구성 (5)	태도 (5)	

❶ 자신의 진로와 관련하여 관심 있는 분야를 정해 보자.

패션 디자이너가 되고자 하는 꿈을 가지고 있어 패션 트렌드에 관심이 있음.

❷ 관심 분야를 다룬 매체 자료를 찾아보고, 매체 자료에 나타난 국어 사용의 문제점을 정리해 보자.

(단, 완결된 문장으로 내용을 작성할 것.)

어떤 내용의 매체 자료입니까?	어떤 문제점이 있습니까?	어떻게 고쳐야 합니까?
청소년들의 패션 스타일을 보여 주는 UCC	청소년들의 비속어, 은어 사용이 많음. ⑩ 안여멸, 갈비 등	비속어, 은어는 사용하지 않도록 함.
최신 패션 트렌드를 설명해 주는 잡지 기사	글을 읽기가 어려울 정도로 외래어, 외국어가 너무 많음. ⑩ 페미닌, 매니시 등	대체할 수 있는 우리말이 있는 외국어는 사용하지 않음. ⑩ 페미닌 → 여성스러운 매니시 → 남성다운
어떤 사람의 옷차림을 새롭게 바꾸어 주는 TV 프로그램	자막에 한글 맞춤법에 어긋나는 표현이 있음. ⑩ 설레이는 순간, 틀에 갖히다 등	한글 맞춤법에 맞도록 표기함. ⑩ 설레이는 순간 → 설레는 순간 틀에 갖히다 → 틀에 갇히다

❸ ❷의 활동을 통해 매체 자료의 특징과 관련지어 매체 자료를 생산할 때의 올바른 자세에 대한 자신의 생각을 써 보자.

매체 자료를 생산할 때는 매체 자료의 파급 효과가 크기 때문에 빠른 시간에 널리 퍼진다는 점을 고려하여 바르고 고운 말을 써야 한다. 또한 매체 자료는 매체 자료를 만든 사람의 교양과 지식을 보여 주는 것이라는 점을 염두에 두어야 한다.

	평가 영역			
	과제 완성 (5)	내용 (5)	구성 (5)	태도 (5)
점수	• 관심 분야의 매체 자료에 나타난 국어 사용의 문제점을 정리하여 제시하였고, 매체 자료를 생산할 때의 자세에 대한 자신의 생각을 서술함.	• 자신의 관심 분야를 선정함. • 매체 자료를 조사하여 국어 사용의 문제점을 발견함. • 매체 생산의 올바른 자세에 대한 이해를 바탕으로 내용을 작성함.	• 다양한 측면에서 매체 자료를 수집하고 국어 사용의 문제점을 구체적으로 서술함.	• 자료 조사 및 분석에 적극적인 자세를 보임. • 매체 자료 생산의 올바른 자세에 대한 성찰적 태도를 보임.

매체의 특성을 이해하고 매체를 활용하는 바른 자세 기르기

평가일 :　　　월　　　일　　　　　　　　학년　　　반　　　번 이름:

❶ 매체의 유형을 다음과 같이 분류해 보고 해당 매체의 특징을 정리해 보자.

	전통적 매체	뉴 미디어
매체의 구체적 종류		
매체의 특성		

❷ 뉴 미디어를 사용했던 경험을 말해 보고, 경험을 통해 확인했던 문제점은 무엇인지 정리해 보자.

경험 1: (　　　　　　　　　　　)

〈경험 내용〉

〈문제점〉

경험 2: (　　　　　　　　　　　)

〈경험 내용〉

〈문제점〉

❸ ❷를 바탕으로 바람직한 뉴 미디어 활용 방법을 2가지만 적어 보자.

(1)

(2)

	평가 영역				합계
점수	과제 완성 (5)	내용 (5)	구성 (5)	태도 (5)	

❶ 매체의 유형을 다음과 같이 분류해 보고 해당 매체의 특징을 정리해 보자.

	전통적 매체	뉴 미디어
매체의 구체적 종류	책, 신문, 잡지, 라디오, 텔레비전	컴퓨터, 인터넷, 이동 통신 기기
매체의 특성	• 많은 양의 정보를 대량으로 보급 • 매체 자료를 만드는 데 자본과 기술이 필요함. • 일반인의 참여가 어려움. • 쌍방향 소통이 어려움. • 매체 언어가 문자나 소리 등으로 제한되는 경우가 많음.	• 시간적·공간적 제약이 거의 없음. • 누구나 쉽고 빠르게 원하는 지식과 정보를 얻을 수 있음. • 일반인도 지식과 정보의 생산자가 되기 쉬움. • 실시간 쌍방향 소통이 가능함. • 매체 언어로 문자, 소리, 영상 등이 통합적으로 사용됨.

❷ 뉴 미디어를 사용했던 경험을 말해 보고, 경험을 통해 확인했던 문제점은 무엇인지 정리해 보자.

경험 1: (　　인터넷을 통해 학습 자료를 조사해 봄.　　)

〈경험 내용〉
학교 모둠별 연구 활동을 위해 다양한 자료를 인터넷을 통해 수집해 봄. 집이나 학교에 있는 책을 통해 얻을 수 없었던 다양한 자료들을 인터넷 홈페이지를 통해 수집하여 연구 보고서를 작성하는 데 활용함.

〈문제점〉
일부 자료들은 출처가 불분명하고 잘못된 것들이 있어 오히려 연구 활동에 방해가 되었었고, 그 결과 연구 보고서 작성에도 어려움이 많았음.

경험 2: (SNS(누리 소통망)를 통해 정보를 전달해 봄.)

〈경험 내용〉
시험에 나올 만한 내용을 정리한 자료를 학급 누리 소통망을 통해 실시간으로 공유하여 학급 학생들의 도움을 주었던 적이 있음.

〈문제점〉
일부 자료에 잘못된 내용이 있었는데, 정보가 너무 순식간에 전파되어 잘못된 지식이나 정보를 바탕으로 시험을 치른 학생들이 있어 문제가 되었음.

❸ ❷를 바탕으로 바람직한 뉴 미디어 활용 방법을 2가지만 적어 보자.

(1) 뉴 미디어를 통해 전달되는 지식과 정보를 활용하기 전에 정확성과 신뢰성을 확인한다.
(2) 인터넷이나 누리 소통망을 이용할 때에는 확인된 정보만 신중하게 전달한다.

	평가 영역			
	과제 완성 (5)	내용 (5)	구성 (5)	태도 (5)
점수	• 미디어의 특성을 이해하고 이와 관련한 자신의 경험을 환기하여 바람직한 뉴 미디어 활용의 방안을 도출	• 전통적 매체와 뉴 미디어의 특징과 차이를 적절히 제시 • 뉴미디어 활용 경험을 토대로 바람직한 활용 방법을 제시	• 매체 간의 특징을 비교하여 정리 • 뉴 미디어 활용의 경험 제시 → 문제점 제시 → 해결 방안 도출이라는 일련의 과정을 제시	• 뉴 미디어 활용 경험을 되돌아보고 바람직한 활용 방안을 강구하여 실천하도록 함.

매체를 이용해 자신의 희망 진로 소개하기

평가일 : ⬭ 월 ⬭ 일 ⬭ 학년 ⬭ 반 ⬭ 번 이름: ⬭

❶ 자신의 희망 진로는 무엇이고, 이를 소개하기 위해 어떤 내용이 포함되어야 하는지 생각해 보자.

희망 진로	포함되어야 할 내용

❷ 자신의 희망 진로를 소개하는 PPT를 구성해 보고, 매체를 어떻게 이용할 것인지 생각해 보자.

내용 요소 1: (　　　　　　　　　)

〈화면 구성: 내용(분량)〉

〈매체 특성 활용 요소〉

내용 요소 2: (　　　　　　　　　)

〈화면 구성: 내용(분량)〉

〈매체 특성 활용 요소〉

내용 요소 3: (　　　　　　　　　)

〈화면 구성: 내용(분량)〉

〈매체 특성 활용 요소〉

내용 요소 4: (　　　　　　　　　)

〈화면 구성: 내용(분량)〉

〈매체 특성 활용 요소〉

❸ PPT를 활용하여, 자신의 희망 진로에 대해 발표해 보자.

	평가 영역				합계
	과제 완성 (5)	내용 (5)	구성 (5)	태도 (5)	
점수					

❶ 자신의 희망 진로는 무엇이고, 이를 소개하기 위해 어떤 내용이 포함되어야 하는지 생각해 보자.

희망 진로	포함되어야 할 내용
비행기 조종사	① 희망 진로와 동기, ② 희망 진로 진출 계획 ③ 그동안 기울인 노력과 준비, ⑭ 앞으로의 전망과 다짐

❷ 자신의 희망 진로를 소개하는 PPT를 구성해 보고, 매체를 어떻게 이용할 것인지 생각해 보자.

내용 요소 1: (희망 진로와 동기   )

〈화면 구성: 내용(분량)〉
1면: 희망 진로 – 여객기 조종사
2면: 동기 – 어린 시절에 비행기를 타고 신기했던 경험, 하늘에 대한 동경

〈매체 특성 활용 요소〉
1면: 선글라스를 낀 조종사 사진 배경
2면: 어린 시절 비행기를 타고 좋아하는 사진, 하늘을 쳐다보고 있는 사진

내용 요소 2: (희망 진로 진출 계획   )

〈화면 구성: 내용(분량)〉
1면: 공군 사관 학교 또는 항공 운항과 진학
　　 군용기 조종사 복무
　　 민간 항공사 취업
　　 국제선 민간 여객기 조종사

〈매체 특성 활용 요소〉
진출 계획을 좌에서 우로 진행하는 화살표로 표시, 설명 단계마다 비행기 모양의 화살표가 이동하도록 효과 설정, 각 단계마다 사진이나 로고 사용

내용 요소 3: (그동안 기울인 노력과 준비   )

〈화면 구성: 내용(분량)〉
1면: 학업에 매진 → 학업 능력 향상
2면: 항공 동아리 활동(드론 조종과 만들기)
3면: 항공 캠프 참가 및 에어쇼 관람

〈매체 특성 활용 요소〉
1면: 공부하는 사진, 학업 성적 상승 그래프
2면: 동아리 활동 사진과 동영상
3면: 캠프 참가 사진과 동영상

내용 요소 4: (앞으로의 전망과 다짐   )

〈화면 구성: 내용(분량)〉
1면: 전망(하늘에 대한 열정과 노력)
2면: 학업 능력 향상을 위한 노력과 항공 분야 독서

〈매체 특성 활용 요소〉
1면: 하늘을 쳐다보는 사진
2면: 나의 다짐을 동영상으로 제시

❸ PPT를 활용하여, 자신의 희망 진로에 대해 발표해 보자.

	평가 영역			
	과제 완성 (5)	내용 (5)	구성 (5)	태도 (5)
점수	• 자신의 희망 진로와 관련한 PPT를 작성하고, 이를 활용하여 발표하는 작업을 적절히 수행	• 희망 진로를 명확히 밝히고 동기, 노력, 계획, 전망 및 다짐 등이 적절히 포함	• 내용 요소를 체계적으로 구성 • 내용 요소를 전개하며 매체의 특징을 효과적으로 활용	• 희망 진로에 대한 열정과 진지함을 잘 드러냄. • 청중을 고려하여 발표 내용을 전개함.

올림포스

[국어, 영어, 수학의 EBS 대표 교재, 올림포스]

2015 개정 교육과정에 따른 모든 교과서의 기본 개념 정리
내신과 수능을 대비하는 다양한 평가 문항
수행평가 대비 코너 제공

국어, 영어, 수학은 EBS 올림포스로 끝낸다.

[올림포스 16책]

국어 영역 : 국어, 현대문학, 고전문학, 독서, 언어와 매체, 화법과 작문
영어 영역 : 독해의 기본1, 독해의 기본2, 구문 연습 300
수학 영역 : 수학(상), 수학(하), 수학Ⅰ, 수학Ⅱ, 미적분, 확률과 통계, 기하

고교 국어 입문 1위
베스트셀러

윤혜정의 개념의 나비효과 입문편 & 입문편 워크북

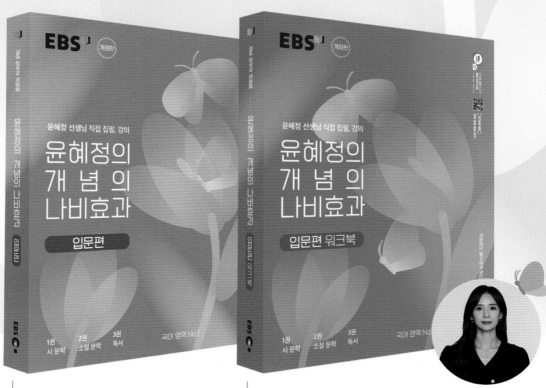

입문편

시, 소설, 독서. 더도 말고 덜도 말고 딱 15강씩.
영역별로 알차게 정리하는 필수 국어 개념 입문서
3단계 Step으로 시작하는 국어 개념 공부의 첫걸음

입문편 | 워크북

'윤혜정의 개념의 나비효과 입문편'과 찰떡 짝꿍 워크북
바로 옆에서 1:1 수업을 해 주는 것처럼 음성 지원되는
혜정쌤의 친절한 설명과 함께하는 문제 적용 연습

윤혜정 선생님

언어와 매체 공부의 시작! 학교 시험 대비의 끝!
"개념 학습 ▶ 적용 ▶ 문제"로
이어지는 3단계 학습으로 시험의 모든 것 완벽 대비!

올림포스

언어와 매체

정답과 해설

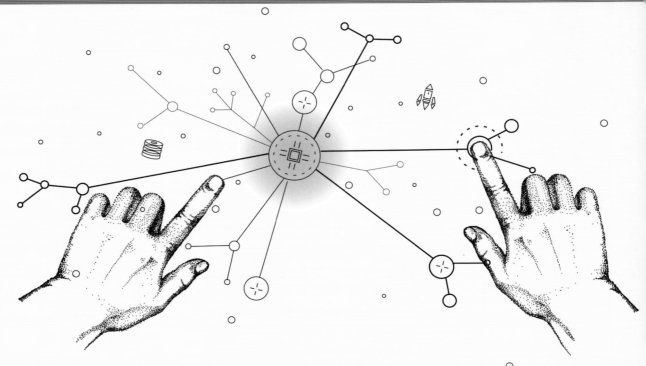

한국사, 사회, 과학의 최강자가 탄생했다!

「개념완성, 개념완성 문항편」

완벽한 이해를 위한 꼼꼼하고 체계적인 내용 정리

내신 대비 최적화된 교과서 핵심 분석

내신/수능 적중률을 높이기 위한 최신 시험 경향 분석

개념완성

한국사영역
필수 한국사 / 자료와 연표로 흐름을 읽는 한국사

사회탐구영역
통합사회 / 생활과 윤리 / 윤리와 사상 /
한국지리 / 세계지리 / 사회·문화 /
정치와 법 / 동아시아사

과학탐구영역
통합과학 / 물리학 I / 화학 I /
생명과학 I / 지구과학 I / 물리학 II /
화학 II / 생명과학 II / 지구과학 II

개념완성 문항편

사회탐구영역
통합사회

과학탐구영역
통합과학 / 물리학 I / 화학 I /
생명과학 I / 지구과학 I

EBS 올림포스 언어와 매체

정답과 해설

제1부 | 언어

I. 언어와 국어

01 언어의 성격

[01~04] 언어와 사고

해제 이 글은 언어 우위론적 입장에 입각하여 언어는 그 언어를 쓰는
사람들의 사고방식에 영향을 미침을 알기 쉽게 설명하고 있다. 특히
언어와 사고, 언어와 문화의 관계에 대해 구체적인 사례를 들어 검토
하여 이해를 돕고 있다.
주제 언어와 사고, 언어와 문화의 관계
구성
1문단: 사람들의 사고방식에 영향을 미치는 언어
2문단: 언어와 사고, 언어와 문화의 관계
3문단: 언어의 습득 과정
4문단: 문화의 일부인 언어

01 글의 구조와 전개 방식 파악   답 ④

정답 해설 권위자의 말을 인용하면 통념의 오류를 지적하거
나 자신의 주장을 보다 설득력 있게 전개할 수 있다. 하지만
이 글에 권위자의 말을 인용하여 통념의 오류를 지적하는 내
용은 제시되어 있지 않다.

오답 분석

① 2문단에서 '정신은 물과 같은 것이고 언어는 그릇과 같은
것이어서 물그릇에 따라 물의 모양이 달라지듯이 언어의
형태에 따라 정신의 모양이 달라지는 것이라고 생각하는
쪽이 그 반대로 생각하는 것보다 훨씬 더 쉽기 때문이다.'
에서 비유를 활용하고 있다.

② 눈에 관한 에스키모어의 낱말들, 미국의 '핼러윈', 우리나
라의 '추석' 등과 같은 구체적 예를 들어 설명을 뒷받침하
고 있다.

③ '사피어-워프 가설은 모국어의 사용 습관에 따라 사고의
틀이 정해진다는 이론이다.'와 같이 특정 학설의 개념을
밝히고 있다.

⑤ '그렇다면 언어와 사고, 언어와 문화의 관계는 어떠한가?
일단 우리는 언어와 정신 활동이 상호 의존성을 갖는다고
말할 수 있을 것이다.'에서 스스로 묻고 답하는 방식을 활
용하고 있음을 알 수 있다.

02 세부 내용 파악   답 ⑤

정답 해설 1문단의 '사피어-워프 가설은 모국어의 사용 습관
에 따라 사고의 틀이 정해진다는 이론이다.'라는 내용을 통
해 볼 때, 사피어-워프 가설은 사고의 틀에 따라 모국어의
사용 습관이 결정된다고 본다는 설명은 적절하지 않다.

오답 분석

① 2문단의 '일단 우리는 언어와 정신 활동이 상호 의존성을
갖는다고 말할 수 있을 것이다.'라는 내용을 통해 볼 때,
언어와 정신 활동은 서로 상호 의존성을 가진다고 볼 수
있다.

② 2문단의 '사피어와 워프는 언어가 사고에 영향을 미친다
고 보는 언어 우위론적 입장을 취하고 있다고 할 수 있
다.'라는 내용을 통해 볼 때, 언어 우위론적 입장에서는
언어가 사고에 영향을 미친다고 본다고 할 수 있다.

③ 3문단의 '언어의 습득 과정은 사회화·문화화 과정 그 자
체라 해도 별 무리가 없어 보인다.'라는 내용을 통해 볼
때, 언어의 습득 과정은 사회화·문화화 과정 그 자체라
고 할 수 있다.

④ 3문단의 '문화적인 의미나 개념을 가장 직접적으로 나타
내고 있는 것이 명사이기 때문이다.'라는 내용을 통해 볼
때, 명사는 문화적 의미나 개념을 가장 직접적으로 드러
내고 있는 품사에 해당한다.

03 언어와 사고, 사회 문화의 이해   답 ④

정답 해설 ㄴ. '반려견'이라는 언어가 강아지를 평생 함께할
가족으로 생각하게 만드는 인식(사고)을 형성한다는 것으로,
언어가 사고를 지배하는 견해를 뒷받침하는 사례라 할 수
있다.
ㄷ. '살색'이라는 언어가 특정 인종과 피부색에 대한 차별적
인식(사고)을 확대한다는 것으로, 언어가 사고를 지배하는
견해를 뒷받침하는 사례라 할 수 있다.

오답 분석

ㄱ. 가까운 것을 먼저 표현하고 먼 것은 나중에 표현하려 하
는 사고가 언어에 반영되어 있음을 보여 주는 것으로,
사고가 언어에 영향을 미친다는 견해를 뒷받침하는 사례
라 할 수 있다.

04 언어와 사고, 사회 문화의 이해

예시 답안 언어를 통해 우리의 문화를 보전하고 전수하지 못하게 하려고 언어 말살 정책을 펼쳤습니다.

정답 해설 조선어 교육을 폐지하고, 한글 신문이나 잡지를 폐간하며, 창씨개명까지 강요하는 조선어 말살 정책을 일제가 펼친 것은, 언어 안에는 그 언어를 사용하는 이들의 문화가 반영되어 있다고 일제가 여겼기 때문이라고 추측할 수 있다. 즉 사회의 문화를 보전하고 전수하는 언어의 기능이 작용하지 못하도록 일제가 조선어 말살 정책을 펼친 것이라 할 수 있다.

[05~08] 우리 음식의 언어

해제 이 글은 언어가 인간의 생활 양식과 깊은 관련을 맺으며 어휘가 분화하는 양상을 나타내고 있음을 설명하고 있다. 특히 영어의 '라이스(rice)'에 해당하는 우리말의 다양한 양상에 대해 사례를 들어 상술하고 있다.

주제 영어의 '라이스(rice)'에 해당하는 우리말의 다양성

구성

1문단: 영어 '라이스(rice)'와 달리 '벼, 쌀, 밥'으로 세분화되어 있는 우리말

2문단: '모', '벼', '쌀', '밥'의 명명

3문단: '모', '벼', '쌀', '밥' 등으로 우리말 어휘가 세세히 분화되어 있는 이유

4문단: 우리 삶에서 큰 비중을 차지한 말인 '밥'

---

05 중심 내용 파악 답 ⑤

정답 해설 '우리말에서는 모, 벼, 쌀, 밥 등으로 세세히 분화되어 있는데 영어에서는 그저 라이스일 뿐이다. 삼시 세끼 밥을 먹지 않는 사람들이 사용하는 영어를 탓할 것이 아니라 밥에 대한 우리의 애착을 다시 볼 일이다.'를 통해 볼 때, 언어가 인간의 생활 양식과 깊은 관련을 맺으며 어휘가 분화하는 양상을 보인다는 생각이 반영되어 있음을 알 수 있다.

오답 분석

① 언어가 시대에 따라 다각적으로 변화하는 것은 사실이지만, 이 글에서 그러한 양상에 대해 언급하고 있지 않다.

② 언어가 인간의 사고와 영향을 주고받는 불가분의 관계를 나타내는 것은 옳은 설명이지만, 이 글에서 그러한 내용을 설명하고 있지 않다.

③ 언어가 인간이 사물의 공통성을 추출하는 추상화 능력을 발전시킨다는 내용은 이 글에 드러나 있지 않다.

④ 이 글에서는 언어와 문화와의 관계에 대해 언급하고 있을 뿐, 언어가 전통을 비판하며 문화적 산물을 다음 세대에 전승하는 매개체라고 언급하지는 않았다.

---

06 세부 내용 파악 답 ④

정답 해설 '가을이 되어 알곡이 누렇게 익고 이삭이 고개를 숙일 때쯤 베어 낟알을 떨어내면 그것도 벼다.'라는 내용을 볼 때, '모'를 알곡이 누렇게 익을 때까지 키우고 낟알을 떨어낸 것은 '벼'임을 알 수 있다.

오답 분석

① '우리말에서는 모, 벼, 쌀, 밥 등으로 세세히 분화되어 있는데 영어에서는 그저 라이스일 뿐이다.'라는 내용을 볼 때, 우리말의 '모, 벼, 쌀, 밥'이 영어에서는 '라이스(rice)'로 통칭됨을 알 수 있다.

② "요리를 하다'와 마찬가지로 '밥을 하다'라는 말을 쓰기도 하지만 '밥을 짓다'가 제격이다. 음식은 그저 '만들다'라는 동사를 쓰면 되지만 밥만은 '만들다'를 쓰지 못하고 '짓다'를 쓴다.'라는 내용을 볼 때, '밥'의 경우 '만들다'라는 말은 쓰이지 않고 '하다'나 '짓다'로 쓰임을 알 수 있다.

③ '이래저래 밥이 얼마나 큰 비중을 가진 말인지 확인할 수 있다.'라는 내용을 볼 때, '밥'은 우리의 생활에 큰 비중을 차지하며 중요하게 여겨지는 대상임을 알 수 있다.

⑤ '방앗간에서 왕겨를 벗겨 내면 현미가 되고, 다시 몇 차례 등겨를 벗겨 내면 백미가 되는데 이것을 쌀이라 부른다.'라는 내용을 볼 때, '현미'와 '백미'는 껍질을 여러 번 벗겨 냈는지의 여부에 따라 구분됨을 알 수 있다.

---

07 숨겨진 전제 파악 답 ④

정답 해설 우리말에서는 모, 벼, 쌀, 밥 등으로 세세히 분화되어 있는 반면, 영어에서는 그저 라이스일 뿐이다. 이는 우리나라 사람들은 영어권 문화 사람들과 달리 밥을 주식으로 하는 문화를 기반으로 하고 있기 때문이다.

오답 분석

① 영어권 문화 사람들이나 우리나라 사람들 모두 언어 공동체를 형성하고 있다고 볼 수 있다. 영어권 문화 사람들이 '라이스'라는 명칭을 붙인 것은 언어 공동체를 형성했기 때문이라고 할 수 있다.

② 우리나라의 농작 방식이 영어권 문화의 농작 방식보다 더욱 복잡하고 체계화되어 있다고 보기 어렵고, 우리말에서 모, 벼, 쌀, 밥 등으로 세세히 분화되어 있는 것을 설명할 근거로 적절하지 않다.

③ 영어권 문화 사람들은 우리나라 사람들과 달리 농작을 하지 않아 세분화할 필요가 없다는 설명은 적절하지 않다. 농작을 하지 않아 세분화할 필요가 없다고 말할 근거를 확인할 수 없다.

⑤ 우리말 '모, 벼, 쌀, 밥'은 우리나라 사람들이 중요하게 여기는 말에 해당한다.

08 단어의 의미 파악
답 ①

정답 해설 '밥을 짓다'의 '짓다'는 '재료를 들여 밥, 옷, 집 따위를 만들다.'라는 의미로 쓰였다. '우리는 아침을 지어 먹었다.'에서 '짓다' 역시 이에 해당한다.

오답 분석
② '죄를 저지르다.'의 의미로 쓰였다.
③ '시, 소설, 편지, 노래 가사 따위와 같은 글을 쓰다.'의 의미로 쓰였다.
④ '어떤 표정이나 태도 따위를 얼굴이나 몸에 나타내다.'의 의미로 쓰였다.
⑤ '관계를 맺거나 짝을 이루다.'의 의미로 쓰였다.

09 언어와 사고, 사회 문화의 이해

예시 답안 언어에는 지역에 따른 사회적 특성이 반영된다.
정답 해설 〈보기〉의 사례는 표준어 '옥수수'가 지역에 따라 다른 형태로 사용되고 있음을 나타내고 있다. 언어에는 지역에 따른 사회적 특성이 드러나는데, 이는 언어 속에 그가 속한 공동체의 특성이 담겨 있기 때문이라 할 수 있다. 지역 방언처럼 같은 말을 사용하는 사람들은 같은 사회의 구성원이라는 공동체 의식이 공유될 수 있다.

02 국어의 특질

내신 기본 UP 문제			본문 16~19쪽
01 ②	02 ④	03 [예시 답안] 색채어가 다양하게 발달해 있다.	
04 ⑤	05 ④	06 ①	07 ③	08 ②

01 국어의 음운 체계 이해
답 ②

정답 해설 'fighting'를 '파이팅'이라고 적는 것이 외래어 표기법에 맞지만 틀리게 적는 사람이 많은 이유는 [f]를 정확하게 구현할 수 있는 국어의 마찰음이 없기 때문이다. 영어의 [b]와 [v]를 모두 'ㅂ'으로 표기하는 것도 국어의 마찰음 개수가 적기 때문이다. [θ]를 'ㅅ'로 적는 이유도 역시 [θ]를 정확하게 적을 수 있는 국어의 마찰음이 없기 때문이다.

02 국어의 체계 이해
답 ④

정답 해설 ⓒ에서 접미사는 '-히-'이고, '-시-', '-었-', '-겠-', '-어'는 어미이다. 그리고 '요'는 보조사이다. 따라서 어미와 조사가 함께 쓰일 수 없다는 진술은 적절하지 않다.

오답 분석
① ㉠~㉣에는 문법적 기능을 하는 다양한 조사, 어미, 접미사가 나타나므로 적절한 진술이다.
② ㉠을 보면 격 조사 '에서'와 보조사 '부터, 만, 은'이 함께 어울려 사용되고 있으므로 적절한 진술이다.
③ ㉡을 보면 관형격 조사 '의'를 지니는 말 셋이 연속으로 나열되어 있으므로 적절한 진술이다.
⑤ ㉣을 보면 접미사 '-스럽다', '-답다', '-롭다', '-지다', '-하다'는 명사를 형용사로 바꾸는 역할을 하고 있으므로 적절한 진술이다.

03 국어의 음운 체계 이해

예시 답안 색채어가 다양하게 발달해 있다.
정답 해설 〈보기〉에는 검은색을 표현하는 국어의 형용사가 다양하게 있음을 보여 준다. 이를 통해 국어 어휘에는 색채어가 다양하게 발달해 있음을 알 수 있다.

04 국어의 음운 체계 이해
답 ⑤

정답 해설 〈보기〉에는 한국어의 단어가 형태를 바꾸어 문장 성분을 결정하는 자료는 나타나 있지 않다. 단어가 형태를 바꾸어 문장 성분을 결정하는 것은 인도·유럽 어족의 특징이다.

오답 분석
① '너를 좋아해.'와 같은 문장을 보면 주어가 생략되어 있으므로 적절한 진술이다.
② 〈보기〉에 주어진 한국어 문장은 모두 서술어가 끝에 놓여 있으므로 적절한 진술이다.
③ '내가 너를 좋아해.'와 '너를 내가 좋아해.'를 보면 어순의 변화가 자유로운 편이므로 적절한 진술이다.
④ 한국어에서 격을 나타내는 문법 요소는 격 조사인데, '나 너 좋아해.'와 같은 문장을 보면 주격 조사와 목적격 조사가 생략되어 있으므로 적절한 진술이다.

05 국어의 음운 체계 이해
답 ④

정답 해설 한국어에서 주체 높임을 실현하는 요소는 주체 높임 선어말 어미 '-(으)시-'이다. 따라서 주체 높임을 실현하는 종결 표현이 문장의 형태에 따라 다양하게 발달해 있는 것을 예로 드는 것은 부적절하다. 종결 표현이 실현하는 높임은 상대 높임이다.

[06~07] 국어 문장 어순의 특징

해제 이 글은 어순을 기준으로 언어를 분류하였을 때 국어가 어떤 유형에 속하는지를 설명하고, 어순과 관련된 국어의 특질을 설명하고 있다. 국어의 첨가어적 성격과 이에 따른 어순 변화의 자유로움, 서술어와 수식어의 어순 등에 대해 밝히고 있다.

주제 국어 문장 어순의 특징

구성

1문단: 주어(S) – 목적어(O) – 서술어(V)의 어순을 보이는 국어

2문단: 어순의 변화가 자유로운 국어

3문단: 수식어의 어순

06 국어의 음운 체계 이해
답 ①

정답 해설 국어는 '삼촌이 나에게 주었다, 선물을.'과 같이 목적어를 문장의 맨 끝으로 보내도 문장이 성립하므로 적절하지 않은 분석이다.

오답 분석

② 격을 나타내는 조사가 체언의 뒤에 붙는 것도 국어의 후치적 특성이다. 따라서 어순을 바꾸어도 문장의 의미가 바뀌지 않는 것은 국어의 후치적 특성 때문이라고 할 수 있다.

③ ㉡에서 '무엇'이 부정칭의 의미를 가질 때는 목적어를 문장의 맨 끝으로 보내도 어색하지 않지만, 미지칭의 의미를 가질 때는 목적어를 문장의 맨 끝으로 보내면 어색하므로 적절한 분석이다.

④ ㉢에서 '아주'는 '마음이 여렸던'을 수식하고 있고, '아주 마음이 여렸던'은 '그 아이'를, '그'는 '아이'를 수식하고 있다. 따라서 수식하는 말들이 모두 피수식어 앞에 놓이는 모습을 보인다는 분석은 적절하다.

⑤ ㉣에서 '버리다'는 보조 용언인데, 보조 용언이 본용언 뒤에 놓이는 것은 국어의 후치적 특성을 보여 주는 것이므로 적절한 분석이다.

07 세부 내용 파악
답 ③

정답 해설 이 글에 SOV 구조를 지니는 언어의 문장 성분 생략이 왜 자유로운지에 대해서는 설명이 되어 있다. 따라서 이 글을 읽은 후 갖게 된 의문으로는 부적절하다.

08 국어의 음운 체계 이해
답 ②

정답 해설 〈보기〉의 자료를 보면 '내 부탁 좀 들어주면 안 될까?'와 '내 부탁 좀 들어주심 안 될까요?'의 경우 부정형 의문형 문장을 사용하고 있지만, 이들을 제외하고는 대부분 긍정형 의문형 문장을 사용하고 있다. 따라서 청자에게 부탁할 때 긍정적 의문형 문장보다 부정적 의문형 문장을 사용하는 경향이 있다는 진술은 부적절하다.

오답 분석

① 자료를 보면 '좀'이 들어간 문장이 매우 많은데 이는 공손성을 더하려는 의도를 지닌 것으로 분석할 수 있다.

③ 소원한 관계의 청자에게 하는 말들을 보면 명령형보다는 의문형 문장을 많이 사용하고 있음을 알 수 있다.

④ 자료를 보면 동등자나 하위자이면서 친밀한 경우 직접적인 명령 표현이 사용되고 있음을 확인할 수 있다.

⑤ 자료를 보면 부탁하는 말을 할 때 '저기', '있잖아'와 같은 표현을 첨언하는 것을 확인할 수 있다.

내신 실력UP 문제
본문 20~23쪽

01 ②	02 ②	03 ②	04 ②	05 ③	06 ⑤
07 ④	08 ④				

01 언어의 특성 이해
답 ②

정답 해설 같은 의미를 지닌 말도 언어에 따라 발음과 표기하는 기호가 다르다. 또한 같은 언어 내에서도 같은 의미를 지니는 말의 소리가 다를 수 있다. 이는 언어의 자의성을 보여 주는 것으로, 언어의 음성과 의미 사이에는 필연적인 관계가 없다는 것이다.

02 언어와 사고, 사회 문화의 이해
답 ②

정답 해설 〈보기〉에는 언어와 사고 사이에는 긴밀한 관련이 있다는 내용이 담겨 있다. 그러나 갓난아이가 기분이 좋을 때 웃거나 옹알이를 하는 것은 언어를 사용했다고 보기는 어려우므로, 〈보기〉의 설명에 해당하는 사례로는 부적절하다.

오답 분석

① 지능 검사에서 언어 능력이 차지하는 비중이 높은 것은 언어와 사고가 긴밀한 관계가 있다는 생각이 반영되어 있는 것이다.

③ 어른에게 높임말을 사용하느냐의 여부에 따라 행동도 달라진다는 것은 언어와 사고의 연관성을 보여 주는 사례이다.

④ 고운 말을 하느냐 거친 말을 하느냐에 따라 아이의 행동이 달라진다는 것은 언어와 사고의 연관성을 보여 주는 사례이다.

⑤ 한국인들이 '땅콩'을 '콩'의 일종으로 생각하는 것은 '콩'이라는 소리의 영향을 받은 것이고, 영어권 화자들이 '땅콩(peanut)'을 '견과류'의 일종으로 생각하는 것은 'nut'라는 소리의 영향을 받은 것이므로 언어와 사고의 연관성을 보여 주는 사례라 할 수 있다.

03 언어의 특성 이해 답 ②

정답 해설 한 언어 사회에서 어떠한 말소리에 어떠한 의미가 맞붙어서 그것이 그 언어 사회의 구성원들에게 인정을 받고 관습적으로 그 사회에 통용되는 것을 언어 기호의 사회성이라고 한다. 한편, 언어 기호가 시간의 흐름에 따라 변화하는 것을 언어 기호의 역사성이라고 한다. 따라서 ⊙에는 사회성, ⓒ에는 역사성이 들어가는 것이 적절하다.

04 언어와 사고, 사회 문화의 이해 답 ②

정답 해설 ⓑ에서 '엊그제'는 시간적 선후 관계에 따라 단어를 배열한 것이 아니라 화자에게 가까운 시간부터 단어를 배열한 것이다. '오늘내일', '내일모레'도 같은 맥락으로 이해하는 것이 옳다.

오답 분석
① ⓐ를 보면 지시어에서 '이곳, 이리, 여기'를 먼저 언급하고 있으므로 화자와 가까운 곳을 우선적으로 언급하는 경향성이 드러난다고 할 수 있다.
③ ⓒ를 보면 공간적 감각을 표현하는 말에서 길고, 높고, 깊고, 먼 것과 같이 둘 중 현저하게 드러나는 요소를 먼저 언급하는 경향성이 드러난다.
④ ⓓ를 보면 성별에 관한 합성어에서 '부, 남, 신랑, 소년, 형제'를 먼저 언급하고 있으므로 여성보다 남성을 먼저 언급하는 경향성이 드러난다고 할 수 있다.
⑤ ⓔ를 보면 심리적 거리를 표현하는 말에서 '자, 안, 국내, 남' 등 화자와 관련된 표현을 먼저 언급하는 경향성이 나타난다고 할 수 있다.

[05~06] **국어의 어휘적 특질**

해제 이 글은 국어의 주요한 어휘적 특질을 설명하는 글이다. 국어의 어휘가 고유어, 한자어, 외래어와 그 혼합 형태로 구성되어 있다는 점, 고유어의 조어 과정에서 배의성에 의지하는 경향이 현저하다는 점, 고유어에 상징어가 발달되어 있다는 점을 병렬적으로 설명하고 있다.

주제 국어 어휘의 특징

구성
1문단: 국어 어휘의 주요한 특질
2문단: 국어 어휘의 어종
3문단: 국어 어휘의 조어상의 특징
4문단: 상징어가 발달한 한국어 어휘

05 단어의 이해 답 ③

정답 해설 '소금-염화 나트륨'은 고유어 '소금'과 한자어와 외래어가 혼종한 단어인 '염화 나트륨'이 유의 관계를 형성한 사례이다. 따라서 한자어와 외래어가 유의 관계를 형성했다는 진술은 부적절하다.

오답 분석
① '기름'은 고유어, '지방'은 한자어이며 둘은 유의 관계를 형성하고 있다.
② '가운데'는 고유어, '센터'는 외래어이며 둘은 유의 관계를 형성하고 있다.
④ '졸졸', '쫄쫄', '촐촐'은 자음이 예사소리냐 된소리냐 거센소리냐에 따라 어감이 달라지고 있다.
⑤ '아장아장'은 양성 모음이 사용되었고, '어정어정'은 음성 모음이 사용되었는데 그 종류에 따라 의미 가치가 달라지고 있다.

06 단어의 이해 답 ⑤

정답 해설 '발그레하다'는 부사인 '발그레'에 접미사 '-하다'가 결합한 형태이다. 따라서 '밝-+-으레하다'와 같은 형태소 분석은 잘못된 분석이다.

07 국어의 음운 체계 이해 답 ④

정답 해설 한국어는 단어에 격 조사가 결합하여 문장 성분이 결정되지만, 영어는 그렇지 않다. ㄷ을 보면 영어의 경우 어순에 따라 문장 성분이 달라짐을 알 수 있다.

오답 분석
① ㄱ을 보면 영어는 'their'라는 한 단어 안에 3인칭, 복수, 관형격이라는 의미가 모두 포함되어 있는 반면, 한국어는 '그'라는 대명사에 복수, 관형격을 나타내는 문법 요소를 덧붙임을 알 수 있다.

② ㄴ에서 평서문을 의문문으로 바꿀 때 영어의 경우 어순의 변화가 있지만, 한국어는 종결 어미가 달라질 뿐 어순에 변화가 없음을 알 수 있다.
③ ㄴ에서 평서문을 의문문으로 바꿀 때 영어는 어순이 바뀔 뿐 단어의 형태에 변화가 없지만, 한국어는 서술어의 형태가 변했음을 알 수 있다. 종결 어미가 달라진 것으로 형태소 변화가 생긴 것으로 이해할 수 있다.
⑤ ㄷ을 보면 한국어의 경우 주어인 '정우가'와 목적어인 '지아를'의 위치를 바꾸어도 문장의 의미가 통함을 알 수 있다.

08 국어의 음운 체계 이해
정답 ④

정답 해설 국어의 자음들이 음절 끝 위치에서 완전히 파열되지 않는 것은 한국어의 음절 종성 자리에서 'ㄱ, ㄴ, ㄷ, ㄹ, ㅁ, ㅂ, ㅇ'밖에 발음될 수 없음을 의미하는 것이다. 자음들이 음절 끝 위치에서 완전히 파열하지 않으므로 'ㄸ, ㅌ, ㄲ, ㅋ, ㅃ, ㅍ'과 같은 자음은 종성에서 발음할 수 없다. '흙'이나 '값'이 자음군 단순화되어 발음되는 것은 ㉣과는 관계없는 사례이다.

II. 국어의 구조

01 음운

내신 **기본 UP** 문제
본문 30~37쪽

01 ③   02 ②   03 [예시 답안] '보리[pori]'의 'ㄹ'[r], '달[tal]'의 'ㄹ'[l]에서 확인할 수 있듯이 음성으로는 각각 다르게 실현되고 있는 것을 하나의 음운으로 인식하고 있기 때문이다.   04 ③   05 ①
06 ⑤   07 ②   08 [예시 답안] 'ㅂ'과 'ㄱ'은 모두 파열음, 예사소리라는 공통점이 있다. 하지만 'ㅂ'은 입술소리, 'ㄱ'은 여린입천장소리로, 둘은 조음 위치에 차이가 있다.   09 ②   10 ②   11 ③
12 ①   13 [예시 답안] '값만'은 자음군 단순화(탈락)가 먼저 일어난 후, 비음화(교체)가 일어나 [감만 → 감만]으로 발음된다.   14 ②
15 [예시 답안] '눈요기[눈뇨기]'는 'ㄴ' 첨가(첨가), '집합[지팝]'은 거센소리되기(축약)가 일어난다.   16 ④   17 ①   18 ⑤

해제 이 글은 음성과 음운의 개념과 특성을 구체적 사례를 활용하여 설명하고 있다. 음성은 인간이 내는 구체적이며 물리적인 소리이고, 음운은 사람들이 같은 음이라고 여기는 추상적이며 심리적인 소리이다. 말의 뜻을 구별해 주는 가장 작은 소리의 단위인 음운은 음성을 통해 실현된다.
주제 음성과 음운의 개념과 특성
구성
1문단: 음운의 개념과 특성
2문단: 음성의 개념과 특성

01 음운의 이해
정답 ③

정답 해설 '첫 'ㄱ'과는 달리 두 번째 'ㄱ'은 목청을 떨어 울려 낸다는 차이점이 있다.'라는 내용에서 '고기'를 소리 낼 때 뒤 음절의 'ㄱ'은 목청을 떨어 울린다는 사실을 알 수 있다.

오답 분석
① '이처럼 음운이 구체적인 소리로 구현된 것을 '음성'이라고 한다.'라는 내용에서 확인할 수 있다.
② ''물, 불'의 끝소리 'ㄹ'과 '바람'에서 모음 사이에 놓인 'ㄹ'은 각각 다른 음성이다.', '앞에서 예를 든 두 'ㄱ'이 그렇듯이, 'ㄹ' 역시 뜻을 구별하는 일은 하지 못한다.'에서 확인할 수 있는 정보이다.
④ '두 'ㄱ'이 발음되는 모습을 살펴보면, 혀와 입천장을 이용하여 공기의 흐름을 막았다가 터뜨려 낸다는 공통점이 있지만'이라는 내용에서 확인할 수 있다.
⑤ '말의 뜻을 구별해 주는 기능을 하는 가장 작은 소리의 단위를 '음운'이라고 한다.'라는 내용에서 확인할 수 있다.

02 음운의 이해
정답 ②

정답 해설 '잠실'과 '미로'에서 '실'의 'ㄹ'과 '로'의 'ㄹ'은 각각 다른 말에 대해 말의 뜻을 구별해 주는 역할을 하기 때문에 같은 음운이라고 할 수 있다. 다만 앞의 'ㄹ'은 혀가 윗잇몸 쪽으로 올라갈 때에 양옆으로 공기가 흘러가면서 만들어지는 소리이고, 뒤의 'ㄹ'은 혀끝이 윗잇몸에 가볍게 닿았다가 떨어지면서 나는 소리이다. 즉 음성은 다르다고 할 수 있다.

03 음운의 이해

예시 답안 '보리[pori]'의 'ㄹ'[r], '달[tal]'의 'ㄹ'[l]에서 확인할 수 있듯이 음성으로는 각각 다르게 실현되고 있는 것을 하나의 음운으로 인식하고 있기 때문이다.

정답과 해설 | 7

정답 해설 초성의 'ㄹ'과 종성의 'ㄹ'을 각각 다르게 발음하면서도 두 소리의 차이를 구별하지 못하는 것은 [r]와 [l]를 하나의 음운으로 인식하기 때문이라 할 수 있다. 즉 'ㄹ'이 음성으로는 각각 다르게 실현되고 있지만, 한국 사람들이 하나의 음운으로 여겨서 두 소리의 차이를 구별하지 못하는 것이다.

04 음운의 이해
답 ③

정답 해설 '작다 – 적다'는 뜻이 비슷하면서도 단어의 형태도 비슷한 경우에 해당한다. 'ㅏ'와 'ㅓ'의 모음 하나의 차이로 의미가 변별되고 있으므로 '재미있는 짝'에 해당한다고 볼 수 있다.

오답 분석
① '숨다 – 심다'는 단어의 형태가 비슷한 경우, 'ㅜ'와 'ㅣ'의 모음 하나의 차이로 의미가 변별되는 경우에 해당한다. 하지만 뜻이 비슷하지는 않다.
② '벗다 – 빗다'는 단어의 형태가 비슷한 경우, 'ㅓ'와 'ㅣ'의 모음 하나의 차이로 의미가 변별되는 경우에 해당한다. 하지만 뜻이 비슷하지는 않다.
④ '물다 – 불다'는 단어의 형태가 비슷한 경우에 해당한다. 하지만 'ㅁ'과 'ㅂ'의 자음 하나의 차이로 의미가 변별되는 경우이고 뜻이 비슷하지도 않다.
⑤ '굽다 – 곱다'는 단어의 형태가 비슷한 경우, 'ㅜ'와 'ㅗ'의 모음 하나의 차이로 의미가 변별되는 경우에 해당한다. 하지만 뜻이 비슷하지는 않다.

05 음운의 이해
답 ①

정답 해설 ㄱ에서는 억양이 의미를 변별하는 경우, ㄴ에서는 음장이 의미를 변별하는 경우를 드러내고 있다. 둘을 종합해 억양이나 음장이 의미 변별의 기능을 할 수 있다는 결론을 내릴 수 있다.

오답 분석
② 의미 변별의 여부에 따라 분절 음운과 비분절 음운이 구분되는 것은 옳지 않은 설명이며, ㄱ과 ㄴ을 종합하여 내릴 수 있는 결론도 아니다.
③ 억양이나 음장 모두 소리마디의 경계가 분명히 그어지지 않는 비분절 음운(운소)에 해당한다.
④ 변이음은 같은 음소에 포괄되는 몇 개의 구체적인 음이 서로 구별되는 음의 특징을 지니고 있을 때의 음을 일컫는 말이다.

⑤ 추상적이면서도 관념적인 소리의 단위는 음운을 일컫는다. 억양이나 음장은 비분절 음운에 속하므로, 음장이 억양과 달리 추상적이고 관념적인 소리의 단위에 포함된다는 설명은 적절하지 않다.

06 국어의 음운 체계 이해
답 ⑤

정답 해설 '비음, 유음'은 '파열음, 파찰음'과 달리 소리의 세기에 따라 '예사소리–된소리–거센소리'로 구분되지 않는 것은 사실이다. 그러나 마찰음 역시 '예사소리–된소리–거센소리'로 구분되지 않는다. 마찰음은 '예사소리–된소리'로만 구분된다.

오답 분석
① 모음 체계를 볼 때, 'ㅔ'는 전설 모음, 평순 모음, 중모음, 'ㅚ'는 전설 모음, 원순 모음, 중모음이다. 'ㅔ'와 'ㅚ'의 발음은 입술의 모양이 평순이냐 원순이냐에 따라 구분됨을 알 수 있다.
② 모음 체계를 볼 때, 혀의 뒤쪽에서 소리가 나며(후설 모음) 발음할 때 입술의 모양이 둥글어지는 모음(원순 모음)은 'ㅗ', 'ㅜ'임을 알 수 있다.
③ 자음 체계를 볼 때, 파열음, 마찰음, 비음, 유음은 센입천장에서 나는 소리가 존재하지 않는다. 센입천장에서는 파찰음인 'ㅈ, ㅉ, ㅊ'만 소리가 난다.
④ 자음 체계를 볼 때, 'ㅂ, ㅁ'은 입술소리로, 같은 조음 위치에서 발음되지만 'ㅂ'은 파열음, 'ㅁ'은 비음이다. 즉 조음 방법이 다른 음운임을 알 수 있다.

07 국어의 음운 체계 이해
답 ②

정답 해설 마찰음이면서 된소리가 아닌 자음은 'ㅅ'뿐이다. 그리고 중모음이면서 평순 모음, 전설 모음이 아닌 모음은 'ㅗ'뿐이다. 두 조건을 모두 충족하는 단어는 '소'임을 알 수 있다.

오답 분석
① '차'는 자음의 조건, 모음의 조건 모두 충족하지 못한다.
③ '비'는 자음의 조건, 모음의 조건 모두 충족하지 못한다.
④ '쪼'는 모음의 조건을 충족하지만 자음의 조건은 충족하지 못한다.
⑤ '수'는 자음의 조건을 충족하지만 모음의 조건은 충족하지 못한다.

08 국어의 음운 체계 이해

(예시 답안) 'ㅂ'과 'ㄱ'은 모두 파열음, 예사소리라는 공통점이 있다. 하지만 'ㅂ'은 입술소리, 'ㄱ'은 여린입천장소리로, 둘은 조음 위치에 차이가 있다.

(정답 해설) 'ㅂ'은 입술소리, 파열음, 예사소리, 'ㄱ'은 여린입천장소리, 파열음, 예사소리이다. 이를 통해 볼 때, 'ㅂ'과 'ㄱ'은 모두 파열음, 예사소리라는 공통점이 있지만 'ㅂ'은 입술소리, 'ㄱ'은 여린입천장소리로, 조음 위치에는 차이가 있음을 알 수 있다.

09 국어의 음운 체계 이해　　　　답 ②

(정답 해설) '불', '뿔', '풀'은 'ㅂ', 'ㅃ', 'ㅍ'에 의해 의미의 차이가 나고 있음을 알 수 있고, '살살', '쌀쌀'은 'ㅅ', 'ㅆ'에 의해 어감의 차이가 나고 있음을 알 수 있다.

(오답 분석)
예사소리, 된소리, 거센소리의 차이에 따라 의미와 어감의 차이가 날 수 있지만, 품사의 차이가 나지는 않는다. '불', '뿔', '풀' 모두 명사이고, '살살', '쌀쌀' 모두 부사이다.

[10~13] 교체와 탈락

해제 이 글은 음운 변동 현상 중 교체와 탈락에 대해 설명하고 있다. 한 음운이 다른 음운으로 바뀌는 교체(음절의 끝소리 규칙, 비음화, 유음화, 구개음화), 한 음운이 단순히 없어지는 탈락(자음군 단순화와 'ㅎ' 탈락)은 모두 음운 변동에 해당한다.

주제 교체와 탈락의 개념과 특성

구성

1문단: 음운 변동의 개념
2문단: 교체가 일어나는 음운 변동
3문단: 탈락이 일어나는 음운 변동

---

10 국어의 음운 변동 이해　　　　답 ②

(정답 해설) 구개음화는 교체의 결과로 조음 위치, 조음 방식이 모두 바뀌는 현상이라 할 수 있다. 하지만 비음화, 유음화는 교체의 결과로 인접한 두 음운의 조음 방식이 같아지는 현상이다. 즉 조음 위치에는 변함이 없음을 알 수 있다.

(오답 분석)
① 음절의 끝소리 규칙은 음절의 끝에서 'ㄱ, ㄴ, ㄷ, ㄹ, ㅁ, ㅂ, ㅇ' 이외의 자음이 일곱 자음 중 하나로 바뀌는 현상, 자음군 단순화는 음절의 끝에 두 개의 자음이 올 때, 이 중에서 한 자음이 탈락하는 현상이다. 즉 둘 모두 음절의 끝에 오는 음운과 관련된 음운 변동이다.

③ 비음화는 'ㄱ, ㄷ, ㅂ'이 비음 앞에서 비음으로 바뀌는 현상으로, 비음이 아닌 음운이 비음으로 교체되는 현상이다. 그리고 유음화는 'ㄹ'에 인접한 'ㄴ'이 'ㄹ'로 바뀌는 현상으로, 유음이 아닌 음운이 유음으로 교체되는 현상이다.

④ 구개음화는 끝소리가 'ㄷ, ㅌ'인 형태소가 모음 'ㅣ'나 반모음 'ㅣ'[j]로 시작하는 문법 형태소와 만날 때 구개음인 'ㅈ, ㅊ'으로 바뀌는 현상이다.

⑤ 음운 변동이란 어떤 음운이 일정한 환경에서 변하는 현상을 말한다. 한 음운이 다른 음운으로 바뀌는 교체, 한 음운이 단순히 없어지는 탈락은 모두 음운 변동에 해당한다.

11 국어의 음운 변동 이해　　　　답 ③

(정답 해설) '닳는[달른]'은 자음군 단순화에 의해 'ㅎ'이 탈락하는 음운 변동과 더불어 유음화에 의해 'ㄴ'이 'ㄹ'로 교체되는 음운 변동이 일어나는 단어이다.

(오답 분석)
① '깎는[깡는]'은 음절의 끝소리 규칙에 의해 'ㄲ'이 'ㄱ'으로 교체되는 음운 변동, 비음화에 의해 'ㄱ'이 'ㅇ'으로 교체되는 음운 변동이 일어나는 단어이다.

② '닿은[다은]'은 'ㅎ' 탈락에 의해 'ㅎ'이 탈락되는 음운 변동이 일어나는 단어이다.

④ '먹는[멍는]'은 비음화에 의해 'ㄱ'이 'ㅇ'으로 교체되는 음운 변동이 일어나는 단어이다.

⑤ '넓은[널븐]'은 연음에 의해 'ㅂ'이 초성으로 옮겨 발음되는 단어로 음운 변동이 일어나지 않는 단어이다.

12 국어의 음운 변동 이해　　　　답 ①

(정답 해설) 'ㄷ'과 'ㅣ'를 발음할 때의 혀의 위치가 달라 '디'를 발음할 때는 혀가 잇몸에서 입천장 쪽으로 많이 움직여야 한다. 그러나 'ㅈ'과 'ㅣ'를 발음할 때의 혀의 위치가 비슷하기 때문에 '지'를 발음할 때는 혀를 거의 움직이지 않아도 된다. 이를 종합해 볼 때, '해돋이'가 [해도지]로 발음되는 것은 성격이 비슷한 소리가 연속되면 그 소리를 발음할 때 힘이 덜 들게 되기 때문임을 알 수 있다.

(오답 분석)
② 구개음화가 일어나면 조음 위치와 조음 방식이 변하기는 한다. 하지만 발음해야 할 음운의 개수가 적어지지는 않는다.

③ 구개음화가 일어나는 이유는 발음의 경제성을 높이기 위함이기는 하지만, 구개음화가 일어날 때 혀의 위치가 잇몸으로 고정되지는 않는다.

④ 구개음화가 일어날 때 원래 잇몸에서 나는 소리인 'ㄷ'이 입천장에서 소리 나지 않는다.

⑤ 구개음화는 교체와 관련된 음운 변동으로, 발음에 방해가 되는 음운을 탈락시키지 않는다.

13 국어의 음운 변동 이해

(예시 답안) '값만'은 자음군 단순화(탈락)가 먼저 일어난 후, 비음화(교체)가 일어나 [갑만 → 감만]으로 발음된다.

(정답 해설) '값만'은 탈락과 교체가 일어나 [갑만 → 감만]으로 발음되는 단어이다. 즉 자음군 단순화가 먼저 일어난 후, 비음화가 일어나 최종적으로 [감만]으로 발음된다.

[14~18] 첨가와 축약

해제 이 글은 음운 변동 현상 중 첨가와 축약에 대해 설명하고 있다. 없던 음운이 새로 생기는 첨가('ㄴ' 첨가), 인접한 두 음운이 합쳐져서 제3의 음운으로 바뀌는 축약(거센소리되기)은 음운의 개수가 변하는 음운 변동에 해당한다.

주제 첨가와 축약의 개념과 특성

구성

1문단: 첨가가 일어나는 음운 변동
2문단: 축약이 일어나는 음운 변동

---

14 국어의 음운 변동 이해 　　　　 답 ②

(정답 해설) '논일', '생엿'은 모두 없던 음운이 새로 생기는 첨가가 일어난 예에 해당한다. 하지만 '쌓다'는 'ㅎ'과 'ㄷ'이 만나 'ㅌ'이 되는 현상인 거센소리되기가 일어나므로 축약이 일어난 예에 해당한다.

(오답 분석)

① 축약에 해당하는 거센소리되기는 'ㅎ'과 'ㅂ, ㄷ, ㄱ, ㅈ'이 만나 'ㅍ, ㅌ, ㅋ, ㅊ'이 되는 현상이다.

③ 첨가와 축약은 모두 음운 변동 후 음운의 개수가 바뀌는 음운 변동이다. 즉 첨가는 음운 변동 후 음운의 개수가 늘어나고, 축약은 음운 변동 후 음운의 개수가 줄어든다.

④ 'ㄴ' 첨가의 경우 앞말이 자음으로 끝나고 뒷말이 'ㅣ'나 반모음 'ㅣ'[j]로 시작할 때 'ㄴ'이 첨가되며 음운의 개수가 늘어난다.

⑤ 음운 변동 중에는 없던 음운이 새로 생기는 첨가, 인접한 두 음운이 합쳐져서 제3의 음운으로 바뀌는 축약이 있다.

15 국어의 음운 변동 이해

(예시 답안) '눈요기[눈뇨기]'는 'ㄴ' 첨가(첨가), '집합[지팝]'은 거센소리되기(축약)가 일어난다.

(정답 해설) '눈요기[눈뇨기]'에서는 'ㄴ'이 첨가되는 현상인 'ㄴ' 첨가(첨가)가 일어나고, '집합[지팝]'에서는 'ㅂ'이 'ㅎ'과 만나 'ㅍ'이 되는 현상인 거센소리되기(축약)가 일어난다.

16 국어의 음운 변동 이해 　　　　 답 ④

(정답 해설) 'ㄴ' 첨가는 앞말이 자음으로 끝나고 뒷말이 'ㅣ'나 반모음 'ㅣ'[j]로 시작할 때 'ㄴ'이 첨가되는 현상으로, '집안일[지반닐]', '식용유[시굥뉴]'는 모두 그 예에 해당한다. 또한 거센소리되기는 'ㅎ'과 'ㅂ, ㄷ, ㄱ, ㅈ'이 만나 'ㅍ, ㅌ, ㅋ, ㅊ'이 되는 현상으로, '접히다[저피다]', '쌓지[싸치]'는 모두 그 예에 해당한다.

17 국어의 음운 변동 이해 　　　　 답 ①

(정답 해설) '국화[구콰]', '법학[버팍]', '좁히다[조피다]'는 거센소리되기가 일어나는 단어이다. 거센소리되기는 축약으로, 축약이 일어나면 음운이 1개 줄어들게 된다.

(오답 분석)

'맨입[맨닙]', '구급약[구:금냑]'은 'ㄴ' 첨가가 일어나는 단어이다. 첨가가 일어나면 음운의 개수는 늘어나게 된다.

18 국어의 음운 변동 이해 　　　　 답 ⑤

(정답 해설) '급행열차[그팽녈차]'는 '급'의 받침 'ㅂ'과 '행'의 첫소리 'ㅎ'이 축약되어 'ㅍ'이 되므로 거센소리되기가 일어나고, '열차'의 '열'에 'ㄴ' 첨가가 일어나므로 축약과 첨가가 모두 일어나는 단어라고 할 수 있다.

(오답 분석)

① '입학[이팍]'은 축약(거센소리되기)만 일어나는 단어이다.

② '이렇게[이러케]'는 축약(거센소리되기)만 일어나는 단어이다.

③ '좋다며[조:타며]'는 축약(거센소리되기)만 일어나는 단어이다.

④ '한여름[한녀름]'은 첨가('ㄴ' 첨가)만 일어나는 단어이다.

02 단어

01 ②　　02 ④　　03 ④　　04 ②　　05 ⓐ, ⓓ, ⓔ　　06 ③
07 ⑤　　08 [예시 답안] ㄱ의 '이'는 대명사로, 어떤 것을 대신하여 가리키고, ㄴ의 '이'는 관형사로, 뒤에 오는 체언을 수식한다.　　09 ④
10 ②　　11 ④　　12 ⑤　　13 [예시 답안] 합성어의 뒤에 오는 어근의 품사　　14 ④　　15 ②　　16 [예시 답안] ⊙: '덮-'이라는 어근과 '밥'이라는 어근이 결합하여 만들어진 합성어이다. ⓒ: '풋-'이라는 접두사와 '사랑'이라는 어근이 결합하여 만들어진 파생어이다. ⓒ: '웃-'이라는 어근과 '-음'이라는 접미사가 결합하여 만들어진 파생어이다.

01 형태소의 이해　　　　　　　　　　　　　　답 ②

정답 해설 단일어, 즉 하나의 형태소로만 이루어진 단어는 '풀', '마음', '구름', '벌써'이다.

오답 분석
접두사 '맨-'이 결합한 '맨몸'은 파생어, 두 어근이 결합하여 만들어진 '손발', '잘못'은 합성어이다.

02 형태소의 이해　　　　　　　　　　　　　　답 ④

정답 해설 문장에서 단독으로 쓰일 수 있는 형태소를 자립 형태소라고 하는데, '오늘, 날씨'가 이에 속한다. 자립 형태소는 실질적 의미를 지니고 있으므로 실질 형태소로도 구분할 수 있다. 용언의 경우에는 의존 형태소이지만 어간이 실질적 의미를 지니고 있으므로 '맑-', '따뜻-'이 실질 형태소에 속한다.

03 품사의 특성 이해　　　　　　　　　　　　　답 ④

정답 해설 '저 새 건물'에서 관형사 '저'는 뒤에 오는 '건물'을 꾸미는 것이지 뒤에 오는 다른 관형사인 '새'를 꾸미는 것이 아니다.

오답 분석
① '무슨'은 지시 관형사로, '일'이라는 체언을 꾸밈과 동시에 의문의 의미를 지니고 있다.
② '그'는 '앞에서 이미 이야기한 대상을 가리킬 때 쓰는 말.'로 관형사이며, 뒤에 오는 '이야기'를 꾸며 주는 역할을 한다.
③ 관형사 '맨'은 더 할 수 없을 정도에 있음을 나타내는 성상 관형사이다.
⑤ '이런저런 여러 가지의.'를 의미하는 관형사 '온갖'에는 격 조사 '의'가 붙을 수 없다. 이처럼 관형사는 조사와 결합하지 않는다.

04 품사의 분류 기준 이해　　　　　　　　　　　답 ②

정답 해설 ⓐ의 '오늘'은 부사로서 뒤에 오는 '왔다.'를 꾸며 주는 역할을 한다. ⓒ의 '다섯'은 수 관형사에 해당한다. ⓐ와 ⓒ를 통해 관형사는 조사와 결합하지 않는다는 사실을 파악할 수는 없다.

오답 분석
① ⓐ의 '오늘'은 부사, ⓑ의 '오늘'은 명사로서 둘 다 '지금 지나가고 있는 이 날'이라는 의미를 지니고 있다.
③ ⓑ에서 명사인 '오늘'에는 '부터'라는 조사가, ⓓ에서 수사인 '다섯'에는 '이'라는 조사가 결합할 수 있다는 사실을 확인할 수 있다.
④ ⓒ와 ⓓ에 쓰인 '다섯'은 각각 수 관형사와 수사로서 '5'라는 숫자 개념을 지니고 있다.
⑤ ⓐ~ⓓ의 예를 통해 한 단어가 부사로도, 명사로도 쓰이고, 한 단어가 관형사로도, 수사로도 쓰임을 알 수 있다. 즉 한 단어가 여러 품사로 쓰이는 품사의 통용을 살펴볼 수 있다.

05 품사의 특성 이해　　　　　　　　　　답 ⓐ, ⓓ, ⓔ

정답 해설 ⓐ와 ⓓ는 부름을 나타내는 감탄사이며, ⓔ는 탄식을 나타내는 감탄사이다. ⓑ는 〈보기〉의 설명에서와 같이 독립적으로 놓인 제시어이며, ⓒ는 '고유 명사+호격 조사'의 결합이므로 감탄사로 보기 어렵다.

06 품사의 특성 이해　　　　　　　　　　　　　답 ③

정답 해설 '밟다'는 '밟아', '밟고'와 같이 활용되어 활용을 할 때 그 형태가 규칙적이다. '먹다' 역시 '먹어', '먹고'와 같이 활용되어 규칙 활용에 해당한다. 반면, '짓다'의 경우 '짓-'이 자음으로 시작하는 어미 앞에서는 '짓고', '짓는'과 같이 활용하여 형태가 고정되지만 '짓-'이 모음으로 시작하는 어미 앞에서는 '지어'와 같이 어간의 'ㅅ'이 탈락하게 된다. '하얗다'의 어간도 모음으로 시작하는 어미와 결합하면 어간과 어미가 변화하는 모습을 보인다.

07 품사의 분류 기준 이해　　　　　　　　　　　답 ⑤

정답 해설 '까지'는 그것이 극단적인 경우임을 나타내는 보조사로 부사격 조사가 아니다.

오답 분석
① '보다'는 서로 차이가 있는 것을 비교하는 경우, '~에 비

해서'의 뜻을 나타내는 부사격 조사이다.
② '라고'는 앞말이 직접 인용되는 말임을 나타내는 부사격 조사이다.
③ '에서'는 앞말의 행동이 이루어지고 있는 처소의 부사어임을 나타내는 부사격 조사이다.
④ '으로서'는 지위나 신분 또는 자격을 나타내는 부사격 조사이다.

08 품사의 분류 기준 이해

(예시 답안) ㄱ의 '이'는 대명사로, 어떤 것을 대신하여 가리키고, ㄴ의 '이'는 관형사로, 뒤에 오는 체언을 수식한다.

(정답 해설) ㄱ의 '이'는 대명사(지시 대명사)로, 어떤 것을 대신하여 가리키고, ㄴ의 '이'는 관형사(지시 관형사)로, 뒤에 오는 체언인 '나무'를 수식한다.

09 단어의 이해   답 ④

(정답 해설) '덧붙이다'는 '덧붙다'에 사동 접미사 '−이−'가 결합하여 만들어진 단어로, 파생어에 해당한다. '덧붙이다'의 직접 구성 성분은 '덧붙−'과 '−이−'가 되는 것이다. '덧붙−'은 '붙−'에 '덧−'이라는 접두사가 결합한 것이다.

(오답 분석)
① '먹이생물'은 '먹−'이라는 어근에 '−이'라는 접사가 결합하여 만들어진 '먹이'라는 파생어와 '생물'이라는 단일어가 결합하여 만들어진 합성어이다.
② '검붉다'는 '검−'이라는 어근에 '붉−'이라는 어근이 결합하여 만들어진 합성어이다.
③ '뒤따르다'는 '뒤'라는 어근과 '따르−'라는 어근이 결합하여 만들어진 합성어이다.
⑤ '지우개'는 '지우−'라는 어근에 '−개'라는 접사가 결합하여 만들어진 파생어이다.

10 단어의 이해   답 ②

(정답 해설) '굳세다'는 어근 '굳−'과 어근 '세−'가 결합하여 만들어진 단어로 합성어이다. 또한 '힘차고 튼튼하다'의 의미로, 사물의 성질이나 상태를 나타내는 형용사이다.

(오답 분석)
① '입히다'는 '입−'이라는 어근에 '−히−'라는 사동 접사가 결합하여 만들어진 파생어로, 동사이다.
③ '짓누르다'는 '짓−'이라는 접두사에 '누르−'라는 어근이 결합하여 만들어진 파생어로, 동사이다.

④ '새파랗다'는 '새−'라는 접두사에 '파랗−'이라는 어근이 결합하여 만들어진 파생어로, 형용사이다.
⑤ '팔랑거리다'는 '팔랑'이라는 부사에 '−거리다'라는 접사가 결합하여 만들어진 파생어로, 동사이다.

[11~12] 의존 명사의 특성

해제 의존 명사에 대해 설명하고 있는 글이다. 의존 명사는 관형어가 앞에 오고 뒤에 조사가 올 수 있다는 점에서 명사로서의 특성을 가지고 있지만 홀로 쓰일 수 없다는 점이 특징적이다. 이 글에서는 의존 명사를 형식적 의존 명사와 단위성 의존 명사로 나누어 설명하고, 형식적 의존 명사는 어떤 조사와 결합하는지에 따라 세부적으로 구분하여 제시하고 있다.

주제 의존 명사의 분류와 의존 명사의 특성

구성

1문단: 명사의 특징을 가지는 의존 명사
2문단: 형식적 의존 명사와 단위성 의존 명사

11 품사의 특성 이해   답 ④

(정답 해설) '세우는데'의 '데'는 의존 명사가 아니다. '세우는데'의 '−는데'는 뒤 절에서 어떤 일을 설명하거나 묻거나 시키거나 제안하기 위해 그 대상과 상관되는 상황을 미리 말할 때에 쓰는 연결 어미이다.

(오답 분석)
① '수'는 어떤 일을 할 만한 능력이나 어떤 일이 일어날 가능성을 의미하는 의존 명사이다.
② '만큼'은 앞의 내용에 상당하는 수량이나 정도임을 나타내는 의존 명사이다.
③ '줄'은 어떤 방법, 셈속 따위를 나타내는 의존 명사이다.
⑤ '바람'은 뒷말의 근거나 원인을 나타내는 의존 명사이다.

12 품사의 특성 이해   답 ⑤

(정답 해설) ㅁ의 '때문'은 서술격 조사와 결합하여 주로 서술어로 쓰이는 '서술성 의존 명사'이다. 다양한 조사들과 결합될 수 있어야 '보편성 의존 명사'라고 할 수 있다.

(오답 분석)
① '나위'는 주로 주격 조사와 결합하여 문장에서 주어로 쓰이는 의존 명사이다.
② '대로'는 문장에서 부사어로만 쓰이는 의존 명사이다.
③ '뿐'은 문장에서 주로 서술격 조사와 결합하여 서술어로 쓰이는 의존 명사이다.
④ '원'은 우리나라의 화폐 단위를 나타내는 의존 명사로서 단위성 의존 명사에 속한다.

13 단어의 이해

(예시 답안) 합성어의 뒤에 오는 어근의 품사

(정답 해설) '뜬소문', '낯익다', '그만두다'의 구성 성분 분석을 보면 합성어의 품사는 합성어의 뒤에 오는 어근의 품사와 같다는 것을 알 수 있다.

[14~16] 파생어와 합성어

해제 단어의 형성과 관련하여 단일어, 복합어의 개념을 제시하고, 복합어의 파생어와 합성어에 대해 구체적으로 설명하고 있는 글이다. 어근과 접사가 결합하여 만들어지는 파생어에서 접두사와 접미사의 기능적 차이에 대해 설명하고, 단어 배열법에 따른 합성어의 구분과 의미적 결합 방식에 따른 합성어의 구분에 대해서도 다루고 있다.

주제 파생어와 합성어의 형성 절차

구성

1문단: 복합어에 해당하는 파생어와 합성어
2문단: 파생어의 형성과 접사의 특징
3문단: 합성어의 형성과 합성어의 분류

---

14 단어의 이해 답 ④

(정답 해설) 관형사인 '새'에 접미사 '-롭다'가 결합하여 이루어진 단어 '새롭다'는 형용사로 그 품사가 바뀌었다.

(오답 분석)

① '짓밟다'는 동사 '밟다'에 접두사 '짓-'이 결합한 것으로, 접두사가 결합하였어도 품사가 바뀌지 않고 그대로 동사이다.

② '정성껏'은 명사인 '정성'에 접미사 '-껏'이 결합하여 부사로 그 품사가 변화하였다.

③ '구경꾼'은 명사인 '구경'에 접미사 '-꾼'이 결합한 것으로, 품사를 그대로 명사로 유지하고 있다.

⑤ '메마르다'는 동사인 '마르다'에 접두사 '메-'가 결합한 것으로, 건조한 상태를 나타내는 형용사로 그 품사가 변화하였다.

---

15 단어의 이해 답 ②

(정답 해설) '날아가다'는 '날-+-아-+가-+-다'로 분석되어 '용언의 연결형+용언의 어간'의 구성에 해당하는 통사적 합성어이다. '접칼'은 '접-'+'칼'로 분석되어 '용언의 어간+명사'의 구성을 하는 비통사적 합성어에 해당한다.

(오답 분석)

① '힘들다'는 '명사+용언의 어간'의 구성에 해당하는 합성어이고, '새해'는 '관형사+명사'의 구성에 해당하는 합성어이다.

---

③ '좋아하다'는 '용언의 연결형+용언의 어간'의 구성에 해당하는 합성어이고, '밤비'는 '명사+명사'의 구성에 해당하는 합성어이다.

④ '공부하다'는 어근인 '공부'에 접사 '-하다'가 붙은 것으로 파생어이다. '꺾쇠'는 '용언의 어간+명사'의 구성에 해당하는 합성어이다.

⑤ '오르내리다'는 '용언의 어간+용언의 어간'의 구성에 해당하는 합성어이고, '나아가다'는 '용언의 연결형+용언의 어간'의 구성에 해당하는 합성어이다.

---

16 단어의 이해

(예시 답안) ㉠: '덮-'이라는 어근과 '밥'이라는 어근이 결합하여 만들어진 합성어이다. ㉡: '풋-'이라는 접두사와 '사랑'이라는 어근이 결합하여 만들어진 파생어이다. ㉢: '웃-'이라는 어근과 '-음'이라는 접미사가 결합하여 만들어진 파생어이다.

(정답 해설) ㉠의 '덮-'은 '덮다'의 어간으로, 단어의 실질적 의미를 나타내는 중심 부분인 어근이다. ㉡의 '풋-'은 '미숙한', '깊지 않은'이라는 뜻을 더하는 접두사이다. ㉢의 '웃-'은 '웃다'의 어간으로, 단어의 실질적 의미를 나타내는 중심 부분인 어근이다. '-음'은 명사를 만드는 접미사이다.

---

03 문장과 문법 요소

내신 기본 UP 문제 본문 54~61쪽

01 ③　　02 ③　　03 ⑤　　04 ①　　05 [예시 답안] ㉠은 주어이고, ㉡은 보어이다. ㉠은 숙제를 내 준 행위의 주체이고, ㉡은 '되다' 앞에서 사용되었기 때문이다.　　06 ③　　07 ④　　08 ⑤
09 [예시 답안] 문장에 명사형 어미 '-(으)ㅁ'이나 '-기'를 결합한다.
10 ⑤　　11 ③　　12 ②　　13 ②　　14 ④　　15 ④
16 ④　　17 [예시 답안] ㉠은 직접 사동과 간접 사동의 의미 모두를 지닐 수 있으나, ㉡은 간접 사동의 의미만을 지닐 수 있다.

---

01 문장 성분의 이해 답 ③

(정답 해설) '줄을'은 목적어이므로 주성분에 포함된다.

(오답 분석)

① '사실이'는 보어로 주성분에 포함된다.

② '저물고'는 서술어로 주성분에 포함된다.

④ '소녀의'는 관형어로 부속 성분에 포함된다.

⑤ '얘들아'는 독립어로 독립 성분에 포함된다.

02 서술어의 자릿수 이해   目 ③

정답 해설 ㄷ의 '잡다'는 '주름 따위를 만들다.'의 뜻으로 주어, 목적어, 부사어를 필요로 하는 세 자리 서술어이다. 주어와 부사어를 필요로 하는 두 자리 서술어라는 진술은 잘못되었다.

03 문장 성분의 이해   目 ⑤

정답 해설 ㅁ 문장에서 안겨 있는 관형사절은 '요즘 내가 (도서관에) 다니는'이다. 이 절에는 주어가 아닌 부사어가 생략되어 있다. 따라서 관형절 내부의 주어가 관형절이 수식하는 체언과 일치하는 경우 생략이 가능하다는 진술은 부적절하다.

오답 분석
① ㉠에서 '다친'은 용언의 관형사형이 관형어가 된 사례이고, '새'는 관형사가 그대로 관형어가 된 사례이다.
② ㉡에서 '이번'은 체언이 그대로 관형어 역할을 하는 경우이고, '국민의'는 체언에 관형격 조사가 결합한 형태가 관형어 역할을 하는 경우이다.
③ ㉢에서 관형어 '마실'은 의존 명사 '것'을 수식하고 있으므로 생략하면 문장의 의미가 온전해지지 않는다.
④ ㉣에서 '그가 대학에 합격했다'라는 문장이 관형사형 어미와 결합하여 관형어 역할을 하고 있다.

04 문장 성분의 이해   目 ①

정답 해설 '다르다'는 주어와 부사어를 요구하거나, 여럿을 주어로 요구하는 서술어이다. '소인은'은 부사어가 아니라 주어이다.

오답 분석
② '삼다'는 필수적 부사어를 요구하는 서술어이다. 따라서 '신조로'는 필수적 부사어이다.
③ '닮다'는 필수적 부사어를 요구하는 서술어이다. 따라서 '할아버지와'는 필수적 부사어이다.
④ '보내다'는 필수적 부사어를 요구하는 서술어이다. 따라서 '연주자에게'는 필수적 부사어이다.
⑤ '주다'는 필수적 부사어를 요구하는 서술어이다. 따라서 '손에'는 필수적 부사어이다.

05 문장 성분의 이해

예시 답안 ㉠은 주어이고, ㉡은 보어이다. ㉠은 숙제를 내 준 행위의 주

체이고, ㉡은 '되다' 앞에서 사용되었기 때문이다.
정답 해설 ㉠에 결합한 조사 '이'는 주격 조사이고, ㉡에 결합한 조사 '이'는 보격 조사이다.

06 문장의 짜임 이해   目 ③

정답 해설 '내가 오래전에 좋아하던 책이 절판되었다.'는 관형절을 안은문장이다. '내가 오래전에 좋아하던'이 관형절에 해당한다.

오답 분석
① '우리 아이는'이 문장의 주어에 해당하고, '다닌다'가 서술어에 해당한다. 주어와 서술어의 관계가 한 번 이루어졌으므로 홑문장이다.
② '여름에는 너무 덥다.'와 '겨울에는 너무 춥다.'가 이어진 문장이다.
④ '나는 그 아이가 불안에 떨고 있음을 깨달았다.'는 명사절을 안은문장이다. '그 아이가 불안에 떨고 있음'이 명사절에 해당한다.
⑤ '그는 나에게 언제쯤 통화할 수 있느냐고 물었다.'는 인용절을 안은문장이다. '언제쯤 통화할 수 있느냐고'가 인용절에 해당한다.

07 문장의 짜임 이해   目 ④

정답 해설 '시험공부를 하느라고 잠을 한숨도 못 잤다.'는 두 문장이 연결 어미 '-느라고'로 연결되어 있다. '-느라고'는 앞 절의 사태가 뒤 절의 사태에 목적이나 원인이 됨을 나타내는 연결 어미이다.

오답 분석
① '-(으)ㄹ망정'은 '양보'의 의미를 갖는 연결 어미이다.
② '-(으)ㄴ들'은 '양보'의 의미를 갖는 연결 어미이다.
③ '-더라도'는 '양보'의 의미를 갖는 연결 어미이다.
⑤ '-어(아/여)도'는 '양보'의 의미를 갖는 연결 어미이다.

08 문장의 짜임 이해   目 ⑤

정답 해설 ㉣을 보면 첫 번째 문장에서는 뒤 절의 '그는'이 생략되었고, 두 번째 문장에서는 앞 절의 '나는'이 생략되었다. 첫 번째 문장은 대등하게 이어진문장이고 두 번째 문장은 종속적으로 이어진문장이다. 따라서 두 문장 모두 앞 절과 뒤 절의 주어가 같은 경우 하나를 생략할 수 있으므로 부적절한 진술이다.

① ㉠을 보면 대등하게 이어진문장은 앞 절과 뒤 절의 위치를 바꾸어도 의미 차이가 없지만, 종속적으로 이어진문장은 그렇지 않음을 알 수 있다.

② ㉡을 보면 종속적으로 이어진문장은 앞 절이 뒤 절의 사이로 이동할 수 있으나, 대등하게 이어진문장은 그렇지 않음을 알 수 있다.

③ ㉡을 보면 종속적으로 이어진문장에서 앞 절이 뒤 절의 사이로 이동하게 되면 부사절을 안은문장이 됨을 알 수 있다.

④ ㉢을 보면 종속적으로 이어진문장의 경우 앞 절의 주어에 보조사 '은'이 결합하면 문장이 어색해짐을 알 수 있다.

09 문장의 짜임 이해

예시 답안 문장에 명사형 어미 '-(으)ㅁ'이나 '-기'를 결합한다.

정답 해설 ㉠은 '온몸이 무거워지-'에 명사형 어미 '-ㅁ'을 결합하여 명사절을 만들었고, ㉡은 '내일부터 일찍 일어나-'에 명사형 어미 '-기'를 결합하여 명사절을 만들었다.

[10~11] 피동 표현의 이해

해제 이 글은 피동의 의미 및 능동문을 피동문으로 바꾸는 절차를 밝힌 후, 피동 접미사를 취할 수 없는 타동사를 피동문으로 만드는 방법에 대해 설명하고 있다. 그리고 능동문과 피동문의 전환이 자유롭지 않은 경우가 어떤 경우인지를 설명하고 있다.

주제 국어 피동 표현의 특징

구성

1문단: 피동의 개념과 능동문을 피동문으로 바꾸는 방법
2문단: 피동 접미사와 결합할 수 없는 타동사
3문단: '-어지다'에 의한 피동 표현
4문단: '-하다'류 동사의 피동 표현
5문단: 능동문과 피동문의 전환이 자유롭지 않은 문장들

10 피동 표현의 이해 답 ⑤

정답 해설 '빼앗다'는 피동 접미사 '-기-'와 결합하여 피동사를 이룰 수 있다. '백화점은 재래시장의 상권을 빼앗았다.'의 경우 '재래시장의 상권은 백화점에 빼앗겼다.'와 같이 피동문으로 전환할 수 있다.

오답 분석

① '돕다'는 수혜 동사로 피동 접미사와 결합할 수 없다.

② '닮다'는 대칭 동사로 피동 접미사와 결합할 수 없다.

③ '배우다'는 경험 동사로 피동 접미사와 결합할 수 없다.

④ '바치다'는 수여 동사로 피동 접미사와 결합할 수 없다.

11 피동 표현의 이해 답 ③

정답 해설 ㉢을 피동문으로 바꾸려면 '모욕하였다'를 '모욕당했다'로 바꾸어야 한다. '내 친구가 그에게 모욕당했다.'가 상응하는 피동문이 될 것이다. '-여지다'를 결합해야겠다는 내용은 적절하지 않다.

오답 분석

① 이 글에서 형용사의 경우 '-어지다'와 결합하면 동작을 당하는 것이 아니라 상태 변화를 나타낸다고 밝힌 바 있다.

② '발표하다'는 '-하다'류 동사이므로 '발표'에 '-되다'를 결합하여 피동문을 만들 수 있다.

④ '대학에서 서양 철학이 그에 의해 공부되었다.'와 같은 문장을 억지로 만들 수 있다 하여도 '서양 철학'이 무정 명사이므로 피동문으로 바꾸면 어색한 표현이 된다.

⑤ '감기를 걸리'게 한 행위의 주체를 설정하기 어려우므로 ㉤과 같은 문장은 능동문으로 전환하기가 어렵다.

12 간접 높임의 이해 답 ②

정답 해설 간접 높임에서 '있다'의 높임 표현은 '있으시다'가 된다. 따라서 '선생님의 말씀이 있으시겠습니다.'로 표현하는 것이 어법에 맞는다.

오답 분석

① '우산'을 높여 선생님을 간접적으로 높이고 있는 문장이다.

③ '귀'를 높여 할아버지를 간접적으로 높이고 있는 문장이다.

④ '휴대 전화'를 높여 할머니를 간접적으로 높이고 있는 문장이다.

⑤ '아들'을 높여 선생님을 간접적으로 높이고 있는 문장이다.

[13~14] 절대 시제와 상대 시제

해제 이 글은 시제의 개념을 설명한 후, 시제를 결정하는 기준이 무엇인지를 밝히고 있다. 그리고 기준이 되는 시에는 절대 기준시와 상대 기준시가 있으며, 이를 바탕으로 절대 시제와 상대 시제로 나누어짐을 예를 들어 설명하고 있다.

주제 절대 시제와 상대 시제

구성

1문단: 시제의 개념과 구분
2문단: 기준시에 따라 달라지는 시제

13 시간 표현의 이해 답 ②

정답 해설 '작은'에서 '작다'는 형용사이다. 형용사에 결합한 관형사형 어미 '-은'은 현재 시제를 나타낸다. 따라서 '작은'은 과거 시제에 해당하지 않는다.

로, "'갈 거니?'라고'는 '갈 거냐고'와 같이 바뀐다.

17 사동 표현의 이해

예시 답안 ㉠은 직접 사동과 간접 사동의 의미 모두를 지닐 수 있으나, ㉡은 간접 사동의 의미만을 지닐 수 있다.

정답 해설 ㉠은 피동사를 이용한 피동문으로 엄마가 아이에게 직접 밥을 먹이는 행위를 의미할 수도 있고, 엄마가 아이에게 밥을 먹도록 지시하는 간접 행위를 의미할 수도 있다. ㉡은 '-게 하다'를 통한 피동문으로 엄마가 아이에게 밥을 먹도록 지시하는 간접 행위만을 의미한다.

---

04 담화

01 ②   **02** ③   **03** ④   **04** ④   **05** ③   **06** [예시 답안]
(나)의 '군정청'이라는 단어를 통해 (나)가 해방 직후, 6·25 전쟁이 발발하기 이전의 역사적 맥락 속에서 이루어지고 있는 담화임을 알 수 있다.
07 ④   **08** ③   **09** ②

[01~02] 담화를 구성하는 요소

해제 담화를 구성하는 요소에 대해 설명하는 글이다. 완전한 담화가 이루어지기 위해서는 화자, 청자, 맥락, 발화의 네 가지 요소가 있어야 하지만, 이 중 일부가 없는 담화도 존재할 수 있다. 그리고 담화 속 발화에 제시된 문장의 의미를 정확하게 이해하려면 반드시 맥락의 파악이 필요하다.
주제 담화를 구성하는 요소
구성
1문단: 담화를 구성하는 요소 네 가지
2문단: 담화의 맥락
3문단: 담화를 구성하는 네 가지 요소의 관계와 실현 양상 ①
4문단: 담화를 구성하는 네 가지 요소의 관계와 실현 양상 ②

01 담화의 특성 이해   답 ②

정답 해설 3문단에서 다양한 담화 상황에 대해 설명하며, 화자 혼자서 말하는 독백의 상황에서는 청자가 없을 수도 있다고 언급하고 있다.

오답 분석
① 4문단에서 담화가 이루어지는 데 있어 맥락이 반드시 있어야 한다고 언급하고 있다.
③ 3문단에서 전화 통화에서는 시간은 동일하나 공간이 다른 경우가 대부분이라고 언급하고 있다.

오답 분석
① '-던'은 과거 시제를 표시하는 관형사형 어미이다.
③, ④, ⑤ '-은'이 동사에 결합하면 과거 시제를 표시한다.

14 시간 표현의 이해   답 ③

정답 해설 상대 시제는 종결 어미가 결합한 서술어의 시점을 기준으로 판단하는 시제이다. '네가 어렸을 때 입던 옷은 어디에 있니?'라는 문장에서 옷을 찾는 현재 시제를 기준으로 볼 때 '입던'은 과거 시제에 해당한다.

오답 분석
① 마음이 즐거운 시점을 기준으로 보면 '들으니'는 현재 시제이다.
② 부러웠던 시점을 기준으로 보면 '놀'은 현재 시제이다.
④ 빼앗아 간 시점을 기준으로 보면 '읽는'은 현재 시제이다.
⑤ 장난감을 빌려 달라고 한 시점을 기준으로 보면 '가지고 노는'은 현재 시제이다.

15 부정 표현의 이해   답 ④

정답 해설 ㉣에서 단형 부정 표현과 장형 부정 표현의 경우 중의성의 측면에서는 차이가 없다. 따라서 단형 부정 표현과 달리 장형 부정 표현의 경우 중의적으로 해석될 여지가 있다는 내용은 잘못된 내용이다.

오답 분석
① '안 먹는다'는 단형 부정이고 '먹지 않는다'는 장형 부정이다.
② ㉡에서 명령문과 청유문에서는 '-지 말다'를 사용하여 부정의 의미를 실현하고 있다.
③ '다'와 같은 전칭 표현과 '안 왔다'와 같은 부정 표현이 어울리면 '아무도 오지 않았다.'와 같은 의미로 해석될 수도 있고, '다는 오지 않았다.'와 같은 의미로 해석될 수도 있다.
⑤ ㉤을 보면 '행복하다'의 경우 '못'과 결합하여 쓰일 수 없음을 알 수 있다. 따라서 단형 부정 표현을 허용하지 않는 용언이 존재한다는 진술은 옳다.

16 문장의 짜임 이해   답 ④

정답 해설 첫 번째 문장에서 "연우가 너를 좋아해."를 간접 인용 표현으로 바꾸면 대명사 '너'가 '그'로 바뀌게 된다. 또한 "'좋아해.'라고'라는 표현은 '좋아한다고'와 같이 바뀐다. 두 번째 문장에서 "'내일 갈 거니?'라고'에서 '내일'은 '오늘'

④ 3문단에서 발화는 일정한 상황 속에서 문장 단위로 실현된 말로, 단순한 하나의 문장만을 뜻하는 것이 아니라 때로는 두 개 이상의 문장도 포함한다고 언급하고 있다.

⑤ 2문단에서 담화 속의 맥락은 전체 담화의 의미를 파악하는 데 매우 중요한 역할을 한다고 언급하고 있다. 또 4문단에서 (1)의 의미를 정확히 이해할 수 있는 것은 (2) 때문이라고 언급하고 있다.

02 담화의 구성 요소 이해 　　　　　　　　답 ③

정답 해설 담화의 마지막 부분에서 학생 3의 발화를 들은 학생 1이 '좋아'라고 대답하고 있는 것으로 보아 학생 1도 청자의 역할을 하였음을 알 수 있다.

오답 분석

① 담화에서 학생 1, 2, 3은 국어 수행 평가의 내용에 대해 발화를 주고받고 있음을 확인할 수 있다.

② 담화의 내용을 살펴보면 학생 1, 2, 3이 같은 시간과 공간에서 발화를 주고받고 있음을 알 수 있다.

④ 학생 2의 두 번의 발화 모두 다른 학생의 앞선 발화에 대한 동의에서 시작하여 그와 관련한 내용의 발화를 하고 있음을 알 수 있다.

⑤ 학생 2의 '그거 재미있겠는데', '맞아', 학생 3의 '그래 나도 봤어.'는 불완전한 문장으로 이루어진 발화임을 알 수 있다.

03 담화의 특성 이해 　　　　　　　　답 ④

정답 해설 이 대리는 김 부장의 ⓐ와 같은 말을 통해 사업 계획서를 기일 내에 제출하도록 해야 한다는 김 부장의 발화 의도를 간파하고 ⓑ와 같은 말을 했다고 볼 수 있다.

오답 분석

①, ② ⓐ는 김 부장이 이 대리로 하여금 사업 계획서 제출 마감일을 환기하고, 사업 계획서 제출을 기일에 맞추어 잘 준비하라는 의미의 간접 발화라고 할 수 있다. 그러므로 이는 발화 의도와 문장의 유형이 일치하는 것으로 볼 수 없다.

③ ⓑ는 김 부장의 발화 의도를 이해하고 발화 의도와 문장의 유형이 일치하도록 직접 발화를 한 것으로 볼 수 있다.

⑤ 담화의 내용을 통해 김 부장과 이 대리는 직장의 상사와 부하 직원의 관계임을 알 수 있다.

04 담화의 특성 이해 　　　　　　　　답 ④

정답 해설 거복의 발화에서, 거복이 수재민들이 현재 집을 잃고 침구와 의복을 잃고 길거리에서 방황하고 있음을 알고 있다는 내용을 확인할 수 있다. 그러므로 거복과 동정의 상황 인식이 다르다는 표현은 적절하지 않다.

오답 분석

①, ② 동정의 두 번째 발화에서 근로 봉사를 해 드리고 나서 그 자리에서 도장을 찍어 달라고 하는 것은 교환 조건 같다고 말한 내용을 확인할 수 있다. 또 거복의 발화를 통해 동정이 거복에게 수해 구제금과 관련한 부탁을 하려고 한다는 것을 확인할 수 있다.

③ 동정과 거복의 발화를 통해 수해로 인해 많은 피해가 발생하여 수재민들이 많은 고통을 겪고 있다는 사회적 상황을 두 사람이 공통적으로 인식하고 있음을 알 수 있다.

⑤ 동정의 마지막 발화에서 군정청, 도, 군 등에서 수해에 대한 대책을 강구 중에 있을 것이지만 수해 구제가 당면한 정치의 전부가 아니기 때문에 수해 구제가 미흡할 것을 고려해 청년단에서 의연금 모집 운동을 하게 되었고, 그 과정에서 거복에게 도움을 요청하고 있음을 알 수 있다.

05 담화의 특성 이해 　　　　　　　　답 ③

정답 해설 ㉢은 수해 구제금을 내지 않을 것이라고 예상되었던 거복이 먼저 수해 구제금 이야기를 꺼내자 동정이 당황하여 한 말이다. 그러므로 당황한 표정으로 머리를 긁적이며 말하는 것은 적절한 비언어적 표현이다.

오답 분석

① (나)에 동정은 근로 봉사를 마치고 난 후 그 자리에서 거복에게 반대급부로 수해 구제금을 부탁하는 것과 같은 상황을 어색해하고 있다. 그러므로 ㉠을 크고 우렁찬 목소

리로 말하는 것은 적절하지 않다.
② 흘겨보며 말하는 것은 준언어적 표현이 아니라 비언어적 표현이다.
④ 말의 속도와 높낮이는 모두 준언어적 표현이다.
⑤ 얼굴 표정이나 몸동작은 모두 비언어적 표현이다.

06 담화의 특성 이해

(예시 답안) (나)의 '군정청'이라는 단어를 통해 (나)가 해방 직후, 6·25 전쟁이 발발하기 이전의 역사적 맥락 속에서 이루어지고 있는 담화임을 알 수 있다.

(정답 해설) 담화의 사회·문화적 맥락 중에는 화자와 청자가 공유하고 있는 역사적 상황이 포함되어 있다. 그리고 이러한 역사적 상황은 담화 내에 존재하는 역사적 사건이나 집단, 용어 등을 통해 드러난다. 특히 이 담화에서는 '군정청'이라는 용어를 통해 우리 역사 속에서 '군정청'이 존재했던 시기를 떠올려 당시의 역사적 상황을 확인해 볼 수 있다.

[07~09]
(가) 담화의 통일성과 응집성

해제 담화가 유기적인 구조체로서 갖추어야 할 요소에 대해 설명하고 있는 글이다. 담화는 내용 측면에서는 통일성을, 형식 측면에서는 응집성을 갖추어야 하며, 특히 응집성을 높이기 위해서는 지시 표현, 대용 표현, 접속 표현 등을 올바르게 사용해야 한다.
주제 담화가 유기적인 구조체가 되기 위해 갖추어야 할 요소
구성
1문단: 담화의 통일성과 응집성
2문단: 담화의 응집성을 높이기 위한 지시 표현, 대용 표현, 접속 표현

(나) 가족 간의 담화

해제 일상의 가정에서 아버지, 어머니, 아들이 주고받는 담화를 구성한 것이다. 아버지가 가족들을 위해 요리를 준비하며 가족 간에 나눈 담화로, 지시 표현, 대용 표현, 접속 표현이 사용되는 양상을 확인할 수 있다.
주제 아버지의 요리 준비와 관련한 가족 간의 담화

07 담화의 특성 이해　　　　　　답 ④

(정답 해설) ⓑ는 아들이 자신과 가까이 위치한 꾸러미를 지칭하며 사용한 지시 표현이다. 또 ⓒ는 아버지가 걸어오기 전에는 '이것'으로 지칭되었으나 아버지의 위치가 바뀌면서 '저것'으로 지시 표현이 변화한 것을 확인할 수 있다. 그러므로 ⓑ와 ⓒ는 같은 대상이지만 위치가 달라졌기 때문에 사용된 표현이라고 볼 수 없다.

(오답 분석)
① ⓐ, ⓑ의 '이것'은 화자와 가까이 있는 것을 지칭하는 지시 표현으로, (나)에서 동일하게 '이것'으로 지칭되었지만 실제 가리키는 대상은 다르다는 것을 알 수 있다.
② ⓐ, ⓒ는 아버지가 아들에게 식탁 위에 올려 줄 것을 요청한 대상으로 형태는 다르지만 같은 대상이라고 볼 수 있다.
③ ⓑ는 아들 가까이에 있는 꾸러미이고, ⓒ는 식탁 위에 올려 줄 것을 요청한 꾸러미이다. 그러므로 ⓑ, ⓒ는 형태도 다르고 지칭하는 대상도 다르다.
⑤ ⓐ, ⓑ, ⓒ 모두 어떤 대상을 가리키는 지시 표현이다.

08 담화의 특성 이해　　　　　　답 ③

(정답 해설) 어머니의 발화에서 '이런 모습들'이란 단순히 아버지의 직전 발화에서 보였던 아버지의 말과 행동을 의미하는 것이 아니라 어머니의 발화 이전까지 지속되었던 담화 전체에서 나타나는 아버지의 말과 행동 전부를 의미한다고 볼 수 있다.

(오답 분석)
① '그런데'의 전후 맥락에 따르면, 어머니는 전통 시장 물건이 가장 신선하고 저렴하다는 아버지의 말에 동의하며 본인도 그곳에서 명절 식재료를 산다고 언급하고 있다. 그러므로 '그런데'보다는 '그래서'로 수정하는 것이 적절하다.
② 어머니의 발화에 등장하는 '거기'는 '전통 시장'을 의미하는 것으로 앞의 발화에서 나온 장소에 대한 대용 표현이다. 하지만 아버지의 발화에 등장하는 '거기'는 어머니와 아들이 서 있는 장소를 지칭하는 지시 표현이다.
④ 어머니의 발화 중 전통 시장에 주차장이 생겼다는 내용은 담화의 주제적 일관성에서 벗어난 내용으로 담화의 통일성을 떨어뜨린다고 볼 수 있다.
⑤ 어머니의 발화에 등장하는 '그러려무나'는 아버지의 음식 솜씨를 보고 어디까지 배울 것인지를 결정하겠다는 내용의 대용 표현이라고 볼 수 있다.

09 담화의 특성 이해　　　　　　답 ②

(정답 해설) ㉠은 앞의 발화에서 언급된 '전통 시장'의 대용 표현이라고 할 수 있다. 그리고 ㉯는 앞의 발화에 언급된 '박물관 입구'의 대용 표현이다.

(오답 분석)
① ㉮는 지시 표현이 맞지만, ㉠은 지시 표현이 아니라 대용 표현이다.

③ ㉮는 사전에 약속된 장소가 맞지만 지시 표현이고, ㉯는 박물관 입구의 대용 표현이다.
④ ㉮는 화자에게 먼 곳이므로 지시 표현이라고 할 수 있지만, ㉯는 대용 표현이다.
⑤ ㉠과 ㉯는 앞의 발화에서 나온 장소를 뜻하는 대용 표현이다.

01 ④	02 ②	03 ①	04 ①	05 ③	06 ①
07 ④	08 ④	09 ③	10 ⑤	11 ⑤	12 ⑤
13 ③	14 ③	15 ③	16 ⑤	17 ③	18 ②

01 국어의 음운 변동 이해   답 ④

정답 해설 [잡혀]는 '잡히-'와 '-어'가 결합된 것으로 'ㅣ'와 'ㅓ'가 축약되어 '여'가 된 것이다. 또 [서라]는 '서-'와 '-어라'가 결합되는 과정에서 'ㅓ'가 중복되어 하나가 탈락한 것이다.

오답 분석
① [살펴]는 '살피-'와 '-어'가 결합하는 과정에서 축약이 일어난 것으로 볼 수 있다. [채워]는 '채우-'와 '-어'가 결합하는 과정에서 축약된 것으로 ⓐ에 해당한다.
② [기여]는 '기-'와 '-어'가 결합하는 과정에서 반모음 'ㅣ'[j]가 결합된 것이다.
③ [때려]는 '때리-'와 '-어'가 결합하는 과정에서 축약이 일어난 것으로 볼 수 있다.
⑤ [되여]는 '되-'와 '-어'가 결합되는 과정에서 반모음 'ㅣ'[j]가 결합된 것이다.

02 국어의 음운 변동 이해   답 ②

정답 해설 ㉠에서 둘째 음절 끝의 'ㅌ'이 'ㄷ'으로 교체되지 않은 것은 둘째 음절 '낱' 뒤에 결합하는 '-이'가 형식 형태소이므로 음절의 끝소리 규칙이 적용되지 않았기 때문이다.

오답 분석
① ㉠에서 첫 음절 끝의 'ㅌ' 뒤에는 실질 형태소인 '낱'이 있으므로 음절의 끝소리 규칙이 적용되어 'ㅌ'이 'ㄷ'으로 교체된다.

③ ㉡에서 비음화가 일어난 것은 첫째 음절 끝의 'ㄷ'이 뒤음절의 초성 'ㄴ'에 동화되어 비음화가 이루어졌기 때문이다.
④ ㉡에서 'ㄷ'이 'ㄴ'으로 교체됨으로써 뒤 음절 초성의 'ㄴ'과 발음이 같아져 조음 위치, 조음 방법이 모두 같아지므로 발음이 수월해진다고 볼 수 있다.
⑤ ㉢에서는 'ㅌ'이 'ㅣ' 모음을 만나 구개음화에 의한 음운 교체가 나타나고 있다.

03 국어의 음운 변동 이해   답 ①

정답 해설 ㉠에서는 'ㅍ'이 음절 끝에서 'ㅂ'으로, 'ㅅ'이 음절 끝에서 'ㄷ'으로 교체되는 음절의 끝소리 현상이 나타나고 있다. 또 ㉡에서는 음절 끝에서 'ㄴ'이 'ㄹ'로, 'ㄱ'이 'ㅇ'으로 교체되는 음운 변동이 나타나고 있다.

오답 분석
② ㉠에서는 음운의 첨가에 의한 음운 변동이 나타나지 않는다.
③ ㉠에는 교체, ㉢에는 탈락과 교체의 음운 변동이 나타나고 있다. 그러나 '산뜻하다'는 교체와 축약의 음운 변동이 나타나고 있다.
④ ㉢의 '밟고'는 'ㄹ'이 탈락하고 'ㄱ'이 'ㄲ'으로 교체되고 있지만 자음 동화 현상은 찾아볼 수 없다. '닳은'도 'ㅎ'이 탈락될 뿐 자음 동화 현상은 찾아볼 수 없다.
⑤ ㉡의 '막내'에서는 유음화가 나타나지 않으며, ㉢의 '닳은'에서는 된소리되기가 나타나지 않는다.

04 국어의 음운 변동 이해   답 ①

정답 해설 '색연필'은 '색'과 '연필'이 결합한 합성어로 [생년필]과 같이 'ㄴ' 첨가가 나타난다. 또 '맨입'은 접사 '맨-'과 어근 '입'이 결합한 파생어로 [맨닙]과 같이 'ㄴ' 첨가가 나타난다. '못 잊어'는 '못'의 'ㅅ'이 'ㄷ'으로 교체된 후 'ㄴ'이 첨가되고, 다시 'ㄷ'이 'ㄴ'으로 교체되는 음운 변동이 나타난다.

오답 분석
② '할일'의 '할'과 '일'은 모두 어근이므로 '할일'은 합성어이다.
③ '막일'의 '막-'은 접사로 '막일'은 파생어이다.
④ '한여름'은 접사 '한-'과 어근 '여름'이 합쳐진 것으로 파생어이다. '꽃잎'은 어근 '꽃'과 '잎'이 결합한 합성어이다.
⑤ '서른여섯'은 어근 '서른'과 '여섯'이 결합한 합성어이다.

05 국어의 음운 변동 이해　🈁 ③

정답 해설 '짧더라[짤떠라]'는 'ㅂ'이 탈락하고 'ㄷ'이 'ㄸ'으로 교체되는 음운 변동이 일어난다.

오답 분석

① '꽃다발[꼳따발]'은 'ㅊ'이 'ㄷ'으로 교체, 'ㄷ'이 'ㄸ'으로 교체되는 음운 변동이 일어난다.

② '홑이불[혼니불]'은 'ㅌ'이 'ㄷ'으로 교체되고, 'ㄴ'이 첨가된 후 'ㄷ'이 'ㄴ'으로 교체되는 음운 변동이 일어난다.

④ '시냇물[시:낸물]'은 'ㅅ'이 'ㄷ'으로 교체된 후 'ㄷ'이 'ㄴ'으로 교체되는 음운 변동이 일어난다.

⑤ '못생긴[몯:생긴]'은 'ㅅ'이 'ㄷ'으로 교체된 후 'ㅅ'이 'ㅆ'으로 교체되는 음운 변동이 일어난다.

06 단어의 이해　🈁 ①

정답 해설 '덮밥'과 '손가락'은 어근 '덮다'와 '손'이 각각 '밥'과 '가락'을 수식하는 종속 합성어이다. '높푸르다'는 '높다'와 '푸르다'라는 어근이 결합된 대등 합성어이다. '집안'은 원래의 의미인 '집'과 '안'이 아닌 '가족을 구성원으로 하여 살림을 꾸려 나가는 공동체'라는 새로운 의미를 갖게 되었으므로 융합 합성어이다. 또 '쥐꼬리'는 원래 의미인 '쥐의 꼬리'가 아니라 '매우 적은 것을 비유적으로 이르는 말.'이라는 새로운 의미를 갖게 되었으므로 역시 융합 합성어이다.

07 단어의 이해　🈁 ④

정답 해설 '읽히다'는 '읽다'의 어근에 접미사 '-히-'가 붙어 만들어진 파생어이다. 그러나 어근 '읽다'가 동사이고 '읽히다'도 동사이므로 어근의 품사가 바뀌지 않았다.

오답 분석

① 어근 '날다'는 동사이며 '날개'는 명사이다.

② 어근 '넓다'는 형용사이고 '넓이'는 명사이다.

③ 어근 '밝다'는 형용사이고 '밝히다'는 동사이다.

⑤ 어근 '지혜'는 명사이고 '지혜롭다'는 형용사이다.

08 품사의 특성 이해　🈁 ④

정답 해설 ⓒ의 '도'는 명사인 '우리나라'에 결합한 보조사이고, ⓔ의 '도'는 동사인 '모르다'의 어간에 어미 '-아도'가 결합한 것이다.

오답 분석

① ⓐ의 '이'는 주격 조사로 사용되었고, ⓒ의 '이'는 보격 조사로 사용되었다.

② ⓑ의 '는'은 주격 조사의 자리에 사용되었고, ⓓ의 '는'은 목적격 조사의 자리에 사용되었다.

③ '이'와 '가'는 앞말의 받침 여부에 따라 결합하는 종류가 결정되는 이형태이다.

⑤ ⓜ의 '이지만'과 '인'은 모두 서술격 조사 '이다'의 형태가 변화한 것이다.

09 품사의 특성 이해　🈁 ③

정답 해설 ⓐ는 '푸다'의 어간에 어미 '-어'가 결합한 것으로, 어간의 'ㅜ'가 탈락하여 불규칙 활용을 한다. ⓑ '깨끗하다'는 어간에 어미 '-어'를 결합하면 '깨끗하여'가 되어 어미가 변하는 불규칙 활용을 한다. ⓒ '그래'는 '그렇다'의 어간에 어미 '-어'를 결합한 것으로, 어간과 어미가 모두 바뀌는 불규칙 활용을 한다. ⓓ '물어'는 '묻다'의 어간에 어미 '-어'를 결합한 것으로 어간이 변하는 불규칙 활용을 한다. ⓔ '이르러'는 '이르다'의 어간에 어미 '-어'를 결합한 것으로, 어미가 변하는 불규칙 활용을 한다.

10 품사의 특성 이해　🈁 ⑤

정답 해설 ⓜ의 '아무 일'에서 '아무'는 명사인 '일'을 수식하는 관형사이다. 그러나 '아무나'의 '아무'는 조사가 결합되어 있으므로 대명사이다.

오답 분석

① ㉠의 '그는'의 '그'는 조사인 '는'이 결합되어 있으므로 대명사이고, '그 사람'의 '그'는 '사람'을 수식하고 있으므로 관형사이다.

② ㉡의 '모두가'의 '모두'는 조사인 '가'가 결합되어 있으므로 명사이고, '모두 써'의 '모두'는 동사인 '써'를 수식하고 있으므로 부사이다.

③ ㉢의 '열은'의 '열'은 조사인 '은'이 결합되어 있으므로 수사이고, '열 명'의 '열'은 단위를 나타내는 명사를 수식하고 있으므로 수 관형사이다.

④ ㉣의 '혼자서'의 '혼자'는 조사인 '서'가 결합되어 있으므로 명사이고, '혼자 사는'의 '혼자'는 동사인 '사는'을 수식하고 있으므로 부사이다.

11 문장 성분의 이해　🈁 ⑤

정답 해설 ㉣에서 생략된 성분은 부사어인 '도서관에'이다. 그런데 부사어는 주성분이 아니라 부속 성분이다.

① ㉠의 '먹었다'는 주어와 목적어를 필요로 하는 동사이지만, ㉡의 '주었다'는 주어, 목적어, 부사어를 필요로 하는 동사이다.

② ㉡의 '나에게'는 필수적 부사어로, 이를 생략한 경우 불완전한 문장이 된다.

③ ㉡의 '이'는 주격 조사이지만, ㉢의 '이'는 '아니다' 앞에 사용된 보격 조사이다.

④ ㉣의 '버려진'은 의존 명사인 '것'을 수식하고 있는 관형어이다. 그런데 이 관형어가 생략될 경우 불완전하고 어색한 문장이 된다.

12 문장의 짜임 이해
답 ⑤

정답 해설 ㉣은 서술절을 안은문장으로, '손가락이 매우 길다.'라는 절이 서술어의 역할을 하고 있다. 그러나 ㉤은 '내가 쓰러지는'이라는 절이 안겨 있는 문장으로, 안긴문장은 의존 명사인 '것'을 수식하고 있으므로 관형어의 역할을 하고 있다.

① ㉠은 서술격 조사 '이다'를 활용하여 '회장이다'라는 서술어가 제시되어 있다. 하지만 ㉡은 동사, ㉣은 형용사가 서술어로 사용되고 있다.

② ㉡은 서술어인 '갔다'가 목적어인 '학교를'을 필요로 하지만, ㉢은 '가지 못했다'라고 하는 서술어가 '병원에'라는 부사어를 필요로 한다.

③ ㉡은 '가-'라는 동사의 어간에, ㉣은 '길-'이라는 형용사의 어간에 어미가 결합하여 서술어가 되고 있다.

④ ㉢은 '가지 못했다'가, ㉤은 '보고 말았다'가 서술어이다.

13 문장의 짜임 이해
답 ③

정답 해설 ㉢은 관형절을 안은문장이다. ㉢의 예에서 '우리가 놀랄'이라는 절이 명사인 '정도'를 수식하고 있으므로 관형사의 역할을 하고 있음을 알 수 있다.

① ㉠의 예문은 '그가 이번 사건의 범인임'이라는 절이 주격 조사인 '이'와 결합하고 있으므로 명사의 역할을 하고 있다고 볼 수 있다.

② ㉡의 예문은 '나는 박물관에 간'이라는 절이 명사 '기억'을 수식하고 있으므로 관형사의 역할을 하고 있다고 볼 수 있다.

④ ㉣의 예문은 '국토의 면적이 매우 넓다'라는 절이 전체 문장의 서술어의 역할을 하고 있다.

⑤ ㉤의 예문은 그가 나에게 말한 '사랑한다'라는 말을 인용한 문장이다.

14 높임 표현의 이해
답 ③

정답 해설 ㉠은 주어인 '할아버지께서'를 높여 '오셨다'라는 서술어를 사용하고 있으므로 주체 높임이 나타난 문장이다. ㉡은 '따님'이라는 단어와 '예쁘시다'라는 단어를 통해 높임을 드러내고 있는데, 모두 주어인 '선생님은'으로 인해 높임 표현을 쓴 것이다. 특히 '따님'과 같이 높임 대상의 신체 일부나 소유물, 가족, 생각 등을 간접적으로 높이는 표현을 간접 높임이라고 한다. 그러므로 ㉡은 주체 높임이 나타난 문장이다. ㉢은 청자에게 예사 낮춤의 격식체를 쓴 것이므로 상대 높임이 나타난 문장이다. ㉣은 '드렸다'에서 높임을 드러내고 있는데, 이는 모두 부사어인 '아버지께'를 높이기 위한 것이다. 그러므로 ㉣은 객체 높임이 나타난 표현이다. ㉤은 '뵙고'가 높임을 나타내는 말인데, 이는 목적어인 '선생님을' 때문이므로, ㉤은 객체 높임이 나타난 표현이다.

15 사동 표현과 피동 표현의 이해
답 ③

정답 해설 ㉠의 '돌렸다'는 '돌다'에 사동 접사 '-리-'가 결합된 후 과거 시제 선어말 어미가 결합된 것으로 사동사이다. ㉡의 '보였다'는 '보다'에 피동 접사 '-이-'가 결합된 후 과거 시제 선어말 어미가 결합된 것으로 피동사이다.

① ㉠의 '잡혔다'는 피동사이고 ㉡의 '먹였다'는 사동사이다.

② ㉠의 '익혔다'는 사동사이고, ㉡의 '신겼다'도 사동사이다.

④ ㉠의 '바뀌었다'는 피동사이고, ㉡의 '박혔다'도 피동사이다.

⑤ ㉠의 '낮추었다'는 사동사이고, ㉡의 '밝혔다'도 사동사이다.

16 시간 표현의 이해
답 ⑤

정답 해설 ㉤의 '-겠-'은 미래의 일을 나타내기도 하지만 '추측'이 아니라 '의지'의 의미를 나타내기도 한다.

① ㉠의 '-았었-'으로 인해 작년에는 비가 왔지만 현재는 비가 오지 않는다는 의미가 나타나고 있다.

② '가득하다'는 형용사로, 현재 시제를 나타낼 때 동사에 사용되는 '-는-'이나 '-ㄴ-' 같은 선어말 어미가 사용되지 않는다.
③ ㉢은 '간다'라는 현재형 표현이 사용되고 있지만 '내년'이라는 단어를 통해 미래 시제를 나타내고 있다.
④ ㉣의 '시간은 흘러간다'는 보편적인 사실로, 현재 시제를 나타내는 서술어를 통해 표현된다.

17 담화의 특성 이해   답 ③
정답 해설 담화에서 아들은 '여기'라는 지시 표현을 사용하고 있지만 아버지는 구체적인 장소를 지칭하는 지시 표현을 사용하고 있지 않다.

오답 분석
① 이 담화에서는 겨울 가족 여행지를 주제로 아버지, 어머니, 아들의 대화가 이루어지고 있다.
② 어머니는 '손뼉을 치며'라는 비언어적인 표현을 통해, 아들은 '손사래를 치며'와 '고개를 끄덕이며'라는 비언어적인 표현을 통해 발화 의도를 드러내고 있다.
④ 아들의 발화 중 '그것'은 앞서 아버지가 말한 내용에 대한 대용 표현이다.
⑤ 이 담화에서 아버지, 어머니, 아들은 모두 화자인 동시에 상대의 말을 듣는 청자의 기능을 수행하고 있다.

18 담화의 특성 이해   답 ②
정답 해설 ㉠과 ㉡, ㉣은 각각 아버지, 어머니가 자신의 발화 의도와 일치하는 발화의 형식을 취한 직접 발화라고 볼 수 있다. 하지만 ㉢과 ㉤은 어머니의 제안을 거절하는 발화의 의도를 간접 발화를 통해 드러낸 것이다.

III. 국어의 모습

01 국어의 역사

내신 기본 UP 문제   본문 82~87쪽

01 ③   02 ③   03 ④   04 ⑤   05 ③   06 ④
07 ①   08 [예시 답안] ㉠: ㅣ, ㉡: 의, '쇼'는 유정물이면서 모음으로 끝났으므로 'ㅣ'가 쓰이고, '사람'은 유정물이면서 양성 모음으로 이루어져 있으므로 '의'가 쓰인다.   09 ③   10 ③

01 고대 국어의 이해   답 ③
정답 해설 '赫居世' 중 '赫'과 '世'는 한자의 뜻을 빌려 우리말을 표기한 것이 맞지만, '居'는 한자의 음을 그대로 사용한 것이다. 따라서 '赫居世'를 한자의 뜻을 빌려 우리말의 고유 명사를 표기한 방식이라는 진술은 정확하지 않은 진술이다.

02 고대 국어의 이해   답 ③
정답 해설 '밤 들이 노니다가'에는 조사가 포함되어 있지 않다. 따라서 〈보기〉의 자료를 바탕으로 향찰에서 조사를 표기할 때 한자의 음을 빌려 표기하였다고 설명하는 것은 부적절하다.

오답 분석
① 〈보기〉를 보면, 한자를 우리말 어순에 맞게 배열했음을 알 수 있다.
② 〈보기〉를 보면, '밤, 들, 노니다'와 같은 부분은 한자의 뜻을, 나머지 부분은 한자의 음을 빌려 표기했음을 알 수 있다.
④ 〈보기〉를 보면, 우리말의 실질 형태소 외에 접사나 어미와 같은 형식 형태소도 표기되어 있으므로 적절한 진술이다.
⑤ 〈보기〉를 보면, 실질적 의미를 지닌 '밤, 들, 노니다'와 같은 부분은 모두 한자의 뜻을 빌려 표기하고 있다.

03 중세 국어의 이해   답 ④
정답 해설 ㉣의 '구드시리이다'에서 상대 높임을 실현하는 선어말 어미는 '-이-'이다. '-시-'는 주체 높임을 실현하는 선어말 어미이다.

오답 분석
① ㉠을 보면 'ㅄ'와 같이 어두에 둘 이상의 자음이 올 수 있음을 알 수 있다.
② ㉡을 보면 대명사 '누' 뒤에 주격 조사 'ㅣ'가 결합해 있음을 알 수 있다.
③ ㉢을 보면 객체 높임 선어말 어미 '-ᅀᆞᆸ-'이 결합해 있음을 알 수 있다.
⑤ ㉤의 현대어 풀이를 참고해 보면 부사격 조사의 형태가 '예'로 실현되기도 함을 알 수 있다.

04 중세 국어의 이해   답 ⑤
정답 해설 '나ᄊᆞᆫ'에서 'ᄊᆞᆫ'은 이형태를 지닌 조사가 아니다.

따라서 모음 조화가 적용될 여지가 없다. 물론 '나샨'이라는 형태를 보아도 모음 조화는 이루어져 있지 않다.

오답 분석

① '사ᄅᆞ미'는 '사람+이'로 분석되며 모음 조화가 잘 지켜진 사례이다.
② '쑤므로'는 '쑴+으로'로 분석되며 모음 조화가 잘 지켜진 사례이다.
③ '부텨를'은 '부텨+를'로 분석되며 모음 조화가 잘 지켜진 사례이다.
④ 'ᄊᆞᄅᆞᆯ'은 'ᄊᆞᆯ+ᄋᆞᆯ'로 분석되며 모음 조화가 잘 지켜진 사례이다.

[05~06] 성조와 방점의 개념과 변화

해제 이 글은 15세기 국어에 존재했던 성조와 방점에 대해 설명하고, 성조가 소멸한 후 어떤 변화를 겪었는지 설명하고 있다. 성조의 종류와 그에 따른 방점의 개수, 그리고 각 성조의 높낮이에 대해 설명하고, 각각의 성조가 어떻게 변했는지 밝히고 있다.
주제 성조와 방점의 개념과 변화
구성
1문단: 성조의 개념과 종류
2문단: 성조와 방점의 관계
3문단: 성조의 소멸과 장단
4문단: 성조와 장단의 관계

---

05 중세 국어의 이해   답 ③

정답 해설 ⓒ의 앞에는 점이 없으므로 평성임을 알 수 있다. 평성은 낮은 소리이다. 낮지도 높지도 않은 소리라는 진술은 잘못된 것이다.

오답 분석

① ⓐ는 상성으로 낮다가 높아지는 소리이다.
② ⓑ는 거성이고, 'ㄱ'으로 끝나므로 입성이다. 높은 소리이면서 빨리 끝 닫는 소리이다.
④ ⓓ는 상성이고 'ㄷ'으로 끝나므로 입성이다. 낮다가 높아지는 소리이면서 빨리 끝 닫는 소리이다.
⑤ ⓔ는 거성이므로 높은 소리이다.

---

06 국어의 변천 이해   답 ④

정답 해설 '·빈[舟]'는 거성이고, '빈[梨]'는 평성으로 중세 국어에서는 서로 음의 높낮이를 통해 의미 변별이 되었으나 성조가 사라지면서 모두 단음으로 바뀌게 되었다. 따라서 현대 국어에서 장단을 통해 의미 변별이 이루어진다는 진술은 잘못된 진술이다.

오답 분석

① ':눈[雪]'은 중세 국어에서는 '낮다가 높아지는 소리'였으나 이는 그 당시에도 장음으로 발음되었다. 따라서 길게 발음되었을 것이라는 진술은 옳다.
② ':눈[雪]'은 현대 국어에서 장음으로 바뀌었고, '·눈[目]'은 단음으로 바뀌었으므로 장단을 통해 의미 변별이 가능하다.
③ '·빈[舟]'와 '·빈[腹]'는 중세 국어에서 성조가 동일하였으므로 발음을 통해 의미를 변별하기는 어려웠을 것이다.
⑤ '서·리[霜]'는 평성 뒤에 거성이 이어지고, '·서리[間]'는 거성 뒤에 평성이 이어지므로 음의 높고 낮음의 순서가 서로 반대였을 것이다.

---

07 중세 국어의 이해   답 ①

정답 해설 ㉠에는 '쌓+도'가 '짜토'의 형태로 축약되어 나타나고, ㉡에는 '쌓+ᄋᆞᆫ'이 연음되어 '짜ᄒᆞᆫ'으로 나타난다. 그리고 ㉢에는 'ㅎ'이 탈락한 형태인 '짜'가 실현된다.

---

08 중세 국어의 이해

예시 답안 ㉠: ㅣ, ㉡: 익, '쇼'는 유정물이면서 모음으로 끝났으므로 'ㅣ'가 쓰이고, '사람'은 유정물이면서 양성 모음으로 이루어져 있으므로 '익'가 쓰인다.
정답 해설 '쇼+ㅣ+머리'는 '쇠머리'와 같은 형태로 실현되며, '사람+익+ᄠᅳᆮ'은 '사라믹ᄠᅳᆮ'과 같은 형태로 실현된다.

---

09 중세 국어의 이해   답 ③

정답 해설 ㉠의 앞에는 'ㅂ'으로 끝나는 어간이 왔고, 뒤에는 자음으로 시작하는 어미가 놓여 있으므로 ㉠에는 '-습-'이 들어가는 것이 옳다. ㉡의 앞에는 'ㄷ'으로 끝나는 어간이 놓여 있고, 뒤에는 자음으로 시작하는 어미가 놓여 있으므로 ㉡에는 '-ᄌᆞᆸ-'이 들어가는 것이 옳다. ㉢의 앞에는 'ㄷ'으로 끝나는 어간이 놓여 있고, 뒤에는 모음으로 시작하는 어미가 놓여 있으므로 ㉢에는 '-ᄌᆞᇦ-'이 들어가는 것이 옳다.

---

10 중세 국어의 이해   답 ③

정답 해설 ⓒ는 '(너는) 무슨 글을 강독하였느냐?'란 뜻으로 생략된 문장의 주어가 2인칭이다. 따라서 3인칭 주어 의문문이기 때문에 의문형 종결 어미 '-ㄴ다'를 사용하지 않았다는 진술은 잘못된 것이다.

02 국어 규범

내신 **기본 UP** 문제   본문 90~95쪽

01 ④　02 ②　03 [예시 답안] • 한글 맞춤법 제19항에 따라 '묶음'은 어간 '묶–'에 '–음'이 붙어서 명사가 된 것이므로 어간의 원형을 밝히어 적은 것이다. • 한글 맞춤법 제29항에 따라 '숟가락'은 '술'과 '가락'이 결합하여 만들어진 말로, '술'의 'ㄹ'이 'ㄷ' 소리가 나서 '술'을 '숟'으로 적은 것이다.　04 ②　05 ②　06 나는∨이번∨겨울에∨신발을∨세∨켤레나∨샀다.　07 ①　08 ⑤　09 ⑤　10 [예시 답안] (1) 한자어로만 이루어진 합성어이기 때문이다. (2) 뒷말이 본래 된소리로 시작하기 때문이다.　11 ③　12 ③　13 ③

01 한글 맞춤법의 기본 원칙 이해　　답 ④

정답 해설 '소리대로' 적는다면 글 읽는 사람들이 형태소의 분별에 어려움을 겪으므로 문법에 대한 판단도 어렵게 될 것으로 추측할 수 있다.

오답 분석

① '소리대로' 적는다면 글 읽는 사람은 형태소의 분별에 어려움을 겪겠지만, 글 쓰는 사람은 발음대로 적으면 되므로 편리한 면이 있다.

② '소리대로' 적는다는 것은 발음 그대로 적는 것으로, 이는 발음을 중시하는 표기이므로 표음적 표기에 해당한다.

③ '어법에 맞도록' 적는다면 글을 읽는 사람이 단어의 뜻을 파악하기 수월하여 글의 내용을 파악하기에 편리한 면이 있다.

⑤ '어법에 맞도록' 적는다면 단어나 형태소의 원형을 적는 것이므로 의미를 중시한 표의적 표기에 해당한다.

02 한글 맞춤법의 주요 내용　　답 ②

정답 해설 '싹둑'은 ㉯의 'ㄱ, ㅂ' 받침 뒤에서 나는 된소리는, 같은 음절이나 비슷한 음절이 겹쳐 나는 경우가 아니면 된소리로 적지 아니한다는 규정에 의거하여 '싹둑'으로 표기하는 것이 적절하다.

오답 분석

① ㉮에서 제시한 단어들은 '잔뜩, 살짝, 듬뿍, 몽땅'으로서 모두 'ㄴ, ㄹ, ㅁ, ㅇ' 받침으로 되어 있다. 이들 받침 뒤에서 된소리가 날 때는 모두 된소리를 밝혀 표기했다는 점을 알 수 있다.

③ '법석'은 [법썩]으로 된소리로 발음되나 ㉯를 볼 때 'ㄱ, ㅂ' 받침 뒤에서 나는 된소리이므로 ㉯에 의해 '법썩'으로 표기하지 않고 '법석'으로 표기한다.

④ '군일'에서 '군–'은 접두사이므로 '군일'로 원형을 밝혀 적

은 경우이다.

⑤ '물난리'는 '물'과 '난리'의 두 개 단어가 어울려 이루어진 말이므로 원형을 밝혀 적은 것이다.

03 한글 맞춤법의 주요 내용

예시 답안 • 한글 맞춤법 제19항에 따라 '묶음'은 어간 '묶–'에 '–음'이 붙어서 명사가 된 것이므로 어간의 원형을 밝히어 적은 것이다. • 한글 맞춤법 제29항에 따라 '숟가락'은 '술'과 '가락'이 결합하여 만들어진 말로, '술'의 'ㄹ'이 'ㄷ' 소리가 나서 '술'을 '숟'으로 적은 것이다.

정답 해설 한글 맞춤법 제19항의 '다만'에서는 어간에 '–이'나 '–음'이 붙어서 명사로 바뀐 것이라도 그 어간의 뜻과 멀어진 것은 원형을 밝히어 적지 아니한다고 밝히고 있다. 목이 붓고 아픈 병을 뜻하는 '목거리'는 이 조항에 해당하는 예이다. 한글 맞춤법 제28항에서는 끝소리가 'ㄹ'인 말과 딴 말이 어울릴 적에 'ㄹ' 소리가 나지 않는 것은 아니 나는 대로 적는다고 밝히고 있다. '부나비'는 이 조항에 해당하는 예이다. 한글 맞춤법 제6항에서는 'ㄷ, ㅌ' 받침 뒤에 종속적 관계를 가진 '–이(–)'나 '–히–'가 올 적에는 그 'ㄷ, ㅌ'이 'ㅈ, ㅊ'으로 소리 나더라도 'ㄷ, ㅌ'으로 적는다고 밝히고 있다. '굳히다'는 이 조항에 해당하는 예이다.

04 한글 맞춤법의 주요 내용　　답 ②

정답 해설 제33항의 내용은 체언과 조사가 어울려 줄어지는 경우에는 준 대로 적는다는 것이다. '가지고'는 체언과 조사가 어울려 줄어지는 경우가 아니며, '가지–'에서 'ㅣ'가 줄어들면서 '갖고'가 된 경우이므로 제32항에 해당한다.

오답 분석

① 제32항의 내용은 단어의 끝모음이 줄어지고 자음만 남은 것은 그 앞의 음절에 받침으로 적는다는 것이다. '어제저녁'은 '어제'에서 'ㅔ'가 줄어들면서 '엊저녁'이 된 경우이므로 제32항에 해당한다.

③ 제34항의 내용은 모음 'ㅏ, ㅓ'로 끝난 어간에 '–아/–어, –았–/–었–'이 어울릴 적에는 준 대로 적는다는 것이다. '가았다'는 'ㅏ'가 줄어들면서 '갔다'가 된 경우이므로 제34항에 해당한다.

④ 제36항의 내용은 'ㅣ' 뒤에 '–어'가 와서 'ㅕ'로 줄 적에는 준 대로 적는다는 것이다. '막히었다'는 '막히–'의 'ㅣ' 뒤에 '었'의 '–어'가 와서 '막혔다'로 줄어든 경우이므로 제36항에 해당한다.

⑤ 제38항의 내용은 'ㅏ, ㅗ, ㅜ, ㅡ' 뒤에 '–이어'가 어울려 줄어질 적에는 준 대로 적는다는 것이다. '보이어'는 '보–'

뒤에 '-이어'가 어울려 '뵈어' 또는 '보여'로 줄어진 경우이므로 제38항에 해당한다.

05 한글 맞춤법의 기본 원칙 이해 답 ②

정답 해설 '좋은 글을 써 보내라.'에서 '보내라'는 '사람이나 물건 따위를 다른 곳으로 가게 하다.'의 뜻으로, 글을 보내는 일을 가리키므로 본용언에 해당한다. 따라서 '써'와 '보내라' 사이는 띄어 써야 한다.

오답 분석

① '불이 꺼져 간다.'에서 '간다'는 보조 용언이므로 띄어 쓰는 것이 원칙이나 '불이 꺼져간다.'라고 써도 허용된다.

③ '잘들 지내고는 있구나.'에서 '지내고'에는 '는'이라는 보조사가 붙어 있다. 따라서 앞말에 조사가 붙는 경우이므로 '있구나'와 띄어 써야 한다.

④ '책을 읽어도 보고 요약도 해 보자.'에서 '읽어도'에는 보조사 '도'가 붙어 있으므로 보조 용언 '보고'와 띄어 써야 한다.

⑤ '우리 할아버지는 예전에 돌아가셨다.'에서 '돌아가셨다'는 할아버지가 '사망하였다'를 뜻하므로 제3의 다른 뜻을 나타낸다. 따라서 '돌아가셨다'는 두 용언을 붙여 쓴 경우에 해당한다.

06 한글 맞춤법의 기본 원칙 이해

답 나는∨이번∨겨울에∨신발을∨세∨켤레나∨샀다.

정답 해설 '켤레'는 '신, 양말, 버선, 방망이 따위의 짝이 되는 두 개를 한 벌로 세는 단위.'를 나타내는 의존 명사이므로 띄어 쓴다.

07 표준어 규정의 주요 내용 답 ①

정답 해설 우표를 풀로 붙게 할 때 쓰는 말은 '붙이다'이다. '부치다'는 '편지나 물건 따위를 일정한 수단이나 방법을 써서 상대에게로 보내다.'라는 뜻이다.

오답 분석

② '안치다'는 '밥, 떡, 찌개 따위를 만들기 위하여 그 재료를 솥이나 냄비 따위에 넣고 불 위에 올리다.'의 뜻이다.

③ '졸이다'는 '속을 태우다시피 초조해하다.'의 뜻이다.

④ '사람으로서'에서 '으로서'는 자격이나 신분을 나타내는 조사이다.

⑤ '줄이다'는 '수나 분량이 본디보다 적어지게 하다.'의 뜻이다.

08 한글 맞춤법의 기본 원칙 답 ⑤

정답 해설 어간에 접사가 붙어서 이루어진 말들의 어간을 밝히어 적는 것은 본모양을 밝혀 적는다는 것이므로 어법에 맞도록 표기한다는 원칙에 해당하는 것이다.

오답 분석

① 구개음화가 일어나더라도 음운 변동을 표기에 반영하지는 않는다는 것이므로 소리대로 적는 것이 아니라 어법에 맞도록 표기한다는 원칙에 따른 것이다.

② 소리대로 적지 않고 본래의 글자대로 적는다는 것이므로 어법에 맞도록 표기한다는 원칙에 따른 것이다.

③ 한자음의 발음에 두음 법칙이 적용될 경우, 두음 법칙이 적용된 것에 따라 표기한다는 것이므로 소리대로 적는다는 원칙에 따른 것이다.

④ 거센소리되기가 일어나는 경우 거센소리로 적는다는 것이므로 소리대로 적는다는 원칙에 따른 것이다.

[09~10] 사이시옷의 표기

해제 이 글은 한글 맞춤법 제30항에 제시되어 있는 사이시옷 표기의 원칙에 대해 설명하고 있다. 사이시옷의 표기는 순우리말로 된 합성어, 순우리말과 한자어로 된 합성어에서 발음상의 요건을 충족할 때만 가능하다. 이를 보여 주기 위해 사이시옷 표기가 이루어지는 합성어의 사례를 다양하게 제시하고 있다.

주제 사이시옷 표기의 조건

구성

1문단: 한글 맞춤법에 제시된 사이시옷의 표기 원칙

2문단: 순우리말로 된 합성어에서 사이시옷의 표기

3문단: 순우리말과 한자어로 된 합성어에서 사이시옷의 표기

---

09 한글 맞춤법의 주요 내용 답 ⑤

정답 해설 '댓잎'은 [댄닙]으로 발음되는데, '대'와 '잎'이 모두 순우리말이며 뒷말의 첫소리 앞에서 'ㄴㄴ' 소리가 덧나는 경우이다.

오답 분석

① '귓밥'은 순우리말로 된 합성어이고, '밥'의 첫소리 'ㅂ'이 된소리가 나므로 사이시옷이 표기된 것이다.

② '아랫니'는 순우리말 '아래+니'로 이루어진 합성어이고, '니' 앞에 'ㄴ'이 덧나 [아랜니]로 발음된다. 즉 뒷말의 첫소리 앞에서 'ㄴ' 소리가 덧나기 때문에 사잇소리를 표기한 것이다.

③ '뒷일'은 순우리말로 된 합성어이고, '일'의 '이' 앞에서 'ㄴㄴ' 소리가 덧나 [뒨:닐]로 발음되는 것이다. 뒷말의 첫소리 앞에서 'ㄴㄴ' 소리가 덧나기 때문에 사잇소리를 표기한 것이다.

④ '아랫방'은 순우리말과 한자어로 된 합성어이고, '방'의 첫 소리 'ㅂ'이 된소리가 나므로 사이시옷이 표기된 것이다.

10 한글 맞춤법의 주요 내용

(예시 답안) (1) 한자어로만 이루어진 합성어이기 때문이다.
(2) 뒷말이 본래 된소리로 시작하기 때문이다.

(정답 해설) 순우리말로 된 합성어, 순우리말과 한자어로 된 합성어에서 사이시옷이 나타난다. '치과'는 '齒科'로 한자어로만 이루어진 합성어이기 때문에 사이시옷이 나타나지 않는다. '허리띠'는 순우리말로 된 합성어이지만 뒷말이 본래 된소리로 시작하기 때문에 사이시옷 표기의 발음상의 요건을 충족하지 못한다.

11 표준어 규정의 주요 내용 답 ③

(정답 해설) '어떤 분야를 대표할 만하다.'의 뜻을 가진 단어는 '내로라하다'이다.

(오답 분석)

① '마음이 가라앉지 아니하고 들떠서 두근거리다.'의 뜻을 가진 단어는 '설레다'이다. '설레이다'는 잘못된 표기이다.
② '뇌성과 번개'라는 뜻을 가진 단어는 '우레'이다. '우뢰'는 잘못된 표기이다.
④ '무슨 일을 겪어 내다.'의 뜻을 가진 단어는 '치르다'이다. '치루다'는 잘못된 표기이다. '치르다'에 과거 시제 선어말 어미 '-었-'이 결합하면 '치렀다'가 된다.
⑤ '몸가짐이나 언행을 조심하다.'의 뜻을 가진 단어는 '삼가다'이다. '삼가하다'는 잘못된 표기이다.

12 한글 맞춤법의 주요 내용 답 ③

(정답 해설) '넉넉하지 않다'는 어간의 끝음절 '하'가 아주 줄 적에는 준 대로 적는 말로 '넉넉지 않다'로 표기해야 한다. '넉넉찮다'로 적는 것은 적절하지 않다.

(오답 분석)

① '적지 않은'은 '-지' 뒤에 '않-'이 어울려 '-잖-'으로 줄여 적을 수 있다.
② '그렇지 않은'은 '-지' 뒤에 '않-'이 어울려 '-잖-'으로 줄여 적을 수 있다.
④ '변변하지 않다'는 '-하지' 뒤에 '않-'과 어울려 '-찮-'으로 줄여 적을 수 있다.
⑤ '만만하지 않다'는 '-하지' 뒤에 '않-'과 어울려 '-찮-'으로 줄여 적을 수 있다.

13 표준어 규정의 주요 내용 답 ③

(정답 해설) '밥그릇'은 '밥+그릇'이므로 'ㅂ'이나 'ㅎ' 소리가 덧나는 현상을 살펴볼 수 없다.

(오답 분석)

① '멥쌀'은 '메+쌀'에 'ㅂ'이 덧난다.
② '볍씨'는 '벼+씨'에 'ㅂ'이 덧난다.
④ '머리카락'은 '머리+가락'에 'ㅎ'이 덧난다.
⑤ '살코기'는 '살+고기'에 'ㅎ'이 덧난다.

03 국어 생활

내신 기본 UP 문제 본문 98~103쪽

01 ② 02 ② 03 ① 04 [예시 답안] 라켙 → 라켓, 뺴지 → 배지 / '라켙'을 '라켓'으로 고친 이유는 받침에 'ㅌ'을 쓸 수 없기 때문이고, '뺴지'를 '배지'로 고친 이유는 파열음 표기에는 된소리 'ㅃ'을 쓰지 않는 것이 원칙이기 때문이다. 05 ① 06 ② 07 ④
08 ③ 09 ④ 10 ④ 11 [예시 답안] Baekjje → Baekje / '제'가 [쩨]로 발음되지만 된소리되기는 국어의 로마자 표기에 반영하지 않기 때문이다. 12 ④ 13 ⑤ 14 ②

[01~04] 외래어 표기법

(해제) 이 글은 외래어 표기법의 기본 원칙에 대해 설명하고 있다. 제1항에서 제5항까지의 원칙을 알기 쉽게 풀어서 기술하고 있다.
주제 외래어 표기법의 기본 원칙
구성
1문단: 외래어 표기법의 개념과 목적
2문단: 외래어 표기법 제1항
3문단: 외래어 표기법 제2항
4문단: 외래어 표기법 제3항
5문단: 외래어 표기법 제4항
6문단: 외래어 표기법 제5항

01 외래어 표기법의 이해 답 ②

(정답 해설) 'Paris'를 '빠리'로 적지 않고 '파리'로 적는 것은 'p'가 된소리와 가깝게 발음 나도 된소리로 적지 않는다는 것과 관련된다. 외래어 표기법 제4항이 적용된 것이라 할 수 있다.

(오답 분석)

① 'camera'의 외래어 표기는 제5항이 적용되는 것으로, 이미 굳어진 외래어에 대한 관용을 존중하여 표기하는 것과 관련됨을 알 수 있다.

③ "오렌지, 오뤤지, 어린지, 어륀지" 등과 같이 여러 가지로
표기될 수 있는 외래어의 어형을 통일하여 혼란을 막고
언어생활의 능률을 높이기 위해 정한 것이다.'라는 내용
을 볼 때, 'orange'가 '오렌지, 오뤤지, 어린지, 어륀지'처
럼 다양하게 표기되면 언어생활에 혼란을 일으킬 수 있음
을 알 수 있다.

④ 외래어 표기법 제2항은 외래어의 1 음운은 원칙적으로
1 기호로 적는다는 것이다. 'film: 필름', 'file: 화일'과 같
이 'f'를 'ㅎ'과 'ㅍ'으로 다르게 적는 것은 이 규정에 위배
되는 것임을 알 수 있다.

⑤ 외래어 표기에서 받침은 'ㄱ, ㄴ, ㄹ, ㅁ, ㅂ, ㅅ, ㅇ'만을
쓰는 것이 원칙이다. 'shop'를 '숖'으로 쓰지 않고 '숍'으로
쓰는 것은 'ㅍ'이 받침 표기에 쓰이는 7개의 글자에 포함
되지 않기 때문임을 알 수 있다.

02 외래어 표기법의 이해   답 ②

정답 해설 '[f]를 표기하기 위한 새로운 기호를 만들어야 하지
않을까?'라는 질문은 '외래어는 국어의 현용 24 자모만으로
적는다.'라고 하는 외래어 표기법의 표기의 기본 원칙 중 제1
항에 따라 판단할 수 있다. 또한 'chocolate'의 발음 [t]를 받
침으로 표기할 때, 어떻게 적어야 할까?'라는 질문은 외래어
표기 시 받침과 관련된 규정이므로, '받침에는 'ㄱ, ㄴ, ㄹ,
ㅁ, ㅂ, ㅅ, ㅇ'만을 쓴다.'라고 하는 외래어 표기법의 표기의
기본 원칙 중 제3항에 따라 판단할 수 있다. 'ㅅ'으로 표기해
야 한다.

03 외래어 표기법의 이해   답 ①

정답 해설 "f'를 일정하게 'ㅍ'으로 적는 것이 원칙이다.'라
는 내용을 고려할 때, 'frypan'은 '프라이팬'으로 적는 것이
옳다. '후라이팬'으로 적은 것은, 외래어의 1 음운은 원칙적
으로 1 기호로 적는다는 외래어 표기법 제2항을 위배한 것
이다.

오답 분석

②, ③, ④는 모두 파열음 표기에는 된소리를 쓰지 않는 제4
항에 적용되는 단어들이다.

② 'gas'는 '까스'가 아닌 '가스'로 적는 것이 옳다.

③ 'pass'는 '패쓰'가 아닌 '패스'로 적는 것이 옳다.

④ 'cafe'는 '까페'가 아닌 '카페'로 적는 것이 옳다.

⑤ 'radio'는 '레이디오'와 같이 적지 않고 관용을 존중하는
의미에서 '라디오'라고 적는 것이 옳다.

04 외래어 표기법의 이해

예시 답안 라켙 → 라켓, 빼지 → 배지 / '라켙'을 '라켓'으로 고친 이유
는 받침에 'ㅌ'을 쓸 수 없기 때문이고, '빼지'를 '배지'로 고친 이유는 파열
음 표기에는 된소리 'ㅃ'을 쓰지 않는 것이 원칙이기 때문이다.

정답 해설 '라켙'을 '라켓'으로 고친 이유는 제3항에 의해서이
다. 받침에는 'ㄱ, ㄴ, ㄹ, ㅁ, ㅂ, ㅅ, ㅇ'만을 쓰는 것이 원
칙이기 때문에 'ㅌ'을 쓸 수 없다. '빼지'를 '배지'로 고친 이유
는 제4항에 의해서이다. 파열음 표기에는 된소리를 쓰지 않
는 것이 원칙이기 때문에 'ㅃ'을 쓸 수 없다.

05 외래어 표기법의 이해   답 ①

정답 해설 'cup, book, type, internet'에서 'k, t, p'를 받침
에서 'ㅋ, ㅌ, ㅍ'으로 적으면 안 되고 'ㄱ, ㅅ, ㅂ'으로 적어야
함을 알 수 있다. 이것은 외래어 표기법의 원칙 중 하나인 받
침의 제한, 즉 받침의 표기는 'ㄱ, ㄴ, ㄹ, ㅁ, ㅂ, ㅅ, ㅇ'의
7글자만 허용한다는 것과 관련이 있다.

오답 분석

② 제시된 예를 보면 대부분 우리말에 있는 소리들이다. 그리
고 우리말에 없는 소리의 경우 다른 소리로 바꾸어 적는
것이 원칙이지 무시하고 적지 않는 것은 원칙이 아니다.

③ 외래어 표기법에서는 이미 굳어진 외래어는 관용을 존중
하여 표기하기도 한다. 그러나 제시된 예에서는 이와 관
련이 없다.

④ '컵', '인터넷' 등에서 보듯이 'ㅋ, ㅌ'과 같은 거센소리 글
자도 이용하고 있다.

⑤ 제시된 사례에는 된소리 표기와 관련된 예가 제시되어 있
지 않다.

06 외래어 표기법의 이해   답 ②

정답 해설 외래어 표기법에서 [f]는 모음 앞에서 'ㅍ'으로, 자
음 앞이나 어말에서 '프'로 적도록 규정하고 있다. 따라서
'fighting'는 '화이팅'이 아니라 '파이팅'으로 표기해야 한다.

오답 분석

① '바나나'는 굳어진 외래어에 해당하기 때문에 관용을 존중
하여 '버네너'가 아니라 '바나나'로 표기한다.

③ 외래어 표기는 한글 맞춤법에서 규정한 현용 24 자모만
으로 적는 것이 원칙이다.

④ 파열음 표기에는 된소리를 쓰지 않는 것을 원칙으로 하기
때문에 '뻐스'가 아니라 '버스'로 표기한다.

⑤ 외래어 표기법에서는 받침에 'ㄱ, ㄴ, ㄹ, ㅁ, ㅂ, ㅅ, ㅇ' 만을 쓰도록 규정하고 있다.

07 외래어 표기법의 이해 답 ④

정답 해설 'tractor[træktə]'에서 첫 번째 음운 [t]는 제1항 '3'의 적용을 받아 '트'로 적어야 한다. 또 [k]는 짧은 모음과 유음·비음 이외의 자음 사이에 오는 무성 파열음이기 때문에 '2'에 따라 받침으로 적지만 외래어 받침에는 'ㅋ'을 쓸 수 없기 때문에 'ㄱ'으로 적는다. 즉 '트랙터'가 아닌 '트랙터'로 표기해야 한다.

오답 분석
① 'gap[gæp]: 갭'에서 [p]는 짧은 모음 다음의 어말 무성 파열음이기 때문에 '1'에 따라 받침 'ㅂ'으로 표기한 것이다.
② 'act[ækt]: 액트'에서 [k]는 짧은 모음과 유음·비음 이외의 자음 사이에 오는 무성 파열음이기 때문에 '2'에 따라 받침 'ㄱ'으로, [t]는 '1'과 '2'의 조건에 해당하지 않는 어말 무성 파열음이기 때문에 '3'에 따라 '으'를 붙여 '트'로 표기한 것이다.
③ 'stamp[stæmp]: 스탬프'에서 [p]는 '1'과 '2'의 조건에 해당하지 않는 어말 무성 파열음이기 때문에 '3'에 따라 '으'를 붙여 '프'로 표기한 것이다.
⑤ 'lipstick'[lipstik]: 립스틱'에서 [p]는 짧은 모음과 유음·비음 이외의 자음 사이에 오는 무성 파열음이기 때문에 '2'에 따라 받침 'ㅂ'으로, [k]는 짧은 모음 다음의 어말 무성 파열음이므로 '1'에 따라 받침 'ㄱ'으로 표기한 것이다.

[08~11] 국어의 로마자 표기법

해제 이 글은 로마자 표기법의 기본 원칙에 대해 설명하고 있다. 로마자 표기 일람을 제시하여 실제로 우리말과 로마자가 어떻게 대응되는지를 보여 주고 있다.
주제 로마자 표기법의 기본 원칙
구성
1문단: 로마자 표기법의 개념과 목적
2문단: 로마자 표기 일람
3문단: 로마자 표기에서 유의할 점

---

08 로마자 표기법의 이해 답 ③

정답 해설 'ㅑ', 'ㅘ'의 로마자 표기에는 모두 'ㅏ'에 해당하는 로마자 'a'가 포함되어 있다. 그러나 'ㅖ'의 로마자 표기는 'ye'로, 'a'가 포함되어 있지 않다.

오답 분석
① 'ㅣ'(i)와 'ㅢ'(ui)의 로마자 표기는 'i' 앞에 'u'가 선행하는지의 여부에 따라 구분된다.
② 'ㅝ'를 로마자로 표기할 때에는 'ㅜ'와 'ㅓ'의 로마자를 합친 'ueo'가 아니라 이중 모음인 'wo'로 적어야 옳다.
④ 'ㄱ', 'ㄷ', 'ㅂ', 'ㄹ'은 음운 환경에 따라 'g/k', 'd/t', 'b/p', 'r/l'과 같이 로마자 표기가 달리 쓰이는 경우도 있다.
⑤ 'ㅈ', 'ㅅ'의 된소리를 로마자로 표기할 때에는 예사소리 'j', 's'의 로마자를 겹쳐 적은 'jj', 'ss'로 표기한다.

09 로마자 표기법의 이해 답 ④

정답 해설 '의정부'는 [의정부]로 발음된다. 'ㅢ'의 경우 'eui'가 아니라 'ui'로 표기해야 하므로 'Uijeongbu'로 적어야 바른 표기가 된다.

오답 분석
① '영동'에서 'ㄷ'은 모음 앞이므로 'd'로 적어야 하므로 'Yeongdong'는 옳은 표기이다.
② '목포'에서 'ㄱ'은 어말이므로 'k'로 적어야 하므로 'Mokpo'는 옳은 표기이다.
③ '부산'에서 'ㅂ'은 모음 앞에서는 'b'로 적어야 하므로 'Busan'은 옳은 표기이다.
⑤ '강릉'은 비음화가 일어난 [강능]으로 발음된다. 그리고 'ㄱ'은 모음 앞에서는 'g'로 적어야 하므로 'Gangneung'는 옳은 표기이다.

10 로마자 표기법의 이해 답 ④

정답 해설 '묵호'는 거센소리되기가 일어나 [무코]로 발음된다. 하지만 체언의 'ㄱ' 뒤에 'ㅎ'이 온 경우이므로 'Mukho'로 적어야 바른 표기가 된다.

오답 분석
① 받침은 'ㄱ, ㄴ, ㄷ, ㄹ, ㅁ, ㅂ, ㅇ' 7개 자음만 발음한다는 규정(음절의 끝소리 규칙)에 따라 '벚꽃'은 [벋꼳]으로 발음되므로 'beotkkot'로 표기해야 한다.
② 받침 'ㅁ, ㅇ' 뒤에 연결되는 'ㄹ'은 [ㄴ]으로 발음해야 한다는 규정(비음화)에 따라 '백마'는 [뱅마]로 발음되므로 'Baengma'로 표기해야 한다.
③ 끝소리가 'ㄷ', 'ㅌ'인 형태소가 모음 'ㅣ'나 반모음 'ㅣ'[j]로 시작되는 형식 형태소와 만나면 그것이 구개음 'ㅈ', 'ㅊ'이 되는 규정(구개음화)에 따라 '해돋이'는 [해도지]로 발음되므로 'haedoji'로 표기해야 한다.

⑤ 우리말에서 'ㄴ'이 'ㄹ'의 앞이나 뒤에서 'ㄹ'로 변하는 규정(유음화)에 따라 '대관령'은 [대괄령]으로 발음되므로 'Daegwallyeong'로 표기해야 한다.

11 로마자 표기법의 이해

(예시 답안) Baekjje → Baekje / '제'가 [쩨]로 발음되지만 된소리되기는 국어의 로마자 표기에 반영하지 않기 때문이다.

(정답 해설) 'Baekjje'는 'Baekje'로 표기해야 옳다. '제'가 [쩨]로 발음되더라도 된소리되기는 로마자 표기에 반영하지 않기 때문에 'je'로 적어야 한다.

12 로마자 표기법의 이해   답 ④

(정답 해설) '설악'은 발음에 따라 [서락]을 로마자로 표기해야 한다. '칠곡'을 보면 받침의 'ㄹ'을 'l'로 표기해야 할 것 같지만, '밀양'을 보면 [미량]에 따라 'ㄹ'을 'r'로 표기한 것을 확인할 수 있다. 또한 '칠곡'에서 확인할 수 있듯이 어말의 'ㄱ'은 'k'로 표기해야 한다. 따라서 '설악[서락]'의 로마자 표기는 'Seorak'이다. 다음으로, '문래'는 발음에 따라 [물래]를 로마자로 표기해야 한다. '전주'를 보면 받침의 'ㄴ'을 'n'으로 표기해야 할 것 같지만, '한라'를 보면 유음화된 발음에 따라 [할라]를 기준으로 겹쳐 나는 'ㄹㄹ'을 'll'로 표기했음을 확인할 수 있다. 따라서 '문래'의 로마자 표기는 'Mullae'이다.

13 로마자 표기법의 이해   답 ⑤

(정답 해설) '양념 게장'의 로마자 표기는 'yangnyeom gejang'가 옳다. '게장'에서 'ㄱ'은 자음 앞이나 어말에 쓰인 것이 아니므로, 'g'로 써야 한다.

(오답 분석)
① '된장'은 'doenjang'로, '라면'은 'ramyeon'으로 쓸 수 있다. 특히 '라'의 'ㄹ'은 모음 앞에 쓰이고 있으므로 'r'로 써야 한다.
② '제육'은 'jeyuk'로, '볶음'은 'bokkeum'으로 쓸 수 있다. 특히 '육'의 'ㄱ'은 자음 'ㅂ' 앞과 어말에서 쓰이고 있으므로 'k'로 써야 한다.
③ '순두부'는 'sundubu'로, '탕'은 'tang'로 쓸 수 있다. 특히 '두부'의 'ㄷ', 'ㅂ'은 모음 앞에서 쓰이고 있으므로 'd'와 'b'로 써야 한다.
④ '비빔밥'은 'bibimbap'로 쓸 수 있다. 특히 '밥'의 종성 'ㅂ'은 'p'로 써야 한다.

14 로마자 표기법의 이해   답 ②

(정답 해설) '전자법'에 따라 '별내'를 표기하면 'Byeolnae'가 된다. 'Byeollae'로 적어야겠다는 것은 적절하지 않다.

(오답 분석)
① '전음법'은 단어의 발음 결과대로 말소리를 음성 문자로 옮겨 적는 방법이다. '종로'는 [종노]로 소리 나기 때문에 이를 표기하면 'Jongno'가 된다.
③ '전음법'은 우리말을 모르는 사람들도 읽기 쉬운 발음 중심의 표기이기 때문에 말을 통한 의사소통에서 '전자법'보다 더 기여할 것이라고 볼 수 있다.
④ '전음법'을 따르는 현재의 로마자 표기법은 우리말을 모르는 사람들이 읽기 쉽도록 표기한다는 점에서 외국인의 편의를 고려한 것이라고 볼 수 있다.
⑤ '전자법'으로 표기된 것은 음운 변동의 결과를 담아내지 않기 때문에 외국인이 '전자법'으로 표기된 로마자를 보고 발음하게 되면 우리말의 실제 발음과는 차이가 날 수 있다.

내신 실력UP 문제   본문 104~109쪽

01 ⑤	02 ①	03 ③	04 ④	05 ⑤	06 ①
07 ①	08 ④	09 ③	10 ⑤	11 ⑤	12 ②
13 ②					

01 고대 국어의 이해   답 ⑤

(정답 해설) '하늘은 높다'에서 실질 형태소인 '하늘'과 '높-'의 경우 각각 한자 '天'과 '高'로 표현되었음을 알 수 있다. 또 '돌을 던지다'에서도 실질 형태소인 '돌'과 '던지-'에는 각각 한자 '石'과 '投'가 사용되었음을 알 수 있다. 그러므로 실질 형태소는 한자의 뜻을 활용하여 표기했음을 알 수 있다. 또 '은', '-다', '을'과 같은 형식 형태소는 각각 '隱', '多', '乙'과 같이 음을 활용한 한자로 표기하였음을 확인할 수 있다.

02 중세 국어의 이해   답 ①

(정답 해설) 이 글에는 현대 국어에서 의미 변화가 나타난 단어를 일부 확인할 수 있지만, 현대 국어에서 의미가 확대된 어휘는 찾아볼 수 없다.

오답 분석

② 이 글의 '쁘', 'ㅇㅕ', '비', 'ᄴ'와 같은 음절에서 현대 국어에서는 사용하지 않는 초성이 사용되고 있음을 확인할 수 있다.

③ 이 글에서는 글자의 좌측에 성조를 나타내는 방점이 찍혀 있음을 확인할 수 있다.

④ 이 글의 '中듕國·귁', '便뼌安한·킈' 등에서 한자음을 중국 발음에 가깝게 표기하였다는 사실을 확인할 수 있다.

⑤ 이 글에서 현대 국어 표기에서 사용되지 않는 '·(아래 아)'가 사용된 것을 확인할 수 있다.

03 중세 국어의 이해 ﾠﾠﾠﾠﾠﾠﾠﾠ답 ③

정답 해설 ㉢의 '홀·배'는 '홀·바'에 주격 조사 '이'의 이형태인 'ㅣ'가 결합된 것이다. 그러므로 주격 조사가 생략되었다는 표현은 적절하지 않다.

오답 분석

① 한자음인 '듕'과 '귁'이 각각 '中'과 '國' 뒤에 표기되어 있음을 확인할 수 있다.

② 중세 국어 '어리다'는 현대 국어의 '어리석다'와 같은 의미로 사용되었다.

④ '字·ᄍᆞᆼ', '爲·윙'의 종성에 있는 'ㅇ'은 실제 발음이 존재하지 않는 음운이 표기에 반영된 것이라고 볼 수 있다.

⑤ '·ᄠᅳ·들', '·노·미', 'ᄮᆞᆯ·미니·라'에서 이어 적기 방식으로 표기되어 있음을 확인할 수 있다.

04 중세 국어의 이해 ﾠﾠﾠﾠﾠﾠﾠﾠ답 ④

정답 해설 ㉠의 '사ᄅᆞ미', ㉡의 '부텻'에서는 관형격 조사 앞의 체언이 모음으로 끝나 관형격 조사가 체언의 마지막 음절과 결합하여 표기한 것을 알 수 있다. 하지만 ㉡의 '太子(태자)ㅅ'의 경우 체언의 마지막 음절 옆에 따로 표기하였음을 확인할 수 있다.

오답 분석

① ㉠에서 관형격 조사 앞의 체언이 양성 모음인 경우 관형격 조사 '이'가 결합하고 음성 모음이나 'ㅣ' 모음 뒤에서는 '의'가 결합하고 있음을 알 수 있다.

② ㉡에서 '부텨'와 '太子(태자)'는 모두 높임의 대상으로 관형격 조사 'ㅅ'이 사용된 것을 확인할 수 있다.

③ ㉢에서 '근원'이나 '이월'과 같은 무정물인 경우 관형격 조사 'ㅅ'이 사용된 것을 확인할 수 있다.

⑤ ㉡과 ㉢에서 관형격 조사 'ㅅ'은 앞의 체언이 양성 모음이

든 음성 모음이든 간에 일관되게 그 형태가 유지되고 있음을 확인할 수 있다.

05 중세 국어의 이해 ﾠﾠﾠﾠﾠﾠﾠﾠ답 ⑤

정답 해설 '나모도', '노ᄅᆞ도', 'ᄆᆞᄅᆞ도'의 경우 자음으로 시작하는 조사 '도'와 결합하였지만 단독형의 형태가 유지되고 있음을 확인할 수 있다.

오답 분석

① '남기', '놀이', '믈리'와 '남ᄀᆞᆯ', '놀ᄋᆞᆯ', '믈룰'은 각각 주격 조사와 목적격 조사가 결합한 것으로, 체언의 단독형의 형태가 달라졌음을 확인할 수 있다.

② '나모도', '노ᄅᆞ도', 'ᄆᆞᄅᆞ도'는 보조사 '도'가 결합된 것으로, 체언의 단독형의 형태가 달라지지 않은 것을 확인할 수 있다.

③ '놀이', '놀ᄋᆞᆯ'을 통해 '노ᄅᆞ'의 형태가 '놀'로 바뀌었음을 알 수 있다.

④ '나모와', '노ᄅᆞ와', 'ᄆᆞᄅᆞ와'는 모두 모음으로 시작하는 조사 '와'와 결합하였지만 단독형의 형태가 달라지지 않았음을 확인할 수 있다.

06 근대 국어의 이해 ﾠﾠﾠﾠﾠﾠﾠﾠ답 ①

정답 해설 〈보기〉에서 서술격 조사가 사용된 부분은 '칙이오', '홀거시니라'이다. 그런데 '홀거시니라'는 '할 것'에 '이니라'가 결합하며 연음되고 그것이 이어 적기의 방식으로 표기된 것일 뿐 현대 국어와 다른 서술격 조사가 사용된 것은 아니다.

오답 분석

② '업ᄂᆞᆫ지라', '엇시니', '잇서야', '갑슨'에서 현대 국어의 받침과 다른 받침이 사용된 음절을 확인할 수 있다.

③ '거시', '거시니', '홀거시니라'에서 연철 표기 방식이 사용된 것을 확인할 수 있다.

④ '죠션', 'ᄌᆞ뎐', 'ᄌᆞ셰히'에서 이중 모음이 사용된 것을 확인할 수 있다. 하지만 이 단어들은 현대 국어에서는 단모음으로 표기한다.

⑤ '비호랴면', '기훈', '업ᄂᆞᆫ지라' 등에서 아래 아(·)가 표기에 사용되고 있음을 확인할 수 있다.

07 한글 맞춤법의 주요 내용 ﾠﾠﾠﾠﾠﾠﾠﾠ답 ①

정답 해설 '연세'는 한글 맞춤법 제10항의 원칙에 따라 바르

게 적은 것이다. 또 '남녀'는 한글 맞춤법 제10항 붙임 1에 따라 바르게 적은 것이다. 또 '개량'은 한글 맞춤법 제11항 붙임 1에 따라 바르게 적은 것이다. 마지막으로 '백분율'도 한글 맞춤법 제11항 붙임 1에서 'ㄴ' 받침 뒤에 이어지는 '률'을 '율'로 바르게 적은 것이다.

② '공념불'은 한글 맞춤법 제10항 붙임 2에 근거하여 '공염불'로 적는 것이 맞다.
③ '선률'은 한글 맞춤법 제11항 붙임 1에 근거하여 '선율'로 적는 것이 맞다.
④ '실패률'은 한글 맞춤법 제11항 붙임 1에 근거하여 '실패율'로 적는 것이 맞다.
⑤ '남존녀비'는 한글 맞춤법 제10항 붙임 2에 근거하여 '남존여비'로 적는 것이 맞다.

08 한글 맞춤법의 주요 내용　　　답 ④

정답 해설 '만홧가게'는 한자어 '만화'와 순우리말 '가게'가 결합된 합성어로, 뒷말의 첫소리가 [까]로 발음되므로 사이시옷을 받치어 적어야 한다.

① '햇님'은 '해'라는 순우리말에 접미사 '-님'이 결합한 것으로 한글 맞춤법 제30항의 적용을 받지 않는다. 그러므로 '해님'으로 적어야 한다.
② '윗층'은 순우리말 '위'에 '층'이라는 한자어가 결합한 합성어이다. 그러나 한글 맞춤법 제30항 (1), (2), (3)에 해당되지 않으므로 '위층'으로 표기하여야 한다.
③ '갯수'는 한자와 한자가 결합한 합성어로, 한글 맞춤법 제30항이 적용되지 않는다. 따라서 '개수'로 표기하는 것이 맞다.
⑤ '나뭇꾼'의 '-꾼'은 접사로 파생어이다. 따라서 한글 맞춤법 제30항의 적용을 받지 않으므로 '나무꾼'으로 표기하는 것이 적절하다.

09 표준어 규정의 이해　　　답 ③

정답 해설 '밟은'은 단음절인 용언 어간 '밟-'에 모음으로 시작하는 어미 '-은'이 결합한 경우이므로 ㉠에 해당하므로 [발븐]과 같이 짧게 발음한다. 또 '밟히는'은 용언 어간 '밟-'에 피동 접사 '-히-'가 결합한 것으로 ㉡에 해당하므로 '발피는'과 같이 짧게 발음한다.

① '쏘이다'는 '쏘다'에 피동, 사동 접미사가 결합된 말이 아니라 기본형이 '쏘이다'이다. 그러므로 표준 발음법 제7항의 적용을 받지 않는다.
② ㉡의 '밀쳤다'는 '밀치다'가 기본형으로, 용언의 어간이 단음절이 아닐 뿐만 아니라, 피동, 사동의 접미사가 결합된 경우에도 해당되지 않으므로 표준 발음법 제7항의 적용을 받지 않는다.
④, ⑤ '넘는'과 '감자'는 모두 단음절인 용언 어간에 자음으로 시작된 어미가 결합된 경우에 해당하므로 표준 발음법 제7항이 적용되지 않는다.

10 표준어 규정의 이해　　　답 ⑤

정답 해설 '띄어쓰기'는 표준 발음법 제5항의 '다만 3'에 따라 [띠어쓰기]로 발음해야 한다.

①, ② 표준 발음법 제5항에 의거하여 '주의'는 [주의]로, '협의'는 [혀븨]로 읽는 것이 원칙이지만, '다만 4'에 의거하여 [주이], [혀비]로 읽는 것도 허용한다.
③ '우리의'의 조사 '의'는 표준 발음법 제5항 '다만 4'에 의거하여 [우리에]로 발음하는 것을 허용한다.
④ '무늬의'는 표준 발음법 제5항 '다만 4'에 의거하여 [무니에]로 발음하는 것을 허용한다.

11 외래어 표기법의 이해　　　답 ⑤

정답 해설 [kɒmpækt]의 [t]는 ㉠에서 언급하고 있는 짧은 모음 다음의 어말 무성 파열음이 아니다. 그러므로 ㉢의 적용을 받아 '으'를 붙여 '트'로 적은 것이다.

① [dʌkt]의 [k]는 ㉡의 적용을 받으므로 '덕'과 같이 받침으로 적는다. 또 [t]는 ㉢의 적용을 받으므로 '트'로 적는다.
② [step]의 [p]는 짧은 모음 다음의 무성 파열음이므로 ㉠의 적용을 받아 받침으로 적어야 한다.
③ [tent]의 [t]는 ㉢의 경우에 해당하므로 '으'를 붙여 적어 '트'로 적어야 한다.
④ [træk]의 [k]는 짧은 모음 다음의 무성 파열음이므로 ㉠의 적용을 받아 받침으로 적어야 한다.

12 로마자 표기법의 이해   답 ②

정답 해설 '구미', '영동', '백암'의 'ㄱ', 'ㄷ', 'ㅂ'은 모두 모음 앞에서 'g', 'd', 'b'로 적은 것을 확인할 수 있다. 또 '옥천', '합덕'에서 자음 앞의 'ㄱ', 'ㅂ'은 각각 'k, p'로 적은 것을 알 수 있다. 또 '한밭[한받]'의 'ㄷ'은 어말에서 't'로 적은 것을 알 수 있다.

13 로마자 표기법의 이해   답 ②

정답 해설 '알약'은 'ㄴ' 첨가에 의해 [알냑]이 된 후 유음화에 의해 [알략]이 된 것으로, 'ㄹ' 탈락의 결과는 나타나지 않았다.

오답 분석
① '한라'는 유음화에 의해 [할라]로 발음하며, 이러한 음운 변동의 결과가 로마자 표기에 'll'로 반영되어 있다.
③ '해돋이'는 구개음화에 의해 [해도지]로 발음한다. 그리고 표기에도 이러한 음운 변동의 결과가 반영되어 'haedoji' 와 같이 표기되어 있다.
④ '샛별', '앞집', '울산'은 각각 'ㅃ', 'ㅉ', 'ㅆ'이 나타나는 된소리되기 결과에 따라 발음한다. 그러나 [B]를 보면 이와 같은 된소리되기의 결과가 표기에 반영되지 않았다는 것을 확인할 수 있다.
⑤ '샛별'의 경우 [샏별]과 같이 음절의 끝소리 규칙이 적용된다. 그리고 로마자 표기에서도 'ㅅ'으로 인해 's'로 표기된 부분이 없고, 음절의 끝소리 규칙이 적용되어 교체된 [ㄷ]에 의해 't'로 표기된 부분을 확인할 수 있다.

제2부 | 매체

I. 매체의 탐구와 활용

01 매체와 매체 언어의 유형

내신 기본 UP 문제   본문 114~117쪽

01 ④   02 ③   03 ③   04 [예시 답안] 전통적 매체에서 뉴 미디어 순서로 매체가 발달한 이유는 인쇄 기술, 전자 기술, 전자 통신 기술이 발달함에 따라 매체도 함께 발달했기 때문이다. 최근 각광을 받고 있는 뉴 미디어는 전통적 매체에 비해 쌍방향적 의사소통이 가능하고 누구나 손쉽게 정보를 주고받을 수 있다는 장점이 있다.   05 ⑤   06 ⑤ 07 ①   08 ④

[01~04] 사회적 의사소통 수단으로서의 매체

해제 사회적 의사소통 수단으로서의 매체의 개념과 특징 등에 대해 설명한 글이다. 매체는 사람들이 정보와 지식을 전달하고 공유할 때 활용하는 수단이다. 특히 현대 사회에서는 기술의 발달로 인해 다양한 매체가 발달함으로써 소통의 비중이나 중요성, 영향력 측면에서 매체의 기능이 크게 부각되고 있다.
주제 매체의 개념과 특징
구성
1문단: 매체의 개념, 종류, 기능
2문단: 인간의 소통 방식과 매체의 활용

01 의사소통으로서의 매체   답 ④

정답 해설 문자 언어는 책과 신문, 잡지 등의 매체가 등장할 때부터, 음성 언어는 라디오 매체의 등장 이후 사용되기 시작하였다.

오답 분석
① 1문단에서 인간이 사회의 일원으로 살아가기 위해서는 반드시 다른 이들과 소통해야 하며, 이러한 소통을 가능하게 하는 수단이 매체라고 언급하고 있다.
② 2문단에서 인쇄 기술과 전자 기술의 발달에 의해 책, 신문, 라디오, 텔레비전 등과 같은 매체가 등장하게 되었다고 언급하고 있다.
③ 2문단에서 책, 신문, 라디오, 텔레비전 등과 같은 대량 전달 방식의 매체들은 이성과 감성의 복합적 대량 소통이라는 특성을 가지고 있다고 언급하고 있다.

⑤ 1, 2문단에서 의사소통을 하는 송·수신자가 직접 대면하지 않는 상황에서도 매체를 통해 정보나 의미를 전달할 수 있다고 언급하고 있다.

02 의사소통으로서의 매체 　　　　　답 ③

정답 해설 ㈀과 ㈁은 모두 전통적 매체로, 전통적 매체는 정보 생산에 자본이 필요하고 생산자가 제한되어 있어, 일반인들이 정보의 생산자 역할을 하기 어렵다.

오답 분석
① ㈁, ㈂ 역시 ㈀과 같이 대량의 정보를 다수의 수용자에게 전달할 수 있다.
② ㈀뿐만 아니라 ㈁도 생산자와 수용자 간의 쌍방향 의사소통이 제한된다.
④ ㈁의 라디오는 영상을 이용해 정보를 전달할 수 없다.
⑤ ㈀, ㈁, ㈂ 중 일부는 대면 소통 시에도 사용되지만, 대부분 간접적 소통 방식에 사용되는 매체이다.

03 의사소통으로서의 매체 　　　　　답 ③

정답 해설 2문단에 따르면 대면 소통은 소통에 참여하는 사람들이 같은 시간과 공간에 존재한다. 그러나 간접적 소통 방식은 소통에 참여하는 사람들이 존재하는 시간 또는 공간이 불일치한다. 또 대면 소통은 음성 언어, 몸짓, 표정 등으로 의미를 주고받는다. 하지만 간접적 소통 방식은 비언어적 표현과 준언어적 표현이 제한되지만, 전화 통화 등에서는 준언어적인 표현이, 영상을 매체 언어로 사용하는 경우에는 준언어적 표현과 비언어적 표현을 사용할 수도 있다. 또 간접적 소통 방식에서는 음성 언어, 문자 언어, 사진, 영상 등이 복합적으로 활용될 수 있다.

04 뉴 미디어

예시 답안 전통적 매체에서 뉴 미디어 순서로 매체가 발달한 이유는 인쇄 기술, 전자 기술, 전자 통신 기술이 발달함에 따라 매체도 함께 발달했기 때문이다. 최근 각광을 받고 있는 뉴 미디어는 전통적 매체에 비해 쌍방향적 의사소통이 가능하고 누구나 손쉽게 정보를 주고받을 수 있다는 장점이 있다.

정답 해설 2문단에서 인쇄 기술과 전자 기술의 발달이 다양한 매체의 발달을 가져왔다고 언급하고 있다. 그리고 전자 기술과 전자 통신 기술의 발달로 나타나게 된 뉴 미디어는

쌍방향적 소통이 가능하고, 누구나 손쉽게 정보를 주고받을 수 있으며, 정보의 생산과 수용에 시·공간적 제약이 없다는 특징을 가지고 있다.

05 현대 사회의 매체 언어 　　　　　답 ⑤

정답 해설 (다)의 텔레비전 매체 역시 재방송이나 반복 방송을 통해 동일한 기사 내용을 여러 차례에 걸쳐 방송하기도 한다. 그러므로 텔레비전과 인터넷 모두 동일한 기사 내용을 여러 번 접할 수 있는 매체이다.

오답 분석
① (가)의 신문은 (나)의 라디오 방송에 비해 속보를 빠르게 전달하는 능력이 떨어진다.
② (나)의 라디오와 (다)의 텔레비전은 일정한 방송 시간이 있다. 속보 보도 역시 그것이 방송되는 시간을 놓치면 기사 내용을 인지하게 되는 것이 지연된다고 볼 수 있다.
③ 일반적으로 (나)의 라디오에서 나오는 음성 정보보다, (다)의 텔레비전을 통해 전달되는 시청각 정보가 수용자들에게 더 잘 인식된다.
④ (가)의 할아버지는 기사 내용에 대한 다른 사람들의 견해를 접하기 위해서는 관련 기사를 본 사람들을 대면하여야 하지만, (라)의 인터넷은 인터넷 댓글을 통해 기사 내용에 대한 다른 사람의 견해를 더 쉽게 많이 접할 수 있다.

06 현대 사회의 매체 언어 　　　　　답 ⑤

정답 해설 (다)의 텔레비전과 (라)의 인터넷은 모두 음성 언어, 문자 언어, 사진, 영상 등을 복합적으로 활용하여 정보를 생산한다.

오답 분석
① (다)의 텔레비전은 뉴스 방송 시각과 방송 시간 등의 제약이 있다.
② (다)의 텔레비전은 정보의 생산자와 수용자 간 쌍방향 의사소통이 어렵다.
③ (다)의 텔레비전은 기사 내용과 관련한 다양한 정보를 수용자가 탐색하기 어렵다. 이러한 탐색이 가능한 것은 (라)의 인터넷이다.
④ (다)의 텔레비전은 기사 내용의 수용자가 자신의 주관적 견해를 전달하거나 공유하기 어렵다.

07 매체의 정보 구성 방식

답 ①

정답 해설 텔레비전은 전통적 매체의 한 종류로 동일한 내용의 정보를 다수의 사람들에게 전달하는 특성이 있다.

오답 분석

② 모든 매체에는 생산자의 의도와 목적이 항상 개입되기 마련이므로 객관적 사실에 기반한 공정한 정보 전달은 불가능하다.

③ 텔레비전 매체는 다수의 수용자를 대상으로 방송되는 것이므로 대중문화의 경향에 부합하는 매체 자료를 생성하기 마련이다.

④ 텔레비전 매체는 정보 전달을 위해 주로 영상과 음성 언어를 사용한다.

⑤ 텔레비전 매체가, 수용자에게 필요한 정보를 항상 빠른 시간 내에 전달하는 것을 중시하지는 않는다. 텔레비전 매체 자료 중 뉴스나 일기 예보 등은 신속한 보도가 중요하지만 예능 프로그램은 신속성을 크게 요하지 않는다.

08 관점과 가치를 고려한 매체 자료 수용

답 ④

정답 해설 이 텔레비전 예능 프로그램은 기존의 텔레비전 방송에 채팅창을 추가적으로 구성하고, 채팅창에 방송 내용에 대한 시청자의 반응을 실시간으로 출연자와 공유할 수 있도록 하였다. 그리고 출연자가 시청자와 실시간으로 대화하며 쌍방향적 의사소통을 실현하고 있다.

오답 분석

① 이 텔레비전 프로그램은 사회 공동체의 문제를 해결하는 기능을 한다고 볼 수 없다.

② 채팅창을 통해 시청자의 의견이 실시간으로 전달되기는 하지만 이러한 내용을 바탕으로 프로그램의 의도를 수정한 부분은 찾아볼 수 없다.

③ 이 텔레비전 프로그램 역시 주방이라는 공간에서 벗어나지 못하고 있으며 방송 시간이 정해져 있으므로 시간적, 공간적 제약으로부터 벗어나 자유롭게 화면을 구성했다고 보기는 어렵다.

⑤ 기존 텔레비전 프로그램에서도 문자 언어가 사용되어 왔다.

02 매체 언어의 표현과 소통

01 ③　　**02** ③　　**03** ②　　**04** [예시 답안] 장애인에 대한 편견을 가지지 말라는 광고로, 앉아서 일하는 일반인과 장애인의 모습을 통해 몸이 불편하다고 일할 수 있는 능력에 차이가 없다는 것을 창의적으로 표현하였다.　　**05** ④　　**06** ①　　**07** ③　　**08** [예시 답안] (가)는 깊이 있는 내용을 비교적 분량의 제약을 받지 않고 제시할 수 있다는 점에서 '책'으로 정보를 구성하는 것이 적절하고, (나)는 정보 제공의 속도가 빠르다는 점에서 '휴대 전화 메시지'로 정보를 구성하는 것이 적절하다.

[01~02] 매체 언어에 대한 문학적 접근

해제 이 글은 매체 언어에 대한 문학적 접근이 필요함을 강조하고 있다. 비판적 수용과 생산을 중심으로 했던 매체 언어에 대한 접근에서 벗어나 문학적인 접근이 필요함을 역설하고 있다.

주제 매체 언어에 대한 접근 방식

01 매체의 정보 구성 방식

답 ③

정답 해설 매체 자료의 창의적인 표현 방식과 심미적 가치를 이해하고 향유하는 일은 매체 언어에 대한 문학적 접근이라 할 수 있다. 그러나 창의적으로 표현된 매체 자료를 일방적으로 수용하는 것이 매체 언어의 문학적 접근에 해당한다고 보기는 어렵다.

오답 분석

① '매체 자료를 정보와 지식을 수용하고 생산하기 위한 측면에서 바라보는 관점뿐 아니라, 심미적 가치를 담은 창의적 표현물의 측면에서 이해하는 것도 필요하다.'에서 확인할 수 있는 내용이다.

② '광고에 나타난 창의적인 표현을 살펴본다든가, 영화에 나타난 생산자의 주제 의식을 살펴보는 것 등이 이에 해당한다.'에서 확인할 수 있는 내용이다.

④ '매체 언어는 오랫동안 인간이 향유해 온 이야기를 담기도 하는 언어라는 점에서 보다 문학적인 접근도 필요로 한다.'에서 확인할 수 있는 내용이다.

⑤ '그동안 매체 언어에 대한 접근은 매체 언어에 대한 비판적 인식을 바탕으로 하여 이루어졌기 때문에, 매체 언어를 통해 형성되는 정보와 지식에 대한 비판적 수용과 생산을 중심으로 이루어지는 경우가 많았다.'에서 확인할 수 있는 내용이다.

02 관점과 가치를 고려한 매체 자료 수용 〔답〕③

〔정답 해설〕매체 자료의 창의적인 표현 방식을 이해하거나 심미적 가치를 향유하는 것이 매체 언어에 대한 문학적 접근의 예라 할 수 있다. ㄱ은 독창적 표현을 검토한다는 점에서, ㄷ은 영화에 반영된 심미적 가치를 향유한다는 점에서 매체 언어에 대한 문학적 접근에 해당한다고 볼 수 있다.

〔오답 분석〕
ㄴ은 매체 언어에 대한 비판적 인식을 바탕으로 하여 이루어지는 활동으로, 매체 언어에 대한 문학적 접근에 해당하지 않는다.

03 관점과 가치를 고려한 매체 자료 수용 〔답〕②

〔정답 해설〕제시된 공익 광고에서 동음이의어를 사용하고 있는 장면도 있지만, 그렇지 않은 장면도 있다. 그리고 비현실적인 내용을 현실적인 것처럼 표현하고 있지도 않다.

〔오답 분석〕
① 에너지를 낭비하는 장면과 에너지를 절약하는 장면을 대비적으로 보여 줌으로써 전달하고자 하는 바를 강조하고 있다.
③ '~지 말고, ~세요!'라는 문장 구조를 반복적으로 제시하며 '에너지 절약'에 대한 주제 의식을 표현하고 있다.
④ 영상, 음성을 활용함으로써 자막만 제시할 때에 비해 생생하고 풍부한 전달 효과를 드러내고 있다고 할 수 있다.
⑤ 영상, 자막, 음성에 '에너지 절약'이라는 말을 드러내지 않고 주제를 표현함으로써 심미적 가치를 구현하고 있다고 볼 수 있다.

04 관점과 가치를 고려한 매체 자료 수용

〔예시 답안〕장애인에 대한 편견을 가지지 말라는 광고로, 앉아서 일하는 일반인과 장애인의 모습을 통해 몸이 불편하다고 일할 수 있는 능력에 차이가 없다는 것을 창의적으로 표현하였다.
〔정답 해설〕일반인과 장애인의 앉아 있는 모습이 동일함을 표현하여 장애인이 몸이 불편하다고 하여 능력에 차이가 있는 것은 아니라는 것을 창의적으로 표현하였다. 이를 통해 장애인에 대한 편견을 가지지 말라는 주제 의식을 드러내고 있는 공익 광고이다.

05 현대 사회의 매체 언어 〔답〕④

〔정답 해설〕'같은 내용이라도 어떤 매체를 통해 유통되느냐에 따라 의미의 파급력이 달라지는데, 이는 매체의 기술적 특성과 관련된다.'를 통해 볼 때 동일한 내용이라도 유통 매체의 종류에 따라 의미의 파급력이 달라질 수 있음을 알 수 있다.

〔오답 분석〕
① '현대 사회의 인간은 다양한 대중 매체를 통해 말과 글뿐만 아니라 그림이나 사진, 동영상 등 다양한 방식으로 의미를 주고받고 있으며, 공간과 시간의 제약을 넘어서 소통하고 있다.'에서 현대 사회에서 사람들 간의 소통은 공간과 시간의 제약을 받지 않음을 알 수 있다.
② '책, 신문, 라디오, 텔레비전, 영화, 인터넷 등의 대중 매체는 인간의 사회적 소통에서 중요한 역할을 한다.'에서 책, 신문, 라디오, 텔레비전, 영화, 인터넷 모두 대중 매체에 해당함을 알 수 있다.
③ '기술 발달에 따른 새로운 매체의 등장으로 인해 정보와 지식이 구성되고 유통되는 방식에 변화가 생기게 되었다.'에서 새로운 매체가 등장하며 정보가 구성되고 유통되는 방식이 변하였음을 알 수 있다.
⑤ '최근에는 가상 현실을 접목한 매체가 등장하기도 하였으며, 매체 언어의 복합 양식성은 더욱 가속화되고 있는 추세이다.'에서 가상 현실을 접목한 매체가 등장하며 매체 언어의 복합 양식성이 더욱 가속화되고 있는 추세임을 알 수 있다.

06 현대 사회의 매체 언어 〔답〕①

〔정답 해설〕종이 신문, 텔레비전 방송, 인터넷 포털 사이트 모두 불특정 다수에게 동일한 메시지를 한꺼번에 전달할 수 있다는 특성을 지니고 있다.

〔오답 분석〕
② 텔레비전 방송은 생생한 현장 영상을 통해 실제감 있는 정보를 제시할 수 있다. 그러나 종이 신문은 그렇지 않다.

③ 인터넷 포털 사이트는 전달하고자 하는 정보를 신속하게 제공할 수 있다. 종이 신문은 인쇄의 과정을 거치기 때문에 시간이 소요된다.

④ 인터넷 포털 사이트는 분량의 제약을 받지 않고 정보를 전달할 수 있다. 종이 신문이나 텔레비전 방송은 특정 분량의 제약을 받는다.

⑤ 종이 신문과 텔레비전 방송은 정보 제공자의 범위가 다소 폐쇄적이라고 할 수 있다. 심의를 받아야 하는 경우도 있다. 반면 인터넷 포털 사이트는 상대적으로 개방적인 편이라 할 수 있다.

07 매체의 정보 구성 방식 　　　　　답 ③

정답 해설 라디오보다는 인터넷 매체가 제시된 정보를 복제하여 다른 곳으로 옮기는 것이 용이하다고 할 수 있다.

오답 분석

① 라디오 매체는 청취자가 날씨 정보를 일방적으로 수용하도록 하는 방식으로 정보가 전달된다. 라디오 날씨 정보의 경우 상호 작용이 사실상 불가능하다고 할 수 있다.

② 인터넷 날씨 정보에서 댓글을 보면 사람들끼리 상호 작용하며 소통이 이루어질 수 있는 매체임을 확인할 수 있다.

④ 라디오의 경우 특정 개인에 대한 맞춤식 정보를 제공하는 것이 불가능하다. 그러나 인터넷의 경우 접속 지역을 확인하여 맞춤식 정보가 제공됨을 확인할 수 있다.

⑤ 라디오는 음성 언어만으로 정보가 전달되지만, 인터넷은 문자, 영상, 음성 등 다양한 언어로 정보가 전달됨을 알 수 있다.

08 관점과 가치를 고려한 매체 자료 수용

예시 답안 (가)는 깊이 있는 내용을 비교적 분량의 제약을 받지 않고 제시할 수 있다는 점에서 '책'으로 정보를 구성하는 것이 적절하고, (나)는 정보 제공의 속도가 빠르다는 점에서 '휴대 전화 메시지'로 정보를 구성하는 것이 적절하다.

정답 해설 (가)는 '책'이나 논문 등 문자 언어를 기록하는 매체로 정보를 구성하는 것이 적절하다. '책'의 경우 정보 제공의 속도가 빠를 필요가 없고, 전문적이고 깊이 있는 내용을 문자 언어를 중심으로 다루는 경우에 유용하다. (나)는 휴대 전화 메시지나 방송 등 기술 발달을 활용하여 신속성 있게 전달할 수 있는 매체로 정보를 구성하는 것이 적절하다. '휴대 전화 메시지'는 정보 제공의 속도가 빨라야 하며 많은 수의 대중을 상대로 똑같은 메시지를 동시에 전달하고자 할 때 유용하다.

03 매체 언어의 수용과 생산

내신 기본 UP 문제 　　　　　본문 126~129쪽

01 ③ 　　02 [예시 답안] 고졸은 그 이상의 학력을 지닌 사람들에 비해서는 열등하며, 기업에 취직하기 어렵다는 계층 분화적 인식이 담겨 있다. 　　03 ② 　　04 ⑤ 　　05 ⑤ 　　06 [예시 답안] 〈보기〉는 기사의 형식을 취하여 정보 전달을 위한 글처럼 보이지만, 실은 제품을 광고하는 글이다. 매체 자료를 비판적으로 수용하기 위해서는 작성자의 의도가 무엇인지를 간파해 낼 수 있어야 한다.

01 관점과 가치를 고려한 매체 자료 수용 　　　答 ③

정답 해설 〈보기〉의 광고에서 언어적 표현과 사진은 서로 합치되는 의미를 구현하여 자료가 전달하고자 하는 메시지를 더욱 강조하고 있다. 따라서 서로 상반된 의미를 구현한다는 진술은 잘못된 것이다.

오답 분석

① 이 광고는 일회용품 사용이 자연에 피해를 준다는 정보를 전달하고, 사람들에게 일회용품 사용을 자제하자는 설득을 하고 있으므로 적절한 진술이다.

② 이 광고는 자연 보호를 위해 일회용품 사용을 자제하자는 메시지를 담고 있다.

④ '일회용품', '허리가 휩니다.'와 같은 표현을 굵은 글씨로 표현하여 강조하고자 하는 내용을 부각하고 있다.

⑤ 이 광고를 보면 나무껍질 문양을 지닌 종이컵을 쌓아 나무가 휜 것처럼 표현한 것이 창의적 표현에 해당한다고 할 수 있다.

02 관점과 가치를 고려한 매체 자료 수용

예시 답안 고졸은 그 이상의 학력을 지닌 사람들에 비해서는 열등하며, 기업에 취직하기 어렵다는 계층 분화적 인식이 담겨 있다.

정답 해설 텔레비전 뉴스의 제목에 굳이 '고졸'이라는 용어를 넣는 것은 지배층이나 지식인층의 계층 분화적 인식이 담겨 있다고 볼 수 있다.

[03~04] 모바일 게임 셧다운제에 대한 기사문

해제 이 글은 여성 가족부가 모바일 게임 셧다운제의 시행을 검토하겠다는 소식을 바탕으로, 모바일 게임 셧다운제의 내용과 이를 둘러싼 찬반 논란, 그리고 게임 업계와 일반 게임 이용자들의 반응을 담고 있는 기사문이다. 그러나 모바일 게임 셧다운제를 찬성하는 측의 입장을 구체적으로 다루고 있지 않아 중립적인 글이라고 하기는 어렵다.

주제 모바일 게임 셧다운제 시행에 대한 업계의 반응
구성
1문단: 모바일 게임 셧다운제 시행 검토에 대한 업계의 반발
2문단: 현재 시행 중인 셧다운제
3문단: 모바일 게임 셧다운제에 대한 찬반 논란
4문단: 모바일 게임 셧다운제 시행에 대한 업계와 이용자들의 반발
5문단: 셧다운제가 게임 산업에 미치는 영향
6문단: 셧다운제 시행에 대한 전문가의 반응

03 관점과 가치를 고려한 매체 자료 수용 　　답 ②

정답 해설 외국의 전문가 셧다운제에 대한 부정적 의견을 표했다고 해서 '모바일 셧다운제'의 긍정적 효용이 거의 없다고 보는 것은 부적절하다. 셧다운제를 찬성하는 전문가들의 입장도 살펴본 후 판단하는 것이 적절하다.

04 매체의 정보 구성 방식 　　답 ④

정답 해설 '모바일 셧다운제'에 관심이 없는 학생들도 의무적으로 게시물을 읽고 의견을 보이도록 하는 것은 의사소통의 목적에 어긋난다. 따라서 부적절한 계획이다.

오답 분석
① 이 기사문은 '모바일 셧다운제' 시행을 반대하는 측의 주장을 주로 담고 있으므로 시행을 찬성하는 측의 주장도 조사하여 내용을 균형 있게 다루는 것이 바람직하다.
② 수용자가 같은 고등학교에 재학 중인 친구들과 선후배이므로, 고등학생들이 쉽게 이해할 수 있는 용어와 표현을 사용하는 것이 바람직하다.
③ 학교 신문과 SNS 페이지가 지니는 매체 특성을 고려하여 내용의 길이와 구성을 결정하는 것은 바람직하다.
⑤ 매체의 특성을 고려하여 설문 조사를 할 수 있는 방법을 달리하는 것은 바람직하다.

05 매체의 정보 구성 방식 　　답 ⑤

정답 해설 학급 친구의 생일을 축하하는 영상 편지를 생일 당사자가 아닌 제작자가 개인의 SNS 페이지에 게시하고 공유하는 것은 개인 정보나 사이버 윤리 등을 고려할 때 부적절한 계획이다.

06 관점과 가치를 고려한 매체 자료 수용

예시 답안 〈보기〉는 기사의 형식을 취하여 정보 전달을 위한 글처럼 보이지만, 실은 제품을 광고하는 글이다. 매체 자료를 비판적으로 수용하기 위해서는 작성자의 의도가 무엇인지를 간파해 낼 수 있어야 한다.

정답 해설 매체가 발달하면서 광고 기법도 다양하게 발달하고 있다. 기존의 광고의 형식에서 탈피하여 '기사문'처럼 사람들이 신뢰하는 형식을 차용하여 제품을 광고하는 경우가 많다. 매체 자료의 수용자들은 이러한 매체 자료를 비판적으로 읽고 그 목적을 분명하게 파악하는 능력을 기를 필요가 있다.

내신 **실력 UP** 문제 　　본문 130~135쪽

01 ⑤　　02 ②　　03 ③　　04 ④　　05 [예시 답안] 기사문처럼 보이지만 사실상은 광고이기 때문에 이 광고가 담고 있는 정보가 허위나 과장은 아닌지에 대해 살펴보고 비판적으로 수용해야 한다. 06 ②　　07 ⑤　　08 [예시 답안] 사실인 정보, '드러난 사실'과 '숨겨진 사실'을 구분하고 해석하여 얻은 정보를 가리킨다. 09 ④

01 매체의 정보 구성 방식 　　답 ⑤

정답 해설 학생들이 서로 눈맞춤을 하면서 일어난 변화의 모습을 보여 주면서 대면 소통의 중요성을 강조하고 있다. 특정 인물에게 일어난 사건의 원인과 결과를 순차적으로 제시하고 있지는 않다.

오답 분석
① 안대를 소품으로 활용하여 눈맞춤을 하면서 대면으로 소통하는 것의 중요성을 드러내고 있다.
② 눈맞춤을 하기 전의 인물의 표정과 눈맞춤을 하고 나서의 인물의 표정 변화를 보여 줌으로써 주제 의식을 부각하고 있다.
③ 로봇과 사람을 비교하면서 대면 소통의 필요성을 강조하고 있다.
④ '눈을 봐 주세요', '눈으로 하는 대화' 등의 간결한 문장으로 구성된 자막을 삽입하여 메시지를 전달하고 있다.

02 매체의 정보 구성 방식 답 ②

정답 해설 캠페인 광고로서, 대면 소통의 중요성을 강조하여 사람들에게 대면 소통을 많이 하도록 유도하고 있는 영상 자료이다. 사람들의 생각과 행동의 변화를 유도하는 것을 목적으로 제작된 영상 자료인 것이다.

오답 분석

① 특정한 지식에 대한 정보를 제공하고 있지는 않다. 교훈적 메시지를 전달하고 있다.

③ 이 캠페인 광고에서는 첫 장면에서 메시지를 직접적으로 전달하고 있지 않다. 대면 소통을 통한 변화의 양상에 대해 강조하면서 마무리 부분에서 메시지를 명료하게 전달하고 있다.

④ 인물의 변화에 대해 다루고 있다. 특정한 인물과 사물 모두를 긍정적으로 묘사하고 있지는 않다.

⑤ 자료를 매개로 생산자와 수용자가 실시간으로 상호 작용할 수 있도록 하고 있지 않다. 생산자가 교훈적 메시지를 수용자에게 전달하고 있다.

03 의사소통으로서의 매체 답 ③

정답 해설 시각적 매체와 청각적 매체를 결합하려면 전문적인 기술이 필요할 수 있다. 그러나 정보 통신 기술의 발달로 영상 매체를 통한 자료의 생산도 보편화되고 있다. 영상 매체를 통한 자료의 생산이 점차 어려워지는 것은 아니다.

오답 분석

① 음성 언어는 의사소통의 기본적인 매체로서, 우리가 다른 사람과 대화를 나누는 것은 음성 언어를 사용하여 의사소통을 하는 것이다.

② 문자 언어는 글로, 기록을 가능하게 하는 수단이기 때문에 방대하고 전문적인 내용이나 심화된 내용을 체계적으로 전달하는 데 사용하기에 적절한 의사소통 매체라고 할 수 있다.

④ 뉴 미디어는 여러 가지 매체들이 상호 연결되어 운용되기 때문에 뉴 미디어를 이용한다면 의사소통이 빨라지고 정보의 파급력이 커질 수 있다.

⑤ 뉴 미디어는 정보 통신 기술의 발달에 의해 자유로운 의사소통, 쌍방향 의사소통을 가능하게 하는 것이므로 의사소통의 시간적 제약과 공간적 제약을 극복할 수 있게 하는 것이라고 할 수 있다. 시간적 제약과 공간적 제약이 극복되면 세계화가 가속화될 수 있다.

04 매체 언어의 표현과 가치 답 ④

정답 해설 학생들을 대상으로 하고 설득을 목적으로 하는 동영상을 제작하려고 하는 것이다. 전문 서적의 내용을 최대한 상세하게 소개하는 것은 소통의 목적과 수용자에 대해 고려하지 않은 것이므로 적절하지 않다.

오답 분석

① 쓰레기 분리수거를 철저히 하자고 설득하기 위해 제작하는 영상이므로 문제 상황에 대해 보여 주어 문제의 심각성을 느끼고 행동 변화의 필요성을 깨닫도록 하자는 것은 적절하다.

② 쓰레기 분리수거를 제대로 하지 않을 때 발생하는 문제 상황에 대해 구체적으로 보여 주는 것은 설득의 효과를 높이는 데 기여할 수 있다.

③ 쓰레기 분리수거를 철저히 하기 위한 구체적인 방법을 알려 주는 것은 매체 자료 제작의 의도에 부합한다. 분리수거의 방법을 효과적으로 보여 주는 그림을 준비하여 삽입하면 설득의 효과를 높일 수 있다.

⑤ 학생들이 요즘 좋아하는 캐릭터를 활용하자는 것은 학생들의 관심과 흥미를 끌기 위한 제안이므로 적절하다.

05 관점과 가치를 고려한 매체 자료 수용

예시 답안 기사문처럼 보이지만 사실상은 광고이기 때문에 이 광고가 담고 있는 정보가 허위나 과장은 아닌지에 대해 살펴보고 비판적으로 수용해야 한다.

정답 해설 ○○○사의 방한용 부츠가 올해의 우수 상품으로 선정되었다며 ○○○사의 소식을 전하는 것처럼 하였지만 실제로는 ○○○사의 방한용 부츠의 장점에 대한 정보를 나열하고 있는 광고이다. 기사문 형태의 광고들이 범람하고 있으므로 이에 대한 비판적 수용이 필요하다.

06 관점과 가치를 고려한 매체 자료 수용 답 ②

정답 해설 (가)는 인쇄 매체를 통한 의사소통으로, 정보의 생산자와 수용자의 역할이 고정적이다. 정보의 생산자와 수용자의 역할이 변화하면서 상호 작용하는 것은 뉴 미디어를 통한 의사소통이다.

오답 분석

① (가)는 포스터이므로 인쇄 매체를 통해 이루어지는 언어적 작용, 의사소통을 보여 준다.

③ (나)는 영상 자료이므로 문자 언어를 중심으로 한 자료에 비해 복합적인 매체 언어를 활용하고 있다고 할 수 있다.

④ (가)와 (나)는 한글을 사랑하자는 주제를 전달하여 보는 사람을 설득하려는 의도를 담고 있다.
⑤ (가)와 (나)는 전달 속도가 빠른 뉴 미디어를 통해 공유될 경우에 수용자가 많아지고 파급 효과가 커질 수 있다.

[07~08] 미디어 사회의 미디어 문식성

해제 이 글은 미디어 사회에서 중요하게 여겨지는 미디어 문식성에 대해 설명하고 있다. 현대 사회는 정보가 신속하게, 대량으로 공유되는 미디어 사회로, 미디어 문식성이 강조된다. 미디어 문식성이란 미디어와 관련지어 다양한 형태의 메시지에 접근하고 그것을 분석하고 평가하며 의사소통하는 능력을 말한다. 특히 이 글에서는 미디어 문식성을 갖추기 위해 필요한 미디어 수용자의 능동성에 대해서 강조하고 있다.

주제 미디어 문식성의 개념과 미디어 문식성을 위해 필요한 자세

구성
1문단: 다량의 정보가 신속하게 공유되는 미디어 사회
2문단: 미디어 문식성의 개념과 미디어 문식성의 중요성
3문단: 미디어 문식성을 갖추기 위해 요구되는 미디어 수용자의 능동적 자세

07 매체 자료의 파급력을 고려한 정보 수용 정답 ⑤

정답 해설 미디어 문식성은 다양한 형태의 메시지에 접근하고 그것을 분석하고 평가하며 의사소통하는 능력을 말한다. 또한 정보를 잘 분별하고 자신이 표현하고자 하는 내용을 효과적으로 조직, 전달하는 인지적 능력도 갖추어야 한다. 전달되는 정보를 그대로 수용하는 것은 바람직하지 않다.

오답 분석
① 미디어의 발달로 인해 우리가 엄청난 양의 정보를 신속하게 주고받으며 살고 있다고 하였다.
② 현대 사회는 대량의 정보가 신속하게 공유되는 미디어 사회로, 미디어를 통해 정보가 범람하고 있다. 이러한 사회 속에서 미디어 문식성이 중요하다고 하였으므로 여러 정보 가운데 믿을 만한 정보를 찾아내는 것이 중요하다고 할 수 있다.
③ 현대 사회에서는 미디어와 관련지어 다양한 형태의 메시지에 접근하고 그것을 분석하고 평가하며 의사소통하는 능력인 미디어 문식성을 갖추는 것이 중요하다고 하였다.
④ 미디어 수용자에게 필요한 능동성이란 미디어 텍스트에 '드러난 사실'과 '숨겨진 사실'을 수용자의 적극적인 사고 활동을 통해 구분하고 해석하는 행위라고 하였다. 또한 숨겨진 생산 주체의 의도성을 파악하는 것은 능동적 주체로서 미디어 정보를 이해하고 해석하는 것이라고 하였다.

---

08 매체의 정보 구성 방식

예시 답안 사실인 정보, '드러난 사실'과 '숨겨진 사실'을 구분하고 해석하여 얻은 정보를 가리킨다.

정답 해설 이 글에서는 미디어 수용자가 미디어 정보를 이해하고 해석하는 능력인 미디어 문식성을 갖추어야 한다고 말하면서 미디어 텍스트에 '드러난 사실'과 '숨겨진 사실'을 수용자의 적극적인 사고 활동을 통해 구분하고 해석하는 능동성이 필요하다고 말하고 있다. 이러한 능동성을 통해 확실한 정보를 찾을 수 있다고 본 것이다.

09 소통 목적 고려 정답 ④

정답 해설 '학생 1'은 과학 동아리에서 발표할 주제를 선정하기 위해 다른 학생들과 대화를 나누고 있다. 조언을 바탕으로 선정된 제재를 수정하고 있지는 않다.

오답 분석
① '학생 1'은 '우리 반에는 지구 과학을 공부하는 학생들이 많으니 관심도도 높겠구나.'라고 하며 예상 청자의 관심도를 고려하고 있다.
② '학생 1'은 '나는 요즘 지구 과학에 흥미를 느끼고 있어.'라고 하며 자신이 좋아하는 분야를 고려하고 있다.
③ '학생 1'은 '얼마 전에 달에 대해 다큐멘터리를 본 적이 있'다고 하며 매체를 통해 알게 된 내용을 떠올리고 있다.
⑤ '학생 1'은 '지구 과학을 공부하는 데에 도움이 될거야.'라고 하며 예상 청자에게 효용성이 있는지에 대해 고려하고 있다.

Ⅱ. 언어와 매체에 대한 태도

01 언어생활과 매체 생활에 대한 성찰

내신 기본 UP 문제 본문 140~143쪽

01 ③   **02** ④   **03** ①   **04** [예시 답안] 내가 전달하는 메시지가 상대방에게 폭력이 될 수 있다는 점을 고려하여 언어생활에서 지켜야 할 윤리를 잘 지키도록 해야 한다.   **05** [예시 답안] (가)는 체크, 블루진, 캐주얼 등 상당한 수의 외래어를 남용하고 있다는 점에서 문제가 있다. (나)는 '~을 가진', '~에 가지고', '~기에는 너무', '~에 지나지 않~'과 같은 번역 투의 표현을 많이 쓰고 있다는 점에서 문제가 있다.
06 ②

해제 이 글은 인터넷을 통해 글쓰기를 할 때의 유의점에 대해 알려 주고 있다. 인터넷에 있는 자료가 모두 믿을 만한 자료는 아니므로 자료의 신뢰성을 판단해야 한다는 것, 자료의 출처를 밝히는 데 더해 자료 활용이 저작권을 침해하는 것은 아닌지 확인해야 한다는 것, 올바르게 자료를 활용하고 글을 쓰고 있는지 점검해 볼 것에 대해 강조하고 있다.

주제 인터넷을 통해 글쓰기를 할 때의 유의점

구성

1문단: 인터넷으로 인한 글쓰기 환경의 변화

2문단: 인터넷 자료의 신뢰도 확인의 중요성과 신뢰도 확인의 방법

3문단: 인터넷 자료를 이용할 때의 유의점

4문단: 인터넷 공간에서 글쓰기를 할 때의 유의점

01 매체의 정보 유통 방식   답 ③

정답 해설 인터넷 게시판이나 블로그에 다른 사람의 저작물을 옮길 때 출처를 밝히는 경우라도 지적 재산권의 복제권 및 전송권 침해에 해당할 수 있다.

오답 분석

① 인터넷에서 자료를 찾아서 그대로 혹은 조금만 바꾸어서 가져오는 것은 저작권법을 위반하는 것일 수 있으므로 유의할 필요가 있다고 하였다.

② 인터넷 자료라고 해서 모두 믿을 만한 자료는 아니므로 인터넷 자료를 작성한 사람 또는 기관을 확인하면 믿을 만한 내용인지 아닌지를 판단하는 데 도움을 받을 수 있다고 하였다.

④ 공공 기관이나 그 분야의 전문가가 작성한 자료는 믿을 만한 자료일 수 있지만, 블로그에 올린 개인의 의견은 믿을 만한 자료가 아닐 수 있으므로 신뢰도를 판단해야 한다고 하였다.

⑤ 인터넷이 익명성이 보장되는 공간이라고 하더라도 책임성, 도덕성, 기본적인 인터넷 예절을 지키지 않으면 인터넷 공간의 장점을 기대하기 어렵다고 하였다.

02 매체의 정보 유통 방식   답 ④

정답 해설 비영리와 변경 금지 표시가 나타나 있다. 저작자와 출처를 표시하는 것을 기본으로 하고 영리적 이용, 2차적 저작물의 작성을 제외하고 자유 이용을 허락한다는 것이다.

오답 분석

① 저작자와 출처를 표시해야 한다는 것은 맞지만, 어떤 형태로든 자유롭게 이용해도 된다는 뜻은 아니다.

② 저작자와 출처를 표시하고 영리적 이용을 하지 말아야 한다는 것은 맞지만, 자유로운 변경을 허락한다는 뜻은 아니다.

③ 영리적 이용을 하면 안 된다는 표시와 함께 저작물의 내용, 형식 등의 변경을 하면 안 된다는 표시가 있다.

⑤ 저작자와 출처를 표시하고 영리적 이용, 2차적 저작물의 작성을 하지 않으면 자유 이용을 할 수 있다는 뜻이다.

03 매체 자료의 파급력을 고려한 정보 수용   답 ①

정답 해설 매체를 활용한 언어생활에서는 상대적으로 그 내용을 세밀히 파악하고 비판해 보려는 의식이 약해질 수 있다. 더욱이 매체 언어는 상업성이라는 속성이 있는 만큼 비판적 안목을 토대로 매체를 수용할 필요가 있다.

오답 분석

② 매체 언어의 상업적 속성에 대해 경계하라는 것이지 상업적인 목적의 매체 언어는 아예 접하지 않는 것이 좋다고 말하는 것은 아니다.

③ 매체 언어를 수용할 때의 비판적 자세에 대해 강조하고 있다. 매체 언어의 파급 효과에 대해 말하고 있는 것이 아니다.

④ 매체 언어를 수용할 때, 매체 언어의 볼거리, 음악 등으로 인해 그 내용을 음미하고 비판해 보려는 의식이 약해진다고 하였다. 문학 작품과 매체 언어가 근본적으로 다르다는 것을 말하고 있는 것이 아니다.

⑤ 매체 언어의 실용성을 문제 삼고 있는 것이 아니라 매체 언어에 대한 비판적 안목의 중요성에 대해 강조하고 있다.

04 매체 자료의 파급력을 고려한 정보 수용

예시 답안 내가 전달하는 메시지가 상대방에게 폭력이 될 수 있다는 점을 고려하여 언어생활에서 지켜야 할 윤리를 잘 지키도록 해야 한다.

정답 해설 입으로 내뱉는 말들이 총알이 될 수 있음을 표현하고 있다. 이를 통해 우리가 하는 말이 다른 사람에게 큰 상처를 주는 폭력이 될 수 있다는 점을 깨달을 수 있다. 윤리적인 언어생활이 필요하다는 것이다.

05 매체 언어 생활의 성찰

예시 답안 (가)는 체크, 블루진, 캐주얼 등 상당한 수의 외래어를 남용하고 있다는 점에서 문제가 있다. (나)는 '~을 가진', '~에 가지고', '~기에는 너무', '~에 지나지 않~'과 같은 번역 투의 표현을 많이 쓰고 있다는 점에서 문제가 있다.

정답 해설 (가)는 충분히 우리말로 표현할 수 있는 단어들을 외래어로 표현하고 있다. 외래어를 남용하고 있는 것이다. (나)는 영어식 표현에서 유래한 번역 투의 표현을 사용하고 있다.

06 매체 언어 생활의 성찰　　정답 ②

정답 해설 '무릅'이라고 소리 나는 대로 쓰지 않고 '무릎'이라고 쓰는 것은 어법에 맞도록 원형을 밝히어 쓴 것으로, 한글 맞춤법 규정에 따른 것이다.

오답 분석
① 한글 맞춤법 규정에서는 소리에 관한 것, 형태에 관한 것, 띄어쓰기에 관한 것 등에 대한 규정을 제시하고 있다. '먹을음식'이라고 쓰지 않고 '먹을 음식'이라고 띄어쓰기를 하는 것은 한글 맞춤법 규정에 따른 것이다.
③ 표준 발음에 대해 규정하고 있는 것은 표준 발음법이다. '해돋이'를 [해도지]로 발음하는 것 역시 표준 발음법 규정에 따른 것이다.
④ 외래어를 한글로 표기할 때의 규범을 외래어 표기법이라고 한다. 'chocolate'을 '초콜릿'이라고 쓰는 것은 외래어 표기법 규정에 따른 것이다.
⑤ 우리말을 로마자로 표기할 때의 규범을 로마자 표기법이라고 한다. '왕십리'를 'Wangsimni'라고 쓰는 것은 로마자 표기법 규정에 따른 것이다.

02 언어문화와 매체 문화의 미래

내신 기본 UP 문제　　　　본문 146~149쪽

01 ⑤　　02 ⑤　　03 ①　　04 ⑤　　05 ⑤　　06 ④
07 [예시 답안] 우리 대중문화에서 다양한 매체 언어와 매체 자료의 창의적 활용과 조합을 한 예로는, 대중가요의 가사를 기반으로 제작한 뮤직 비디오, 문자 언어로 창작된 현대시 작품을 활용하여 제작한 영상 시, 소설 작품을 시나리오로 각색하여 제작한 영화나 텔레비전 드라마, 인터넷 공간에서 유통되던 웹툰을 원작으로 하여 제작한 영화 등이 있다.

[01~02] 청소년의 언어 사용 실태
해제 청소년의 언어 사용 실태에 대한 설문 조사 결과를 보도하는 기사문이다. 특히 이 기사문에서는 청소년들이 줄임말과 신조어를 사용하는 이유와 사용 실태 등에 대한 구체적인 통계 자료를 제시하고 있다. 정보 전달 기능을 목적으로 하는 기사문의 특성이 잘 드러난 글이다.
주제 청소년 언어 사용 실태 조사 결과
구성
1문단: 청소년 언어 사용 실태 개요
2문단: 청소년의 줄임말과 신조어 사용 경향
3문단: 청소년이 줄임말과 신조어를 사용하는 이유
4문단: 청소년의 언어 습관에 많은 영향을 미치는 SNS
5문단: 청소년이 줄임말과 신조어를 접하게 된 계기
6문단: 10대의 언어 사용 실태에 대한 인식 조사

01 매체 언어 생활의 특성　　정답 ⑤

정답 해설 이 글의 2문단에서 청소년들 중 올바른 표현보다 줄임말, 신조어를 사용하는 것을 더 선호하는 학생의 비율은 5%라고 언급하고 있다.

오답 분석
① 4문단에서 청소년들의 언어 습관 형성에 가장 큰 영향을 미치는 요소 1위로 응답자의 54%가 SNS를 꼽았다고 언급하고 있다.
② 2문단에서 응답 학생의 55%가 습관적으로 줄임말과 신조어를 사용한다고 답했다는 내용을 확인할 수 있다.
③ 4문단에서 청소년들이 사용하는 신조어는 전달하고자 하는 바를 더욱 간략하고 적나라하게 표현한다고 언급하고 있다.
④ 6문단에서 응답 학생의 58%가 줄임말과 신조어에 대해 경각심을 가지고 고쳐 나가야 한다고 응답했다는 내용을 확인할 수 있다.

02 매체 언어 생활의 성찰　　정답 ⑤

정답 해설 6문단에서 응답 학생의 58%가 줄임말과 신조어에 대해 경각심을 가지고 고쳐 나가야 한다고 응답했음을 알 수 있다. 그러므로 이러한 생각이 실천으로 이어지도록 구체적인 방안을 강구해야겠다는 반응은 적절하다.

오답 분석
① 이 글은 청소년들의 줄임말과 신조어가 지닌 말의 경제성이나 효과에 대해 언급하고 있는 글이 아니라, 청소년들이 이러한 말들을 사용하는 것에 대한 문제의식을 기반으로 하고 있다. 그러므로 줄임말과 신조어가 가진 효과를

분석하고 그러한 효과를 지닌 말을 만들어 사용할 수 있도록 해야 한다는 반응은 적절하지 않다.

② 이 글에서 SNS가 청소년들의 줄임말, 신조어 사용에 큰 영향을 미치는 것을 확인할 수는 있지만, 이를 근거로 청소년들의 뉴 미디어 사용 자체를 제한하자는 반응은 적절하지 않다.

③ 이 글은 청소년들의 언어 사용 실태와 관련한 것으로, 청소년 문화 전반에 대한 분석과 대응이 필요하다는 반응은 적절하지 않다.

④ 6문단에서 줄임말과 신조어를 어느 정도 문화로 인정하고 받아들여야 한다는 응답 비율은 27%임을 확인할 수 있다. 그러므로 이러한 비율을 근거로 국어 규범 자체를 새롭게 정비해야 한다는 반응은 적절하지 않다.

03 매체 언어 생활의 성찰 　　　　　　답 ①

정답 해설 ㉠은 '내가 박물관을 찾은 이유는'이라는 주어와 호응을 이루어야 한다. 그러므로 이 주어와 호응을 이루기 위해서는 ㉠을 '궁금했기 때문이다'로 수정하는 것이 적절하다. 또 이 문장의 문제점은 부사어와 서술어의 호응이 아니라 주어와 서술어의 호응이 이루어지지 않은 것이다.

오답 분석
② '두드러지게 드러나다.'라는 의미를 지닌 관용구는 '눈에 띄다.'이다. 그리고 이러한 오류가 발생하는 이유는 자주 사용하는 말이나 표현의 맞춤법을 확인하는 습관이 들지 않았기 때문이라고 볼 수 있다.

③ '프라이드'는 불필요하게 사용된 외래어이다. 특히 이를 대체할 수 있는 우리말 '자부심'이 존재하므로 '자부심'으로 바꾸는 것이 적절하다.

④ ㉣에서 '뿐만'은 조사 '뿐'에 보조사 '만'이 결합한 것이므로 '서적'에 붙여 쓰는 것이 맞다. 그리고 ㉣과 같은 띄어쓰기 오류는 모든 단어는 띄어 쓰되 조사만 붙여 쓴다는 한글 맞춤법의 원칙을 소홀히 적용했기 때문이라고 볼 수 있다.

⑤ ㉤은 '-되다'와 '-어지다'가 결합하여 이중 피동이 된 것으로 문법에 어긋난다. 그러므로 이중 피동이 문법에 어긋난 것임을 기억하고 이를 생활 속에서 습관적으로 쓰지 않도록 각별히 주의할 필요가 있다.

[04~05]
(가) 인터넷 매체에서 사용되는 언어의 문제점

해제 인터넷이나 SNS(누리 소통망)를 통해 사용되는 통신 언어의 문제점과 종류, 원인 등을 설명하고 있는 글이다.
주제 인터넷 매체에서 나타나는 언어 규범과 언어 윤리 파괴

(나) 학급 SNS(누리 소통망)를 통한 친구 간의 대화

해제 (나)는 인터넷 매체에서 사용되는 언어의 문제점을 드러내기 위해 제시한 것으로, 학생들 사이에서 일상적으로 볼 수 있는 SNS(누리 소통망)의 대화 양상을 제시한 것이다.
주제 부적절한 인터넷 매체 언어 사용 양상

04 매체 언어 생활의 특성 　　　　　　답 ⑤

정답 해설 (나)에서 이모티콘이 사용된 것은 확인할 수 있으나 대화의 맥락과 동떨어진 것은 아니다. 또 (나)는 정보 전달을 목적으로 하는 것이 아니므로 정보 전달 기능을 약화시킨다는 내용은 적절하지 않다.

오답 분석
① '쥔공', '갑분싸'는 모두 줄임말로, (가)에서 언급한 언어 규범의 파괴와 관련된 것이라고 볼 수 있다.

② (나)에서는 여러 명의 학생들이, 축구 반 대표로 뛰고 싶다는 학생의 의사를 확인한 후 모욕적인 반응을 보이고 있다. 그리고 (가)에서 이러한 모욕 표현은 언어 윤리를 파괴하는 것이라고 언급하고 있다.

③ '자쬐', '느' 등은 모두 어법에 맞지 않는 말로, (가)에 따르면 이러한 말들은 언어 규범을 파괴하는 것이라고 볼 수 있다.

④ (나)는 학급 SNS(누리 소통망)로 공적인 소통 공간이라고 볼 수 있다. 그리고 이러한 공간에서 여러 명의 학생들이 축구 반 대표로 뛰고 싶다는 학생에게 모욕적인 언어를 구사하고 있음을 확인할 수 있다.

05 매체 언어 생활의 성찰 　　　　　　답 ⑤

정답 해설 SNS(누리 소통망)에서는 대화 참가자들이 상당 부분 대화의 맥락과 상황을 공유하는 경우가 많기 때문에 반드시 모든 문장 성분을 갖추어 완결된 문장을 구사할 필요는 없다. 이는 SNS(누리 소통망)와 같은 인터넷 매체의 대화에서 나타나는 일반적 속성이므로 자신의 언어생활을 성찰하는 물음으로 적절하지 않다.

①, ②, ③, ④는 모두 (가)에 언급된 내용으로, 자신의 언어 생활을 성찰하는 물음으로 적절하다.

[06~07] 매체 언어가 사회 문화 형성에 미치는 영향

해제 매체 언어가 사회 문화의 형성에 미치는 영향력에 대해 설명하고, 이러한 인식을 바탕으로 바람직한 매체 언어 사용을 촉구하고 있는 글이다.

주제 매체 언어가 사회 문화의 형성에 미치는 영향

06 매체 언어 생활의 성찰　　　🗒 ④

정답 해설 이 글에 따르면, 다양한 매체 언어와 자료를 활용하는 것은 대중문화를 발전시키고 문화의 다양성을 확장하는 데 도움을 준다. 그러나 이러한 매체 언어와 자료를 활용하여 대중문화가 나아갈 특정 방향을 제시하는 것은 대중문화의 창조적 발전과 문화의 다양성 확보에 적합하지 않은 태도이다.

오답 분석

① 이 글에서 매체 언어는 대중문화의 형성, 유지, 향유에 기여한다고 언급하고 있다. 그러므로 이러한 대중문화의 향유자들은 대중문화의 세계와 현실의 세계를 주체적으로 이해하는 태도가 필요하다.

②, ③ 이 글에서 매체 언어는 대중문화 형성과 유지에 기여한다고 하였다. 그러므로 매체 자료의 특성과 기법에 대한 비평 능력과 이를 감상하고 평가하는 심미적 안목을 기르는 것은 바람직하다.

⑤ 이 글에서 매체 자료는 사회를 바라보는 특정한 관점이나 가치관을 형성하게 한다고 하였다. 그리고 이러한 내용은 곧 매체 자료에는 창작자의 의도나 목적이 담겨 있다는 것을 의미하므로, 매체 자료 속에 담겨 있는 의도나 목적을 비판적 안목으로 평가하며 수용하는 태도는 바람직하다고 볼 수 있다.

07 매체 언어 생활의 특성

예시 답안 우리 대중문화에서 다양한 매체 언어와 매체 자료의 창의적 활용과 조합을 한 예로는, 대중가요의 가사를 기반으로 제작한 뮤직 비디오, 문자 언어로 창작된 현대시 작품을 활용하여 제작한 영상 시, 소설 작품을 시나리오로 각색하여 제작한 영화나 텔레비전 드라마, 인터넷 공간에서 유통되던 웹툰을 원작으로 하여 제작된 영화 등이 있다.

정답 해설 다양한 매체 언어와 매체 자료의 창의적 활용과 조합은 기존의 매체 언어를 다각적으로 조합하고 변용함으

로써 새로운 장르를 개척하거나 작품을 재창작하는 것을 의미한다.

내신 실력UP 문제　　　　　본문 150~153쪽

| 01 ⑤ | 02 ⑤ | 03 ① | 04 ② | 05 ④ |

[01~02] 외국어의 남용

해제 이 글은 외래어와 외국어를 남용하는 현대의 세태를 비판적으로 분석하고 있다. 과도하게 외래어와 외국어를 사용하는 방송을 본 충격적인 경험을 먼저 제시한 후 외국어를 남발하는 이유를 분석해 보고, 결국에는 우리말 어휘력 부족이 문제라는 결론에 도달하고 있다. 그리고 독자들에게 국어사전을 찾아가며 우리말 어휘력을 키울 것을 주문하고 있다.

주제 외국어를 남용하는 세태 비판과 우리말 어휘력 신장 촉구

구성

1문단: 외국어를 남용하는 방송을 본 경험
2문단: 외국어가 남발되는 이유 분석
3문단: 우리말 어휘력 부족 문제
4문단: 우리말 어휘력 신장 촉구

01 매체 언어 생활의 성찰　　　🗒 ⑤

정답 해설 글쓴이는 고유어로 의미를 전달할 수 있는 표현도 외래어나 외국어를 불필요하게 사용하는 세태를 비판한 것이지, 고유어로 의미를 전달하는 것이 충분히 가능하므로 외래어나 외국어를 사용하지 말자는 입장을 취하는 것은 아니다.

02 매체 언어 생활의 성찰　　　🗒 ⑤

정답 해설 이 글에서는 방송에서 외래어나 외국어를 남용하는 현상을 비판하고 있다. 따라서 매체를 통한 의사소통 상황에서 개개인이 사용하는 말은 사회의 언어문화를 형성하는 기초가 되므로 어법에 맞고 품격 있는 말을 사용하려는 노력을 해야 한다는 방안은 적절하다.

오답 분석

① 이 글에서 타인의 생각이나 감정을 정확히 이해하는 것과 관련된 진술은 나타나 있지 않다.

② 고유어만으로 의사소통할 수 있는 능력을 갖추려고 노력해야 한다는 진술은 비약이다.

③ 이 글에 차별 표현이나 비하 표현에 대한 진술은 나타나 있지 않다.

④ 이 글에는 줄임말이나 초성체 같은 언어 파괴 현상에 대한 진술은 나타나 있지 않다.

03 매체 문화의 미래 답 ①

정답 해설 인터넷 공간이나 SNS에서 혐오 표현을 익히게 된다고 해서 인터넷과 SNS의 사용 시간을 줄이겠다는 것은 문제를 해결하는 적절한 방법이 아니다.

04 매체 문화의 미래 답 ②

정답 해설 상업성을 띠는 매체는 불법적으로 규정할 수 있는 성질의 것은 아니다. 따라서 그러한 성질의 매체 자료가 생산되지 않도록 규제해야 한다는 것은 적절한 방안이 아니다.

오답 분석
① 〈보기〉의 우측 하단의 자료를 보면, 타인이 생산한 자료를 숙제로 내려는 학생이 있다. 이 자료를 바탕으로 타인이 작성한 매체 자료를 사용할 때에는 타인의 지적 재산권을 침해하지 않도록 유의해야 한다는 방안을 제시할 수 있다.
③ 〈보기〉의 좌측 상단의 자료를 보면, 사람들이 각자의 매체에 빠져 있음을 알 수 있다. 이를 바탕으로 매체 자료를 개인이 혼자 즐기며 빠져드는 경우가 많아지면 현실에서의 인간관계에 소홀해질 수 있으므로 이에 유의해야 한다는 방안을 제시할 수 있다.
④ 〈보기〉의 우측 상단과 좌측 하단의 자료를 보면, 누구나 쉽게 매체 자료를 생산할 수 있으므로 자료의 신뢰성이 떨어질 가능성이 크다는 것을 짐작할 수 있다. 따라서 매체 자료의 신뢰성을 따져 볼 수 있는 능력을 갖추어야 한다는 방안을 제시할 수 있다.
⑤ 〈보기〉의 우측 상단의 자료를 보면, SNS를 통해 가짜 뉴스가 퍼져 나가는 것을 볼 수 있다. 이를 바탕으로 파급력이 높은 매체를 통해 개인의 명예나 사생활에 피해를 주는 자료를 생산하거나 수용하지 않도록 유의해야 한다는 방안을 제시할 수 있다.

05 매체 문화의 효용 답 ④

정답 해설 (다)를 보면, 매체가 발달하면서 한글의 형태를 변형하여 의사소통을 하는 경우가 있음을 알 수 있다. 그러나 원활한 의사소통을 위해 변형된 형태를 적극적으로 보급하려는 노력을 해야 한다는 방안은 언어문화의 발전을 위한 방안으로 적절하지 않다.

오답 분석
① (가)를 보면, 사람들이 많이 사용하는 일본식 한자어가 제시되어 있다. 이를 통해 국어를 공부해서 바르고 정확한 표현을 하려는 노력을 해야 언어문화도 발전할 수 있다는 방안을 제시할 수 있다.
② (나)를 보면, 뜻을 이해하기 어려운 공공 언어가 사용되고 있음이 드러나 있다. 이를 바탕으로 공공 언어를 개선하려는 노력이 필요하다는 방안을 제시할 수 있다.
③ (라)를 보면, 최정호 선생의 노력이 드러나 있다. 이를 바탕으로 한글의 형태를 시각적으로 아름답게 가꾸는 일에도 관심을 갖자는 방안을 제시할 수 있다.
⑤ (다)를 보면, 인터넷 공간에서 유행하는 언어 파괴 현상이 확산되고 있음을 알 수 있다. 이는 긍정적 관점에서 바라보면 국어의 창의적 변용이라고도 할 수 있으므로 다양한 시도를 해 보자는 방안을 제시할 수 있다.

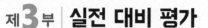

제3부 | 실전 대비 평가

1회

본문 156~163쪽

| 01 ④ | 02 ⑤ | 03 ② | 04 ② | 05 ④ | 06 ③ |
| 07 ④ | 08 ④ | 09 ④ | 10 ③ | 11 ③ | 12 ② |

[01~02] 피동문과 사동문

해제 주어가 남에게 어떤 동작이나 행위를 당하게 됨을 나타내는 문장인 피동문과 주어가 남에게 어떤 동작이나 행위를 하도록 시킴을 나타내는 문장인 사동문에 대해 설명하고 있다. 피동문은 피동사 피동과 '-아지다/-어지다' 피동으로 나뉘고, 사동문은 사동사 사동과 '-게 하다' 사동으로 나뉜다고 설명하고 피동문과 사동문의 통사적 특성에 대해 서술하고 있다.
주제 피동문과 사동문의 특성
구성
1문단: 피동문의 개념과 피동문과 능동문의 관계
2문단: 피동문의 종류와 피동문의 특성
3문단: 사동문의 개념과 사동문과 사동문의 관계
4문단: 사동문의 종류와 사동문의 특성

01 피동 표현과 사동 표현의 이해 　　답 ④

정답 해설 '동생은 오랜만에 만난 아버지에게 안겼다.'의 '안기다'는 '두 팔을 벌려 가슴 쪽으로 끌어당기거나 그렇게 하여 품 안에 있게 하다.'의 의미를 지닌 '안다'의 피동사이다. 즉 '동생은 오랜만에 만난 아버지에게 안겼다.'는 사동문이 아니라 피동문인 것이다.

오답 분석
① '매실이 알코올에 담겼다.'에서 '담겼다'는 '담다'의 피동사로, 이 문장은 피동사에 의한 피동문이다.
② '어젯밤 그 사건의 범인이 잡혔다.'에서 '잡혔다'는 '잡다'의 피동사로, 이 문장은 피동사에 의한 피동문이다.
③ '간호사가 아이의 팔에 주사를 맞혔다.'에서 '맞혔다'는 '맞다'의 사동사로, 이 문장은 사동사에 의한 사동문이다.
⑤ '어머니는 창포물에 언니의 머리를 감겼다.'에서 '감겼다'는 '감다'의 사동사로, 이 문장은 사동사에 의한 사동문이다.

02 피동 표현과 사동 표현의 이해 　　답 ⑤

정답 해설 '만지다'는 동사 어간이 'ㅣ' 모음으로 끝나는 경우에 해당하여 피동사 피동이 일어나지 않고 '-아지다/-어지

다' 피동만 일어난다. '만져지다'는 '-아지다/-어지다' 피동이 일어난 것이므로 잘못된 표현에 해당하지 않는다.

오답 분석
① '보이다'가 '눈으로 대상의 존재나 형태적 특징을 알게 되다.'의 의미인 경우, '-이-'는 피동 접미사에 해당한다. '보이다'가 '눈으로 대상의 존재나 형태적 특징을 알게 하다.'의 의미인 경우 '-이-'는 사동 접미사에 해당한다.
② '키우다'는 '동식물을 돌보아 기르다.'의 의미로, '크다'의 '크-'에 사동 접미사 '-우-'가 붙은 것이다. 이때 '크-'가 '키-'로 변한 것이다.
③ '나뉘다'는 '나누이다'의 준말로, '하나가 둘 이상으로 갈리다.'의 의미이다. 즉 '나뉘다'는 '나누-'에 피동 접미사 '-이-'가 결합하여 음운 변동이 일어난 것이다.
④ '-게 하다' 사동에서 시제를 나타내는 선어말 어미는 '하다'에 결합하고 높임을 나타내는 선어말 어미는 행위를 나타내는 동사에 붙는다. '오게 하다'에 과거 시제 선어말 어미, 높임 선어말 어미를 결합하려면 '오시게 하였다'라고 해야 한다.

03 형태소의 이해 　　답 ②

정답 해설 접사는 어근에 붙어 새로운 의미나 문법 기능을 나타내는 형태소로서 실질적 의미가 없는 형식 형태소로 분류된다. '살구'는 명사로서 실질적 의미를 가지고 있는 형태소이자 자립할 수 있는 형태소이다. '개살구'의 '개-'는 '야생 상태의' 또는 '질이 떨어지는' 등의 뜻을 더하는 접두사이다.

오답 분석
① '잘못'은 '잘'이라는 부사와 '못'이라는 부사가 결합하여 만들어진 단어이다. 즉 '잘못'은 실질 형태소이자 자립 형태소인 단어끼리 결합한 것으로, 형식 형태소로만 이루어진 단어가 아니다.
③ '먹보'는 실질 형태소이자 의존 형태소인 '먹-'과 형식 형태소인 '-보'가 결합하여 만들어진 단어이다.
④ '헛소리'는 '헛-'이라는 형식 형태소와 '소리'라는 실질 형태소이자 자립 형태소가 결합한 단어이다.
⑤ '민물고기'는 '민-'이라는 형식 형태소와 '물'이라는 실질 형태소이자 자립 형태소, '고기'라는 실질 형태소이자 자립 형태소가 결합한 단어이다.

04 국어의 음운 변동 　　답 ②

정답 해설 '밭이랑'에서 구개음화가 일어나면 [바치랑]이 된

다. '이랑'이 조사로 쓰여 종속적 관계를 가진 '-이-' 앞에서 'ㅌ'이 'ㅊ'으로 변하는 것이다. '밭이랑'이 [반니랑]이 되는 것은 음절의 끝소리 규칙, 'ㄴ' 첨가, 비음화로 인한 것이다.

오답 분석

① '값'이 [갑]으로 발음되는 것은 자음이 두 개 연결된 자음군이 음절의 끝소리에 놓인 경우, 둘 중 하나만 남고 나머지 하나는 탈락하는 현상인 자음군 단순화에 의한 것이다.

③ '피어'가 [피여]로도 발음되는 것은 앞 음절 'ㅣ'모음의 영향으로 뒤 음절의 모음 'ㅓ'가 'ㅕ'로 발음된 것이므로, 'ㅣ' 순행 동화에 의한 것이다.

④ '딸님'이 '따님'이 된 것은 'ㄹ'을 끝소리로 가지는 어근인 '딸'이 '님'이라는 접사와 결합하면서 'ㄹ'이 탈락한 것이므로, 'ㄹ' 탈락에 의한 것이다.

⑤ '난로'가 [날로]로 발음되는 것은 'ㄴ'이 'ㄹ'의 앞이나 뒤에서 [ㄹ]로 발음되는 현상인 유음화에 의한 것이다.

05 문장의 짜임

정답 ④

정답 해설 '그녀는 밤마다 야식 먹기를 즐기는 버릇이 있었다.'에는 '밤마다 야식 먹기를 즐기는'이라는 관형절이 안겨 있고, 이 관형절에는 '밤마다 야식 먹기'라는 명사절이 안겨 있다.

오답 분석

① '그가 만든 옷은 다른 사람들과 다르다.'에는 '그가 만든'이라는 관형절이 안겨 있다.

② '폐활량이 큰 학생들이 달리기를 잘한다.'에는 '폐활량이 큰'이라는 관형절이 안겨 있다.

③ '소리 없이 사라져 버린 그를 찾아내기로 했다.'에는 '소리 없이 사라져 버린'이라는 관형절이 안겨 있고, 이 관형절에는 '소리 없이'라는 부사절이 안겨 있다.

⑤ '나는 선생님께서 부탁하신 일을 끝내지 못하고 말았다.'에는 '선생님께서 부탁하신'이라는 관형절이 안겨 있다.

06 국어의 변천

정답 ③

정답 해설 '슬후니'가 '슬호니'로 바뀐 것은 근대 국어에서 모음 조화가 제대로 지켜지지 않았음을 보여 주는 사례이다.

오답 분석

① 중세 국어의 '눖므를'이 근대 국어에서 '눇믈롤'로, 중세 국어의 '석둑를'이 근대 국어에서 '석돌롤'로 바뀐 것은 앞말과 뒷말이 결합할 때 앞말에 쓰인 받침이 뒷말의 첫

머리에 또 쓰인 것으로, 근대 국어에 거듭 적기가 사용되었음을 말해 준다.

② 중세 국어의 표현 '烽火ㅣ'이 근대 국어에서도 그대로 사용되었는데, 이것은 주격 조사 'ㅣ'가 근대 국어에서도 여전히 사용되었다는 의미이다.

④ 중세 국어의 'ᄆᆞᅀᆞᆯ'이 근대 국어에서 'ᄆᆞᄋᆞᆯ'로, 중세 국어의 '니세시니'가 근대 국어에서 '니어시니'로 바뀐 것은 중세 국어에 존재하였던 'ㅿ'이 근대 국어에서 소실되었다는 것을 의미한다.

⑤ 중세 국어의 '놀래ᄂᆞ다'가 근대 국어에서 '놀래노다'로 바뀐 것은 'ㆍ'가 사라지고 다른 모음으로 바뀌었다는 것을 말해 준다.

07 매체의 정보 유통 방식

정답 ④

정답 해설 '풀'은 '바람' 때문에 울지만 '바람'을 극복하였을 때 웃기도 한다. 이는 '풀'이 시련을 이겨 내고 생명을 유지하는 모습을 보여 주는 것이다. 풀이 자라나는 과정을 통해서는 이를 표현하기는 어렵다.

오답 분석

① 풀이 바람으로 인해 눕게 된다는 내용을 담고 있으므로 '동풍'에 의해 '풀'이 쓰러지는 모습을 담은 그림을 삽입하면 '바람'과 '풀'의 대립적 관계를 통한 시의 주제 의식이 부각될 수 있다.

② 풀은 바람에 의해 눕기도 하고 울기도 하지만 다시 일어나고 웃는 존재이다. 그러므로 '풀'의 강인한 모습을 보여 주기 위해 생명력이 느껴지는 '풀'의 사진을 활용하는 것은 적절하다.

③ 영상 시이므로 시의 분위기와 함께 시의 내용을 잘 전달할 수 있도록 차분한 어조로 시를 낭송하는 음성을 추가하는 것은 적절하다.

⑤ 시의 마지막 구절이 현재의 풀의 상태를 말해 주고 있는 것이므로 영상 시의 마지막 화면은 '풀'이 풀뿌리까지 눕혀 있는 모습을 담아내는 것은 적절하다.

08 의사소통으로서의 매체

정답 ④

정답 해설 매클루언은 매체가 단순한 도구가 아니라는 점을 강조하고 매체를 어떻게 사용하느냐가 관건이 아니라 메시지가 개인이나 사회에 큰 영향을 주고 메시지 자체에도 변화를 줄 수 있음을 강조한다. 매클루언은 매체가 메시지에 결정적 역할을 한다고 보고 있는 것이다.

① 매체가 메시지의 영향을 줄 수 있음을 강조하는 것이지 매체가 메시지에 우선한다고 말하고 있는 것은 아니다.

② 매체가 메시지의 의도 및 효과를 바꿀 수 있다고 한 것은 매체에 대한 인식을 강조한 것이다. 매체가 수용자를 능동적으로 만든다고 보는 것은 아니다.

③ 매체가 메시지에 영향을 준다는 것이지 매체가 개인과 기술을 연결해 줄 수 있다고 강조하고 있는 것은 아니다.

⑤ 매체가 메시지의 의도 및 효과를 변화시킨다고 한 것이다. 메시지를 단순히 매체 전달 속도를 높이는 도구로 보고 있는 것이 아니다.

09 뉴 미디어   답 ④

정답 해설 다매체, 멀티미디어는 여러 요소가 복합적으로 관련을 가지기 때문에 메시지 전달 효과가 클 수 있다. 그러나 발신자와 수신자의 관계가 일방적이지는 않다. 멀티미디어는 발신자와 수신자가 다대다 대응을 이룰 수 있으며 상호 소통이 가능하다.

① 텔레비전, 인터넷, 스마트폰은 문자와 그림 등 여러 요소가 복합적으로 작동하는 기기이므로 멀티미디어라고 말할 수 있다.

② 여러 요소가 복합적으로 작동하고 있으므로 시각, 청각 등 다양한 감각이 정보 수용에 관여한다고 말할 수 있다.

③ 문자나 그림 등을 통해 메시지를 전달할 수 있으므로 정보를 전달하는 기능을 수행할 수 있으며 다양한 매체 언어 등을 융합하여 예술적인 가치도 담아낼 수 있다.

⑤ 멀티미디어는 지식, 정보, 문화를 수용하고 전달하는 뉴 미디어이자 다양한 매체 언어들이 복합적으로 작동하는 것이다. 그러므로 멀티미디어는 문자, 음성, 사진, 도표 등의 표현 유형이 다양하게 결합할 수 있다.

10 현대 사회의 매체 언어   답 ③

정답 해설 (나)는 블로그를 통한 소통으로, 생산된 매체 자료를 다양한 사람들이 수용하고 있음을 보여 준다. 협력적인 과정을 통해 영상 매체 자료의 생산이 이루어지고 있는 상황이 아니다.

① (가)는 통신망을 이용해 즉각적으로 상호 작용할 수 있는 온라인 대화이므로, 매체를 통해 빠른 속도로 이루어지는 의사소통의 양상을 보여 주는 것이라고 말할 수 있다.

② (가)는 개인과 개인 사이에 사적인 일상을 공유하는 것으로, 친밀한 관계를 맺고 있는 상대방과의 의사소통 양상을 보여 주는 것이라고 할 수 있다.

④ (가)는 특정 개인과 소통하는 상황을 보여 주고 있고, (나)는 블로그의 게시물을 볼 수 있는 불특정 다수와 소통하는 상황을 보여 주고 있다.

⑤ (가)에서는 일상에서의 느낌, 생각 등을 나누고 있고, (나)에서는 영상물을 공유하고 있다. 이는 매체가 상대방과 정보나 의견, 느낌 등을 나눌 수 있는 수단이 된다는 것을 보여 준다.

11 매체에 의해 형성되는 문화 향유   답 ③

정답 해설 「서편제」라는 소설이 영화로도 뮤지컬로도 제작되었다는 것은 하나의 서사가 다양한 매체를 통해 수용될 수 있다는 것을 말해 준다.

① 하나의 서사, 미적 내용이 매체를 통해 다양한 방식으로 생산되고 수용될 수 있음을 보여 주는 것이다. 매체 자료에 다양한 미적 의미가 담겨 있음을 보여 주는 것은 아니다.

② 문학 언어가 매체 언어로 생산될 수 있음을 보여 주는 것이지 문학 언어와 매체 언어를 구분하는 것은 쉽지 않다고 말하는 것은 아니다.

④ 문학 작품의 다양한 생산 형태에 말하는 것이다. 문학 작품의 교훈성에 대해 강조하는 것이 아니다.

⑤ 하나의 서사가 매체를 통해 다양하게 활용될 수 있다는 것이다. 소설이 영화, 뮤지컬이 되는 것을 통해 상징성이 고스란히 유지된다는 내용을 이끌어 낼 수는 없다.

12 매체의 정보 구성 방식   답 ②

정답 해설 연출, 대본, 촬영, 편집 및 음악, 소품 등의 역할을 분담하는 것은 제작 계획 세우기 단계에서 진행한다.

① 영상물의 주제와 목적을 정한 다음, 제작 계획을 세울 때는 영상물의 상영 시간, 제작 기간, 영상물의 주요 내용 등을 정해야 한다.

③ 영상물의 주제와 목적을 고려하여 영상물의 주요 내용 등이 정해지면 구체적으로 영상물을 어떻게 구성할지를 정해야 한다. 이를 위해 대사, 음악, 음향, 특수 효과, 장면

과 장면의 연결 방식, 각 숏의 길이 등을 표시한 스토리보드를 작성한다.

④ 영상물의 장면, 장면이 구체적으로 정해지면 촬영을 진행하고 영상물의 주제와 목적을 잘 드러낼 수 있도록 영상물을 편집한다.

⑤ 촬영하고 편집을 끝내고 완성한 영상물을 보며, 영상물의 여러 요소들을 점검하고 보완하여 영상물의 주제와 목적 등이 잘 드러나는지를 확인하고 영상물의 완성도를 높인다.

2회

01 ②	02 ③	03 ②	04 ③	05 ⑤	06 ④
07 ④	08 ③	09 ⑤	10 ④	11 ③	12 ④
13 ③	14 ⑤				

01 언어와 사고, 사회 문화 　　　　　정답 ②

정답 해설 ㄱ에는 같은 지역에서 사용되는 언어가 제시된 것이 아니라 각기 다른 지역에서 사용되는 언어가 제시되어 있다. ㄱ을 통해 같은 지역에 살더라도 계층에 따라 사용하는 언어의 양상이 다르게 나타나기도 함을 알기는 어렵다.

오답 분석

① ㄱ은 동일 대상인 '팽이'를 지칭하는 말이 '패이'(강원), '핑갱이'(경북) 등 다양하게 쓰이는 예를 보여 주고 있다.

③ ㄴ은 언어와 문화와의 관계를 보여 주는 예이다. 즉 언어에는 그 나라 사람들의 삶의 모습이나 생활 양식, 즉 문화가 반영되어 있음을 보여 주고 있다.

④ ㄴ에서는 우리의 전통문화가 농경을 기반으로 하였기 때문에 농경 문화를 바탕으로 한 용어들이 발달하였음을 보여 주고 있다.

⑤ ㄱ, ㄴ은 모두 언어가 특정 사물을 지칭하는 사물로서뿐만 아니라 인간의 삶을 이해하는 매개체로서도 기능함을 보여 주고 있다.

02 문장 성분 　　　　　정답 ③

정답 해설 '할아버지께서는'과 '베란다에'를 문장 내에서 위치를 이동해도 의미가 달라지지 않거나 잘못된 문장이 되지 않는 경우가 있으므로 문장 성분의 위치가 고정되어 있다고 볼 수 없다. 이처럼 국어는 문장 성분의 문장 내 위치 이동이 다른 언어에 비해 상대적으로 자유롭다는 특징이 있다.

오답 분석

① 국어는 수식어가 피수식어 앞에 오는 것이 일반적이라는 특징을 지니고 있다.

② 국어는 조사나 어미가 발달한 첨가어의 특성을 지니고 있다.

④ 국어의 어휘는 '할아버지'와 같은 고유어, '화분'과 같은 한자어, '베란다'와 같은 외래어로 구성되어 있다.

⑤ 국어의 문장은 주어 – 목적어 – 서술어의 어순을 보이는 특징이 있다.

03 국어의 음운 변동 　　　　　정답 ②

'칼날'과 '좋은'은 각각 [칼랄]과 [조은]으로 발음된다. 하지만 이러한 음운 변동의 결과가 표기에 반영되지 않는다. 그러나 '바느질'은 '바늘'과 '-질'이 결합하며 'ㄹ'이 탈락한 결과를 그대로 표기에 반영해 '바느질'로 적는다. 또 '서라'는 어간 '서-'에 어미 '-어라'가 결합되면서 '어'가 탈락했는데 이를 표기에 반영하여 '서라'라고 표기한 것이다.

오답 분석

① '건너서'는 어간 '건너-'에 어미 '-어서'가 결합되면서 '어'가 탈락한 결과를 표기에 반영한 것이다. 또 '읽어'는 [일거]로 발음하며 음운 변동이 나타나지 않았다.

③ '노는'은 어간 '놀-'에 어미 '-는-'이 결합되면서 'ㄹ'이 탈락한 결과를 표기에 반영하여 '노는'으로 적는다. 또 '맑음'은 [말금]으로 발음되어 음운 변동이 나타나지 않은 말이다.

④ '책상'과 '싫은'은 각각 [책쌍], [시른]으로 발음되며 음운 변동의 결과를 표기에 반영하지 않은 말이다.

⑤ '되어'는 'ㅣ' 모음 역행 동화에 의해 [되여]로 읽는 것도 허용하지만 이를 표기에 반영하지는 않는다.

04 국어의 음운 변동 　　　　　정답 ③

'막일'은 'ㄴ'이 첨가된 후 첫 음절의 'ㄱ'이 첨가된 'ㄴ'의 영향을 받아 비음화(교체)되면서 [망닐]과 같이 발음된다. '솜이불'은 'ㄴ'이 첨가되어 [솜:니불]로 발음된다. '없다'는 첫째 음절의 '없'에서 'ㅅ'이 탈락한 후 둘째 음절의 'ㄷ'이 된소리되기(교체)가 이루어져 [업ː따]로 발음된다. '값하다'는 첫째 음절에서 'ㅅ'이 탈락한 후 'ㅂ'이 둘째 음절의 초성인 'ㅎ'과 축약되어 [가파다]로 발음된다.

05 국어사전의 이해 目 ⑤

정답 해설 첫 번째 문장의 '가다'는 '수레, 배, 자동차, 비행기 따위가 운행하거나 다니다.'라는 의미로 사용된 것으로, 【…에】라는 문형 정보를 갖는다. 두 번째 문장의 '가다'는 '직업이나 학업, 복무 따위로 해서 다른 곳으로 옮기다.'라는 의미로 사용된 것으로, 【…으로】라는 문형 정보를 갖는다.

오답 분석
① '살다'의 문형 정보는 다르지만 모두 '어느 곳에 거주하거나 거처하다.'라는 의미로 사용되었다.
② '오다'의 문형 정보는 다르지만 모두 '어떤 사람이 말하는 사람 혹은 기준이 되는 사람이 있는 쪽으로 움직여 위치를 옮기다.'라는 의미로 사용되었다.
③ '부르다'의 문형 정보는 다르지만 모두 '무엇이라고 가리켜 말하거나 이름을 붙이다.'라는 의미로 사용되었다.
④ '따르다'의 문형 정보는 다르지만 모두 '관례, 유행이나 명령, 의견 따위를 그대로 실행하다.'라는 의미로 사용되었다.

06 단어의 이해 目 ④

정답 해설 '낮추다'의 어근 '낮다'는 형용사이지만, 접미사 '-추-'가 결합된 파생어 '낮추다'는 사동의 의미를 지닌 동사로 품사가 변화하였다.

오답 분석
① ㉠은 동사 '날다'의 어근 '날-'에 접사 '-개'가 결합하여 명사가 된 것이다.
② ㉡은 형용사 '길다'의 어근 '길-'에 접사 '-이'가 결합하여 명사가 된 것이다.
③ ㉢은 명사인 어근 '대패'에 접사 '-질'이 결합하여 명사가 된 것이다.
⑤ ㉤은 명사인 어근 '신비'에 접사 '-롭다'가 결합하여 형용사가 된 것이다.

07 문장 성분 目 ④

정답 해설 ㉢의 '주다'는 주어, 목적어, 부사어를 필요로 하는 세 자리 서술어이다. ㉣의 '삼다' 역시 주어, 목적어, 부사어를 필요로 하는 세 자리 서술어이다. 그러므로 서술어가 다르면 필요로 하는 문장 성분의 개수도 다르다는 탐구 내용은 적절하지 않다.

오답 분석
① ㉠의 '자다'는 자동사로, 부사어인 '침대에서'를 생략해도 문장이 성립한다.
② ㉠의 '자다'는 목적어를 필요로 하지 않는 자동사이지만, ㉡의 '먹다'는 목적어를 필요로 하는 타동사이다.
③ ㉡의 '먹다'는 주어와 목적어를 필요로 하는 동사이지만, ㉢의 '주다'는 주어와 목적어 외에도 부사어를 필요로 하는 동사이다.
⑤ ㉤은 의존 명사 '것'을 수식하는 관형어가 없으면 완전한 문장이 될 수 없다.

08 품사의 특성(수식언) 目 ③

정답 해설 '성격이 다른'에서 '다른'은 형용사 '다르다'의 어간에 관형사형 전성 어미 '-ㄴ'이 붙은 형태가 관형어로 쓰인 예이고, '다른 일'의 '다른'은 관형사 '다른' 그 자체가 관형어로 쓰인 예이다. 둘의 공통점은 관형어라는 것으로, 체언 앞에 놓여 체언을 수식하는 기능을 한다고 볼 수 있다.

오답 분석
① 형용사나 관형사는 문장 안에서 위치 이동이 자유롭지 않다.
② 뜻을 더해 주는 조사는 보조사로, 보조사와 결합하고 있지 않다.
④ 문장의 주어를 서술하는 기능을 하는 것은 앞의 '다른'에만 해당한다.
⑤ 주어의 성질이나 상태를 나타내는 단어는 형용사로, 앞의 '다른'에만 해당한다.

09 높임 표현 目 ⑤

정답 해설 ⓔ는 선행하는 체언이자 목적어인 '부모님'을 높이기 위해 사용한 어휘이므로 주체를 높인 것이 아니라 객체를 높인 것이다.

오답 분석
① ⓐ는 학생이 객체인 '선생님'을 높이기 위해 사용한 어휘이다.
② '있는데요'의 '요'는 청자인 선생님에 대한 존대를 위해 사용한 보조사이다.

③ '-려무나'는 상대 높임 중 아주 낮춤에 해당하는 종결 어미이다.

④ ⓓ의 '-시-'는 주체 높임 선어말 어미로, 생략된 주어인 '선생님이'를 높이는 것이라고 볼 수 있다.

10 중세 국어의 이해 　　　　　　답 ④

정답 해설　'聖女'는 화자보다 높은 신분이나 지위에 있는 높임의 대상이지만, '돌'은 의인화된 무정 명사이다.

오답 분석

① ㄱ에서 '미륵' 뒤에 '아'가, ㄴ에서 '장자' 뒤에 '야'가 결합된 것을 확인할 수 있다.

② '야'는 아주 낮춤으로, '이여'는 예사 높임으로 쓰였다. 그러므로 '야'가 결합한 '장자'는 화자보다 낮은 지위나 신분을 지닌 대상으로 볼 수 있다.

③ ㄷ의 현대어 해석은 '어질구나 관세음이여!'로 영탄의 정서가 담겨 있음을 알 수 있다. 그러나 ㄹ의 '성녀여'에서는 영탄의 정서를 확인할 수 없다.

⑤ ㄱ의 '아', ㄴ의 '야', ㅁ의 '하'는 모두 대상을 부르는 기능을 하는 호격 조사이다.

11 매체의 정보 구성 방식 　　　　　　답 ③

정답 해설　(가)는 정보의 생산자가 '자신의 진로 희망 알리기'라는 발표를 준비하기 위해 매체 언어 사용을 계획한 것이다. 이러한 맥락에서 생산자는 10분 내외의 시간 동안 자신의 진로 희망을 알리기 위해 가장 효율적인 방법이 무엇인지 고민하게 되며 그 과정에서 어떤 매체가 가장 효과적인지 검토하게 된다. 또 청중인 급우들이 자신의 발표 내용을 효율적으로 이해하고 흥미를 갖게 하는 방법은 무엇인지 고민하며 매체 언어 구성 방안을 계획하게 된다. 또 효율적인 매체를 선정하고 나면 매체 자료의 내용과 순서를 어떻게 구성할 것인지에 대해 계획을 세우는 과정이 필요하다.

오답 분석

ㄴ. 이 발표는 자신의 진로 희망을 알리는 것을 주제로 하고 있으므로 청중이 제기할 수 있는 비판과 반박은 정보의 생산자가 고민했을 내용으로 적절하지 않다.

ㄷ. 이 발표는 자신의 진로 희망을 알리는 것으로, 매체 자료의 내용이 대부분 발표자의 생각이나 개인적인 선호와 관련된 것이다. 그러므로 매체 자료 내용의 신속성이나 객관성을 높이는 방안에 대해서 고민해야 할 당위성이나 필요성이 크지 않다.

12 매체의 정보 구성 방식 　　　　　　답 ④

정답 해설　제한된 PPT 화면에 발표자가 했던 다양한 활동의 구체적 내용을 문구로 제시하면 그 분량이 많아 문구의 크기가 지나치게 작아질 우려가 있다. 그리고 이런 경우 PPT의 가독성이 떨어져 비효율적이다.

오답 분석

① [A]는 발표자의 진로 희망이 무엇인지를 밝히는 부분이므로 비행기와 조종사의 사진을 제시하고 청중의 주의를 환기하기 위해 비행기 소리를 짧게 제시하는 것은 적절하다.

② [B]는 비행기 조종사의 꿈을 갖게 된 동기를 밝히는 부분이므로, 그러한 꿈을 갖게 된 계기들을 열거하고 이를 화살표를 통해 비행기 조종사로 연결하면 내용 전달의 효과가 높아질 수 있다.

③ [C]는 비행기 조종사가 되기 위한 계획을 서술하는 부분이므로, 이를 성장 단계에 맞추어 제시하면 체계적인 내용 전달의 효과를 얻을 수 있다.

⑤ [E]는 자신의 진로 희망에 대한 다짐과 포부를 밝히는 부분이므로, 발표자가 직접 동영상을 통해 자신의 다짐과 포부를 밝힌다면 내용 전달의 효율성과 진정성이 높아지는 효과를 얻을 수 있다.

13 관점과 가치를 고려한 매체 자료 수용 　　　　답 ③

정답 해설　(가), (나)는 전통적 매체로, 각각 지면의 크기와 방송 편성 시간을 조절하여 대량의 정보를 전달할 수 있다. (다) 역시 다양한 형태를 지닌 대량의 정보를 전달할 수 있는 매체이다. 그러므로 (가), (나), (다) 모두 대량의 정보를 전달할 수 있는 매체로 볼 수 있다.

오답 분석

① 신문과 텔레비전은 정보의 수용자가 생산자에게 자신의 견해를 전달하는 방법이나 통로가 제한되어 생산자와 수용자 간의 소통이 제한적이라고 볼 수 있다.

② 신문은 문자 언어와 사진을 매체 언어로 사용하며 영상이나 음성은 매체 언어로 사용할 수 없다.

④ 우리가 접하는 모든 매체 자료는 생산자가 주제를 선정하는 순간부터 주관이 개입된다고 볼 수 있다. 그러므로 매체 자료를 접하는 수용자들은 매체 속에 숨어 있는 의

도와 목적을 비판적 안목으로 검토하여 수용할 필요가 있다.

⑤ 신문, 텔레비전, 인터넷은 모두 각각의 이용자와 그 주변 사람들과 같은 다수의 수용자에게 정보를 전달할 수 있는 매체이다.

14 매체 언어 생활의 성찰   답 ⑤

정답 해설 ⓔ의 전후 문맥을 살펴보면 유관순 열사는 화장하여 합장했기 때문에 묘를 정확히 찾을 수 없으며, 그러한 이유로 합장한 자리에 비석만이 남아 있는 것이라고 볼 수 있다. 그러므로 ⓔ은 '없지만'으로 수정하는 것이 적절하다.

오답 분석

① 한글 맞춤법에 따르면 모든 단어는 띄어 쓰며, 조사만 붙여 쓰는 것으로 규정하고 있다. 그러므로 서로 다른 단어인 '실제'와 '모습'은 띄어 쓰는 것이 적절하다.

② '유관순 열사에 평소 모습'은 관형어가 수식해야 할 자리에 부사어가 나타나 언어 규범에 맞지 않는 표현이 되고 있다. 그러므로 '유관순 열사의'로 수정하는 것이 적절하다.

③ '불러일으키다'는 합성어로 이미 굳어진 말이므로 붙여 쓰는 것이 맞다. 그리고 이러한 어휘들의 띄어쓰기에 대해 의문점이 있다면 수시로 국어사전을 찾아보는 습관을 들일 필요가 있다.

④ '-시키다'는 사동의 의미를 나타내는 표현으로, 우리말에서 불필요한 사동 표현이나 피동 표현은 지양하는 것이 바람직하다.

3회   본문 172~178쪽

01 ③	02 ③	03 ①	04 ⑤	05 ③	06 ④
07 ③	08 ②	09 ③	10 ③	11 ④	12 ①
13 ②	14 ③				

01 언어와 사고, 사회 문화   답 ③

정답 해설 〈보기〉는 언어가 사고에 영향을 미친다는 견해를

나타낸 것이다. 그러나 "여기저기", 'here and there'와 같은 표현들은 이러한 생각이 언어 구조에 반영된 결과라고 할 수 있다.'라는 내용은 사고가 언어에 영향을 미친다는 견해를 뒷받침할 수 있는 근거이다.

오답 분석

① '애완 고양이'를 '반려 묘'로 바꾸어 부르게 한 것은 언어를 바꾼 것이다. 이처럼 언어를 바꾸었더니 고양이를 평생 함께할 가족으로 인식하는 사람들이 더욱 많아졌다는 것은, 언어가 사고에 영향을 미친다는 견해를 뒷받침하는 예라 할 수 있다.

② 언어인 '이름'이 그 사람의 '사고와 운명'을 좌우한다는 것은, 언어가 사고에 영향을 미친다는 견해를 뒷받침하는 예라 할 수 있다.

④ 비속어나 규범에 어긋난 말을 사용하다 보면 우리의 의식이 건전하지 않은 방향으로 형성될 수 있다는 것은, 언어가 사고에 영향을 미친다는 견해를 뒷받침하는 예라 할 수 있다.

⑤ 무지개를 오색에서 칠색으로 명명하니 무지개색에 대한 사람들의 인식이 바뀌었다는 것은, 언어가 사고에 영향을 미친다는 견해를 뒷받침하는 예라 할 수 있다.

02 국어의 음운 변동 이해   답 ③

정답 해설 ⓒ은 앞의 종성으로 인해 뒤의 초성이 바뀌는 유음화 현상이 일어난다. 하지만 ⓑ은 뒤의 초성으로 인해 앞의 종성이 바뀌는 비음화 현상이 일어난다.

오답 분석

① 음운 변동의 결과 음운의 개수에 변화가 없는 것은 ⓐ이다. ⓐ은 교체만 일어나는 반면, ⓑ과 ⓒ은 첨가도 일어난다.

② ⓑ, ⓒ에서 첨가된 음운은 모두 'ㄴ'이다.

④ ⓐ, ⓑ, ⓒ은 모두 한 음운이 다른 음운으로 바뀌는 교체가 일어난다. ⓐ에서는 음절의 끝소리 규칙과 구개음화, 된소리되기, ⓑ에서는 음절의 끝소리 규칙과 비음화, ⓒ에서는 유음화가 일어난다.

⑤ ⓒ은 2회, ⓐ, ⓑ은 3회의 음운 변동이 일어난다.

03 국어의 음운 변동 이해   답 ①

정답 해설 b. 맏형[마텽]을 발음할 때에는 'ㄷ'과 'ㅎ'이 합쳐져 'ㅌ'으로 줄어드는 거센소리되기가 일어난다. 즉 축약이 일어난다고 할 수 있다.

a. 맨입[맨닙]을 발음할 때에는 'ㅇ'이 'ㄴ'으로 바뀌는 것이 아니라 'ㄴ'이 첨가되는 현상이 일어난다. 교체가 아니라 첨가가 일어난다.

c. 약밥[약빱]을 발음할 때에는 'ㅂ'에 'ㅂ'이 추가되는 것이 아니라 'ㅂ'이 'ㅃ'으로 바뀌는 된소리되기가 일어난다. 첨가가 아니라 교체가 일어난다.

d. 안팎[안팍]을 발음할 때에는 'ㄲ'에서 'ㄱ'이 없어지는 것이 아니라 음절의 끝소리 규칙이 일어난다. 탈락이 아니라 교체가 일어난다.

04 국어의 음운 변동 이해　　답 ⑤

정답 해설 '영업용[영엄뇽]'에는 앞말이 자음으로 끝나고 뒷말이 모음 'ㅣ'나 반모음 'ㅣ[j]'로 시작할 때 'ㄴ'이 덧붙는 '첨가(용 → 뇽)'와 첨가된 'ㄴ'의 영향을 받아 'ㄱ'이 'ㅇ'으로 바뀌는 '교체(업 → 엄)'가 나타난다. 이는 '잡일[잠닐]'에서 일어나는 음운 변동과 같다.

① '담요[담:뇨]'를 발음할 때에는 'ㄴ' 첨가가 일어난다.

② '식용유[시굥뉴]'를 발음할 때에는 'ㄴ' 첨가가 일어난다.

③ '불난리[불랄리]'를 발음할 때에는 유음화가 일어난다.

④ '부엌문[부엉문]'을 발음할 때에는 음절의 끝소리 규칙, 비음화가 일어난다.

05 단어의 구성 요소 이해　　답 ③

정답 해설 '첫날밤'은 '첫날'과 '밤'의 직접 구성 요소로 분석되는 합성어이다. '날밤'이라는 단어는 존재하지 않아 '첫'과 '날밤'을 '첫날밤'의 직접 구성 요소로 볼 수 없다.

① 합성어 '꽃목걸이'는 '꽃'과 '목걸이'의 직접 구성 요소로 분석되고, '목걸이'는 다시 '목'과 '걸이'로 분석된다. 그리고 '걸이'는 다시 '걸-'과 '-이'로 분석된다.

② 파생어 '웃음보'는 '웃음'과 '-보'의 직접 구성 요소로 분석되고, '웃음'은 다시 '웃-'과 '-음'으로 분석된다.

④ 파생어 '시부모'는 '시-'와 '부모'의 직접 구성 요소로 분석되고, '부모'는 다시 '부'와 '모'로 분석된다.

⑤ 합성어 '작은아버지'는 '작은'과 '아버지'의 직접 구성 요소로 분석되고, '작은'은 '작-'과 '-은'으로 분석된다.

06 단어의 이해　　답 ④

정답 해설 '검버섯'은 용언 '검다'의 어간 '검-'이 관형사형 전성 어미 없이 명사 '버섯'과 바로 결합한 합성 명사로, 종속 합성어이면서 비통사적 합성어이다.

① '부모'는 명사 '부'와 명사 '모'가 결합한 합성 명사로, 대등 합성어이면서 통사적 합성어이다.

② '피땀'은 명사 '피'와 명사 '땀'이 결합한 합성 명사로, 원래의 의미를 잃고 문맥상 '노력과 수고'라는 새로운 의미로 사용되는 융합 합성어이면서 통사적 합성어이다.

③ '꺾쇠'는 용언 '꺾다'의 어간과 명사 '쇠'가 관형사형 전성 어미 없이 결합한 합성 명사로, 종속 합성어이면서 비통사적 합성어이다.

⑤ '여닫다'는 용언 '열다'의 어간과 용언 '닫다'가 연결 어미 없이 결합한 합성 동사로, 대등 합성어이면서 비통사적 합성어이다.

07 품사의 특성 이해　　답 ③

정답 해설 '파래'는 어간인 '파랑-', 어미인 '-아'가 결합된 말로, 어간과 어미가 모두 바뀐 불규칙 활용에 해당한다.

① '걸어'는 어간 '걸-'에 연결 어미 '-어'가 결합된 말로, 용언의 규칙 활용을 보여 주는 예이다.

② '물어'는 어간 '묻-'에 어미 '-어'가 결합할 때 '묻-'이 '물-'로 변하므로 어간이 변하는 불규칙 활용에 해당한다.

④ '지어'는 어간 '짓-'에 어미 '-어'가 결합할 때 어간 '짓-'에서 'ㅅ'이 탈락하므로 어간이 변하는 불규칙 활용에 해당한다.

⑤ '이르러'는 어간 '이르-'에 어미 '-어'가 결합할 때 어미 '-어'가 '-러'로 변하므로 어미가 변하는 불규칙 활용에 해당한다.

08 품사의 특성 이해　　답 ②

정답 해설 '노력한 만큼'의 '만큼'은 명사이지만, '우리만큼'에서 '만큼'은 조사이다. 동일한 형태를 가졌지만 품사가 다른 단어로, 품사의 통용의 예에 해당한다.

① '저는 형입니다.'의 '저'는 대명사, '저 사람'에서 '저'는 관형사이다. 동일한 형태를 가지고 품사가 다르지만 의미의

연관성이 없어 사전에 하나의 표제어에 실려 있지 않다. 동음이의어일 뿐이다.

③ '연필 하나'와 '하나부터 열'에서 '하나'는 모두 수사이다. 사전에 하나의 표제어에 실린 단어로, 둘의 품사는 동일하다.

④ '당신의 희생'과 '당신이 뭔데?'에서 '당신'은 모두 대명사이다. 사전에 하나의 표제어에 실린 단어로, 둘의 품사는 동일하다.

⑤ '우리 엄마'의 '우리'는 대명사, '짐승이 갇힌 우리'에서 '우리'는 명사이다. 동일한 형태를 가지고 품사가 다르지만 의미의 연관성이 없어 사전에 하나의 표제어에 실려 있지 않다. 동음이의어일 뿐이다.

09 문장의 짜임 이해　　　답 ③

정답 해설 '비로'에서 '로'는 변화의 결과를 나타내는 부사격 조사이다. '로'가 아닌 '오던'에서 '-ㄴ'이 절을 만드는 기능을 하는 말이다.

오답 분석
① '먹기'에서 '-기'는 명사형 전성 어미로, 명사절을 만드는 기능을 하는 말에 해당한다.
② '거짓임'에서 '-ㅁ'은 명사형 전성 어미로, 명사절을 만드는 기능을 하는 말에 해당한다.
④ '곱게'에서 '-게'는 부사형 전성 어미로, 부사절을 만드는 기능을 하는 말에 해당한다.
⑤ '갈'에서 '-ㄹ'은 관형사형 전성 어미로, 관형절을 만드는 기능을 하는 말에 해당한다.

10 시간 표현 이해　　　답 ③

정답 해설 [A]와 [B]에는 모두 사건이 일어나는 시점이 말하는 시점보다 앞서 있는 시제인 '과거 시제'가 드러나야 한다. 한편 [A]에는 동작의 진행을 나타내는 표현인 '진행상'이 들어가면 안 되고, [B]에는 '진행상'이 들어가야 한다. 이러한 조건을 모두 충족하는 문장은 [A]의 경우 '동생이 과자를 다 먹어 버렸다.'이고, [B]의 경우 '언니는 밥을 먹고 있었다.'이다.

11 높임 표현 이해　　　답 ④

정답 해설 ㄹ에서 '사회자'는 '축사'를 높이며 '교장 선생님'을 간접적으로 높이고 있다. 간접 주체 높임 표현이 활용된 것

으로, '교장 선생님'은 객체에 해당하지 않는다.

오답 분석
① ㄱ에서는 높임의 대상이 아닌 '너'를 높이고 있어 적절하지 않다. '선생님께서 너 교무실로 오라고 하셔.'라고 표현해야 옳다.
② ㄴ에서 '직원'은 '손님'에게 아주 높임을 나타내는 격식체 어미 '-ㅂ니다'를 사용하여 상대를 높이고 있다.
③ ㄷ에서는 '상품'을 높이고 있어 높임 표현의 사용이 적절하지 않다. '이 상품은 저 상품보다 훨씬 비쌉니다.'라고 표현해야 옳다.
⑤ ㄹ에서는 주체 높임 선어말 어미 '-시-'를 통해 높임의 의도를 드러내고 있다. 하지만 ㄴ에는 상대 높임 표현만 드러나 있다.

12 피동 표현의 이해　　　답 ①

정답 해설 능동문인 ㉠에서는 물을 쏟은 주체인 '승찬'이 드러나 있지만 피동문인 ㉡에서는 그렇지 않다. 즉 피동 표현 '-어지다'를 사용하여 행위의 주체를 숨겼다고 볼 수 있다.

오답 분석
② 피동 표현이 사용된 것은 옳지만, 제시된 맥락에서 군더더기 표현을 없애기 위해 사용했다고 보기는 어렵다.
③ 피동 표현이 사용된 것은 옳지만, 의미의 중의성을 해소하기 위해 사용되지는 않았다.
④ 사동 표현이 사용된 바 없으며 효과적인 대비 효과를 만들고 있지도 않다.
⑤ 사동 표현이 사용된 바 없으며 상황이 종료되었음을 나타내고 있지도 않다.

13 의사소통으로서의 매체　　　답 ②

정답 해설 '피를 뽑고 검사를 해야 해서 여러모로 불편했는데 스마트폰으로 진단을 하니까 편리하고 좋습니다.'라는 환자의 인터뷰를 통해 '황달 판별 앱'의 장점을 부각하고 있다.

오답 분석
① 특정 상황을 가정하거나 '황달 판별 앱'의 문제점을 지적하고 있는 내용은 제시되어 있지 않다.
③ 사례를 들고 있으나, '황달'과 관련한 통념이 적절하지 않음을 제시하고 있지는 않다.
④ 앱 개발자의 인터뷰를 제시하였으나, 인터뷰에서 '황달 판별 앱'의 위험성에 대해 드러내고 있지는 않다.

⑤ '앱의 황달 판별 정확도는 95% 이상입니다.'와 같이 구체
   적 수치를 활용하고 있으나, '황달 판별 앱'의 개발 비용
   에 대해 언급하고 있지는 않다.

14 관점과 가치를 고려한 매체 자료 수용　　　　답 ③

정답 해설 자막의 내용에 비추어 볼 때, 황달이 간·담도 질
환이 있을 때 혈액 속에 담즙 색소가 증가하여 발생한다는
내용은 뉴스 보도에 제시되어 있지 않다. 실제 보도에서 제
시되었을 만한 장면으로 보기 어렵다.

오답 분석

① '흰자위가 노랗게 변하는 미세 영역을 검출해 평균값을
   낸 뒤, 실제 황달 환자의 혈액 수치와 비교하도록 인공
   지능에 학습을 시킨 결과입니다.'에서 활용할 수 있다.

② '이제는 '황달 판별 앱'으로 개인이 황달 여부를 손쉽게 확
   인할 수 있게 되었습니다. 앱의 황달 판별 정확도는 95%
   이상입니다.'에서 활용할 수 있다.

④ '이전까지는 피 검사를 해 봐야 황달인지를 알 수 있었습
   니다.'에서 활용할 수 있다.

⑤ 간 질환 환자 인터뷰를 하는 부분인 '피를 뽑고 검사를 해
   야 해서 여러모로 불편했는데 스마트폰으로 진단을 하니
   까 편리하고 좋습니다.'에서 활용할 수 있다.

올림포스 언어와 매체 시크릿 부록 _ 모의고사 문제 풀어 보기

국어 영역 언어(문법) 학력 평가

고1·고2 기출문제 모음

고1_서울시 교육청 3월, 11월 학력 평가
고2_서울시 교육청 3월, 11월 학력 평가

고 1 학력평가

[01~02] 다음 글을 읽고 물음에 답하시오.

[A]
　　현대 국어의 표기는 '표준어를 소리대로 적되, 어법에 맞도록 함을 원칙으로 한다.'라는 한글 맞춤법 규정을 따른다. 표준어를 소리대로 적는다는 것은 표준어를 발음 나는 대로 적는 표음주의를, 어법에 맞도록 한다는 것은 각 형태소의 본 모양을 밝혀 적는 표의주의를 채택한 것이다. 그런데 일반적인 활용 규칙에서 어긋나는 경우, 합성어나 파생어를 구성함에 있어서 구성 요소가 본뜻에서 멀어진 경우 등에는 표음주의가 채택된다.

　　이러한 표기 원칙이 제정되기 전 국어의 표기 방식은 이어 적기, 끊어 적기, 거듭 적기 등의 다양한 방식으로 나타났다. 자음으로 끝나는 체언이 모음으로 시작되는 조사를 만나거나 자음으로 끝나는 용언의 어간이나 어근이 모음으로 시작되는 어미나 접사를 만날 때, 이어 적기는 앞 형태소의 끝소리를 뒤 형태소의 첫소리로 옮겨 적는 방식이고, 끊어 적기는 실제 발음과는 달리 형태소의 본 모양을 밝혀서 끊어 적는 방식이다. 그리고 거듭 적기는 앞 형태소의 끝소리를 뒤 형태소의 첫소리에도 다시 적는 표기 방식으로, '말씀+이'를 '말씀미'와 같은 방식으로 적는 것이다. 한편 'ㅋ, ㅌ, ㅍ'을 'ㄱ, ㄷ, ㅂ'과 'ㅎ'으로 나누어 표기하는 방식인 재음소화 표기가 나타나기도 했는데, '깊이'를 '깁히'와 같이 적는 경우를 예로 들 수 있다.

01 〈보기〉는 '한글 맞춤법'의 일부를 정리한 학습지이다. [A]를 바탕으로 〈보기〉의 ㉠~㉤을 이해한 내용으로 적절하지 않은 것은?

《 보기 》

제15항　용언의 어간과 어미는 구별하여 적는다.
　　예 ㉠먹고, ㉡좋아
　[붙임] 두 개의 용언이 어울려 한 개의 용언이 될 적에, 앞말의 본뜻이 유지되고 있는 것은 그 원형을 밝히어 적고, 그 본뜻에서 멀어진 것은 밝히어 적지 아니한다.
　(1) 앞말의 본뜻이 유지되고 있는 것
　　예 돌아가다
　(2) 본뜻에서 멀어진 것
　　예 ㉢사라지다, 쓰러지다
제18항　다음과 같은 용언들은 어미가 바뀔 경우, 그 어간이나 어미가 원칙에 벗어나면 벗어나는 대로 적는다.
　1. 어간의 끝 'ㅂ'이 'ㅜ'로 바뀔 적
　　예 ㉣쉽다, 맵다
　2. 어간의 끝음절 '르'의 'ㅡ'가 줄고, 그 뒤에 오는 어미 '-아 /-어'가 '-라/-러'로 바뀔 적
　　예 ㉤가르다, 부르다

① ㉠은 단어의 기본형인 '먹다'와 마찬가지로 표의주의 방식을 채택하고 있군.

② ㉡은 어간과 어미를 구별하여 형태소의 본 모양을 밝혀 적는 방식으로 표기하고 있군.

③ ㉢은 합성어를 구성함에 있어서 앞말이 본뜻에서 멀어져 발음 나는 대로 적는 방식을 채택하고 있군.

④ ㉣은 활용할 때, '쉽고'와 같은 표의주의 표기와 '쉬우니'와 같은 표음주의 표기를 모두 확인할 수 있군.

⑤ ㉤은 활용할 때, '갈라'와 같이 일반적인 활용 규칙에서 어긋난 경우에는 표의주의 방식으로 표기하고 있군.

02 윗글을 바탕으로 〈보기〉의 ⓐ~⑨를 탐구한 내용으로 적절하지 <u>않은</u> 것은?

〈 보기 〉

• 머리셔 ㅂ라매 ⓐ노피 하늘해 다핫고 갓가이셔
보니 아ᄉ라히 하늘햇 ⓑ므레 줌겻ᄂ니
(멀리서 바람에 높이 하늘에 닿았고 가까이서
보니 아스라이 하늘의 물에 잠겼나니)
- 『번역박통사』

• 고경명은 광쥐 ⓒ사ᄅ미니 임진왜난의 의병을
슈챵ᄒ야 금산 ⓓ도적글 티다가 패ᄒ여
(고경명은 광주 사람이니 임진왜란에 의병을 이
끌어 금산 도적을 치다가 패하여)
- 『동국신속삼강행실도』

• ⓔ<u>붉은</u> 긔운이 하늘을 쮜노더니 이랑이 소리를
ⓕ<u>놉히</u> ᄒ야 나를 불러 져긔 믈 밋츨 보라 웨거
늘 급히 눈을 ⓖ<u>드러</u> 보니
(붉은 기운이 하늘을 뛰놀더니 이랑이 소리를
높이 하여 나를 불러 저기 물 밑을 보라 외치거
늘 급히 눈을 들어 보니)
- 『의유당관북유람일기』

① ⓐ는 이어 적기를 하고 있는 반면 ⓕ는 거듭 적
기를 하고 있군.
② ⓑ는 앞 형태소의 끝소리를 뒤 형태소의 첫소리
로 옮겨 적고 있군.
③ ⓒ는 체언과 조사가 결합할 때 형태소의 본 모양
을 밝혀서 끊어 적고 있군.
④ ⓓ는 앞 형태소의 끝소리를 뒤 형태소의 첫소리
에도 다시 적고 있군.
⑤ ⓔ와 ⓖ는 용언의 어간이 모음으로 시작하는 어
미를 만날 때 표기하는 방식이 서로 다르군.

03 〈보기 1〉을 바탕으로 〈보기 2〉에서 사용된 높임의 양
상을 바르게 분석한 것은?

〈 보기 1 〉

주체 높임법은 서술의 주체에 해당하는 문장의
주어를 높이는 방법이고, 객체 높임법은 서술의 객
체에 해당하는 목적어나 부사어가 지시하는 대상
을 높이는 방법이다. 이러한 높임을 실현하기 위해
서는 선어말 어미, 조사, 특수 어휘를 사용한다.

〈 보기 2 〉

어머니께서는 할머니를 모시고 공원에 가셨다.

	주체 높임법			객체 높임법	
	선어말 어미	조사	특수 어휘	조사	특수 어휘
①	○	×	○	○	○
②	○	○	×	○	×
③	○	○	×	×	○
④	×	×	○	×	○
⑤	×	○	×	○	×

04 〈보기〉는 수업 장면의 일부이다. ㉠에 해당하는 예로
적절한 것은?

〈 보기 〉

선생님: 주어가 스스로 행동하지 않고 다른 주체
에 의해 어떤 동작을 당하거나 영향을 받는 것
을 피동이라고 합니다. 피동문을 만들 때는
능동사의 어근에 피동 접미사 '-이-, -히-,
-리-, -기-'를 붙여서 짧은 피동을 만들거나,
'-아/-어지다'와 같은 표현을 사용하여 긴 피
동을 만듭니다. 그런데 ㉠<u>일부 능동사의 어근
에는 피동 접미사가 결합하지 못하여 짧은 피
동을 만들 수 없는 경우</u>도 있습니다.

① 물고기가 낚싯줄을 끊었다.
② 경민이가 아기의 볼을 만졌다.
③ 민수가 동생의 이름을 불렀다.
④ 다람쥐가 도토리를 땅에 묻었다.
⑤ 요리사가 음식을 접시에 담았다.

05 다음은 사전 활용 수업 장면의 일부이다. 선생님의 설명을 참고하여 〈보기〉의 학습지를 탐구한 내용으로 적절하지 **않은** 것은?

> 선생님: 우리는 '표준국어대사전'의 발음 정보를 통해 음절의 끝소리 규칙이나 자음군 단순화가 일어나는 체언의 발음을 확인할 수 있습니다. 이러한 경우 연음될 때의 발음에 대한 이해를 돕기 위해 조사 '이'와의 결합형이 활용 정보에 제시됩니다. 활용 정보에는 비음화와 구개음화가 일어날 때의 발음도 제시되어 있으며, 구개음화의 경우에는 연음될 때의 발음에 대한 이해를 돕기 위해 조사 '을'과의 결합형도 제시됩니다.

《 보기 》

낯 발음: [낟]
　　활용: 낯이[나치], 낯만[난만]
　　「명사」 눈, 코, 입 따위가 있는 얼굴의 바닥.

밭 발음: [받]
　　활용: 밭이[바치], 밭을[바틀], 밭만[반만]
　　「명사」 물을 대지 아니하거나 필요한 때에만 물을 대어서 야채나 곡류를 심어 농사를 짓는 땅.

흙 발음: [흑]
　　활용: 흙이[흘기], 흙만[흥만]
　　「명사」 지구의 표면을 덮고 있는, 무기물과 유기물이 섞여 이루어진 물질.

① '낯'의 경우 발음 정보를 통해 음절의 끝소리 규칙이 일어나는 것을 확인할 수 있군.
② '흙'의 경우 발음 정보를 통해 자음군 단순화가 일어나는 것을 확인할 수 있군.
③ '낯'과 '밭'은 모두, 활용 정보를 통해 구개음화가 일어나는 것을 확인할 수 있군.
④ '밭'과 '흙'은 모두, 활용 정보를 통해 연음될 때의 발음 양상을 확인할 수 있군.
⑤ '낯', '밭', '흙'은 모두, 활용 정보를 통해 비음화가 일어나는 양상을 확인할 수 있군.

06 다음은 학생들이 '-쟁이'와 '-장이'에 대해 탐구한 내용이다. ㄱ~ㅁ에 제시된 탐구 결과 중 적절하지 **않은** 것은?

탐구 목표	어근의 뒤에 붙어 새로운 단어를 만드는 접미사 중 '-쟁이'와 '-장이'의 의미와 쓰임을 구분해 사용할 수 있다.

↓

탐구 자료	(1) 고집쟁이: 고집이 센 사람. 　　거짓말쟁이: 거짓말을 잘하는 사람. (2) 노래쟁이: '가수(歌手)'를 낮잡아 이르는 말. 　　그림쟁이: '화가(畫家)'를 낮잡아 이르는 말. (3) 땜장이: 땜질을 직업으로 하는 사람. 　　옹기장이: 옹기 만드는 일을 직업으로 하는 사람.

↓

탐구 결과	• (1)의 '-쟁이'의 의미는 '어떤 속성을 많이 가진 사람'으로 볼 수 있다. ‥‥‥‥‥‥‥‥‥‥ ㄱ • (2)와 (3)은 둘 다 직업과 관련된 말이지만, '기술자'를 의미할 때는 '-장이'를 쓴다. ‥‥‥‥‥‥‥‥‥ ㄴ • (1)~(3)을 볼 때, '-쟁이'와 '-장이'는 모두 명사와 결합하여 새로운 단어를 만든다. ‥‥‥‥‥‥‥‥ ㄷ • (1)~(3)을 볼 때, '-쟁이'와 '-장이'는 모두 어근의 품사를 변화시키지 않는 접미사이다. ‥‥‥‥‥‥ ㄹ • (1), (2), (3)의 예로 '욕심쟁이', '대장쟁이', '중매장이'를 각각 추가할 수 있다. ‥‥‥‥‥‥‥‥‥ ㅁ

① ㄱ　　　　② ㄴ　　　　③ ㄷ
④ ㄹ　　　　⑤ ㅁ

[07~08] 다음을 읽고 물음에 답하시오.

〈대화 1〉

'새 옷'의 '새'를 뭐라고 부르나요?

관형사요!

관형어요!

누가 맞는지, 〈자료〉를 통해 알아볼까요?

〈자료〉

관형어는 문장을 구성하는 성분 중 하나로, 품사 가운데 명사나 대명사와 같은 체언 앞에서 그 뜻을 꾸며 주는 기능을 한다. 예를 들어 '모든 책'의 '모든'은 뒤에 오는 명사 '책'에 '빠짐이나 남김이 없이 전부의.'라는 의미를 더해 주는 관형어이다.

다음 문장들의 밑줄 친 부분은 모두 관형어이다.

> ㄱ. 선생님의 목소리가 들린다.
> ㄴ. 마실 물이 있다. / 맑은 물이 있다.
> ㄷ. 온갖 꽃이 활짝 피어 있다.

ㄱ은 체언에 관형격 조사 '의'가 결합하여 관형어가 된 경우이다. '선생님의'는 명사 '선생님'에 관형격 조사 '의'가 결합하여 '목소리'를 꾸며 주고 있다. 이 경우 '선생님 목소리'와 같이 관형격 조사 없이 명사만으로도 관형어가 될 수 있다. 하지만 관형격 조사 '의'를 반드시 써야 하는 경우가 있고, '의'가 생략되면 의미가 달라지는 경우도 있다.

ㄴ은 동사나 형용사와 같은 용언의 어간에 관형사형 어미 '-(으)ㄴ', '-(으)ㄹ' 등이 결합하여 관형어가 된 경우이다. '마실'은 동사의 어간 '마시-'에 관형사형 어미 '-ㄹ'이 결합하여 '물'을 꾸며 주고 있고, '맑은'은 형용사의 어간 '맑-'에 관형사형 어미 '-은'이 결합하여 '물'을 꾸며 주고 있다.

ㄷ은 관형사가 관형어가 된 경우이다. 관형사는 체언 앞에서 체언의 뜻을 꾸며 주는 품사이다. 관형사 '온갖'은 명사 '꽃'을 꾸며 주며 '이런저런 여러 가지의.'라는 의미를 더해 주고 있다. 관형사는 체언과 달리 조사와 결합할 수 없으며, 용언과 달리 활용이 불가능하다는 특성이 있다.

〈대화2〉

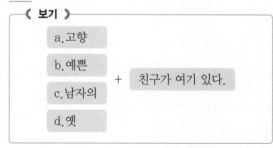

둘 다 맞았네요!

그럼 둘은 어떤 차이가 있죠?

'관형사'는 [A]를,

'관형어'는 [B]를 기준으로 말한 거예요!

07 [A], [B]에 들어갈 말을 바르게 짝지은 것은?

	[A]	[B]
①	품사가 무엇인가	의미가 무엇인가
②	품사가 무엇인가	문장 성분이 무엇인가
③	문장 성분이 무엇인가	문장의 종류가 무엇인가
④	문장의 종류가 무엇인가	의미가 무엇인가
⑤	문장의 종류가 무엇인가	문장 성분이 무엇인가

08 윗글을 참고하여 〈보기〉를 이해한 것으로 적절하지 않은 것은?

〈 보기 〉

> a. 고향
> b. 예쁜
> c. 남자의   + 친구가 여기 있다.
> d. 옛

① a~d는 모두 체언 '친구'를 꾸며 주는 역할을 한다.

② a는 조사가 없이 체언만으로 관형어가 된 경우이다.

③ b는 용언의 어간 '예쁘-'에 관형사형 어미 '-ㄴ'이 결합된 것이다.

④ c에서 관형격 조사 '의'가 생략되어도 문장의 원래 의미가 달라지지 않는다.

⑤ d는 조사가 결합할 수 없으며 활용이 불가능하다.

09 〈보기〉의 '활동 1'과 '활동 2'를 연결하여 '활동 자료'의 단어를 탐구한 내용으로 적절한 것은?

《 보기 》

[활동 자료]
국민[궁민], 글눈[글룬], 명랑[명낭], 신랑[실랑],
잡념[잠념]

[활동 1] 음운 변동이 있는 음운은 '1', 없는 음
운은 '0'으로 표시하면 '국물[궁물]'은
'001000'으로 표시할 수 있습니다. '활동
자료'의 단어는 어떻게 표시될까요?

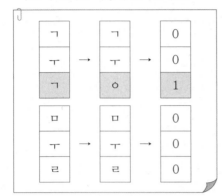

[활동 2] '활동 자료'의 단어를 발음할 때 순행 동
화가 일어나는지 역행 동화가 일어나는
지 알아봅시다.
• 순행 동화: 뒤의 음운이 앞의 음운의 영향을 받아
그와 비슷하거나 같게 소리 나는 현상.
• 역행 동화: 앞의 음운이 뒤의 음운의 영향을 받아
그와 비슷하거나 같게 소리 나는 현상.

① '국민'은 '001000'으로 표시할 수 있으므로 순행
동화이다.
② '글눈'은 '000100'으로 표시할 수 있으므로 역행
동화이다.
③ '명랑'은 '001000'으로 표시할 수 있으므로 순행
동화이다.
④ '신랑'은 '000100'으로 표시할 수 있으므로 역행
동화이다.
⑤ '잡념'은 '001000'으로 표시할 수 있으므로 역행
동화이다.

10 〈보기〉의 [A]~[C]에 들어갈 예를 바르게 짝지은 것
은?

《 보기 》

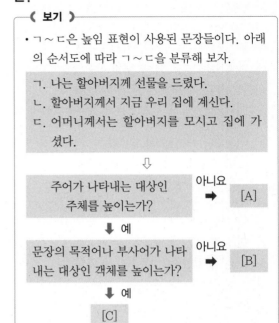

	[A]	[B]	[C]
①	ㄱ	ㄴ	ㄷ
②	ㄱ	ㄷ	ㄴ
③	ㄴ	ㄱ	ㄷ
④	ㄴ	ㄷ	ㄱ
⑤	ㄷ	ㄴ	ㄱ

고 2 학력평가

01
〈보기 1〉을 바탕으로 〈보기 2〉의 ㉠과 ㉡에 대해 설명한 내용으로 가장 적절한 것은?

──〈 보기 1 〉──

　음운의 변동은 크게 네 가지로 나눌 수 있다. 어떤 음운이 다른 음운으로 바뀌는 '교체', 새로운 음운이 생기는 '첨가', 어떤 음운이 없어지는 '탈락', 두 음운이 하나의 음운으로 합쳐지는 '축약'이 그것이다.

──〈 보기 2 〉──

[학생이 작성한 학습지]

※ 빈칸에 ⓐ~ⓓ의 표준 발음을 채우시오.

- 가로: ⓐ굳히다　　　• 가로: ⓒ꽃이슬
- 세로: ⓑ훑이다　　　• 세로: ⓓ솜이불

① ㉠은 ⓐ에서 '교체'가, ⓑ에서 '탈락'이 일어나 발음된 것이다.

② ㉡은 ⓒ에서 '첨가'가, ⓓ에서 '축약'이 일어나 발음된 것이다.

③ ㉠은 ⓐ와 ⓑ에서 공통적으로 '축약'이 일어나 발음된 것이다.

④ ㉡은 ⓒ와 ⓓ에서 공통적으로 '교체'가 일어나 발음된 것이다.

⑤ ㉡은 ⓒ와 ⓓ에서 공통적으로 '첨가'가 일어나 발음된 것이다.

[02~03] 다음 글을 읽고 물음에 답하시오.

　문장의 주체를 서술하는 기능을 하는 용언은 홀로 쓰이는 본용언과, 홀로 쓰이지 않고 본용언 뒤에서 본용언에 특수한 의미를 더해 주는 보조 용언으로 나눌 수 있다. 예를 들어 '불이 꺼져 간다.'라는 문장이 있을 때, '꺼져'는 '불이 꺼진다.'라는 문장의 서술어로 홀로 쓰일 수 있으므로 본용언이다. 그러나 '간다'는 진행의 의미만 더해 주고 있어, '불이 간다.'라는 문장의 서술어로 홀로 쓰일 수 없으므로 보조 용언이다.

　보조 용언은 다시 보조 동사와 보조 형용사로 구분될 수 있다. 일반적으로 보조 용언의 품사는 앞에 오는 본용언의 품사에 따른다. 예를 들어 보조 용언 '않다'는 앞에 오는 본용언의 품사가 동사이면 보조 동사, 형용사이면 보조 형용사로 쓰인다. 한편 보조 용언의 품사가 보조 용언의 의미에 따라 구분되는 경우도 있다. 예를 들어 보조 용언 '하다'가 앞말의 행동이나 상태에 대한 바람이라는 의미를 나타내는 경우에는 보조 동사이다. 또한 보조 용언 '보다'가 어떤 일을 경험한다는 의미를 나타내는 경우에는 보조 동사이고, 앞말이 뜻하는 행동이나 상태에 대한 걱정이라는 의미를 나타내는 경우에는 보조 형용사이다.

　본용언은 주로 본용언의 어간에 보조적 연결 어미가 결합되어 보조 용언과 연결된다. 예를 들어 '나는 일을 하고 나서 집에 갔다.'라는 문장은 본용언의 어간 '하-'에 보조적 연결 어미 '-고'가 결합된 '하고'가 보조 용언 '나서'와 연결된 문장이다. 그리고 본용언과 보조 용언이 연결되는 경우들을 살펴보면, 보통 두 용언이 연결되는 경우가 많지만 의미의 추가를 위해 세 용언이 연결되는 경우도 있다. 여기에는 용언들이 ㉠본용언, 본용언, 보조 용언의 순서로 연결된 경우, ㉡본용언, 보조 용언, 본용언의 순서로 연결된 경우, ㉢본용언, 보조 용언, 보조 용언의 순서로 연결된 경우가 있다.

02 〈보기〉의 ⓐ~ⓔ를 보조 동사와 보조 형용사로 분류한 것으로 적절한 것은?

〈 보기 〉

- 내일 해야 할 업무가 생각만큼 쉽지는 ⓐ않겠다.
- 나는 부모님께 야단맞을까 ⓑ봐 얘기도 못 꺼냈다.
- 일을 마무리했음에도 사람들은 집에 가지 ⓒ않았다.
- 새로 일할 사람이 업무 처리에 항상 성실했으면 ⓓ한다.
- 이런 일을 당해 ⓔ보지 않은 사람은 내 심정을 모를 것이다.

	보조 동사	보조 형용사
①	ⓐ, ⓑ, ⓓ	ⓒ, ⓔ
②	ⓐ, ⓒ	ⓑ, ⓓ, ⓔ
③	ⓐ, ⓓ, ⓔ	ⓑ, ⓒ
④	ⓑ, ⓒ	ⓐ, ⓓ, ⓔ
⑤	ⓒ, ⓓ, ⓔ	ⓐ, ⓑ

03 윗글의 ㉠~㉢과 관련하여 〈보기〉의 Ⓐ~Ⓔ의 밑줄 친 부분을 분석한 내용으로 적절하지 <u>않은</u> 것은?

〈 보기 〉

- Ⓐ 그는 순식간에 사과를 던져서 베어 버렸다.
- Ⓑ 그는 식당에서 고기를 먹어 치우고 일어났다.
- Ⓒ 그에게 전화를 했을 때 그가 깨어 있어 행복했다.
- Ⓓ 나는 경기에 출전하지 못하고 의자에 앉아 있게 생겼다.
- Ⓔ 나는 평소 밥을 좋아하는데 오늘은 갑자기 빵을 먹고 싶게 되었다.

① Ⓐ: '베어'는 어간 '베-'에 보조적 연결 어미 '-어'가 결합되어 '버렸다'와 연결된 형태이고 ㉠에 해당한다.

② Ⓑ: '치우고'는 어간 '치우-'에 보조적 연결 어미 '-고'가 결합되어 '일어났다'와 연결된 형태이고 ㉠에 해당한다.

③ Ⓒ: '깨어'는 어간 '깨-'에 보조적 연결 어미 '-어'가 결합되어 '있어'와 연결된 형태이고 ㉡에 해당한다.

④ Ⓓ: '앉아'는 어간 '앉-'에 보조적 연결 어미 '-아'가 결합되어 '있게'와 연결된 형태이고 ㉢에 해당한다.

⑤ Ⓔ: '먹고'는 어간 '먹-'에 보조적 연결 어미 '-고'가 결합되어 '싶게'와 연결된 형태이고 ㉢에 해당한다.

04 〈보기〉는 '사전 활용하기' 수업의 한 장면이다. 학생들의 활동 결과로 적절하지 <u>않은</u> 것은?

─〈 보기 〉─

선생님: 파생어란 어근에 접사가 결합하여 형성된 단어입니다. 그런데 파생어는 접사에 의해 본래 단어의 품사가 변화되는 경우와 변화되지 않는 경우로 나뉩니다. 다음은 사전에서 찾은 단어들입니다. 제시된 단어들에 접사가 결합된 파생어를 찾아보고 분석해 봅시다.

> 더욱 閉 정도나 수준 따위가 한층 심하거나 높게.
> 넓다 圈 면이나 바닥 따위의 면적이 크다.
> 덮다 통 물건 따위가 드러나거나 보이지 않도록 넓은 천 따위를 얹어서 씌우다.

① '더욱이'는 '더욱'의 어근에 접사 '-이'가 결합된 파생어로 '더욱'과 품사가 다르겠군.

② '드넓다'는 '넓다'의 어근에 접사 '드-'가 결합된 파생어로 '넓다'와 품사가 같겠군.

③ '넓이'는 '넓다'의 어근에 접사 '-이'가 결합된 파생어로 '넓다'와 품사가 다르겠군.

④ '뒤덮다'는 '덮다'의 어근에 접사 '뒤-'가 결합된 파생어로 '덮다'와 품사가 같겠군.

⑤ '덮개'는 '덮다'의 어근에 접사 '-개'가 결합된 파생어로 '덮다'와 품사가 다르겠군.

05 〈보기〉의 '교사가 제시한 과제'에 대해 학생들이 보인 반응으로 적절하지 <u>않은</u> 것은?

─〈 보기 〉─

〈교사가 알려 준 내용〉

현대 국어와 마찬가지로 중세 국어에서도 어말 어미 앞에서 문법적인 기능을 하는 어미가 있었다. 그중 하나인 '-오-'는 현대 국어에서 쓰이지 않는 어미로 문장의 주어가 화자임을 표현하기 위해 쓰였는데, 음성 모음 뒤에서는 '-우-'로 나타났다. 또한 '-오-'는 과거 시제를 나타내는 '-더-'와 결합하면 '-다-'로, 현재 시제를 나타내는 '-ᄂᆞ-'와 결합하면 '-노-'로 나타났다.

〈교사가 제시한 과제〉

※ 다음 예문들을 보고 ㉠~㉢의 어미에 대해 탐구해 보자.

• 내 어저ᄲᅵ 다ᄉᆞᆺ 가짓 ᄭᅮ믈 ㉠ᄭᅮ우니
[내가 어저께 다섯 가지의 꿈을 꾸니]

• 내 이를 爲윙ᄒᆞ야 … 새로 스믈여듧 字ᄍᆞᆼ를 ㉡밍ᄀᆞ노니
[내가 이를 위하여 … 새로 스물여덟 자를 만드니]

• 太子ㅣ 닐오ᄃᆡ 내 ㉢롱담ᄒᆞ다라
[태자가 말하되, "내가 농담하였다."]

① ㉠의 '-우-'는 어간 'ᄭᅮ-'에 있는 음성 모음 때문에 나타난 형태이군.

② ㉡의 '-노-'는 '-ᄂᆞ-'와 '-오-'가 결합되어 나타난 형태이군.

③ ㉢의 '-다-'는 '-더-'가 어말 어미와 결합하여 나타난 형태이군.

④ ㉡과 ㉢에는 모두 문장의 시제를 나타내는 기능을 하는 어미가 사용되었군.

⑤ ㉠, ㉡, ㉢ 모두에는 주어가 화자임을 표현하기 위한 어미가 사용되었군.

반모음과 관련된 대표적인 음운 현상으로 '반모음 첨가'와 '반모음화'가 있다. 현대 국어에서 반모음 첨가는 모음으로 끝나는 형태소 뒤에 모음으로 시작하는 형태소가 올 때 일어난다. 어간 '피–'에 어미 '–어'가 결합할 때 '피어'가 [피여]로 소리 나는 경우가 대표적인데 이때 어미에는 'ㅣ'계 반모음인 'ㅣ'[j]가 첨가된다. 어미 '–어'에 'ㅣ'[j]가 첨가되어 '되어[되여]', '쥐어[쥐여]'로 발음되는 경우도 마찬가지이다. 이렇게 어간이 'ㅣ, ㅚ, ㅟ'로 끝날 때 어미에 반모음 'ㅣ'[j]가 첨가되어 발음되는 경우는 표준 발음으로 인정되지만 표기할 때는 음운 변동이 일어나지 않은 형태로 해야 한다.

한편 '피어'는 [펴:]로 발음되기도 한다. '피+어→[펴:]'의 경우처럼 두 개의 단모음이 나란히 놓일 때 하나의 단모음이 반모음으로 교체되는 음운 현상을 반모음화라고 부른다. 반모음화는 반모음과 성질이 비슷한 단모음에 적용되는 것으로, [펴:]의 경우 단모음 'ㅣ'가 소리가 유사한 반모음 'ㅣ'[j]로 교체된 것이다. [펴:]와 같이 반모음화가 일어난 경우도 규범상 표준 발음으로 인정된다.

15세기 국어 자료에서도 반모음 첨가나 반모음화가 일어난 것으로 추정되는 흔적을 찾을 수 있다. 15세기에는 표음적 표기*를 지향했기 때문에 문헌의 표기 상태를 통해 당시의 음운 현상을 추론할 수 있는데, 15세기 국어 자료에서 반모음 첨가나 반모음화가 일어난 것으로 보이는 표기들이 관찰되는 것이다. 어간 '쉬–'에 어미 '–어'가 결합할 때 '쉬여'로 표기된 사례나 어간 '흐리–'에 어미 '–어'가 결합할 때 '흐리여'로 표기된 것은 반모음 첨가가 일어난 사례로 생각된다. 여기서 '쉬여'는 현대 국어의 [피여]와는 다른 음운 환경에서 반모음 첨가가 일어난 것인데, 15세기에는 'ㅟ' 표기가 'ㅜ'와 'ㅣ'[j]가 결합한 이중 모음을 나타냈을 것으로 추정되기 때문이다. 'ㅐ, ㅔ, ㅖ, ㅚ, ㅢ' 표기도 'ㅟ'와 마찬가지 방식으로 이중 모음을 나타냈을 것으로 추정된다. 따라서 '쉬여'는 ⊙'ㅐ, ㅒ, ㅖ, ㅚ, ㅟ, ㅢ'가 이중 모음을 나타낸 것이라고 할 경우 반모음 'ㅣ'[j] 뒤에서 일어난 반모음 첨가의 사례인 것이다. 이와 달리 어간 '꾸미–'에 어미 '–어'가 결합할 때 '꾸며'로 표기된 경우는 현대 국어의 [펴:]처럼 ⓒ어간이 'ㅣ'로 끝나는 용언에서 일어난 반모음화의 사례라고 할 수 있다. 또한 15세기 국어에서 체언 '바' 뒤에 주격 조사 '이'가 붙을 때 '배'로 표기된 사례도 반모음화로 설명할 수 있다.

*표음적 표기 발음 형태대로 적는 표기 방식.

06 윗글에 대한 이해로 적절하지 않은 것은?

① 현대 국어에서 '피어'를 [펴:]로 발음하는 것은 표준 발음으로 인정된다.
② 현대 국어에서 '피어'를 [펴:]로 발음할 때는 어간의 단모음이 반모음으로 교체된다.
③ 현대 국어에서 '피어'에 반모음 첨가가 일어나도 '피여'라고 적는 것은 허용되지 않는다.
④ 15세기 국어의 'ㅚ' 표기는 단모음 'ㅗ'와 반모음 'ㅣ'[j]가 결합한 이중 모음을 나타냈을 것으로 추정된다.
⑤ 15세기 국어의 체언 '바'에 주격 조사 '이'가 붙어 '배'로 표기된 사례에서는 체언의 단모음이 반모음으로 교체되었을 것으로 추정된다.

07 〈보기〉의 ⓐ~ⓓ 중 윗글의 ㉠과 ㉡에 해당하는 사례로 적절한 것은?

《 보기 》

15세기 국어 자료 (현대어 풀이)	밑줄 친 부분의 음운 변동 과정
ⓐ<u>내</u> 이룰 爲윙ㅎ야 (내가 이를 위하여)	나+이 → 내
수비 ⓑ<u>니겨</u> (쉽게 익혀)	니기-+-어 → 니겨
빗 바다ᄋ로 ⓒ<u>긔여</u> (배의 바닥으로 기어)	긔-+-어 → 긔여
ᄯᅡ해 ⓓ<u>디여</u> (땅에 거꾸러져)	디-+-어 → 디여

	㉠	㉡
①	ⓑ	ⓐ
②	ⓒ	ⓑ
③	ⓒ	ⓓ
④	ⓓ	ⓐ
⑤	ⓓ	ⓒ

08 〈보기〉의 탐구 활동을 수행한 결과로 적절한 것만 고른 것은?

《 보기 》

[탐구 과제]

다음을 참고하여 [탐구 자료] ㉠~㉣을 [A], [B]로 구분하고, 그렇게 구분한 근거를 적어 보자.

> 어근에 파생 접사가 결합하여 새로운 단어가 형성될 때 [A]품사가 바뀌는 경우도 있고, [B]품사가 바뀌지 않는 경우도 있다. 예를 들어, 명사 '마음'에 접사 '-씨'가 결합하여 '마음씨'가 될 때는 품사가 바뀌지 않지만, 형용사 '넓다'의 어근 '넓-'에 접사 '-이'가 결합하여 '넓이'가 될 때는 품사가 명사로 바뀐다.

[탐구 자료]

• 예술에 대한 안목을 ㉠<u>높이</u>다.
• 그는 모자를 ㉡<u>깊이</u> 눌러썼다.
• 오랫동안 ㉢<u>딸꾹질</u>이 멈추지 않았다.
• 그런 일은 ㉣<u>일찍이</u> 경험하지 못했던 일이다.

[탐구 결과]

탐구 자료	구분	근거
㉠	[B]	형용사 '높다'의 어근 '높-'에 접사 '-이-'가 결합하여 형용사가 됨. ·········· ⓐ
㉡	[A]	형용사 '깊다'의 어근 '깊-'에 접사 '-이'가 결합하여 명사가 됨. ·········· ⓑ
㉢	[A]	부사 '딸꾹'에 접사 '-질'이 결합하여 명사가 됨. ·········· ⓒ
㉣	[B]	부사 '일찍'에 접사 '-이'가 결합하여 부사가 됨. ·········· ⓓ

① ⓐ, ⓑ   ② ⓐ, ⓓ   ③ ⓑ, ⓒ
④ ⓑ, ⓓ   ⑤ ⓒ, ⓓ

09 〈보기〉의 ㉠에 해당하는 예로 적절하지 <u>않은</u> 것은?

《 보기 》

학생: 한 문장 안에 주어와 서술어의 관계가 한 번 나타나는 문장을 홑문장, 두 번 이상 나타나는 문장을 겹문장이라고 하잖아요. 그런데 '나는 따뜻한 차를 마셨다.'라는 문장의 경우 주어 '나는'과 서술어 '마셨다'의 관계가 한 번만 나타나는 것 같은데 왜 겹문장인가요?

선생님: '나는 따뜻한 차를 마셨다.'라는 문장은 겹문장으로, 관형절을 안은문장이야. 관형절 '따뜻한'의 주어가 관형절이 수식하는 명사 '차'와 중복되어 생략된 것이지. 이처럼 ㉠<u>한 문장이 다른 문장 속에 관형절로 안길 때 두 문장에 중복된 단어가 있으면, 관형절에서 그 단어가 포함된 문장 성분이 생략되기도 한단다.</u>

① 그녀는 그가 여행을 간 사실을 몰랐다.
② 내가 사는 마을은 무척이나 아름답다.
③ 그는 책장에 있던 소설책을 꺼냈다.
④ 나는 동생이 먹을 딸기를 씻었다.
⑤ 골짜기에 흐르는 물이 깨끗하다.

10 〈보기〉는 '사전 활용하기' 학습 활동을 위한 자료이다. 이에 대한 이해로 적절하지 <u>않은</u> 것은?

《 보기 》

그치다「동사」
「1」【(…을)】계속되던 일이나 움직임이 멈추거나 끝나다. 또는 그렇게 하다.
¶ 비가 그치다. / 울음을 그치다.
「2」【…에】【…으로】더 이상의 진전이 없이 어떤 상태에 머무르다.
¶ 출석률이 절반 정도에 그쳤다. / 예감이 예감으로 그치지 않고 현실이 되는 경우가 있다.

멈추다「동사」
[1]「1」사물의 움직임이나 동작이 그치다.
¶ 시계가 멈추다. / 울음소리가 멈추다.
「2」비나 눈 따위가 그치다.
¶ 멈추었던 비가 다시 내리기 시작했다.
[2]【…을】사물의 움직임이나 동작을 그치게 하다.
㉲ 기계를 멈추다. / 발걸음을 멈추다.

① '그치다「1」'의 문형 정보와 용례를 보니, '그치다「1」'은 자동사로도 쓰일 수 있고 타동사로도 쓰일 수 있군.
② '그치다「2」'의 문형 정보와 용례를 보니, '그치다「2」'는 부사어를 반드시 필요로 하는군.
③ '멈추다[2]'의 용례로 '차가 경적을 울리며 멈추다.'를 추가할 수 있겠군.
④ '그치다'와 '멈추다'는 두 가지 이상의 의미를 지니고 있는 다의어이군.
⑤ '그치다「1」'과 '멈추다'의 뜻풀이와 용례를 보니, 두 단어는 유의 관계에 있군.

정답과 해설

고 1 학력평가

| 01 ⑤ | 02 ① | 03 ③ | 04 ② | 05 ③ |
| 06 ⑤ | 07 ② | 08 ④ | 09 ⑤ | 10 ① |

01 한글 맞춤법의 기본 원칙 이해   답 ⑤

정답 해설 1문단에서 일반적인 활용 규칙에서 어긋나는 경우에는 표음주의를 채택함을 알 수 있다. ⑩은 이에 해당하는 예로서, 어간에 어미 '–아'가 붙을 때 '갈라'와 같이 형태소의 본 모양을 밝혀 적지 않는 표음주의 표기를 하고 있으므로 적절하지 않다.

오답 분석

① ㉠인 '먹고'는 형태소 '먹–'과 '–고'가 합쳐진 것이고, 기본형 '먹다'는 형태소 '먹–'과 '–다'가 합쳐진 것이다. 따라서 '먹고'와 '먹다'는 각 형태소의 본 모양을 밝혀 적은 표의주의 표기를 하고 있으므로 적절하다.

② ㉡인 '좋아'는 어간인 '좋–'과 어미인 '–아'의 형태를 밝혀 적고 있는 표의주의 방식을 채택하고 있으므로 적절하다.

③ ㉢인 '사라지다'는 '살다'와 '지다'가 연결 어미 '–아'에 의해 어울려 한 개의 용언이 된 합성어로, 앞말이 본뜻에서 멀어져서 원형을 밝혀 적지 않고 소리 나는 대로 적는 표음주의 표기를 하고 있으므로 적절하다.

④ ㉣인 '쉽다'는 어간에 어미 '–고'가 붙을 때는 '쉽고'와 같이 형태소의 본 모양을 밝혀 적는 표의주의 표기를 사용하고 있는데, 어간에 어미 '–으니'가 붙을 때는 '쉬우니'와 같이 형태소의 본 모양을 밝혀 적지 않는 표음주의 표기를 사용하고 있으므로 적절하다.

02 중세 국어의 이해   답 ①

정답 해설 ⓐ인 '노피'의 경우는 '높–'과 '–이'가 결합할 때 '높–'의 끝소리인 'ㅍ'이 '–이'의 첫소리로 옮겨 적는 이어 적기를 하고 있는 예이다. 그러나 ⓕ인 '놉히'의 경우는 '높이'에서 'ㅍ'을 'ㅂ'과 'ㅎ'으로 나누어 표기하는 재음소화 표기에 해당하는 예이므로 이를 거듭 적기라고 한 진술은 적절하지 않다.

오답 분석

② ⓑ인 '므레'는 체언 '믈'에 조사 '에'가 붙은 것으로, '믈'의 끝소리인 'ㄹ'이 '에'의 첫소리로 옮겨 적은 이어 적기에 해당하므로 적절하다.

③ ⓒ인 '사름이니'는 체언 '사름'과 조사 '이니'가 결합할 때 형태소의 본 모양을 밝혀 적은 끊어 적기에 해당하므로 적절하다.

④ ⓓ인 '도적글'은 '도적'의 끝소리인 'ㄱ'을 '을'의 첫소리에도 다시 적는 거듭 적기에 해당하므로 적절하다.

⑤ ⓔ인 '붉은'은 어간 '붉–'과 어미 '–은'의 형태를 밝혀 적는 끊어 적기에 해당하고, ⓖ인 '드러'는 어간 '들–'과 어미 '–어'가 결합할 때, '들–'의 끝소리 'ㄹ'이 '–어'의 첫소리로 옮겨 적은 이어 적기에 해당하므로 적절하다.

03 높임 표현의 이해   답 ③

정답 해설 〈보기 2〉에서 조사 '께서'는 주체인 '어머니'를 높이고 있고, '가셨다'는 '가–+–시–+–었–+–다'로 분석할 수 있는데, 선어말 어미 '–시–'가 주체인 '어머니'를 높이고 있다. 또한 '모시다'라는 특수 어휘를 통해 객체인 '할머니'를 높이는 객체 높임법을 사용하고 있다.

04 피동 표현의 이해   답 ②

정답 해설 '만지다'의 경우는 피동 접미사 '–이–, –히–, –리–, –기–'를 붙여서 짧은 피동 표현을 만들지 못하는 동사이므로 적절하다.

오답 분석

① 동사의 어근에 피동 접미사 '–기–'를 붙여 '낚싯줄이 물고기에 의해 끊겼다.'와 같이 짧은 피동을 만들 수 있으므로 적절하지 않다.

③ 동사의 어근에 피동 접미사 '–이–'를 붙여 '동생의 이름이 민수에 의해 불렸다.'와 같이 짧은 피동을 만들 수 있으므로 적절하지 않다.

④ 동사의 어근에 피동 접미사 '–히–'를 붙여 '도토리가 다람쥐에 의해 땅에 묻혔다.'와 같이 짧은 피동을 만들 수 있으므로 적절하지 않다.

⑤ 동사의 어근에 피동 접미사 '–기–'를 붙여 '음식이 요리사에 의해 접시에 담겼다.'와 같이 짧은 피동을 만들 수 있으므로 적절하지 않다.

05 음운 변동의 이해 　　　　　　　　　<u>정답</u> ③

정답 해설 설명을 통해 활용 정보에는 구개음화가 일어날 때의 발음이 제시된다는 것을 알 수 있으므로, '밭'의 경우 활용 정보인 '밭이[바치]'를 통해 구개음화가 일어나는 것을 확인할 수 있다. 그러나 '낯'의 경우, 활용 정보인 '낯이[나치]'는 연음될 때의 발음으로 구개음화가 일어나는 것을 확인할 수 없으므로 적절하지 않다.

오답 분석

① 설명을 통해 발음 정보에는 음절의 끝소리 규칙이 일어나는 체언의 발음이 제시된다는 것을 알 수 있으므로 '낯'의 경우, 발음 정보인 [낟]을 통해 음절의 끝소리 규칙이 일어나는 것을 확인할 수 있다고 한 진술은 적절하다.

② 설명을 통해 발음 정보에는 자음군 단순화가 일어나는 체언의 발음이 제시된다는 것을 알 수 있으므로 '흙'의 경우, 발음 정보인 [흑]을 통해 자음군 단순화가 일어나는 것을 확인할 수 있다고 한 진술은 적절하다.

④ 설명을 통해 활용 정보에는 음절의 끝소리 규칙이나 자음군 단순화가 일어나는 체언이 연음될 때의 발음이 제시된다는 것을 알 수 있으므로 '밭'과 '흙'의 경우, 활용 정보인 '밭을[바틀]'과 '흙이[흘기]'를 통해 연음될 때 발음 양상을 확인할 수 있다고 한 진술은 적절하다.

⑤ 설명을 통해 활용 정보에는 비음화가 일어나는 경우의 발음이 제시된다는 것을 알 수 있으므로 '낯', '밭', '흙'의 경우, 활용 정보인 '낯만[난만]', '밭만[반만]', '흙만[흥만]'을 통해 비음화가 일어나는 양상을 확인할 수 있다고 한 진술은 적절하다.

06 파생어의 형성 이해 　　　　　　　　<u>정답</u> ⑤

정답 해설 제시된 자료를 통해 '-쟁이'는 어떤 일을 직업으로 하는 사람이나 그런 사람을 낮잡아 이를 때 쓰이는 말이고, '-장이'는 '관련된 기술을 가진 기술자'의 뜻일 때 붙는 말임을 알 수 있다. 따라서 ㅁ에서 '대장쟁이'는 수공업적인 방법으로 쇠를 달구어 연장 따위를 다루는 일인 '대장일'을 하는 '기술자'를 의미하므로 '-장이'가 붙고, '중매장이'는 결혼이 이루어지도록 중간에서 소개하는 일인 '중매'를 하는 사람을 의미하므로 '-쟁이'가 붙는다. 따라서 (1), (2), (3)의 예로 '욕심쟁이, 중매쟁이, 대장장이'를 추가할 수 있다.

오답 분석

③ 자료 (1)~(3)에서 '-쟁이'와 '-장이'는 '고집, 거짓말, 노래, 그림, 땜, 옹기'의 명사와 결합하여 새로운 단어를 만든다.

④ 자료 (1)~(3)에서 '-쟁이'와 '-장이'는 명사인 '고집, 거짓말, 노래, 그림, 땜, 옹기'와 결합하여 '고집쟁이, 거짓말쟁이, 노래쟁이, 그림쟁이, 땜장이, 옹기장이'의 단어를 만들었다. 결합 전후를 비교할 때 품사는 변화하지 않는다.

07 품사의 특성 이해 　　　　　　　　　<u>정답</u> ②

정답 해설 품사는 단어를 의미, 형태, 기능으로 분류한 갈래를 의미한다. 현행 학교 문법에서는 단어의 품사를 명사, 대명사, 수사, 동사, 형용사, 관형사, 부사, 조사, 감탄사로 분류한다. 문장 성분은 문장을 구성하는 성분으로, 주성분에 주어, 서술어, 목적어, 보어가 있고, 부속 성분에 관형어, 부사어가 있으며, 독립 성분에 독립어가 있다. 〈자료〉의 1문단은 관형어가 '문장을 구성하는 성분', 즉 문장 성분에 따라 분류된 것임을 밝히고, '체언 앞에서 그 뜻을 꾸며 주는 기능'을 하는 것이라고 정의하고 있다. 또한 〈자료〉의 5문단은 관형사에 대해 '체언 앞에서 체언의 뜻을 꾸며 주는 품사'라고 정의하면서, 관형사가 품사에 따른 분류임을 밝히고 있다. 그리고 관형사의 특성으로서 조사와 결합하지 않는다는 점과 활용이 불가능하다는 점을 제시하고 있다.

08 관형어 　　　　　　　　　　　　　　<u>정답</u> ④

정답 해설 c에서 '남자의 친구'는 '성별이 남자인 이와 친구 관계에 있는 사람'을 가리키는 것으로 해석된다. 하지만 '의'를 생략하여 '남자 친구'가 되면, '성별이 남자인 친구'나 '이성 교제의 대상으로서의 남자'를 가리키는 것으로 해석되어 의미에 변화가 생긴다.

오답 분석

① a~d는 체언 '친구'를 꾸며 주어 어떠한 친구가 여기 있는지 구체적으로 밝혀 주고 있다.

② 체언 '고향'은 관형격 조사 '의' 없이 체언 '친구'를 꾸며 주고 있으므로 관형어로 볼 수 있다.

③ '예쁜'의 기본형은 '예쁘다'이다. 어간 '예쁘-'에 관형사형 어미가 결합하여 '예쁜', '예쁠' 등의 관형어를 만들 수 있다.

⑤ '옛'은 '친구'의 의미를 꾸며 주면서 조사가 결합하지 않고 활용이 불가능한 단어이므로 관형사가 관형어가 된 경우로 볼 수 있다.

09 음운 변동의 파악　정답 ⑤

정답 해설 '활동 1'과 '활동 2'에 따르면 '000100'으로 표시하는 경우는 순행 동화이고 '001000'으로 표시하는 경우는 역행 동화이다. '활동 자료'의 발음을 바탕으로 단어를 숫자로 표시하면 '잡념[잠념]'은 '001000'으로 표시할 수 있으므로 이는 역행 동화에 해당한다.

오답 분석
① '국민'은 '001000'으로 표시할 수 있으므로 역행 동화이다.
② '글눈'은 '000100'으로 표시할 수 있으므로 순행 동화이다.
③ '명랑'은 '000100'으로 표시할 수 있으므로 순행 동화이다.
④ '신랑'은 '001000'으로 표시할 수 있으므로 역행 동화이다.

10 높임 표현 이해　정답 ①

정답 해설 〈보기〉에 제시된 문장들에서 ㄱ은 부사격 조사 '께'와 서술어 '드리다'를 활용하여 객체인 '할아버지'를 높이고 있고, ㄴ은 주격 조사 '께서'와 서술어 '계시다'를 활용하여 주체인 '할아버지'를 높이고 있고, ㄷ은 주격 조사 '께서'와 서술어 '가시다'를 활용해서는 주체인 '어머니'를 높이고, 서술어 '모시다'를 활용해서는 객체인 '할아버지'를 높이고 있다. 따라서 객체 높임법만 사용된 문장은 ㄱ, 주체 높임법만 사용된 문장은 ㄴ, 객체 높임법과 주체 높임법이 모두 사용된 문장은 ㄷ임을 알 수 있다.

고 2 학력평가

01 ⑤	02 ⑤	03 ②	04 ①	05 ③
06 ⑤	07 ②	08 ⑤	09 ①	10 ③

01 음운 변동의 파악　정답 ⑤

정답 해설 ⓒ의 '꽃이슬'은 [꼰니슬]로, ⓓ의 '솜이불'은 [솜: 니불]로 발음될 때 'ㄴ'이라는 새로운 음운이 생기는 '첨가'가 공통적으로 일어나므로 적절하다.

02 품사의 분류 기준 이해　정답 ⑤

정답 해설 2문단에서 보조 용언 '않다'는 앞에 오는 본용언의 품사를 따름을 알 수 있다. 따라서 ⓐ의 '않겠다'는 보조 형용사로, ⓒ의 '않았다'는 보조 동사로 보아야 한다. 2문단에서 보조 용언 '보다'가 어떤 일을 경험한다는 의미를 나타내는 경우에는 보조 동사이고, 앞말이 뜻하는 행동이나 상태에 대한 걱정이라는 의미를 나타내는 경우에는 보조 형용사임을 알 수 있다. 따라서 ⓑ의 '봐'는 보조 형용사로, ⓔ의 '보지'는 보조 동사로 보아야 한다. 2문단에서 보조 용언 '하다'는 앞말의 행동이나 상태에 대한 바람이라는 의미를 나타내는 경우에는 보조 동사임을 알 수 있다. 따라서 ⓓ의 '한다'는 보조 동사로 보아야 한다.

03 품사의 특성 이해　정답 ②

정답 해설 ⓑ의 '먹어 치우고 일어났다'는 본용언 '먹어', 보조 용언 '치우고', 본용언 '일어났다'의 순서로 연결된 경우이므로 적절하지 않다.

오답 분석
① ⓐ의 '던져서 베어 버렸다'는 본용언 '던져서', 본용언 '베어', 보조 용언 '버렸다'의 순서로 연결된 경우이므로 적절하다.
③ ⓒ의 '깨어 있어 행복했다'는 본용언 '깨어', 보조 용언 '있어', 본용언 '행복했다'의 순서로 연결된 경우이므로 적절하다.
④ ⓓ의 '앉아 있게 생겼다'는 본용언 '앉아', 보조 용언 '있게', 보조 용언 '생겼다'의 순서로 연결된 경우이므로 적절하다.
⑤ ⓔ의 '먹고 싶게 되었다'는 본용언 '먹고', 보조 용언 '싶게', 보조 용언 '되었다'의 순서로 연결된 경우이므로 적절하다.

04 파생어의 형성 이해 　　　　　　　　정답 ①

정답 해설 '더욱이'는 부사 '더욱'의 어근에 접사 '-이'가 결합된 파생어이고, 접사가 결합했으나 품사는 '더욱'과 동일한 부사이므로 적절하지 않다.

오답 분석

② '드넓다'는 형용사 '넓다'의 어근에 접사 '드-'가 결합된 파생어이고, 품사는 '넓다'와 동일한 형용사이므로 적절하다.

③ '넓이'는 형용사 '넓다'의 어근에 접사 '-이'가 결합된 파생어이고, 품사는 명사이므로 적절하다.

④ '뒤덮다'는 동사 '덮다'의 어근에 접사 '뒤-'가 결합된 파생어이고, 품사는 '덮다'와 동일한 동사이므로 적절하다.

⑤ '덮개'는 동사 '덮다'의 어근에 접사 '-개'가 결합된 파생어이고, 품사는 명사이므로 적절하다.

05 중세 국어의 이해 　　　　　　　　정답 ③

정답 해설 〈보기〉에서 '-오-'는 어말 어미 앞에서 문법적인 기능을 하는 어미임을 알 수 있다. 그런데 ㉢의 '롱담ᄒᆞ다라'에서 '-다-'는 '-더-'가 '-오-'와 결합하여 나타난 형태이므로 적절하지 않다.

오답 분석

① 〈보기〉에서 '-오-'는 음성 모음 뒤에서 '-우-'로 나타남을 알 수 있다. ㉠에서 '-오-'는 '쑤-'의 음성 모음 뒤에서 '-우-'로 나타났으므로 적절하다.

② 〈보기〉에서 '-오-'는 현재 시제를 나타내는 '-ᄂᆞ-'와 결합하면 '-노-'로 나타남을 알 수 있다. ㉡에서 '-노-'는 '-오-'가 '-ᄂᆞ-'와 결합하여 나타난 것이므로 적절하다.

④ '-오-'가 ㉡에는 현재 시제를 나타내는 '-ᄂᆞ-'와 결합하여 '-노-'로 나타났고, ㉢에는 과거 시제를 나타내는 '-더-'와 결합하여 '-다-'로 나타났으므로 적절하다.

⑤ 〈보기〉에서 '-오-'는 문장의 주어가 화자임을 표현하기 위해 쓰였음을 알 수 있다. ㉠, ㉡, ㉢ 각각의 주어를 확인하면 세 경우 모두 '-오-'가 문장의 주어가 화자임을 표현하기 위해 쓰였다는 것을 알 수 있으므로 적절하다.

06 국어의 음운 체계 이해 　　　　　　　　정답 ⑤

정답 해설 15세기에 'ㅐ'는 'ㅏ'와 반모음 'ㅣ'[j]가 결합한 이중 모음이었을 것으로 추정된다. 따라서 15세기 국어의 체언

'바'에 조사 '이'가 붙어 '배'로 표기된 사례에서는 조사의 단모음 'ㅣ'가 반모음 'ㅣ'[j]로 교체되는 것이지 체언의 단모음이 'ㅣ'[j]로 교체되는 것이 아니다.

오답 분석

① 현대 국어에서 '피어'를 [펴:]로 발음하는 반모음화의 사례는 규범상 표준 발음으로 인정된다.

② 반모음화는 반모음과 성질이 비슷한 단모음에 적용되는 것으로, 현대 국어에서 '피어'를 [펴:]로 발음할 때는 어간 'ㅣ'가 반모음 'ㅣ'[j]로 교체된다.

③ 어간이 'ㅣ, ㅚ, ㅟ'로 끝날 때 어미에 반모음 'ㅣ'[j]가 첨가되더라도 표기할 때는 음운 변동이 일어나지 않은 형태로 표기해야 한다. 따라서 '피어'로 표기해야 한다.

④ 15세기 국어에서는 'ㅣ, ㅐ, ㅔ, ㅚ, ㅢ'가 'ㅟ' 표기와 마찬가지 방식으로 이중 모음을 나타냈을 것으로 추정된다. 따라서 'ㅚ' 표기는 단모음 'ㅗ'와 반모음 'ㅣ'[j]가 결합한 이중 모음을 나타냈을 것으로 추정된다.

07 중세 국어의 이해 　　　　　　　　정답 ②

정답 해설 ⓐ 15세기의 'ㅐ' 표기는 'ㅏ'와 반모음 'ㅣ'[j]가 결합한 이중 모음을 나타냈을 것으로 추정된다. 따라서 '나+이 → 내'의 사례는 체언 '나'에 조사 '이'가 붙을 때 조사의 'ㅣ'가 반모음 'ㅣ'[j]로 교체된 반모음화의 사례이다. ⓑ '니겨'는 어간 '니기-'에 어미 '-어'가 결합할 때 어간의 마지막 모음 'ㅣ'가 반모음 'ㅣ'[j]로 교체된 반모음화의 사례이다. 따라서 '니겨'는 밑줄 친 ㉡의 사례에 해당한다. ⓒ 15세기의 'ㅢ' 표기는 'ㅡ'와 반모음 'ㅣ'[j]가 결합한 이중 모음을 나타냈을 것으로 추정된다. 이에 따르면 '긔여'에서 어간 '긔-'는 반모음 'ㅣ'[j]로 끝나므로 '긔여'는 반모음 'ㅣ'[j] 뒤에서 반모음 'ㅣ'[j]가 첨가된 반모음 첨가의 사례이다. 따라서 '긔여'는 밑줄 친 ㉠의 사례에 해당한다. ⓓ '디여'는 어간 '디-'에 어미 '-어'가 결합할 때 어미에 반모음 'ㅣ'[j]가 첨가된 사례이다. 어간 '디-'는 'ㅣ'로 끝나므로 '디여'는 어간이 'ㅣ'로 끝나는 용언에서 일어난 반모음 첨가의 사례이다.

08 파생어의 형성 이해 　　　　　　　　정답 ⑤

정답 해설 ㉢은 부사 '딸꾹'에 접사 '-질'이 결합하여 명사가 된 것으로, 품사가 바뀌는 경우인 [A]로 구분할 수 있다. ㉣은 부사 '일찍'에 접사 '-이'가 결합하여 부사가 된 것으로, 품사가 바뀌지 않는 경우인 [B]로 구분할 수 있다.

㉠은 형용사 '높다'의 어근 '높-'에 접미사 '-이-'가 결합하여 동사가 된 것으로, 품사가 바뀌는 경우인 [A]로 구분할 수 있다. ㉡은 형용사 '깊다'의 어근 '깊-'에 접미사 '-이'가 결합하여 부사가 된 것으로, 품사가 바뀌는 경우인 [A]로 구분할 수 있다.

09 문장의 짜임 이해 　　　　　　답 ①

정답 해설 관형절 '그가 여행을 간'과 이 관형절이 안긴 '그녀는 사실을 몰랐다.'라는 문장에는 서로 중복된 단어가 없다. 따라서 생략된 문장 성분 없이 관형절이 안은문장의 체언 '사실'을 수식하고 있으므로 ㉠의 예에 해당하지 않는다.

② 관형절 '내가 사는'의 부사어 '마을에'가 관형절이 수식하는 체언 '마을'과 동일하여 생략되었다.
③ 관형절인 '책장에 있던'의 주어 '소설책이'가 관형절이 수식하는 '소설책'과 중복되어 생략되었다.
④ 관형절인 '동생이 먹을'의 목적어 '딸기를'이 관형절이 수식하는 체언 '딸기'와 중복되어 생략되었다.
⑤ 관형절인 '골짜기에 흐르는'의 주어 '물이'가 관형절이 수식하는 체언 '물'과 중복되어 생략되었다.

10 단어의 이해 　　　　　　답 ③

정답 해설 '차가 경적을 울리며 멈추다.'에서 '멈추다'는 '사물의 움직임이나 동작이 그치다.'라는 의미를 지니므로 '멈추다[1] 「1」'의 용례에 해당한다.

① '그치다 「1」'의 문형 정보 '【(…을)】'에서 '그치다 「1」'은 주어만을 필요로 하는 자동사로도 쓰이고, 대상이 되는 목적어를 필요로 하는 타동사로도 쓰임을 알 수 있으며, 이는 '그치다 「1」'이 자동사로 쓰일 때의 용례 '비가 그치다.'와 타동사로 쓰일 때의 용례 '아이가 울음을 그치다.'에서 재확인할 수 있다.
② '그치다 「2」'의 문형 정보 '【…에】【…으로】'에서 '그치다 「2」'가 부사어를 반드시 필요로 함을 알 수 있으며, 이는 용례의 부사어 '절반 정도에', '예감으로'를 통해 재확인할 수 있다.
④ 다의어란 두 가지 이상의 뜻을 가진 단어로, '그치다'와 '멈추다'는 하나의 표제어 아래에 두 가지 이상의 의미가 제시되어 있으므로 다의어이다.
⑤ '그치다 「1」'과 '멈추다'의 뜻풀이와 용례를 보면, '그치다 「1」'은 '계속되던 일이나 움직임이 멈추거나 끝나다. 또는 그렇게 하다.'라는 뜻을, '멈추다'는 '사물의 움직임이나 동작이 그치다. 또는 그치게 하다.'라는 유사한 의미를 지니고 있음을 확인할 수 있으므로 두 단어는 유의 관계에 있다.

이미지 출처

- '헌혈 참여' 공익 광고, 대한적십자사, 2013   118쪽
- '우리는 동갑입니다' 공익 광고, 한국방송광고진흥공사(KOBACO) 공익 광고제, 2015   119쪽
- '모습은 비슷해도 결과는 정반대' 공익 광고, 한국방송광고진흥공사(KOBACO), 2010   121쪽
- '앉아서 일하는 건 마찬가지입니다' 공익 광고, 한국방송광고진흥공사(KOBACO), 2003   121쪽
- '일회용품 사용 줄이기' 공익 광고, 환경부   126쪽
- '눈맞춤' EBS 공감 캠페인, 한국교육방송공사(EBS), 2017   130쪽
- '무엇으로 보이십니까?' 공익 광고, 한국방송광고진흥공사(KOBACO), 2001   133쪽
- '한글의 우수성' EBS 한글날 캠페인, 한국교육방송공사(EBS), 2019   133쪽
- '언어 폭력', IMSEARCH(www.imsearch.co.kr)   142쪽
- '유관순 열사 얼굴 복원', 조용진, 독립기념관(충청 지역 독립 운동사 학술 대회), 2012   170쪽

내신에서 수능으로

수능의 시작, 감부터 잡자!

국어, 영어, 수학Ⅰ, 수학Ⅱ, 확률과 통계, 미적분

내신에서 수능으로 연결되는 포인트를 잡는 학습 전략

내신형 문항
내신 유형의 문항으로
익히는 개념과 해결법

동일한
소재·유형

수능형 문항
수능 유형의 문항을
통해 익숙해지는 수능

고1~2 내신 중점 로드맵

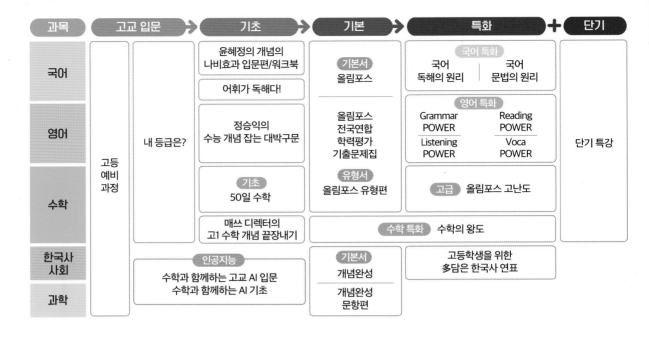

과목	고교 입문	기초	기본	특화	단기
국어	고등 예비 과정	내 등급은?	윤혜정의 개념의 나비효과 입문편/워크북 어휘가 독해다!	기본서 올림포스	**국어 특화** 국어 독해의 원리 / 국어 문법의 원리	단기 특강
영어			정승익의 수능 개념 잡는 대박구문	올림포스 전국연합 학력평가 기출문제집	**영어 특화** Grammar POWER / Reading POWER Listening POWER / Voca POWER	
수학			기초 50일 수학 매쓰 디렉터의 고1 수학 개념 끝장내기	유형서 올림포스 유형편	고급 올림포스 고난도 수학 특화 수학의 왕도	
한국사 사회		인공지능 수학과 함께하는 고교 AI 입문 수학과 함께하는 AI 기초		기본서 개념완성 개념완성 문항편	고등학생을 위한 多담은 한국사 연표	
과학						

과목	시리즈명	특징	수준	권장 학년
전과목	고등예비과정	예비 고등학생을 위한 과목별 단기 완성	●	예비 고1
	내 등급은?	고1 첫 학력평가 + 반 배치고사 대비 모의고사	●	예비 고1
국/영/수	올림포스	내신과 수능 대비 EBS 대표 국어·수학·영어 기본서	●	고1~2
	올림포스 전국연합학력평가 기출문제집	전국연합학력평가 문제 + 개념 기본서	●	고1~2
	단기 특강	단기간에 끝내는 유형별 문항 연습	●	고1~2
한/사/과	개념완성 & 개념완성 문항편	개념 한 권+문항 한 권으로 끝내는 한국사·탐구 기본서	●	고1~2
국어	윤혜정의 개념의 나비효과 입문편/워크북	윤혜정 선생님과 함께 시작하는 국어 공부의 첫걸음	●	예비 고1~고2
	어휘가 독해다!	7개년 학평·모평·수능 출제 필수 어휘 학습	●	예비 고1~고2
	국어 독해의 원리	내신과 수능 대비 문학·독서(비문학) 특화서	●	고1~2
	국어 문법의 원리	필수 개념과 필수 문항의 언어(문법) 특화서	●	고1~2
영어	정승익의 수능 개념 잡는 대박구문	정승익 선생님과 CODE로 이해하는 영어 구문	●	예비 고1~고2
	Grammar POWER	구문 분석 트리로 이해하는 영어 문법 특화서	●	고1~2
	Reading POWER	수준과 학습 목적에 따라 선택하는 영어 독해 특화서	●	고1~2
	Listening POWER	수준별 수능형 영어듣기 모의고사	●	고1~2
	Voca POWER	영어 교육과정 필수 어휘와 어원별 어휘 학습	●	고1~2
수학	50일 수학	50일 만에 완성하는 중학~고교 수학의 맥	●	예비 고1~고2
	매쓰 디렉터의 고1 수학 개념 끝장내기	스타강사 강의, 손글씨 풀이와 함께 고1 수학 개념 정복	●	예비 고1~고1
	올림포스 유형편	유형별 반복 학습을 통해 실력 잡는 수학 유형서	●	고1~2
	올림포스 고난도	1등급을 위한 고난도 유형 집중 연습	●	고1~2
	수학의 왕도	직관적 개념 설명과 세분화된 문항 수록 수학 특화서	●	고1~2
한국사	고등학생을 위한 多담은 한국사 연표	연표로 흐름을 잡는 한국사 학습	●	예비 고1~고2
기타	수학과 함께하는 고교 AI 입문/AI 기초	파이선 프로그래밍, AI 알고리즘에 필요한 수학 개념 학습	●	예비 고1~고2